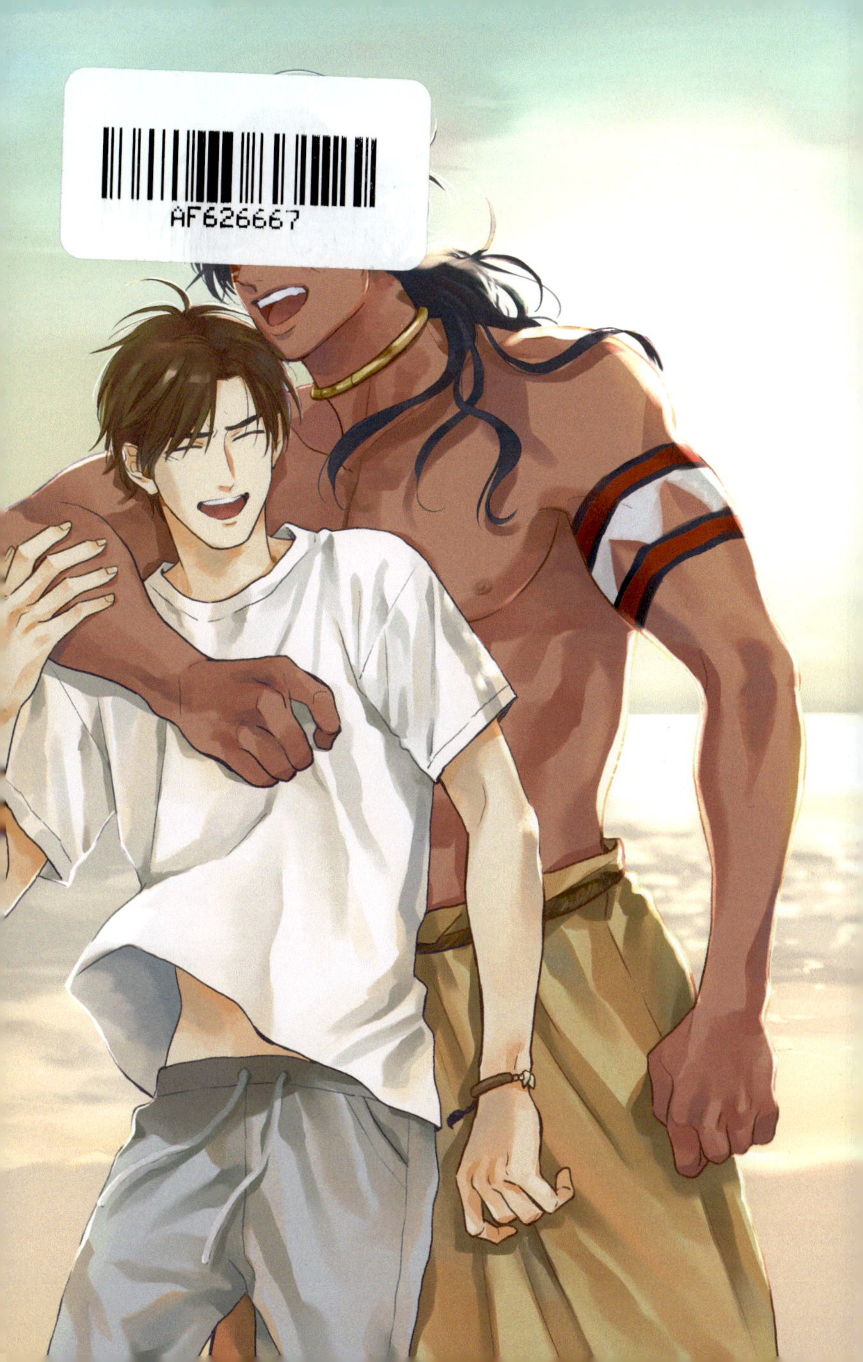

Inhalt

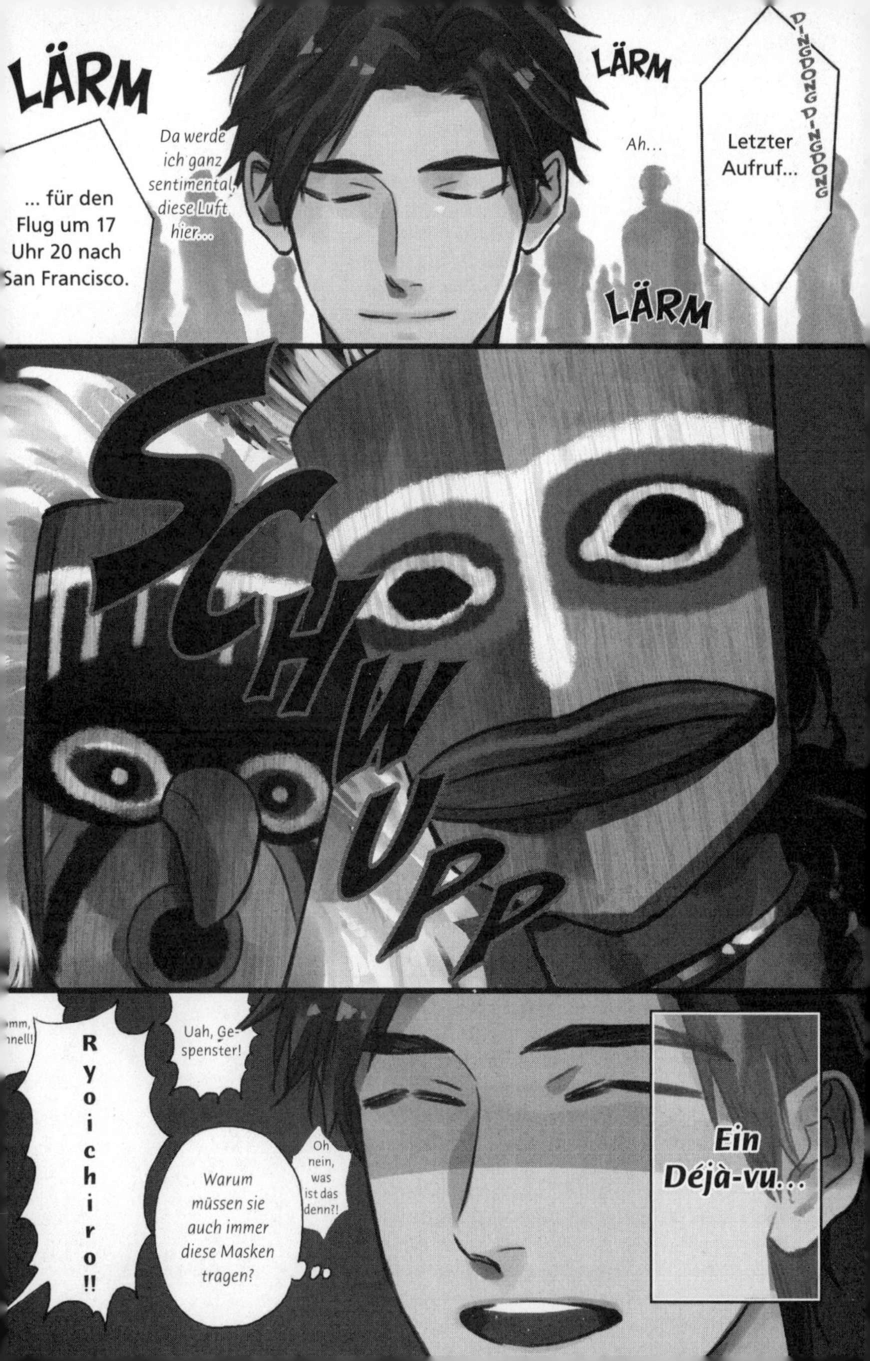

DINGDONG DINGDONG
Letzter Aufruf...
LÄRM
Ah...
Da werde ich ganz sentimental, diese Luft hier...
LÄRM
... für den Flug um 17 Uhr 20 nach San Francisco.
LÄRM
SCHWUPP
Ein Déjà-vu...
Oh nein, was ist das denn?!
Warum müssen sie auch immer diese Masken tragen?
Uah, Gespenster!
Ryoichiro!!

MOTHER'S SPIRIT 2

Prolog

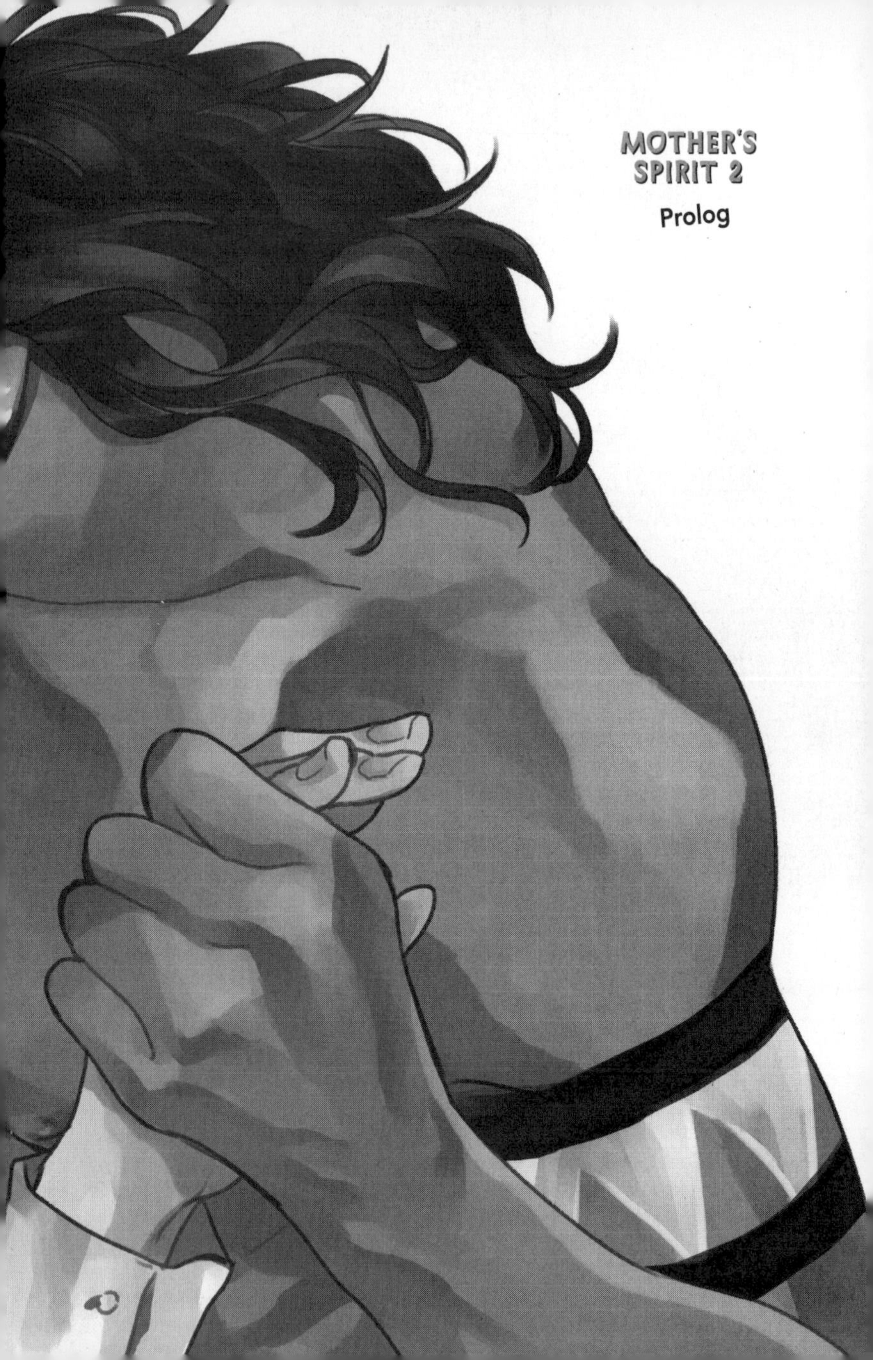

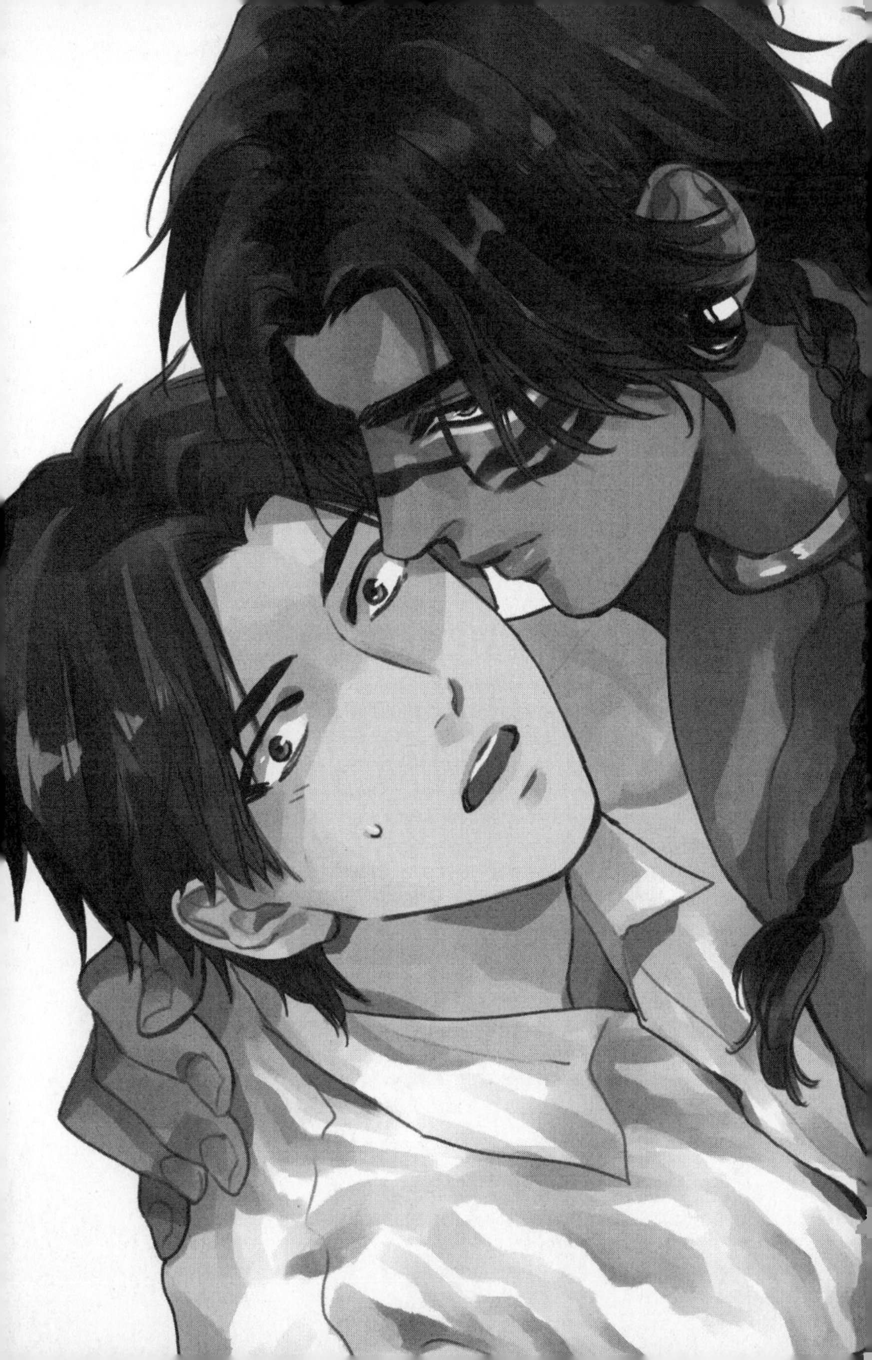

MOTHER'S
SPIRIT 2

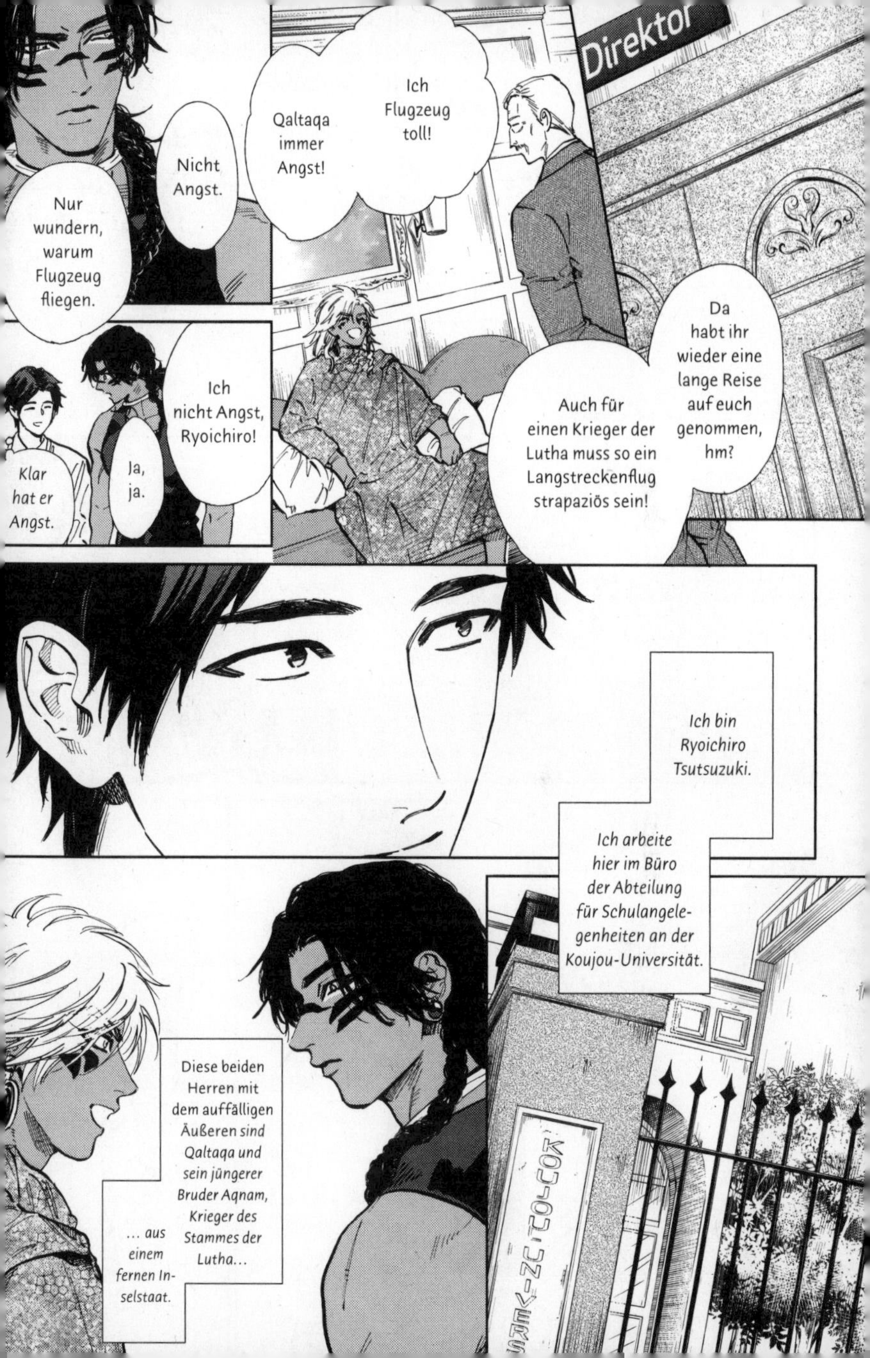
Direktor
Da habt ihr wieder eine lange Reise auf euch genommen, hm?
Auch für einen Krieger der Lutha muss so ein Langstreckenflug strapaziös sein!
Ich Flugzeug toll!
Qaltaqa immer Angst!
Nicht Angst.
Nur wundern, warum Flugzeug fliegen.
Ich nicht Angst, Ryoichiro!
Ja, ja.
Klar hat er Angst.
Ich bin Ryoichiro Tsutsuzuki.
Ich arbeite hier im Büro der Abteilung für Schulangelegenheiten an der Koujou-Universität.
Diese beiden Herren mit dem auffälligen Äußeren sind Qaltaqa und sein jüngerer Bruder Aqnam, Krieger des Stammes der Lutha…
… aus einem fernen Inselstaat.

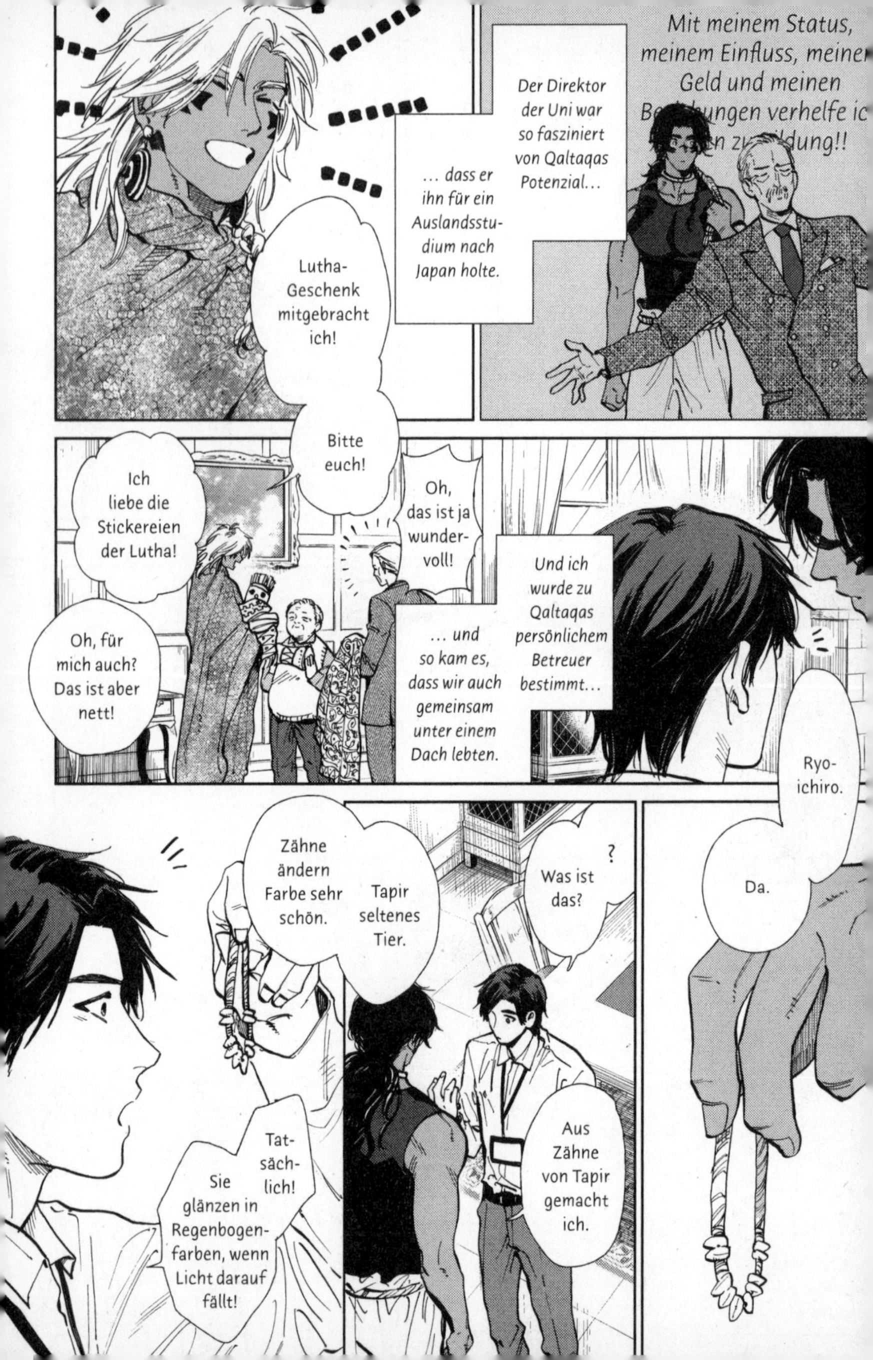

Mit meinem Status, meinem Einfluss, meinem Geld und meinen
Der Direktor der Uni war so fasziniert von Qaltaqas Potenzial…
… dass er ihn für ein Auslandsstudium nach Japan holte.
Lutha-Geschenk mitgebracht ich!
Bitte euch!
Und ich wurde zu Qaltaqas persönlichem Betreuer bestimmt…
… und so kam es, dass wir auch gemeinsam unter einem Dach lebten.
Oh, das ist ja wundervoll!
Ich liebe die Stickereien der Lutha!
Oh, für mich auch? Das ist aber nett!
Ryoichiro.
Da.
?
Was ist das?
Aus Zähne von Tapir gemacht ich.
Tapir seltenes Tier.
Zähne ändern Farbe sehr schön.
Tatsächlich!
Sie glänzen in Regenbogenfarben, wenn Licht darauf fällt!

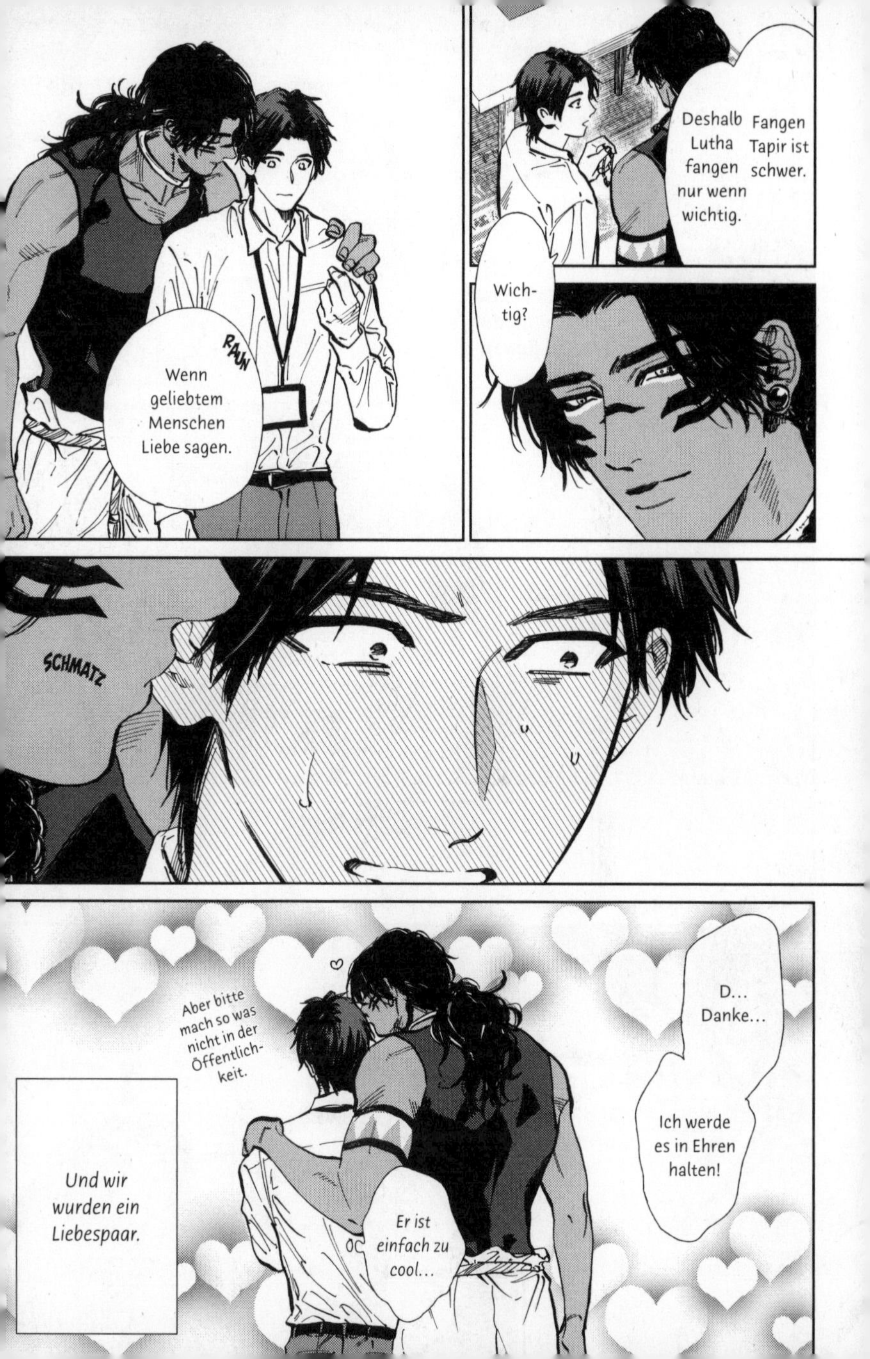
Fangen Tapir ist schwer.
Deshalb Lutha fangen nur wenn wichtig.
Wich-tig?
RAUN
Wenn geliebtem Menschen Liebe sagen.
SCHMATZ
D… Danke…
Ich werde es in Ehren halten!
Aber bitte mach so was nicht in der Öffentlich-keit.
Er ist einfach zu cool…
Und wir wurden ein Liebespaar.

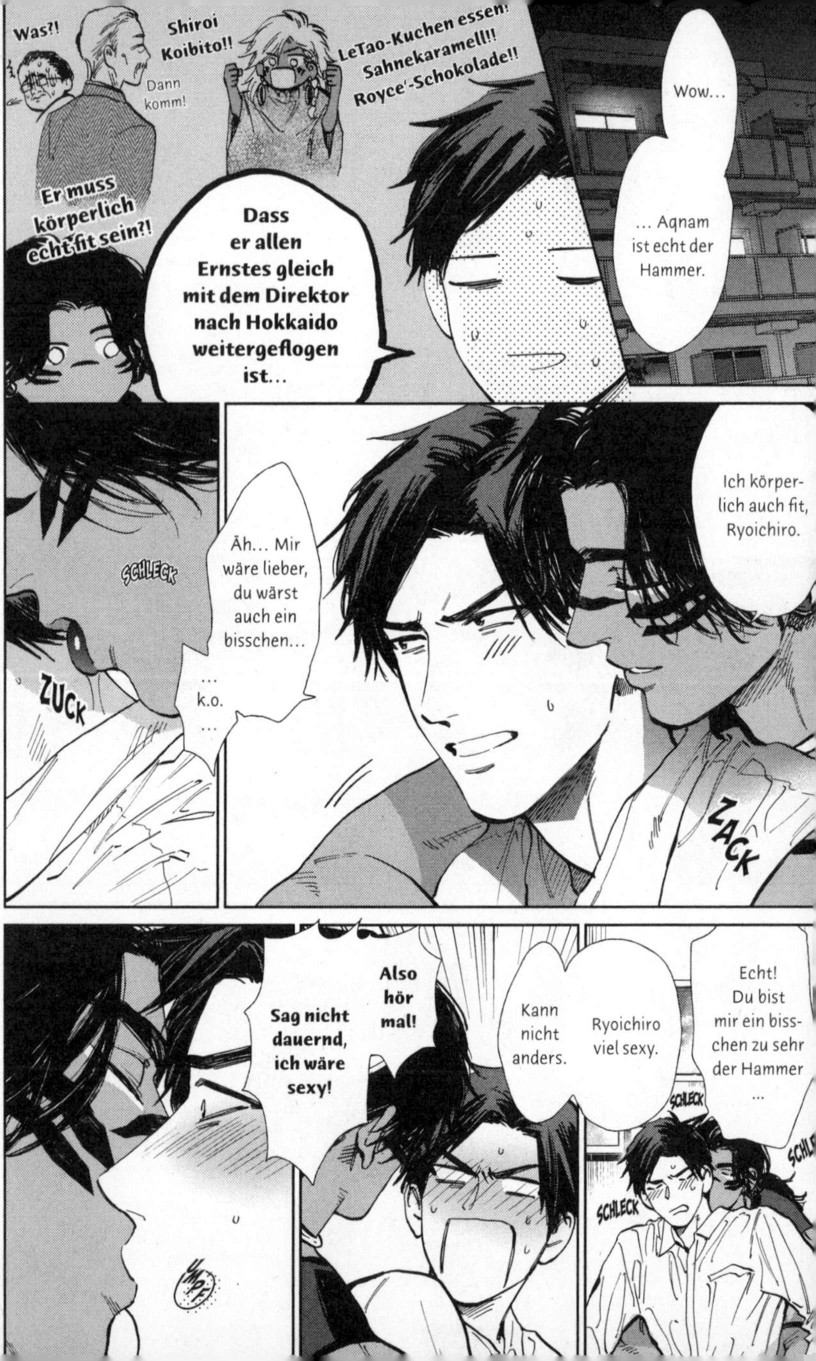

Wow…
… Aqnam ist echt der Hammer.
Dass er allen Ernstes gleich mit dem Direktor nach Hokkaido weitergeflogen ist…
Er muss körperlich echt fit sein?!
LeTao-Kuchen essen! Sahnekaramell!! Royce'-Schokolade!!
Shiroi Koibito!!
Dann komm!
Was?!
Ich körperlich auch fit, Ryoichiro.
ZACK
Äh… Mir wäre lieber, du wärst auch ein bisschen…
… k.o. …
SCHLECK
ZUCK
Echt! Du bist mir ein bisschen zu sehr der Hammer …
SCHLECK
SCHLECK
SCHL
Ryoichiro viel sexy.
Kann nicht anders.
Also hör mal!
Sag nicht dauernd, ich wäre sexy!
UMPF

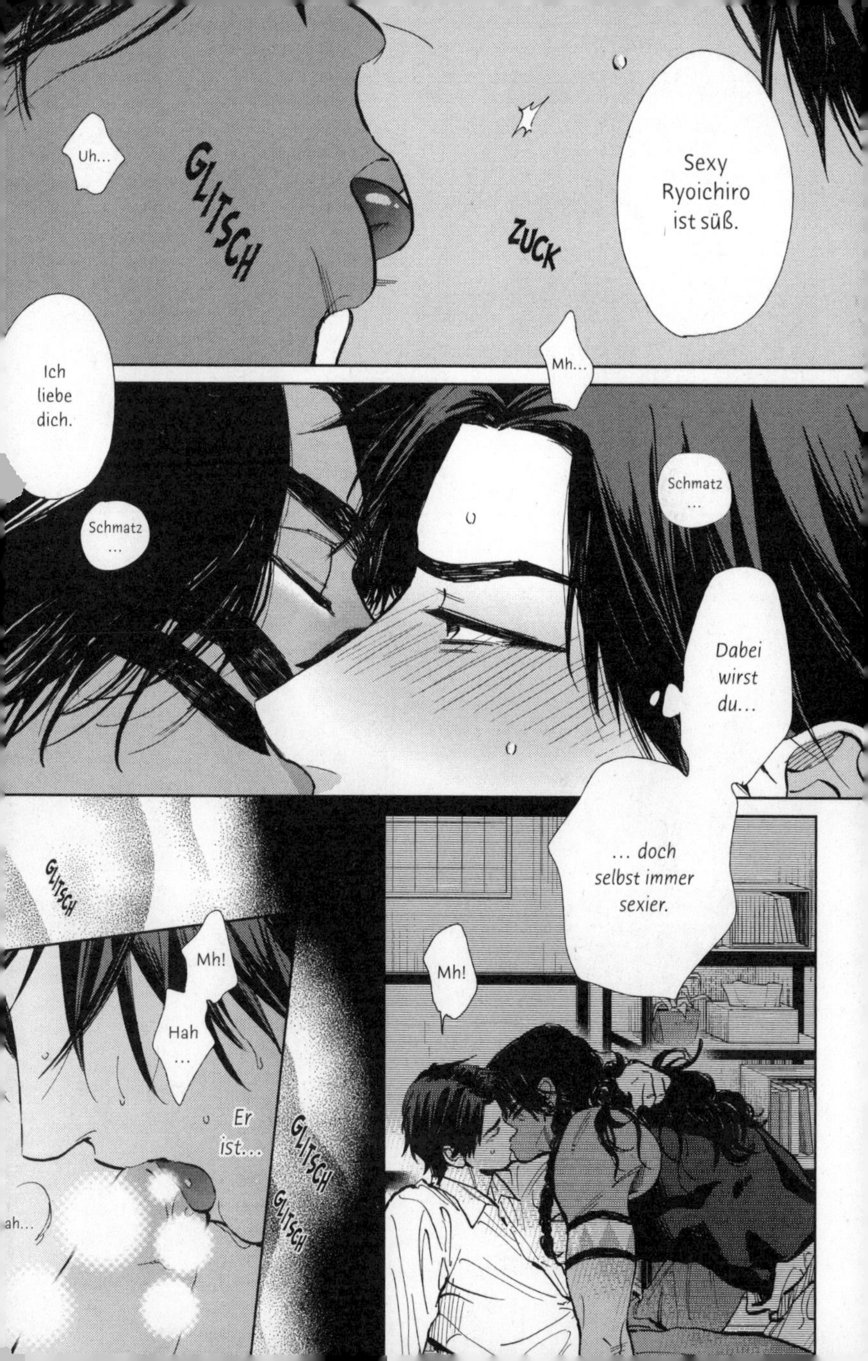
Sexy Ryoichiro ist süß.
ZUCK
GLITSCH
Uh…
Mh…
Ich liebe dich.
Schmatz …
Dabei wirst du…
Schmatz …
… doch selbst immer sexier.
Mh!
GLITSCH
Mh!
Hah …
Er ist…
GLITSCH
GLITSCH
ah…

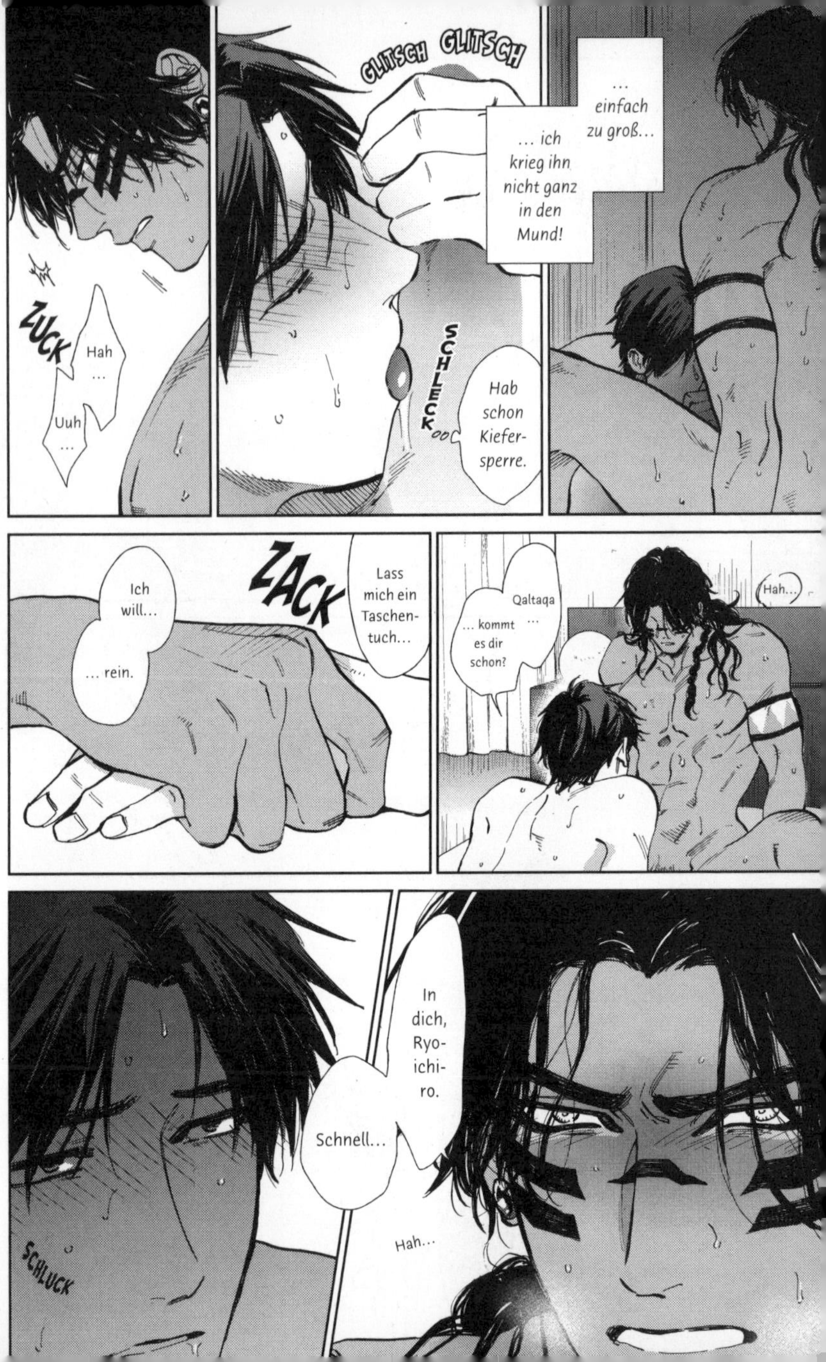
… einfach zu groß…
… ich krieg ihn nicht ganz in den Mund!
GLITSCH GLITSCH
SCHLECK
Hab schon Kiefer-sperre.
ZUCK
Hah …
Uuh …
Hah…
Qaltaqa …
… kommt es dir schon?
Lass mich ein Taschen-tuch…
ZACK
Ich will…
… rein.
In dich, Ryo-ichi-ro.
Schnell…
Hah…
SCHLUCK

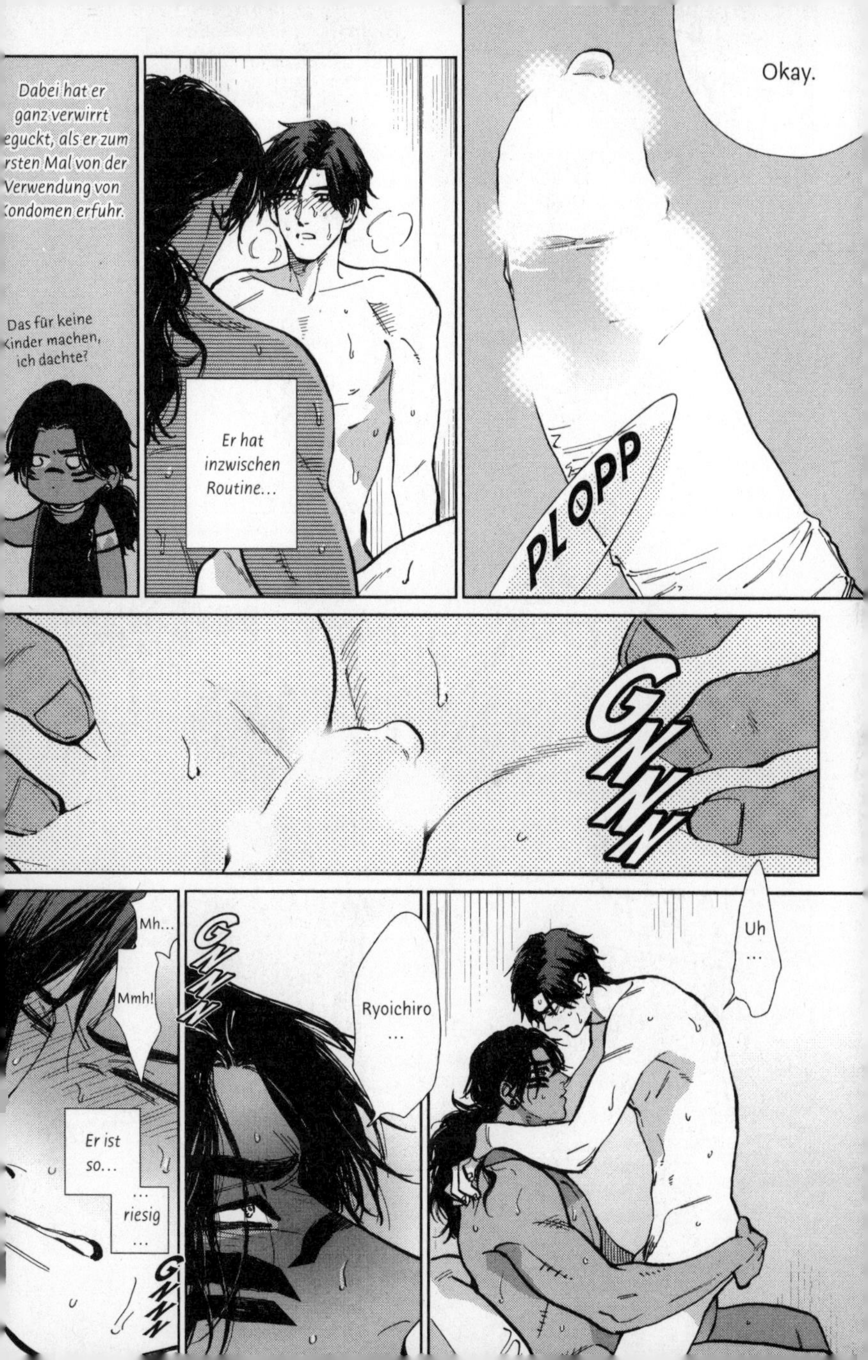
Okay.
PLOPP
Er hat inzwischen Routine…
Dabei hat er ganz verwirrt eguckt, als er zum rsten Mal von der Verwendung von ondomen erfuhr.
Das für keine inder machen, ich dachte?
GNNN
Uh …
Ryoichiro …
GNNN
Mh…
Mmh!
Er ist so…
… riesig …
GNNN

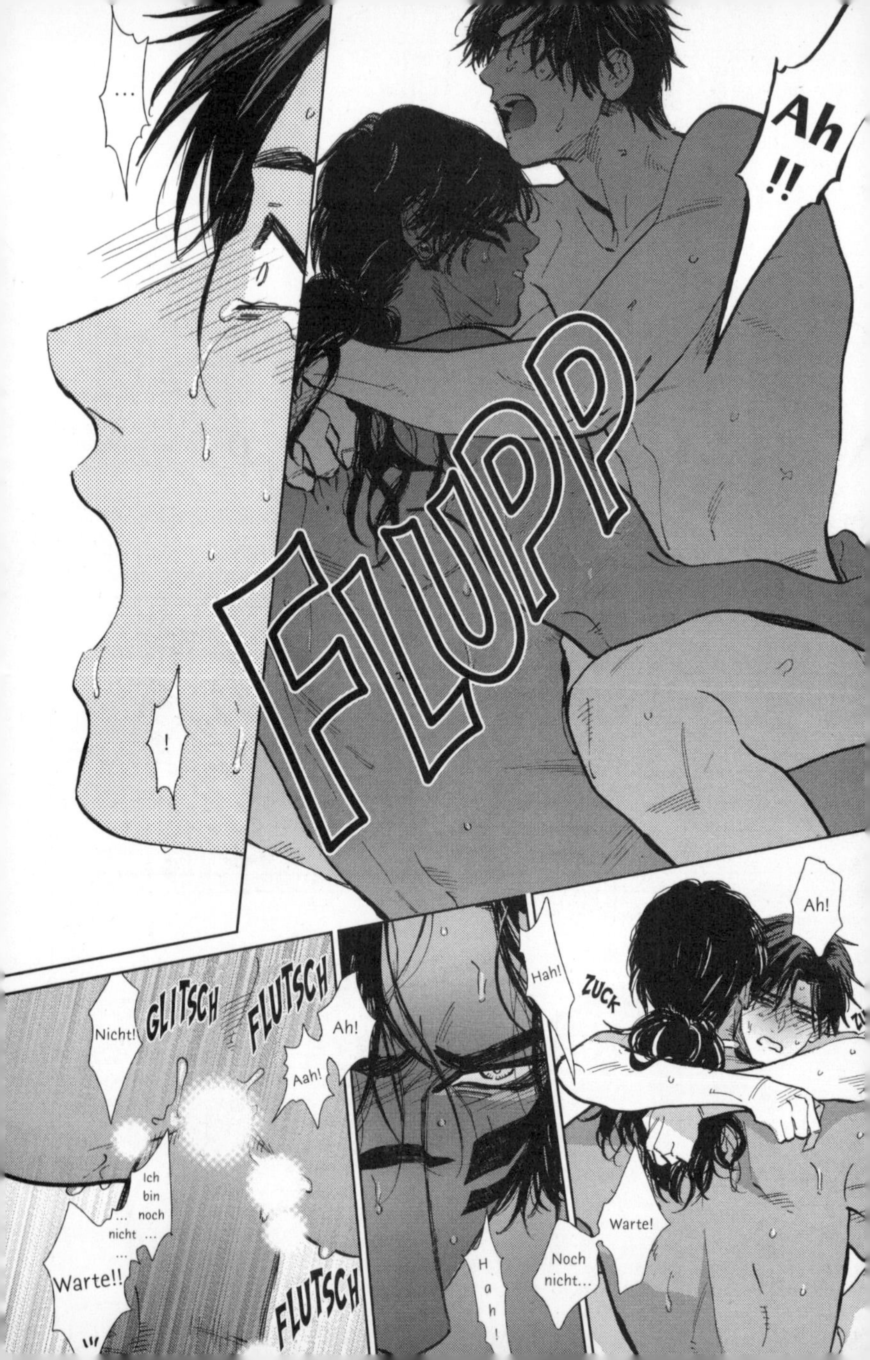
Ah !!
FLUPP
…
!
Ah!
Hah!
ZUCK
Warte!
Noch nicht…
Hah!
FLUTSCH
Ah!
Aah!
GLITSCH
Nicht!
Ich bin noch nicht …
… Warte!!
FLUTSCH

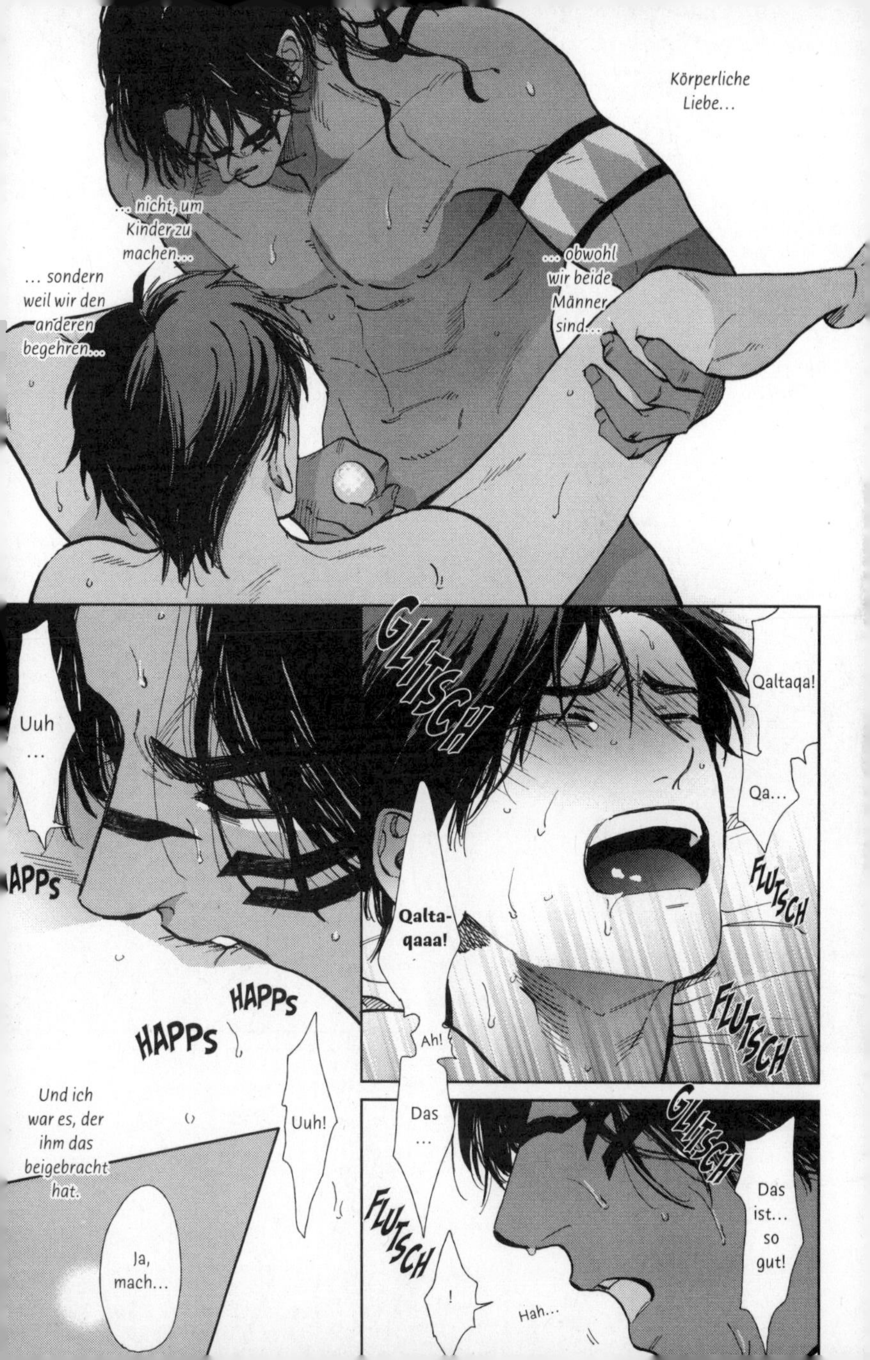
Körperliche Liebe…
… obwohl wir beide Männer sind…
… nicht, um Kinder zu machen…
… sondern weil wir den anderen begehren…
GLITSCH
Qaltaqa!
Qa…
FLUTSCH
FLUTSCH
Qalta-qaaa!
Uuh …
HAPPS
HAPPS
HAPPS
GLITSCH
Das ist… so gut!
Hah…
Das …
Ah!
FLUTSCH
!
Uuh!
Ja, mach…
Und ich war es, der ihm das beigebracht hat.

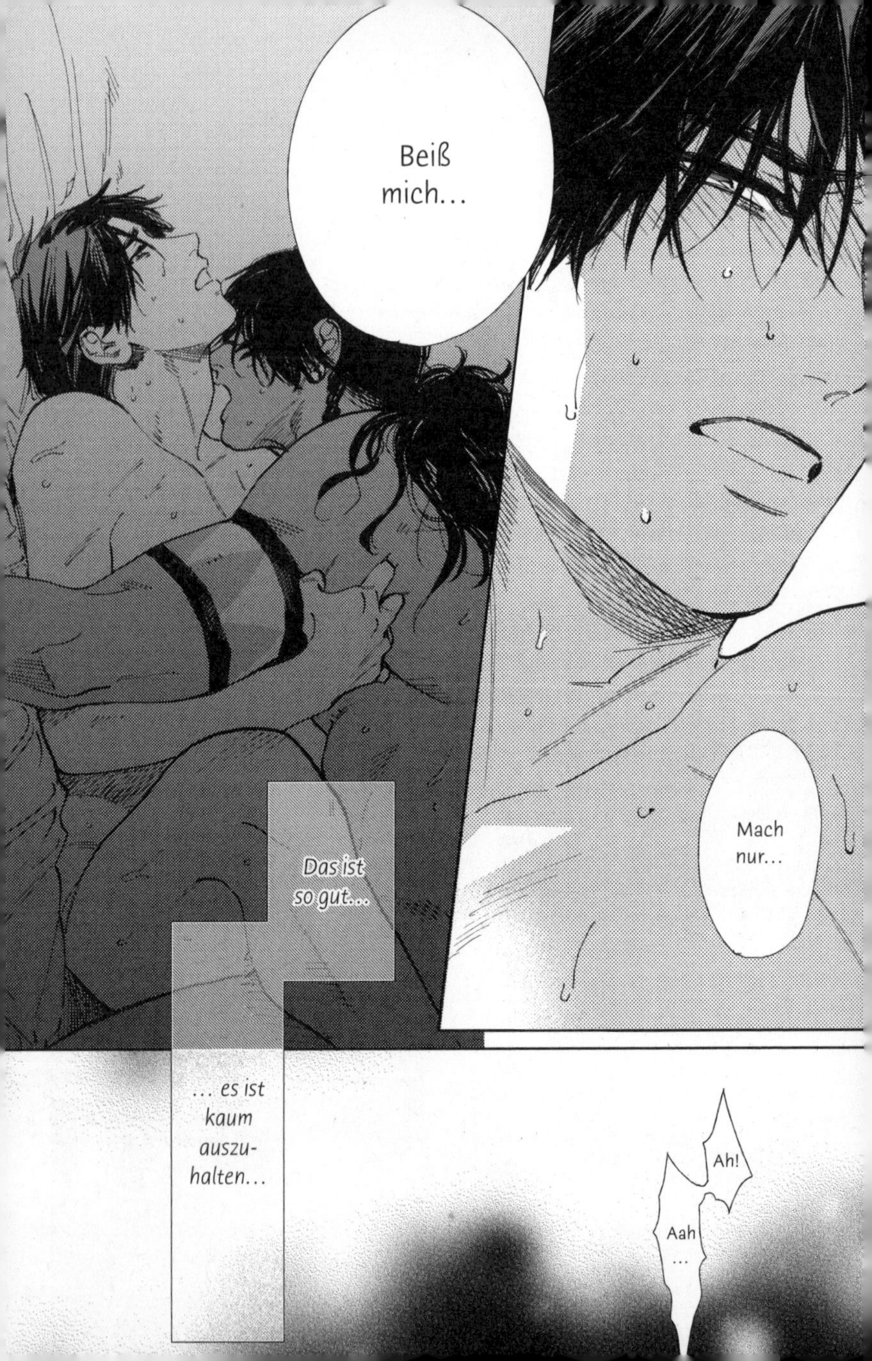
Beiß mich…
Mach nur…
Das ist so gut…
… es ist kaum auszuhalten…
Ah!
Aah …

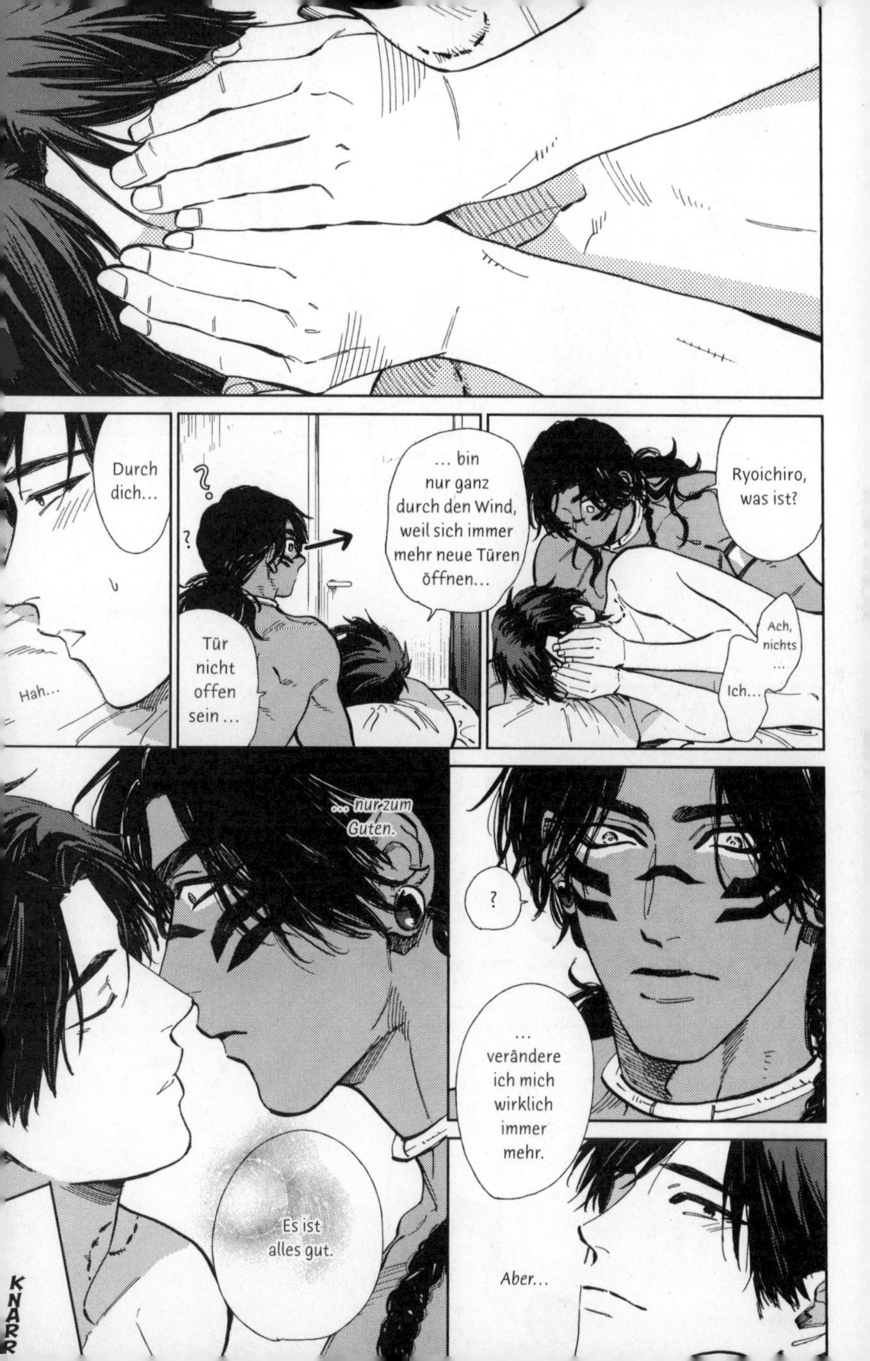

Ryoichiro, was ist?
Ach, nichts ...
Ich...
... bin nur ganz durch den Wind, weil sich immer mehr neue Türen öffnen...
?
?
Tür nicht offen sein ...
Durch dich...
Hah...
?
... verändere ich mich wirklich immer mehr.
Aber...
... nur zum Guten.
Es ist alles gut.
KNARR

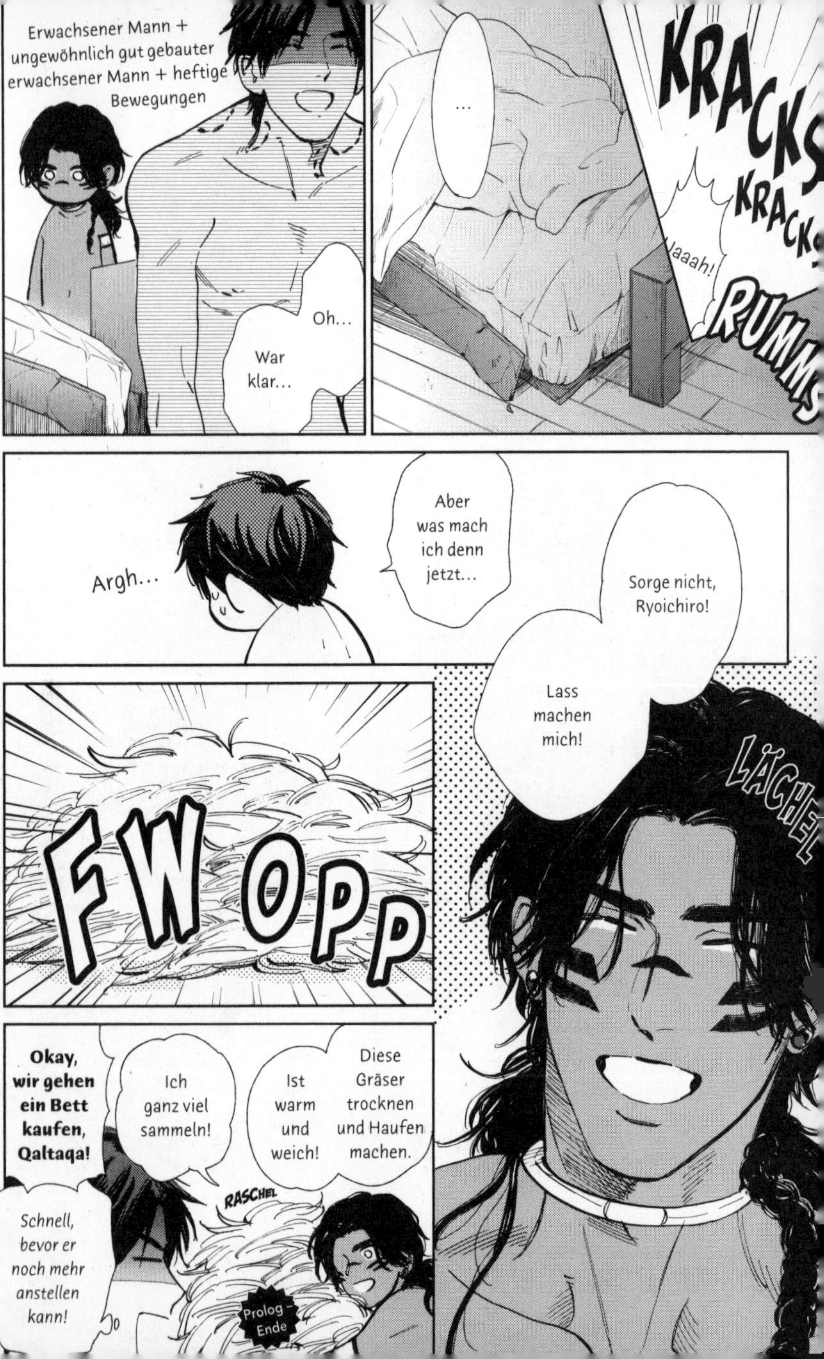
Erwachsener Mann + ungewöhnlich gut gebauter erwachsener Mann + heftige Bewegungen
...
KRACKS
KRACKS
Uaaah!
RUMMS
Oh...
War klar...
Argh...
Aber was mach ich denn jetzt...
Sorge nicht, Ryoichiro!
Lass machen mich!
LÄCHEL
FWOPP
Diese Gräser trocknen und Haufen machen.
Ist warm und weich!
Ich ganz viel sammeln!
Okay, wir gehen ein Bett kaufen, Qaltaqa!
RASCHEL
Schnell, bevor er noch mehr anstellen kann!
Prolog – Ende

MOTHER'S SPIRIT 2

MOTHER'S SPIRIT 2

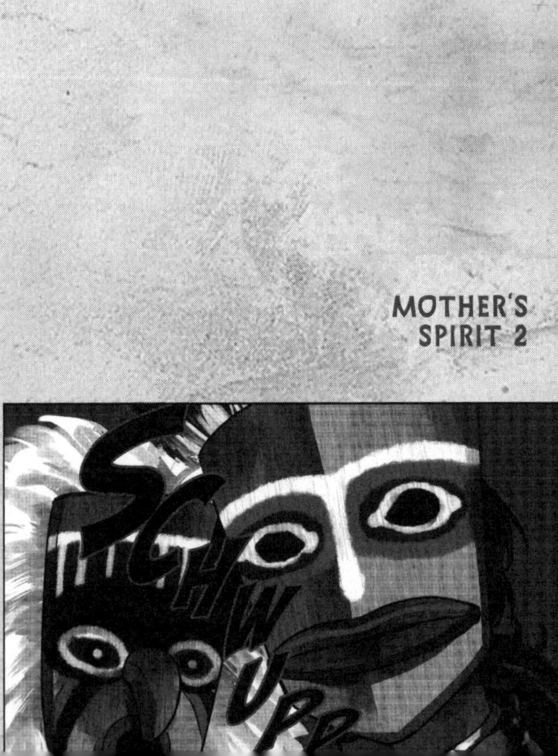

MOTHER'S SPIRIT 2

Story 1

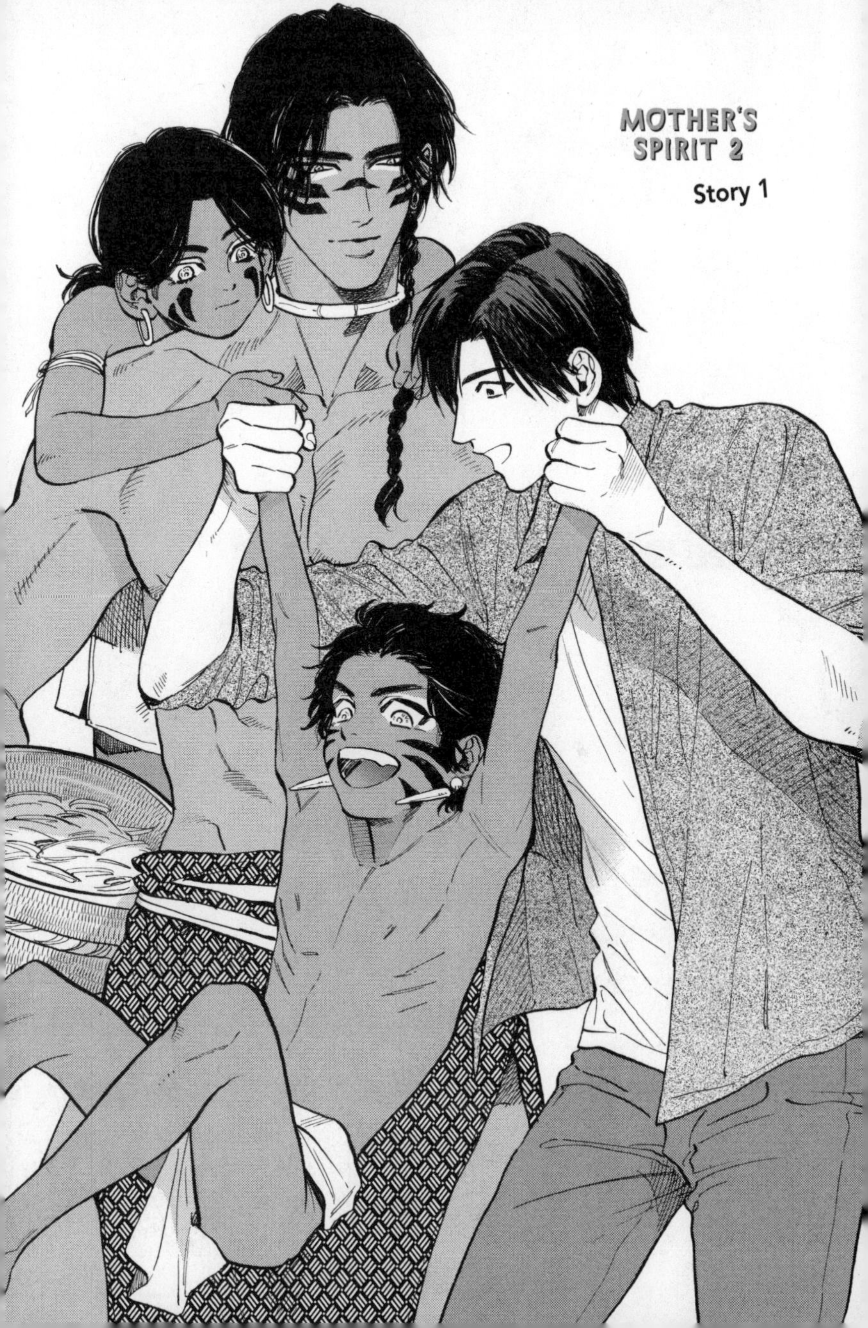

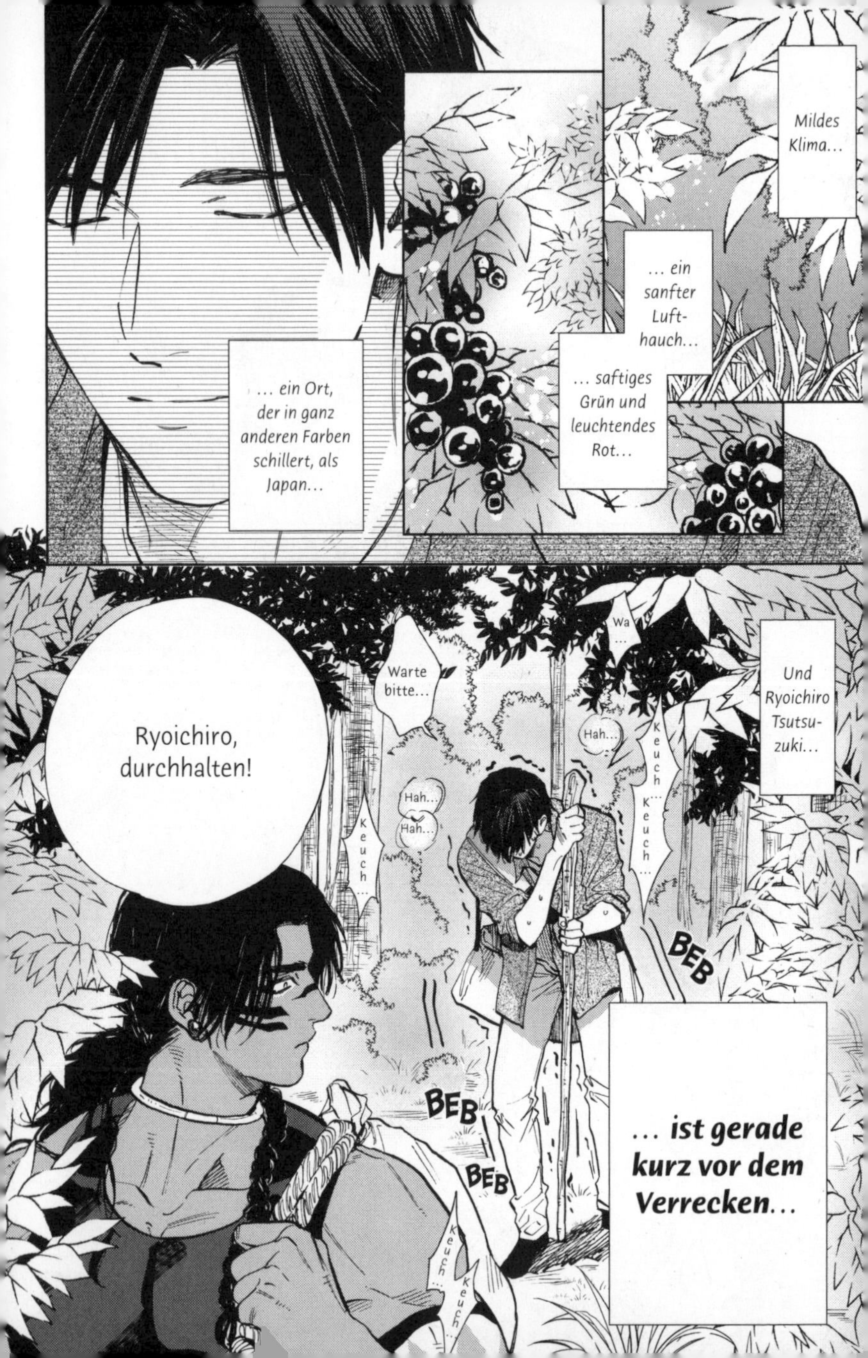
Mildes Klima…
… ein sanfter Lufthauch…
… saftiges Grün und leuchtendes Rot…
… ein Ort, der in ganz anderen Farben schillert, als Japan…
Und Ryoichiro Tsutsuzuki…
Wa…
Keuch… Keuch…
Hah…
Warte bitte…
Hah… Hah…
Keuch…
Ryoichiro, durchhalten!
BEB
BEB
BEB
… ist gerade kurz vor dem Verrecken…
Keuch… Keuch…

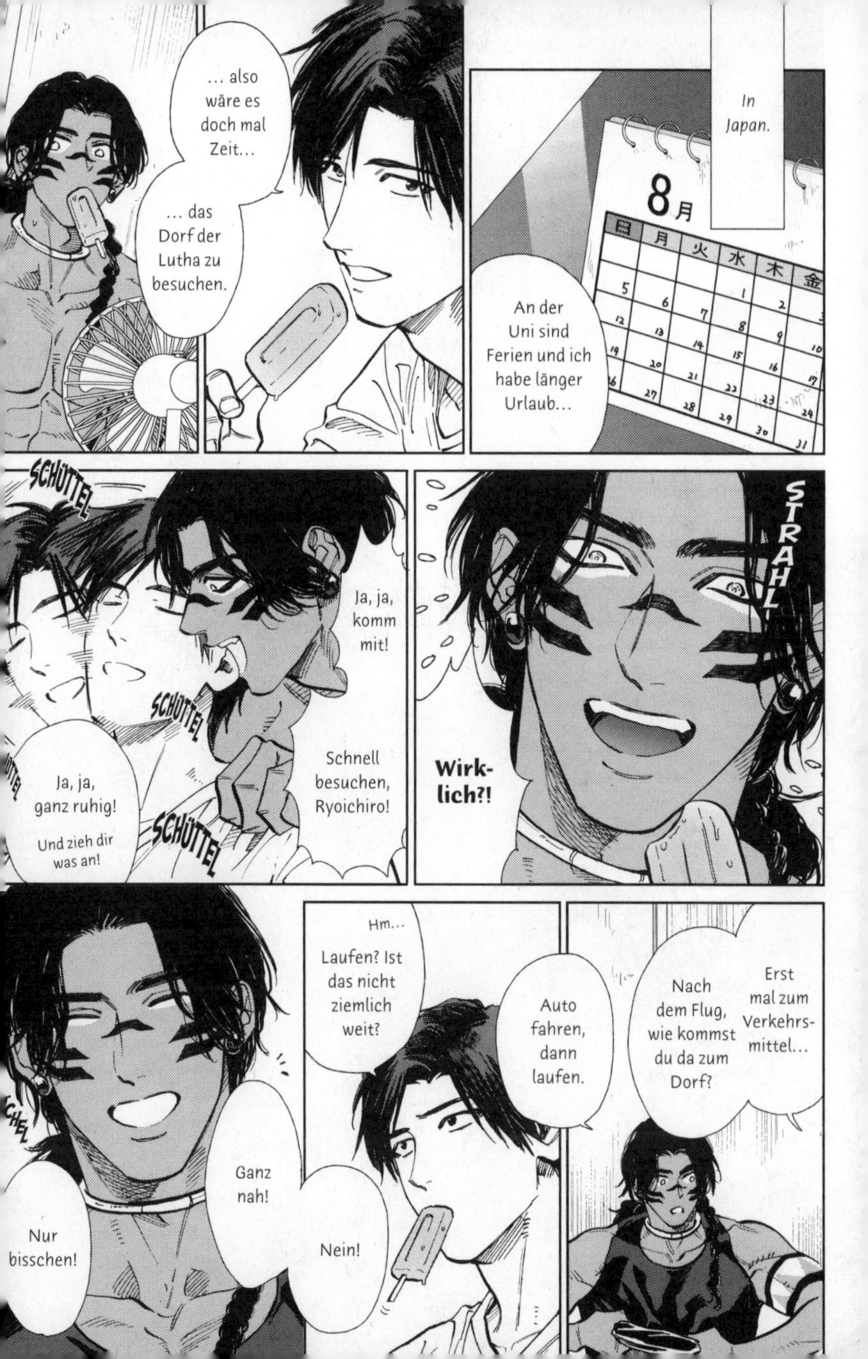
In Japan.
8月
An der Uni sind Ferien und ich habe länger Urlaub…
… also wäre es doch mal Zeit…
… das Dorf der Lutha zu besuchen.
STRAHL
Wirk-lich?!
SCHÜTTEL
Ja, ja, komm mit!
Schnell besuchen, Ryoichiro!
SCHÜTTEL
SCHÜTTEL
Ja, ja, ganz ruhig! Und zieh dir was an!
Erst mal zum Verkehrsmittel…
Nach dem Flug, wie kommst du da zum Dorf?
Auto fahren, dann laufen.
Hm… Laufen? Ist das nicht ziemlich weit?
Nein!
Ganz nah!
Nur bisschen!

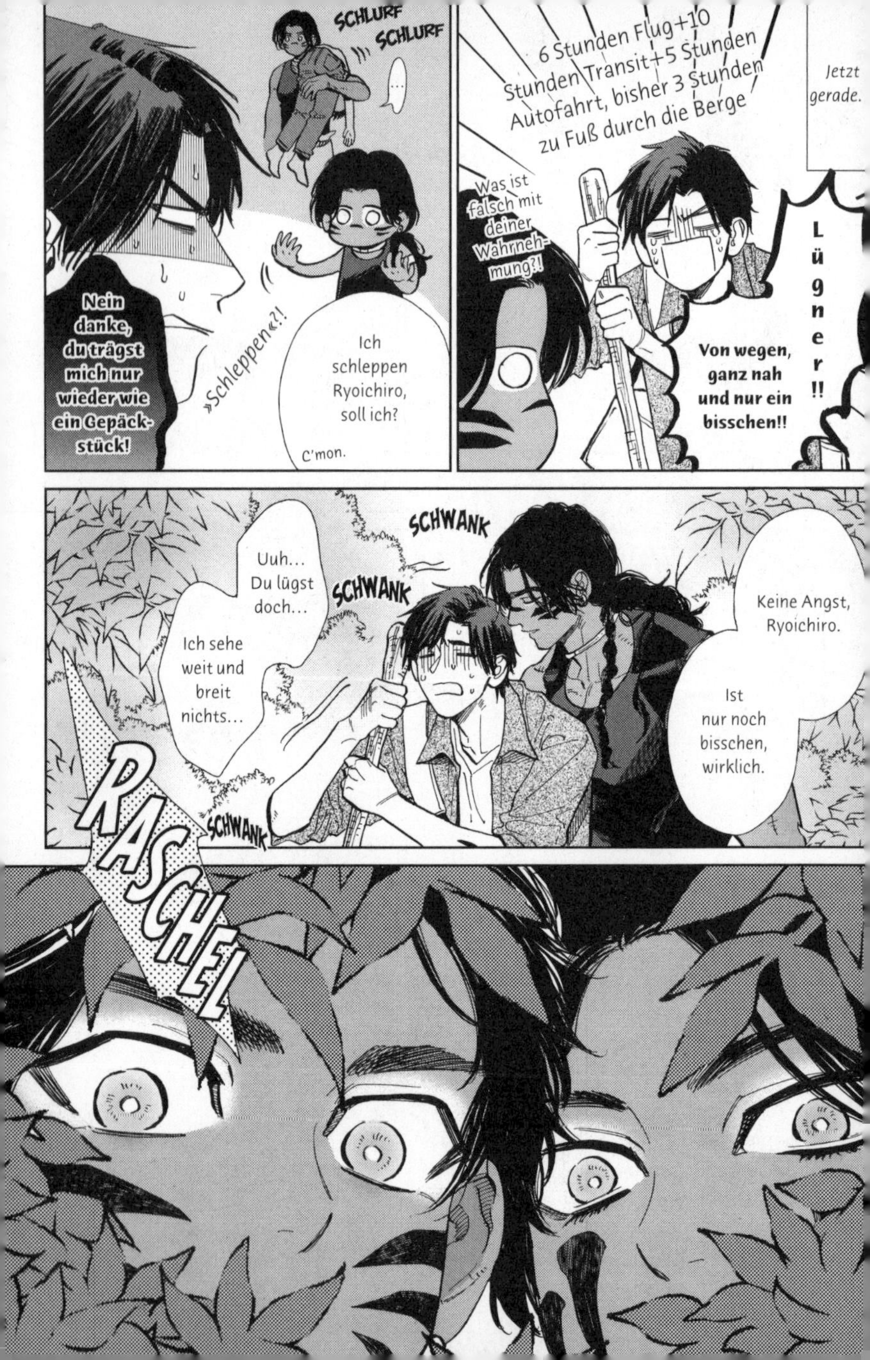
Jetzt gerade.
Lügner!!
Von wegen, ganz nah und nur ein bisschen!!
6 Stunden Flug+10 Stunden Transit+5 Stunden Autofahrt, bisher 3 Stunden zu Fuß durch die Berge
Was ist falsch mit deiner Wahrnehmung?!
Ich schleppen Ryoichiro, soll ich?
C'mon.
»Schleppen«?!
Nein danke, du trägst mich nur wieder wie ein Gepäckstück!
SCHLURF
SCHLURF
…
Keine Angst, Ryoichiro.
Ist nur noch bisschen, wirklich.
SCHWANK
SCHWANK
Uuh… Du lügst doch…
Ich sehe weit und breit nichts…
SCHWANK
RASCHEL

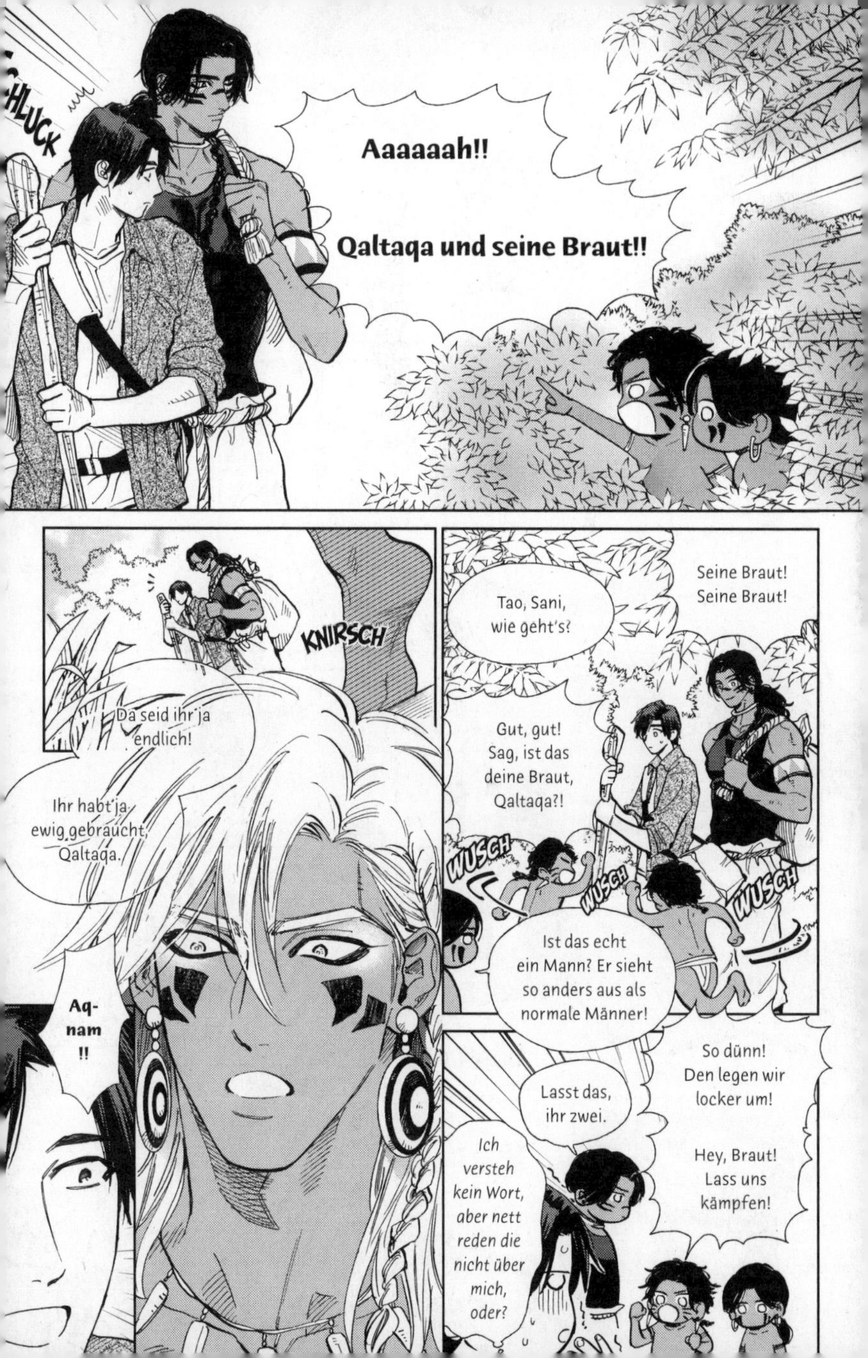
HLUCK
Aaaaaah!!
Qaltaqa und seine Braut!!
Seine Braut! Seine Braut!
Tao, Sani, wie geht's?
Gut, gut! Sag, ist das deine Braut, Qaltaqa?!
WUSCH
WUSCH
WUSCH
Ist das echt ein Mann? Er sieht so anders aus als normale Männer!
KNIRSCH
Da seid ihr ja endlich!
Ihr habt ja ewig gebraucht, Qaltaqa.
So dünn! Den legen wir locker um!
Lasst das, ihr zwei.
Hey, Braut! Lass uns kämpfen!
Ich versteh kein Wort, aber nett reden die nicht über mich, oder?
Aq-nam !!

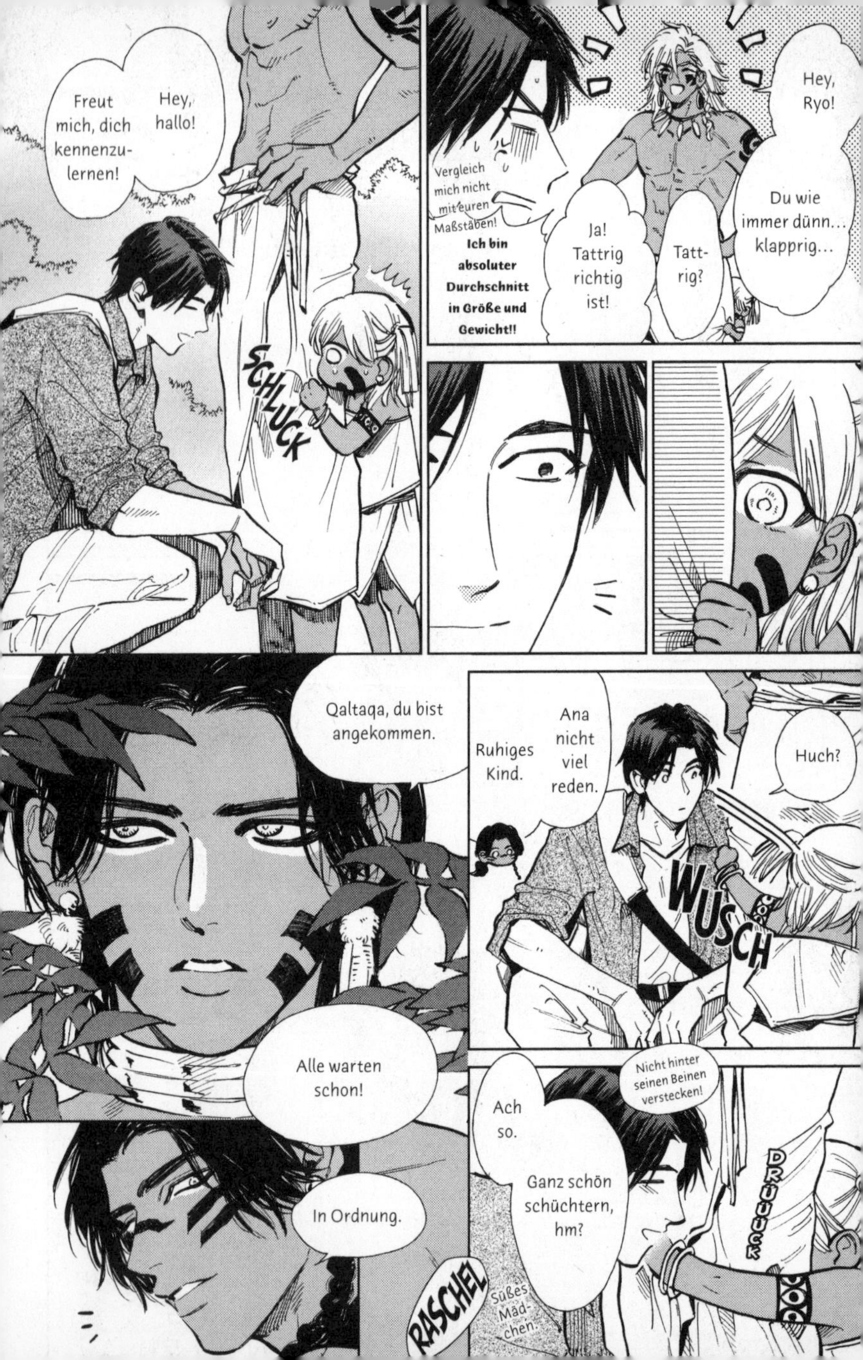

Hey, Ryo!
Du wie immer dünn… klapprig…
Tatt-rig?
Ja! Tattrig richtig ist!
Vergleich mich nicht mit euren Maßstäben!
Ich bin absoluter Durchschnitt in Größe und Gewicht!!
Hey, hallo!
Freut mich, dich kennenzulernen!
SCHLUCK
Huch?
WUSCH
Ana nicht viel reden.
Ruhiges Kind.
Qaltaqa, du bist angekommen.
Alle warten schon!
Nicht hinter seinen Beinen verstecken!
DRÜUUUCK
Ach so.
Ganz schön schüchtern, hm?
Süßes Mädchen.
In Ordnung.
RASCHEL

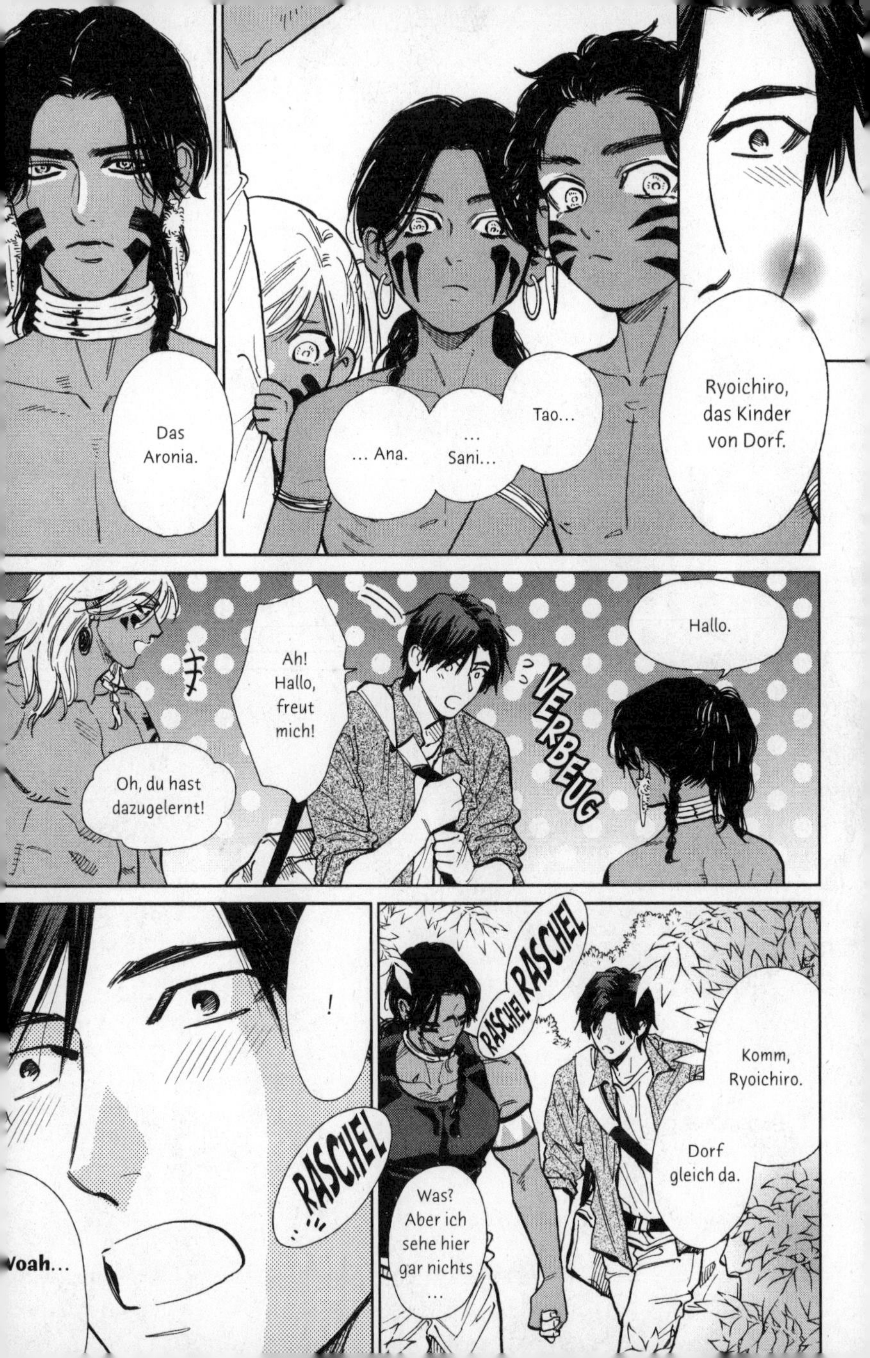
Ryoichiro, das Kinder von Dorf.
Tao…
… Sani…
… Ana.
Das Aronia.
Hallo.
VERBEUG
Ah! Hallo, freut mich!
Oh, du hast dazugelernt!
Komm, Ryoichiro.
Dorf gleich da.
RASCHEL RASCHEL
RASCHEL
Was? Aber ich sehe hier gar nichts …
!
Voah…

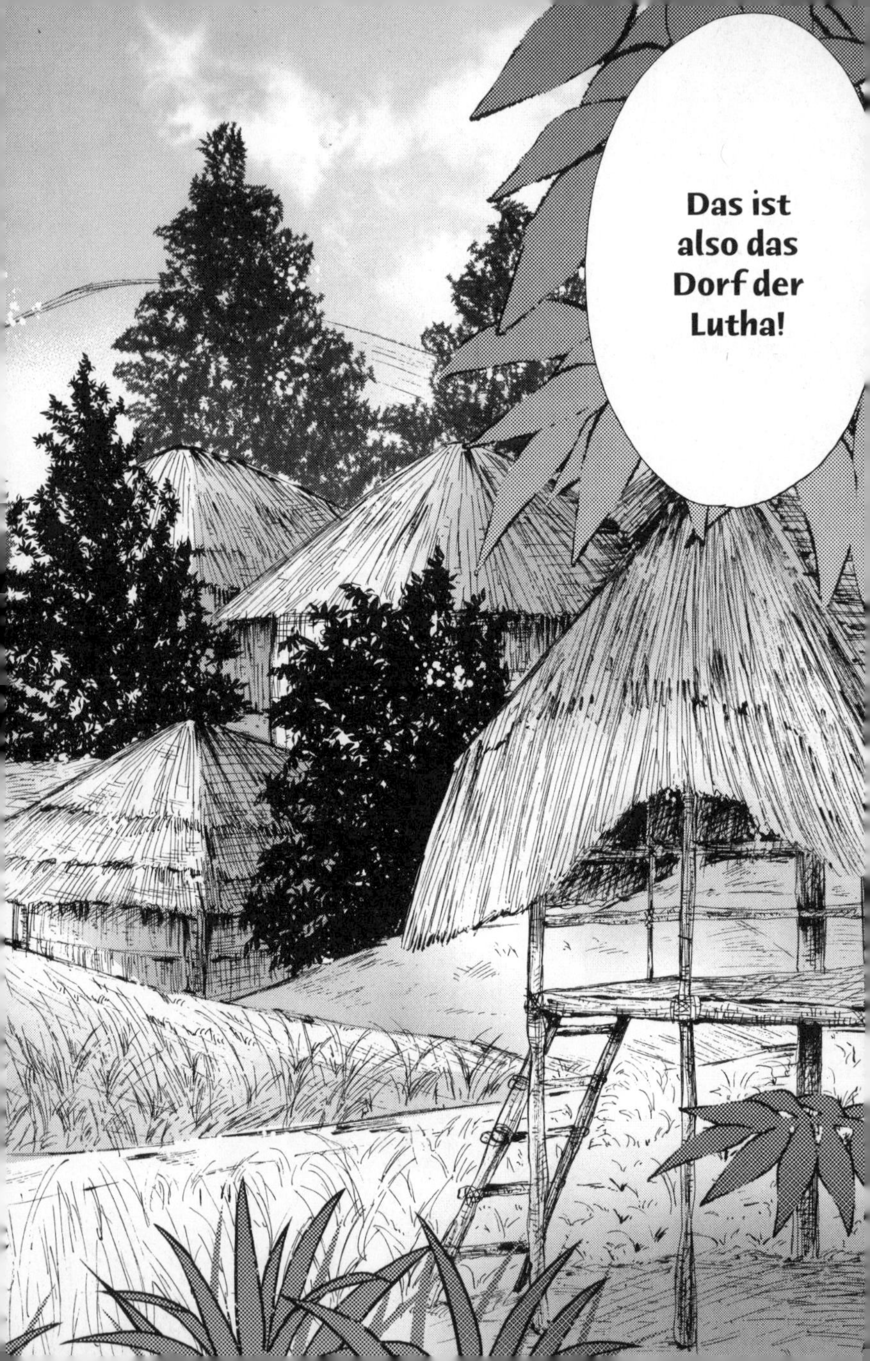
Das ist also das Dorf der Lutha!

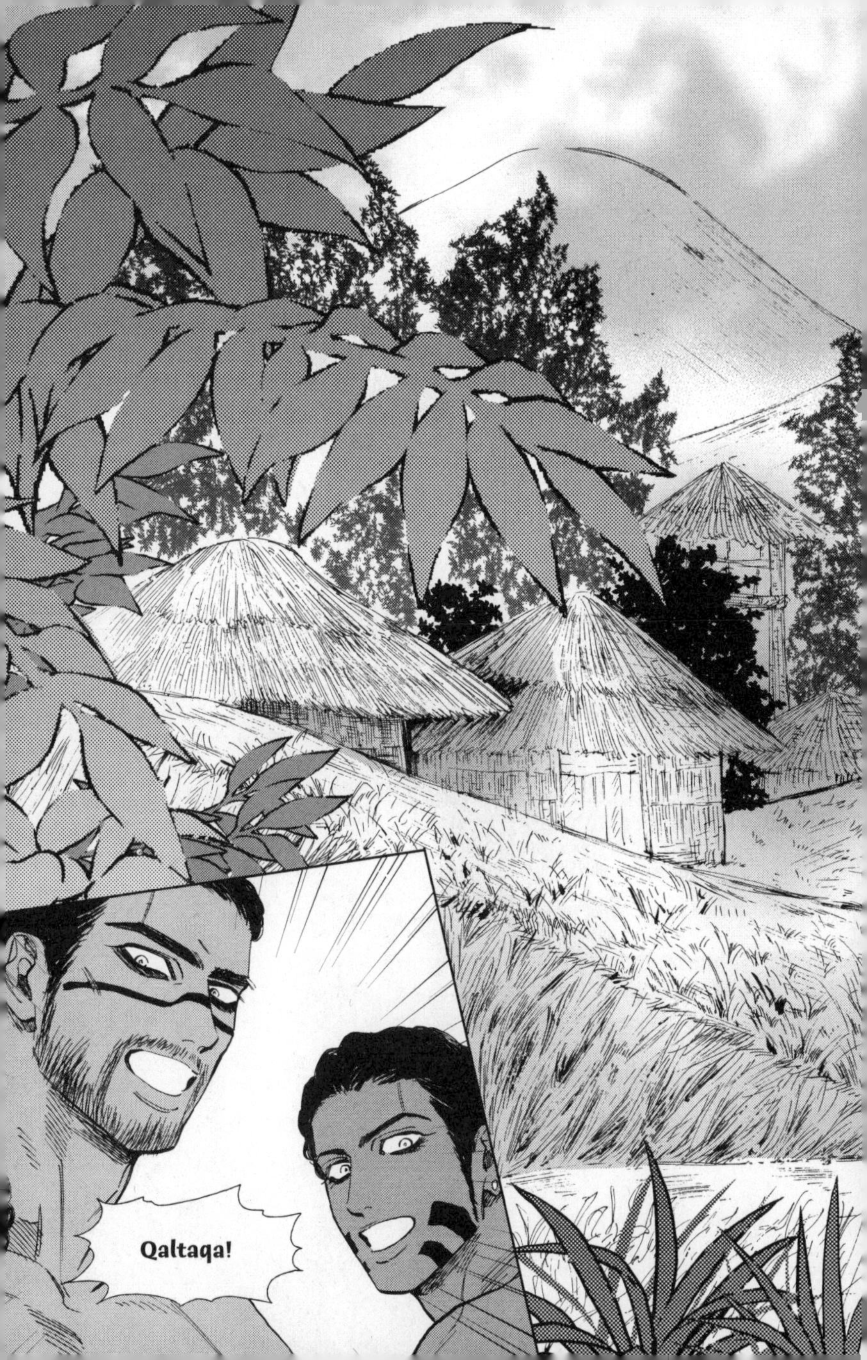
Qaltaqa!

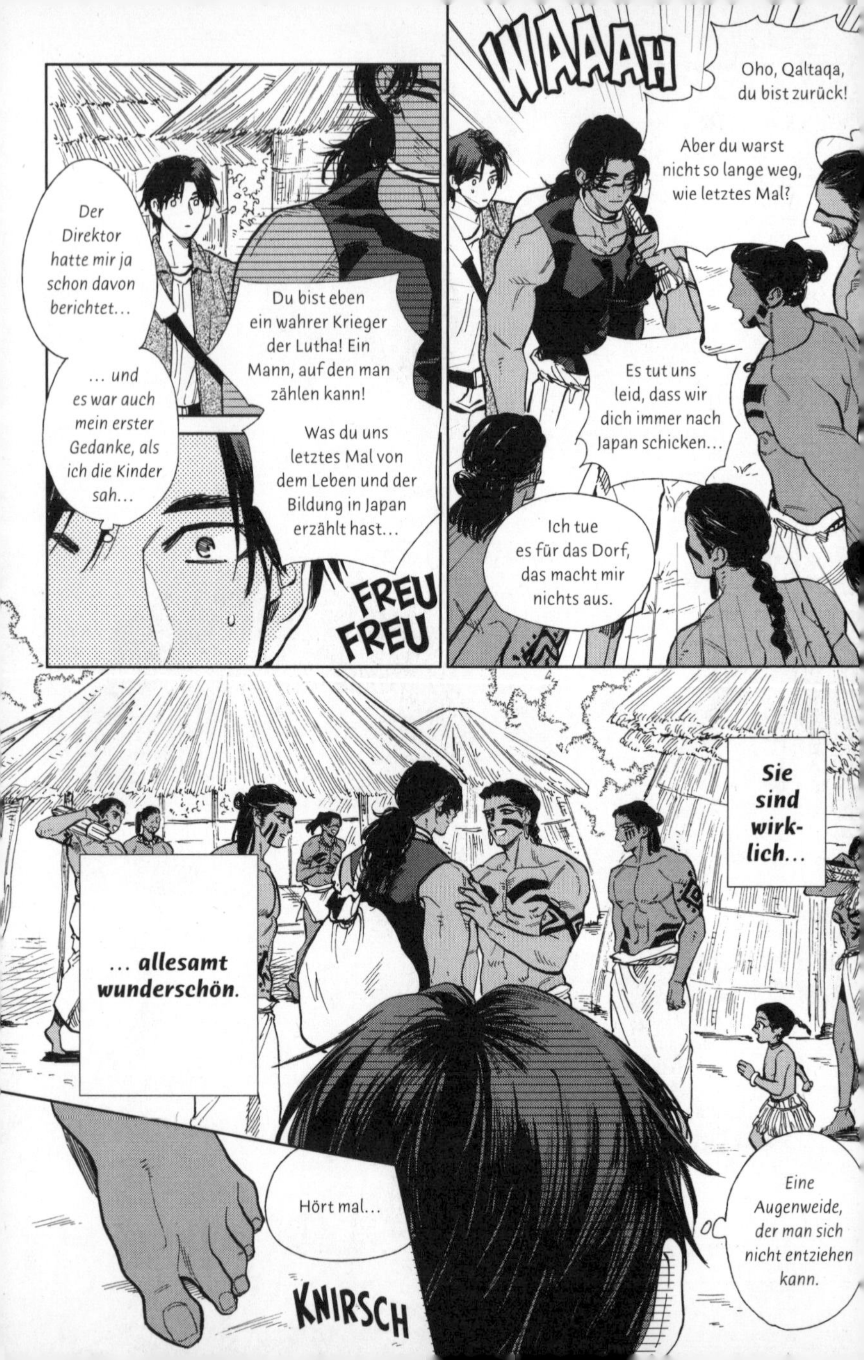
WAAAH
Oho, Qaltaqa, du bist zurück!
Aber du warst nicht so lange weg, wie letztes Mal?
Es tut uns leid, dass wir dich immer nach Japan schicken…
Ich tue es für das Dorf, das macht mir nichts aus.
Du bist eben ein wahrer Krieger der Lutha! Ein Mann, auf den man zählen kann!
Was du uns letztes Mal von dem Leben und der Bildung in Japan erzählt hast…
FREU FREU
Der Direktor hatte mir ja schon davon berichtet…
… und es war auch mein erster Gedanke, als ich die Kinder sah…
Sie sind wirklich…
… allesamt wunderschön.
Eine Augenweide, der man sich nicht entziehen kann.
Hört mal…
KNIRSCH

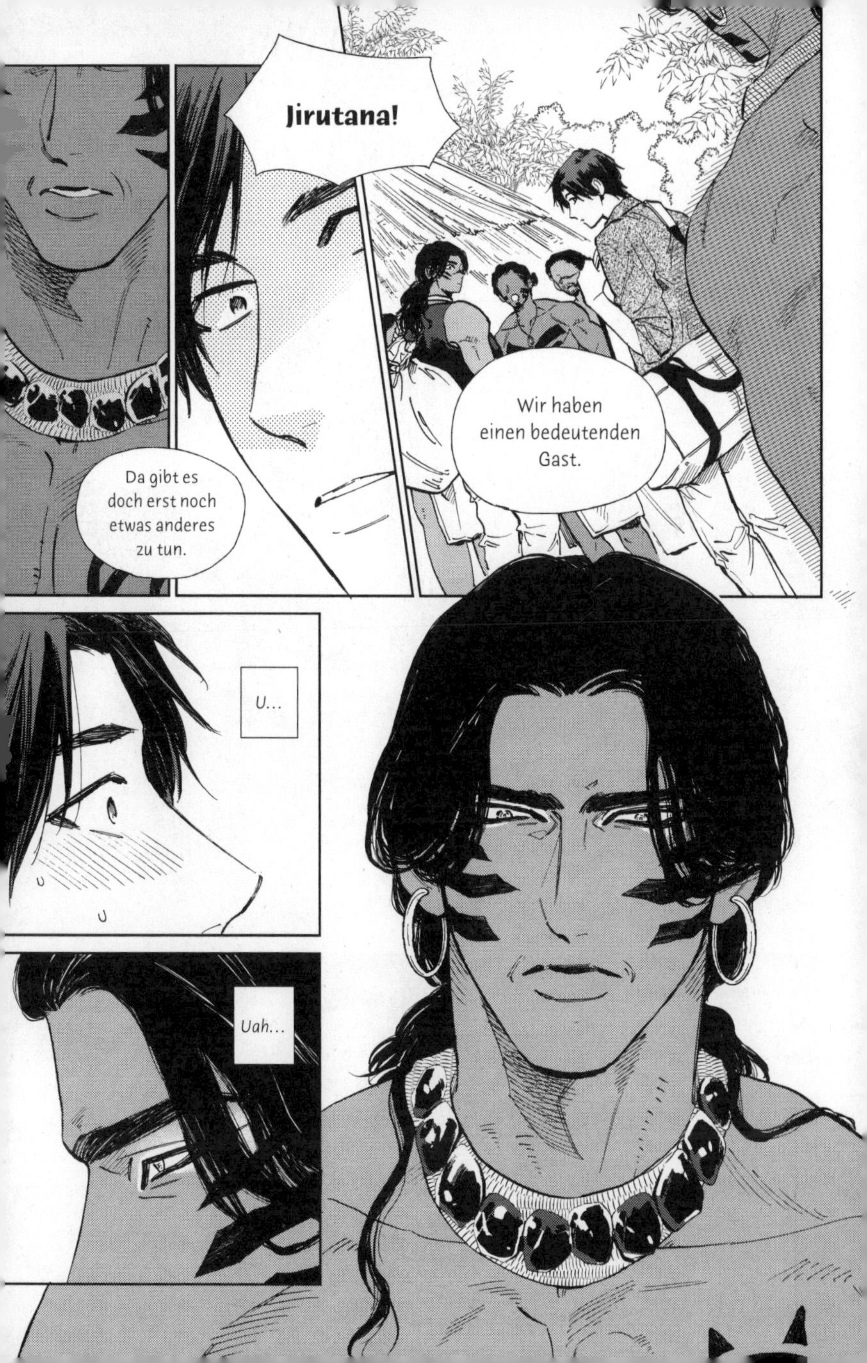
Jirutana!
Wir haben einen bedeutenden Gast.
Da gibt es doch erst noch etwas anderes zu tun.
U…
Uah…

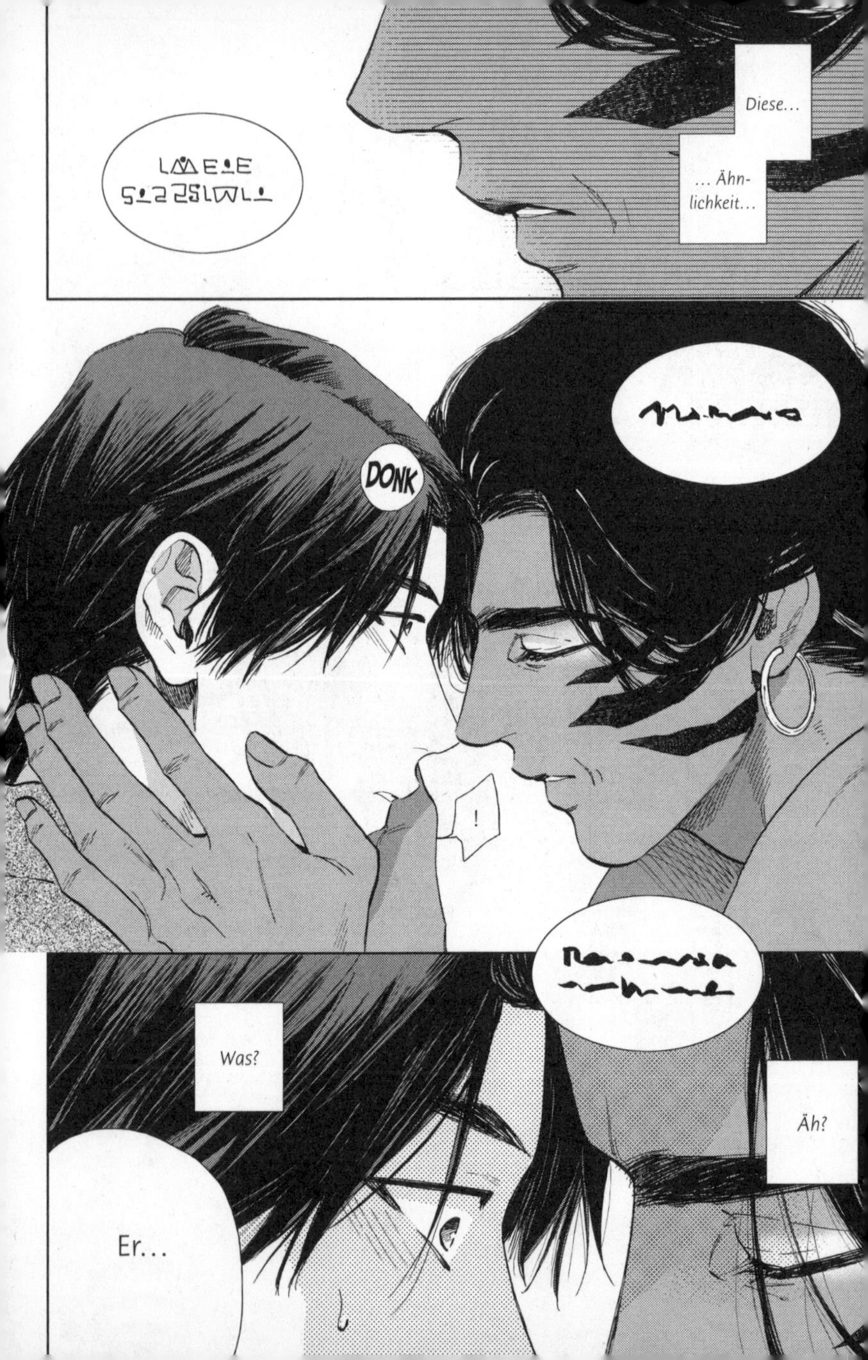
Diese…
… Ähnlichkeit…
DONK
!
Äh?
Was?
Er…

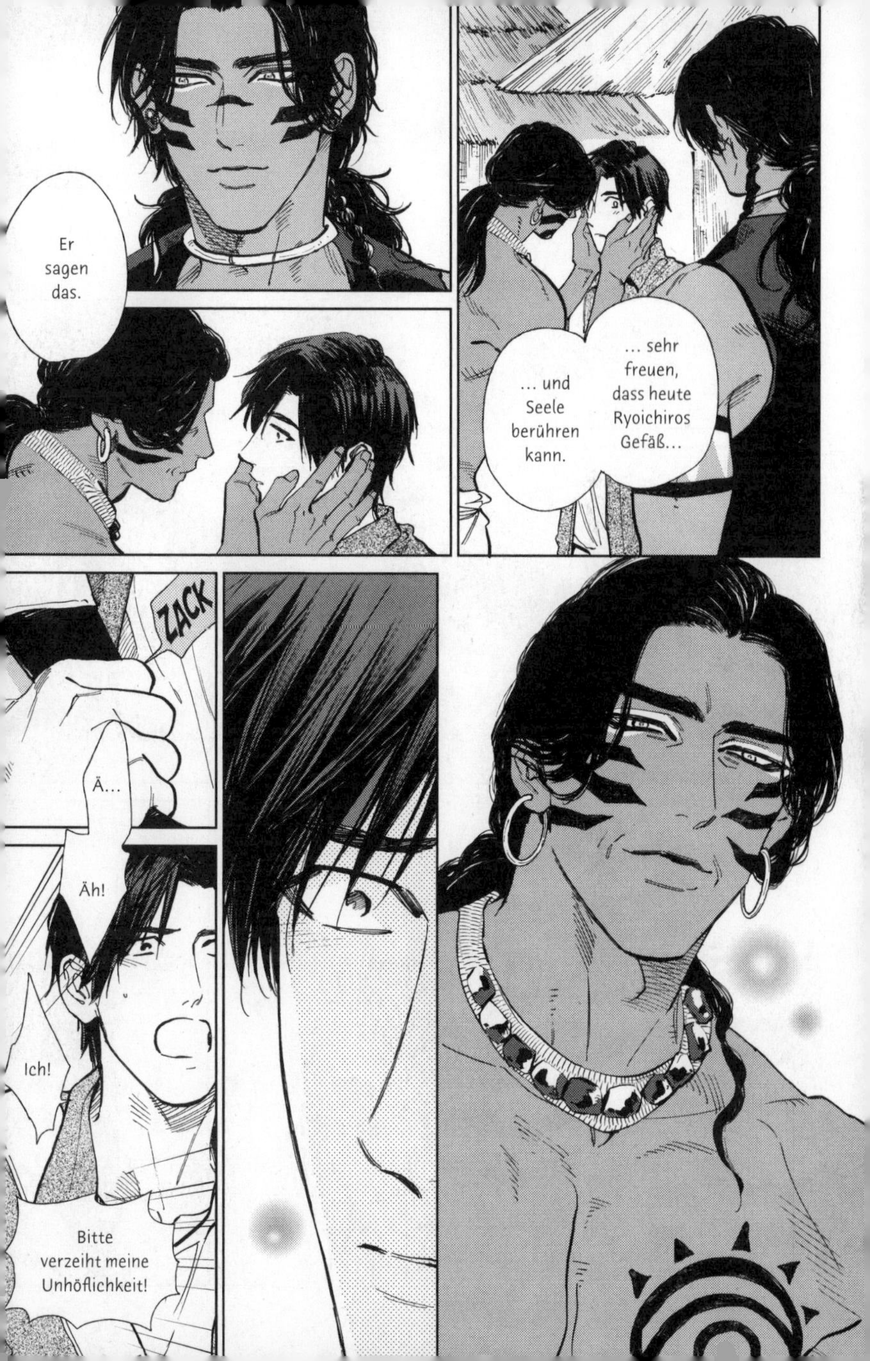
… sehr freuen, dass heute Ryoichiros Gefäß…
… und Seele berühren kann.
Er sagen das.
ZACK
Ä…
Äh!
Ich!
Bitte verzeiht meine Unhöflichkeit!

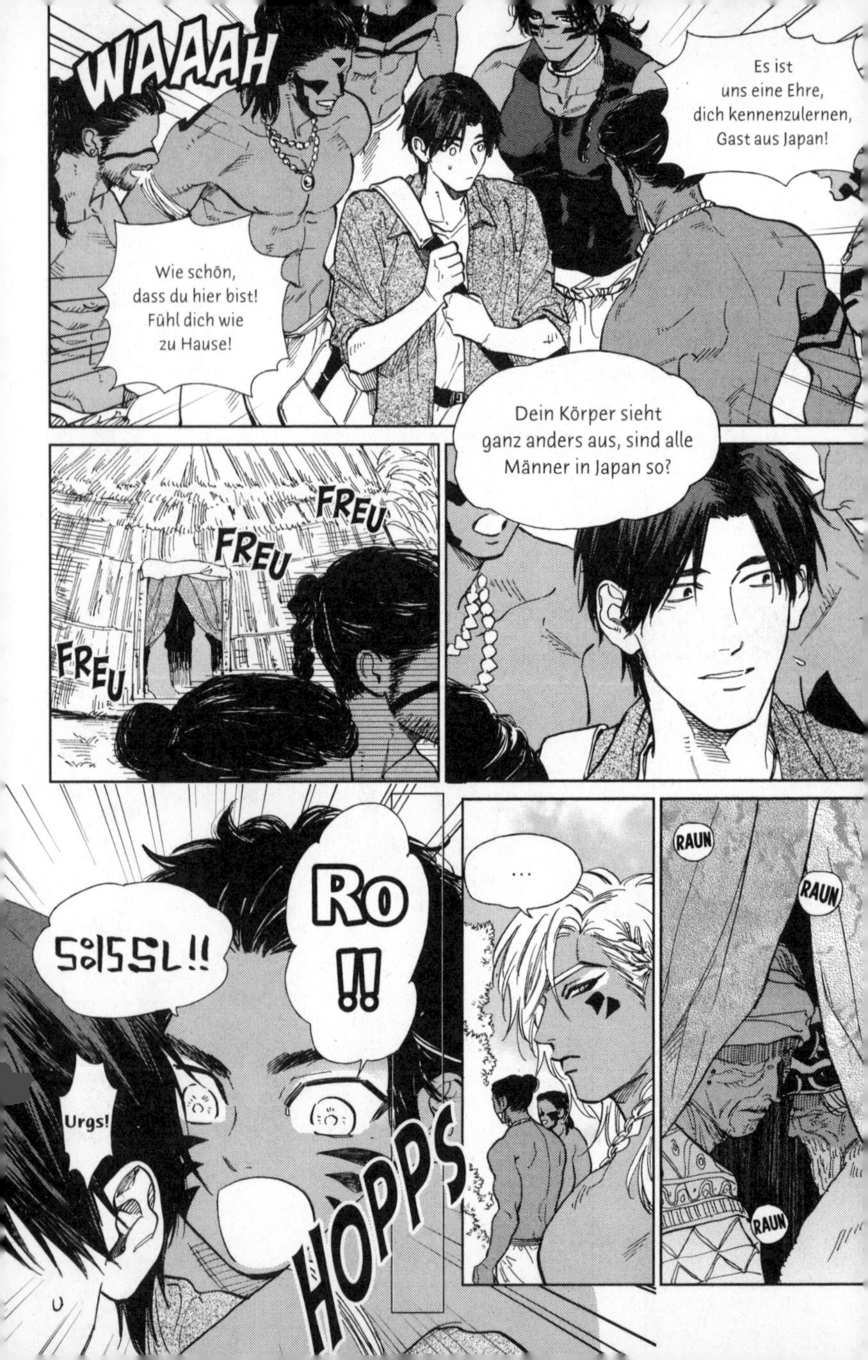
Es ist uns eine Ehre, dich kennenzulernen, Gast aus Japan!
WAAAH
Wie schön, dass du hier bist! Fühl dich wie zu Hause!
Dein Körper sieht ganz anders aus, sind alle Männer in Japan so?
FREU
FREU
FREU
RAUN
RAUN
RAUN
...
Ro !!
Urgs!
HOPPS

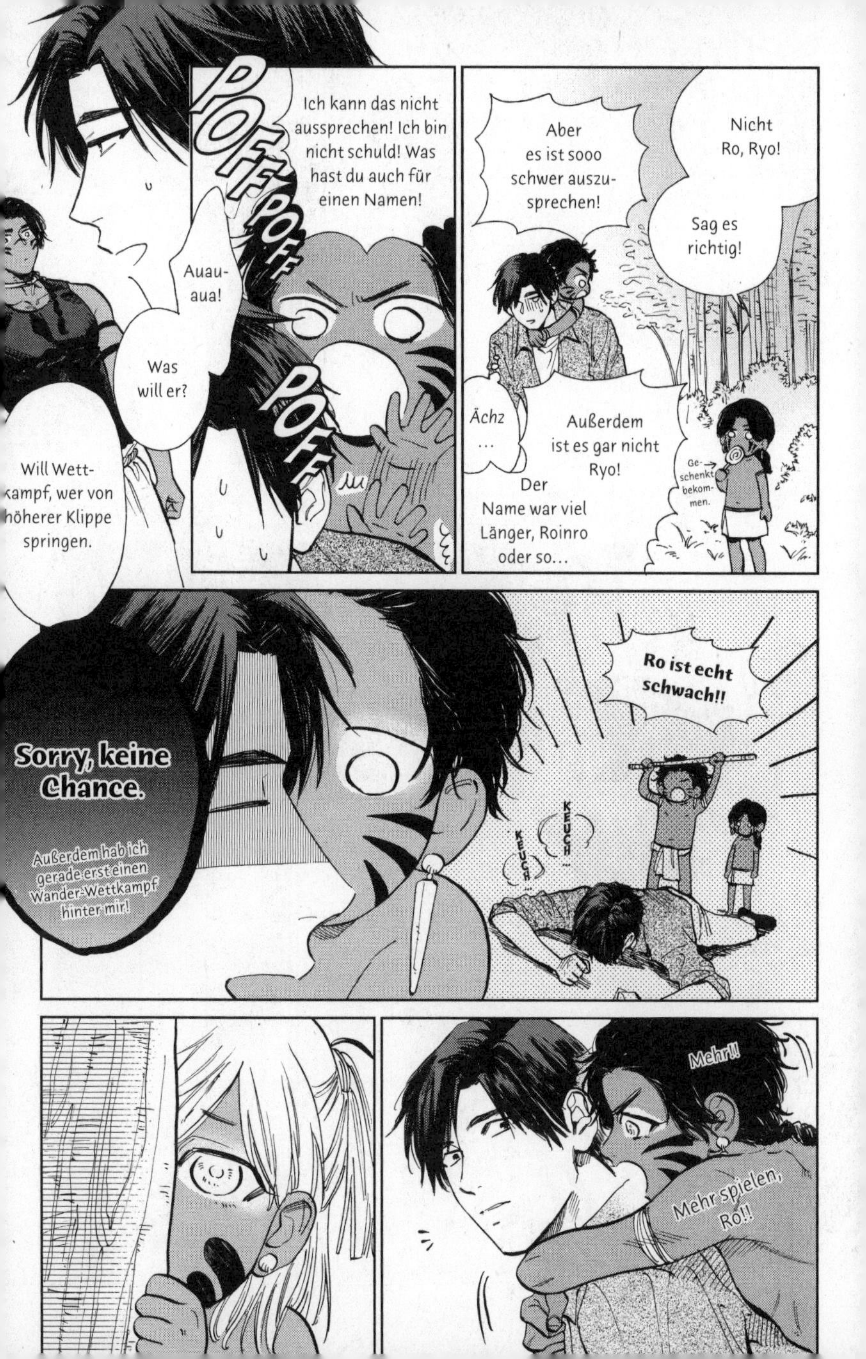

Nicht Ro, Ryo!
Sag es richtig!
Aber es ist sooo schwer auszusprechen!
Außerdem ist es gar nicht Ryo!
Ächz …
Der Name war viel Länger, Roinro oder so…
Ge-schenkt bekom-men.
Ich kann das nicht aussprechen! Ich bin nicht schuld! Was hast du auch für einen Namen!
POFF POFF POFF
POFF
Auau-aua!
Was will er?
Will Wett-kampf, wer von höherer Klippe springen.
Ro ist echt schwach!!
KEUCH
KEUCH
Sorry, keine Chance.
Außerdem hab ich gerade erst einen Wander-Wettkampf hinter mir!
Mehr!!
Mehr spielen, Ro!!

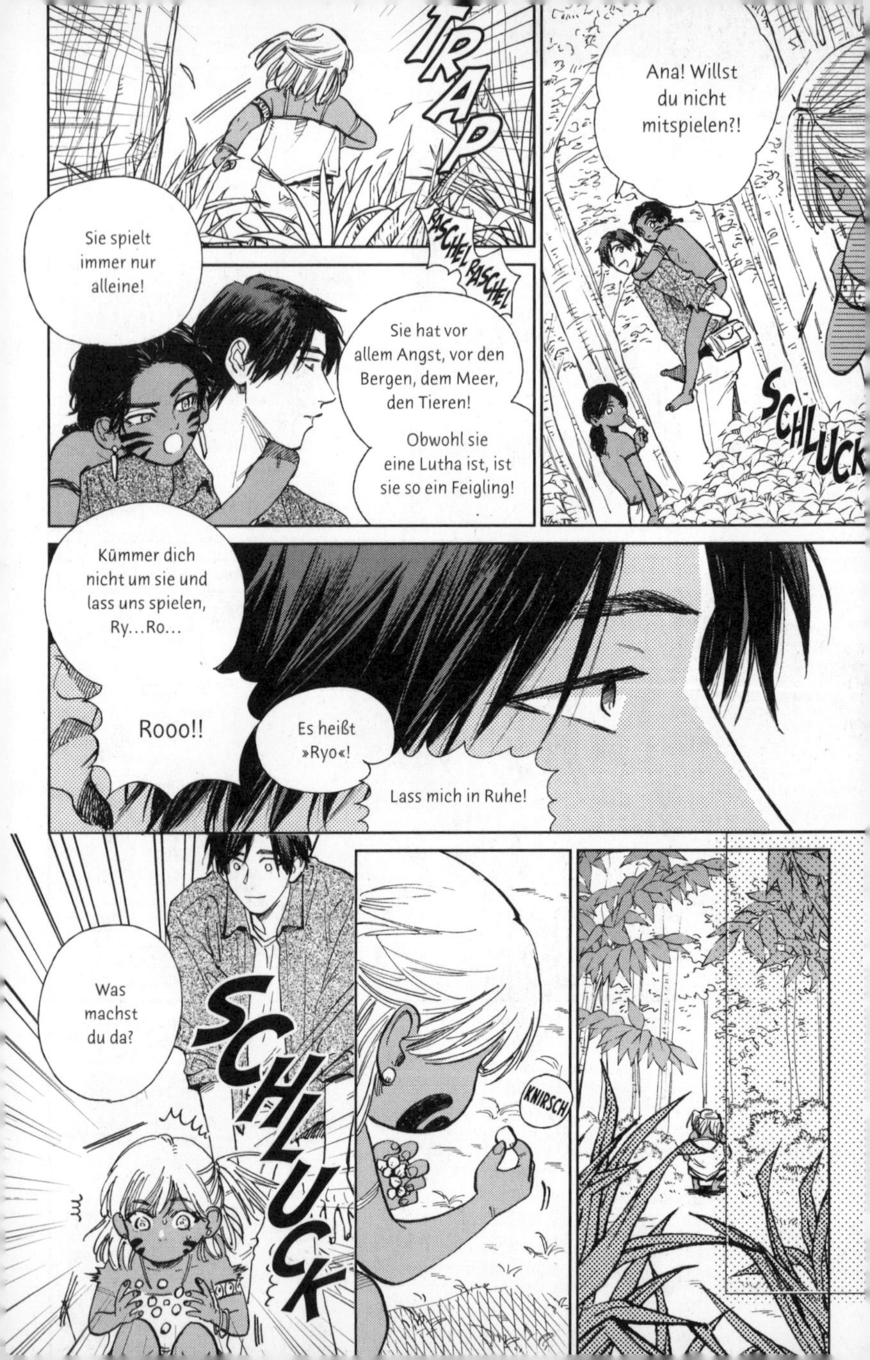
Ana! Willst du nicht mitspielen?!
SCHLUCK
TRAP
RASCHEL RASCHEL
Sie spielt immer nur alleine!
Sie hat vor allem Angst, vor den Bergen, dem Meer, den Tieren!
Obwohl sie eine Lutha ist, ist sie so ein Feigling!
Kümmer dich nicht um sie und lass uns spielen, Ry…Ro…
Rooo!!
Es heißt »Ryo«!
Lass mich in Ruhe!
KNIRSCH
Was machst du da?
SCHLUCK

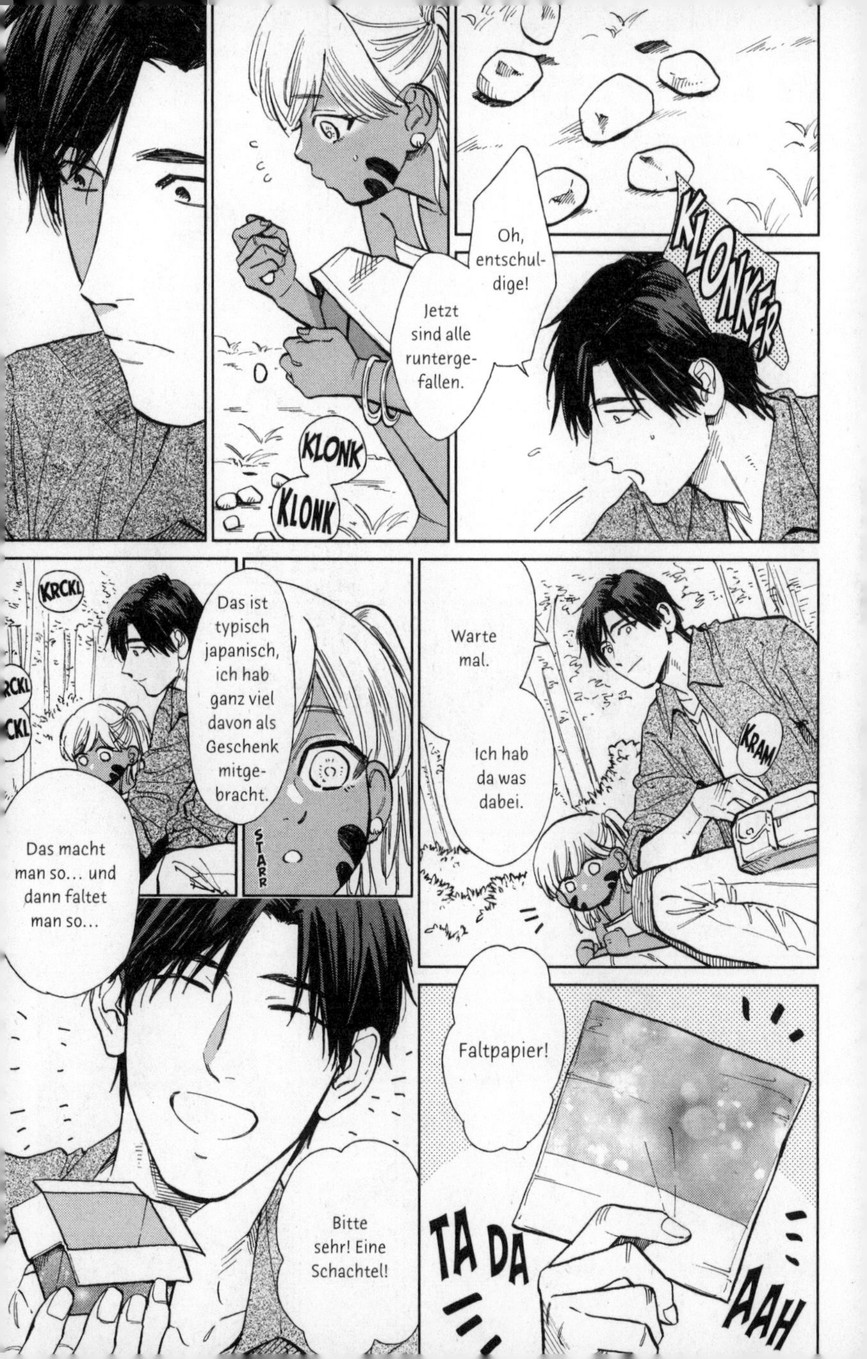
KLONKER
Oh, entschuldige!
Jetzt sind alle runtergefallen.
KLONK
KLONK
Warte mal.
Ich hab da was dabei.
KRAM
Das ist typisch japanisch, ich hab ganz viel davon als Geschenk mitgebracht.
STARR
KRCKL
Faltpapier!
TA DA
AAAH
Das macht man so… und dann faltet man so…
Bitte sehr! Eine Schachtel!

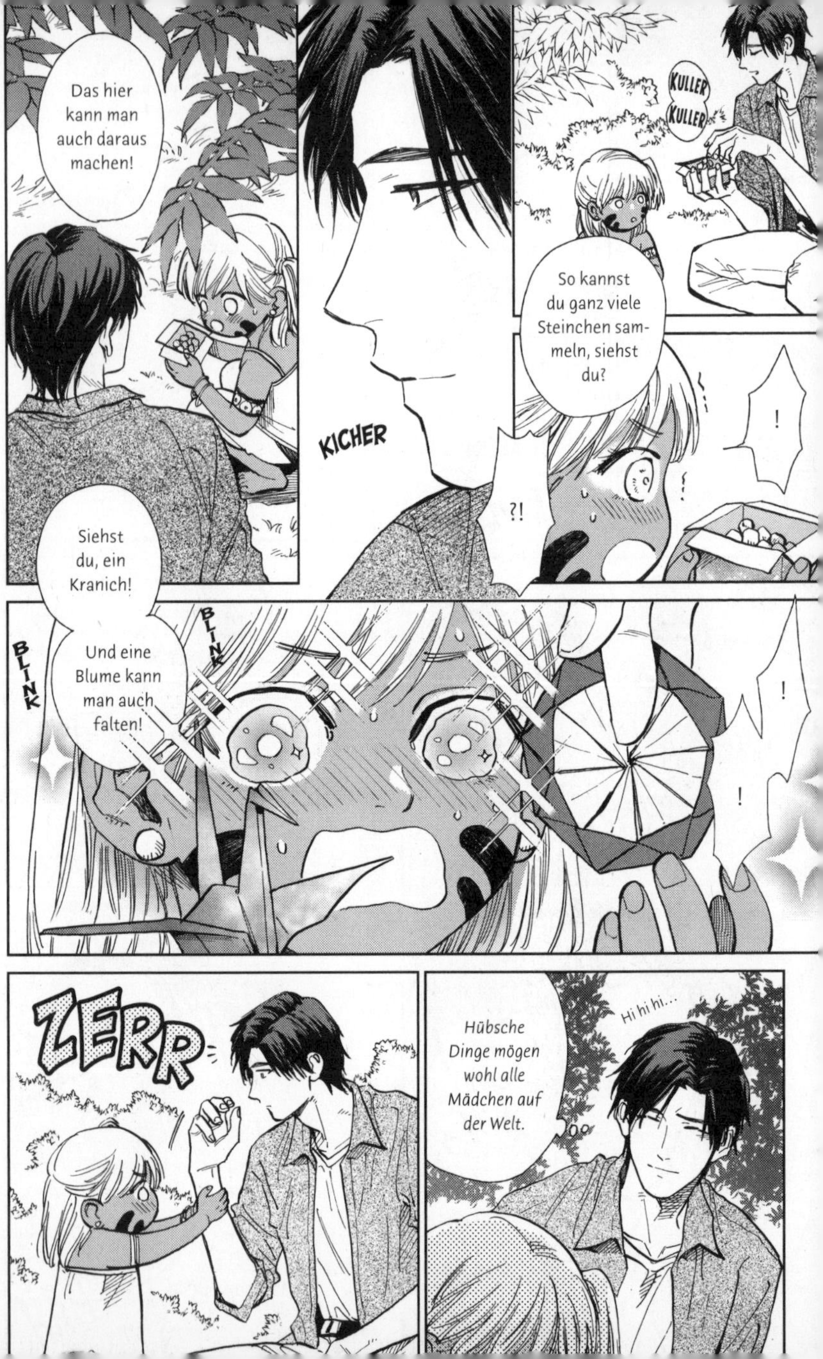
KULLER
KULLER
So kannst du ganz viele Steinchen sammeln, siehst du?
KICHER
Das hier kann man auch daraus machen!
!
?!
Siehst du, ein Kranich!
Und eine Blume kann man auch falten!
BLINK
BLINK
!
!
Hi hi hi…
Hübsche Dinge mögen wohl alle Mädchen auf der Welt.
ZERR

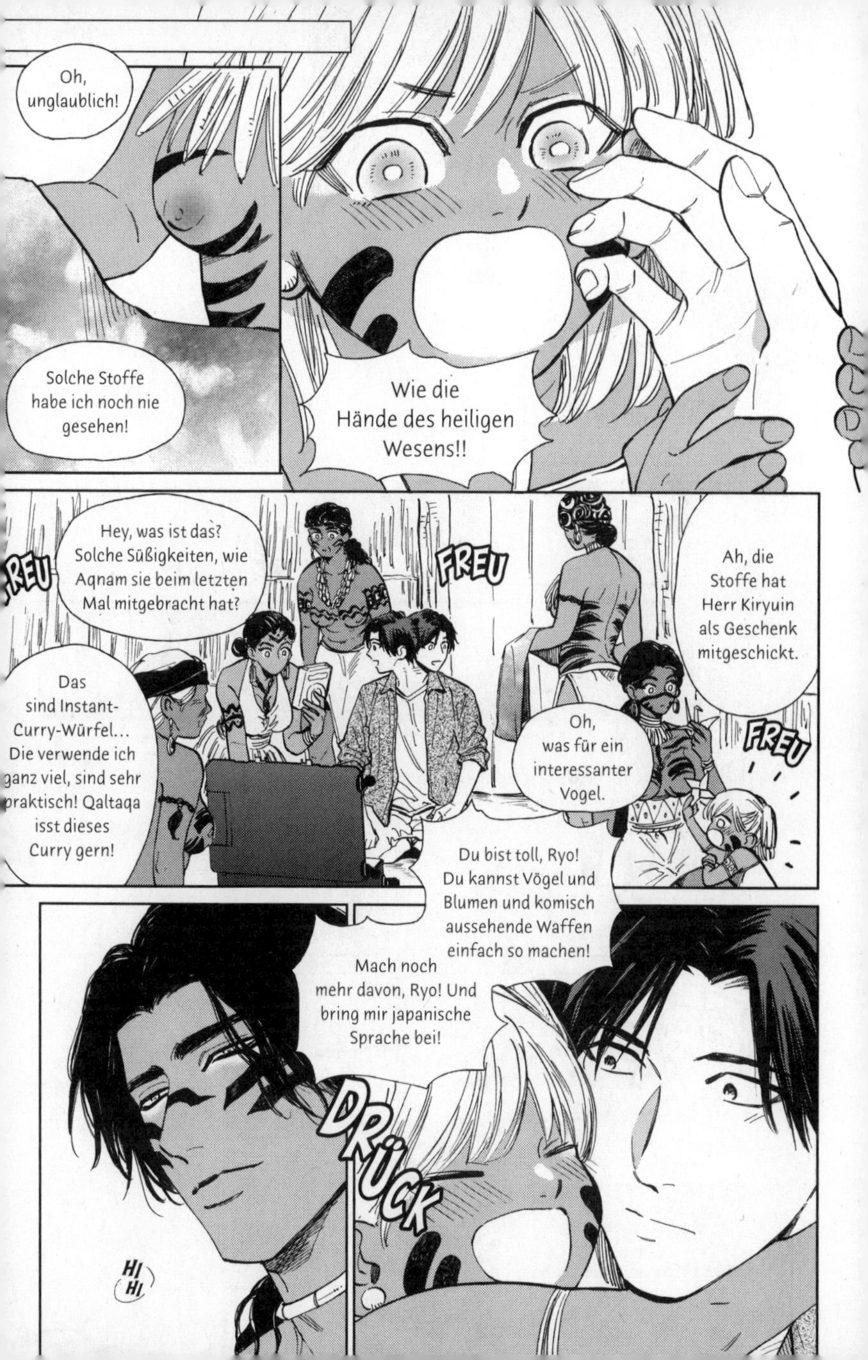
Oh, unglaublich!
Solche Stoffe habe ich noch nie gesehen!
Wie die Hände des heiligen Wesens!!
Ah, die Stoffe hat Herr Kiryuin als Geschenk mitgeschickt.
FREU
Hey, was ist das? Solche Süßigkeiten, wie Aqnam sie beim letzten Mal mitgebracht hat?
FREU
FREU
Oh, was für ein interessanter Vogel.
Das sind Instant-Curry-Würfel… Die verwende ich ganz viel, sind sehr praktisch! Qaltaqa isst dieses Curry gern!
Du bist toll, Ryo! Du kannst Vögel und Blumen und komisch aussehende Waffen einfach so machen!
Mach noch mehr davon, Ryo! Und bring mir japanische Sprache bei!
DRÜCK
HI HI

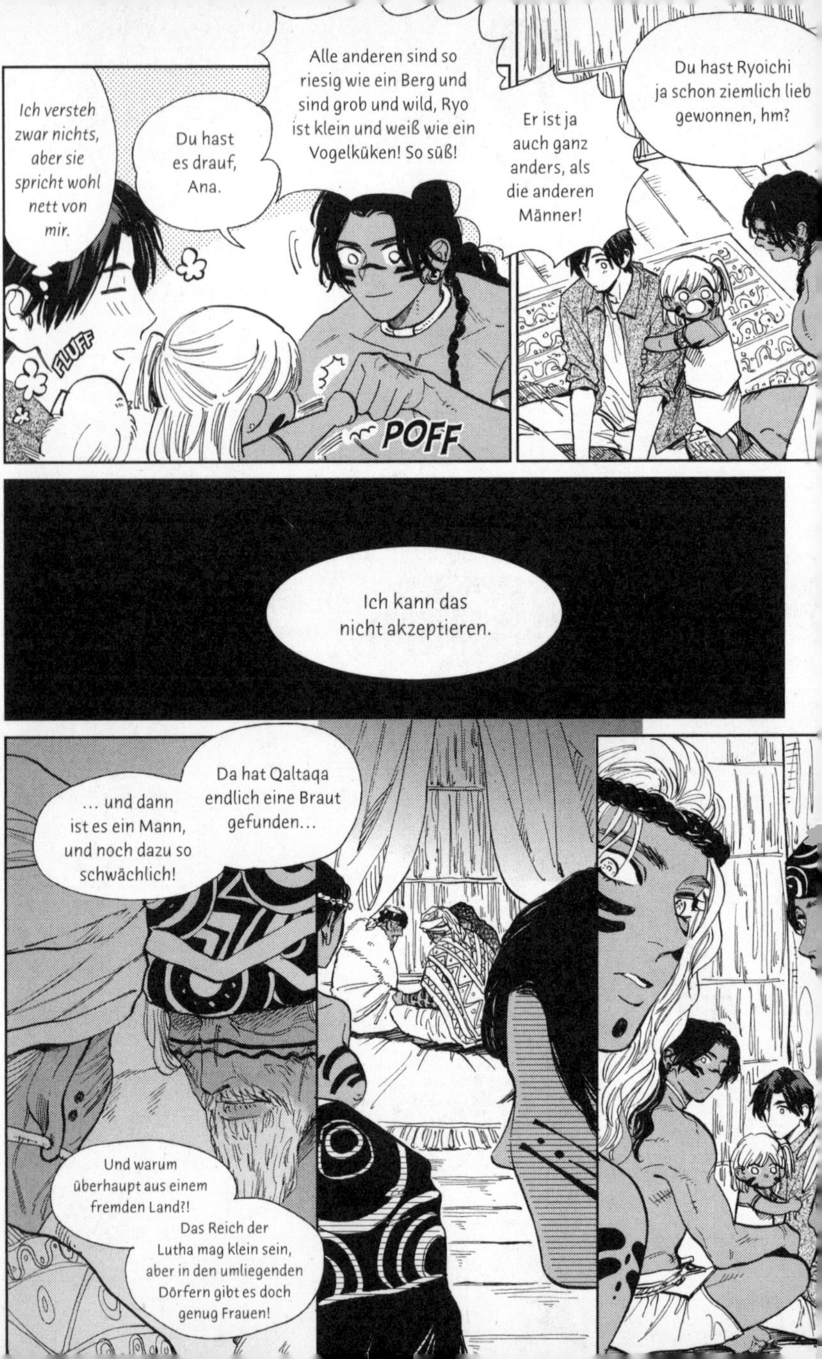
Ich versteh zwar nichts, aber sie spricht wohl nett von mir.
Du hast es drauf, Ana.
Alle anderen sind so riesig wie ein Berg und sind grob und wild, Ryo ist klein und weiß wie ein Vogelküken! So süß!
FLUFF
POFF
Er ist ja auch ganz anders, als die anderen Männer!
Du hast Ryoichi ja schon ziemlich lieb gewonnen, hm?
Ich kann das nicht akzeptieren.
Da hat Qaltaqa endlich eine Braut gefunden…
… und dann ist es ein Mann, und noch dazu so schwächlich!
Und warum überhaupt aus einem fremden Land?!
Das Reich der Lutha mag klein sein, aber in den umliegenden Dörfern gibt es doch genug Frauen!

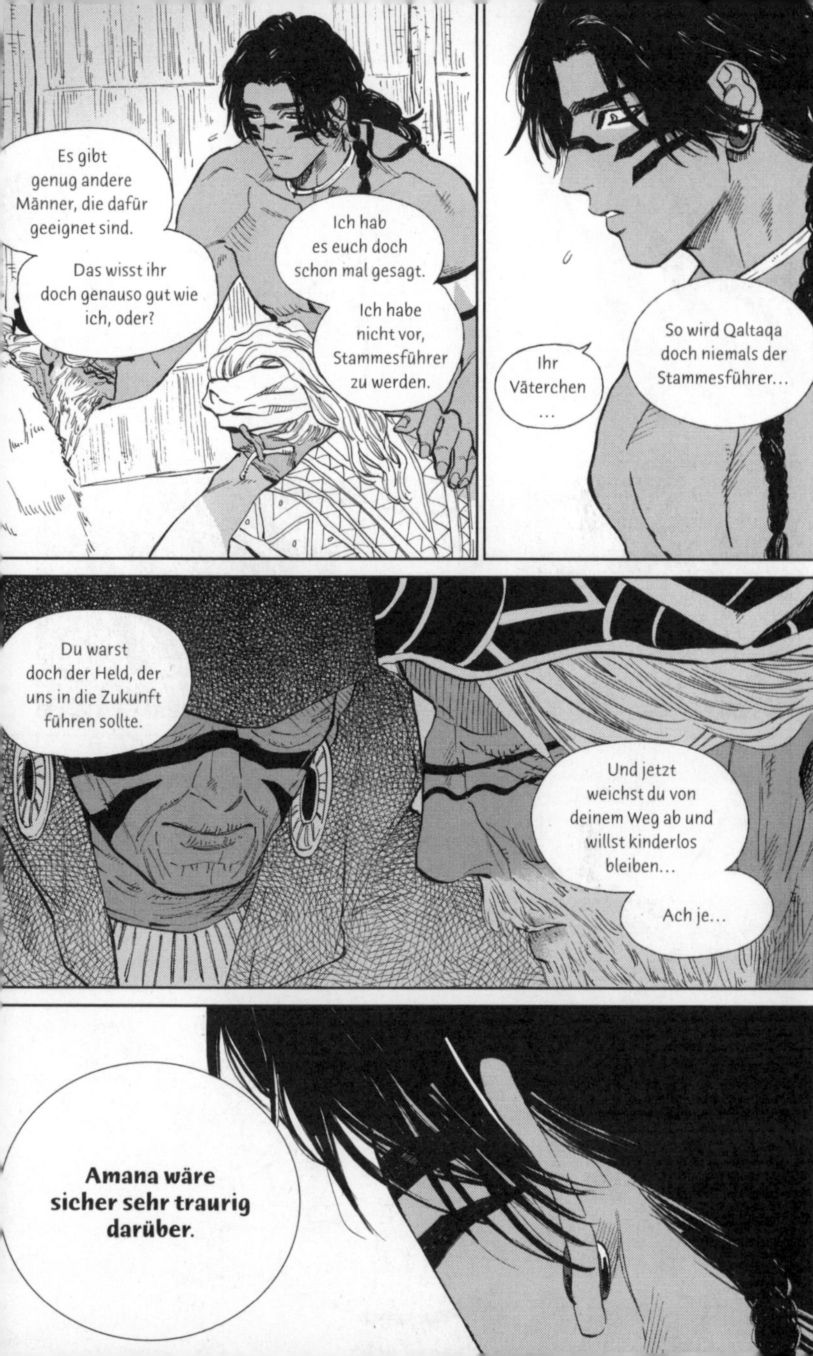
Es gibt genug andere Männer, die dafür geeignet sind.
Das wisst ihr doch genauso gut wie ich, oder?
Ich hab es euch doch schon mal gesagt.
Ich habe nicht vor, Stammesführer zu werden.
So wird Qaltaqa doch niemals der Stammesführer…
Ihr Väterchen …
Du warst doch der Held, der uns in die Zukunft führen sollte.
Und jetzt weichst du von deinem Weg ab und willst kinderlos bleiben…
Ach je…
Amana wäre sicher sehr traurig darüber.

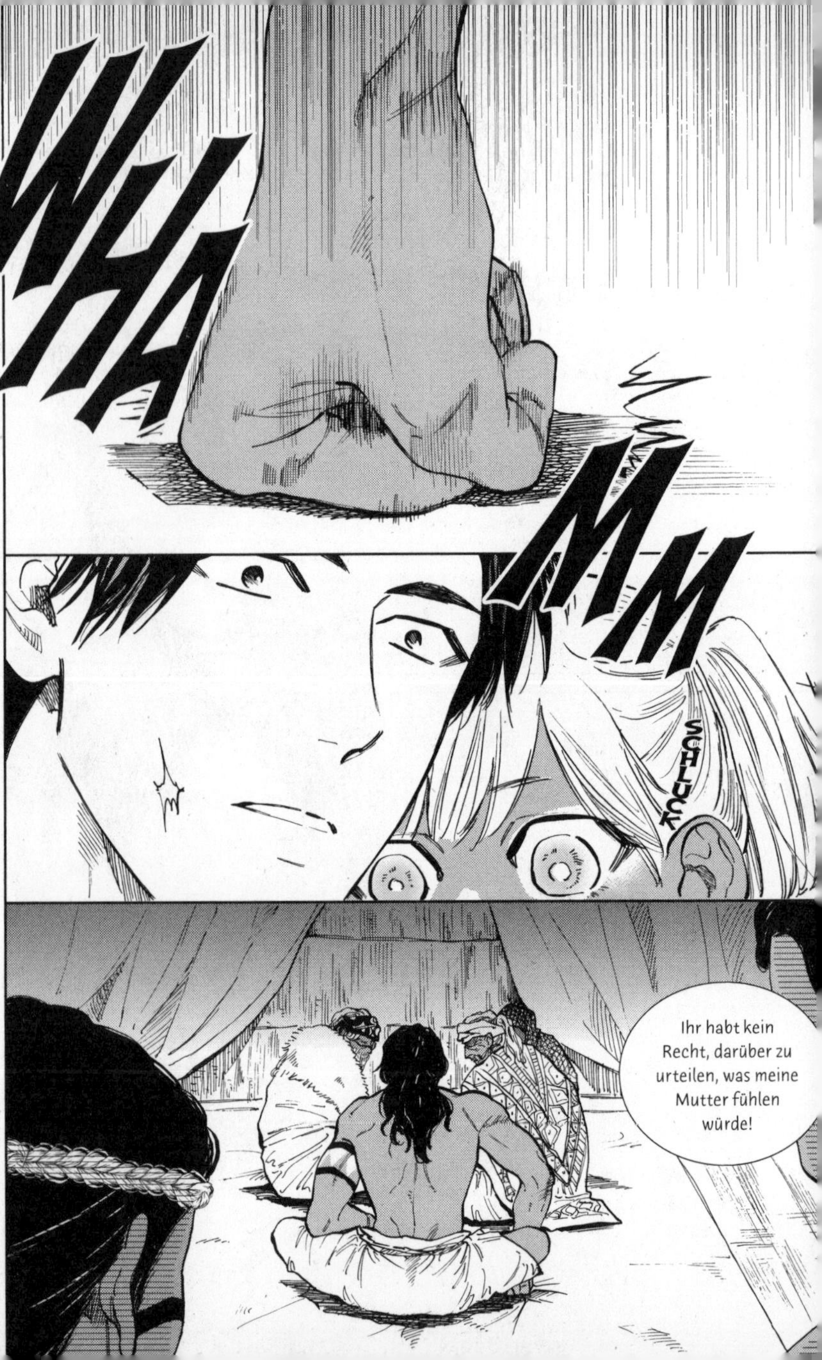
WHAMM
SCHLUCK
Ihr habt kein Recht, darüber zu urteilen, was meine Mutter fühlen würde!

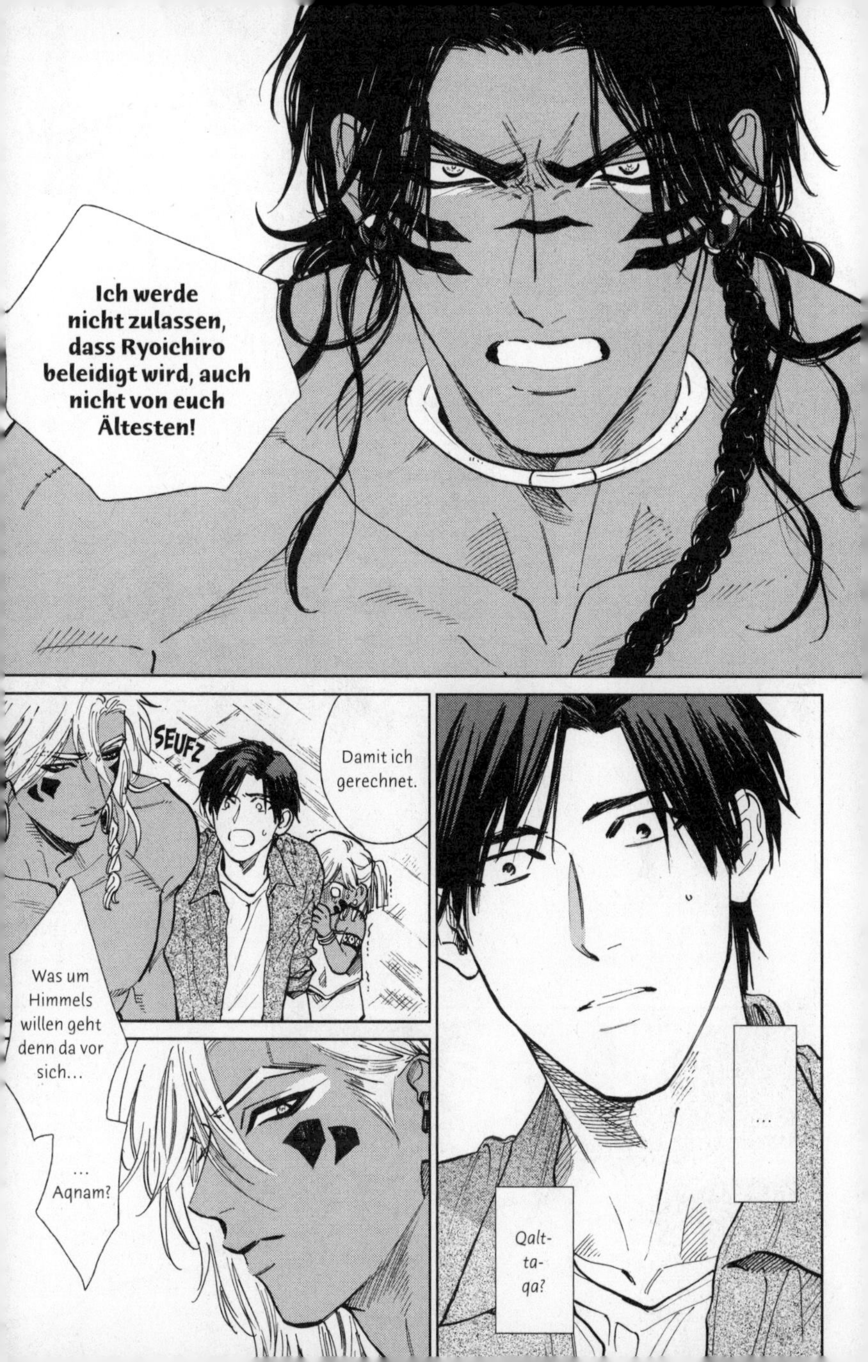

Ich werde nicht zulassen, dass Ryoichiro beleidigt wird, auch nicht von euch Ältesten!
…
Qalt-ta-qa?
SEUFZ
Damit ich gerechnet.
Was um Himmels willen geht denn da vor sich…
… Aqnam?

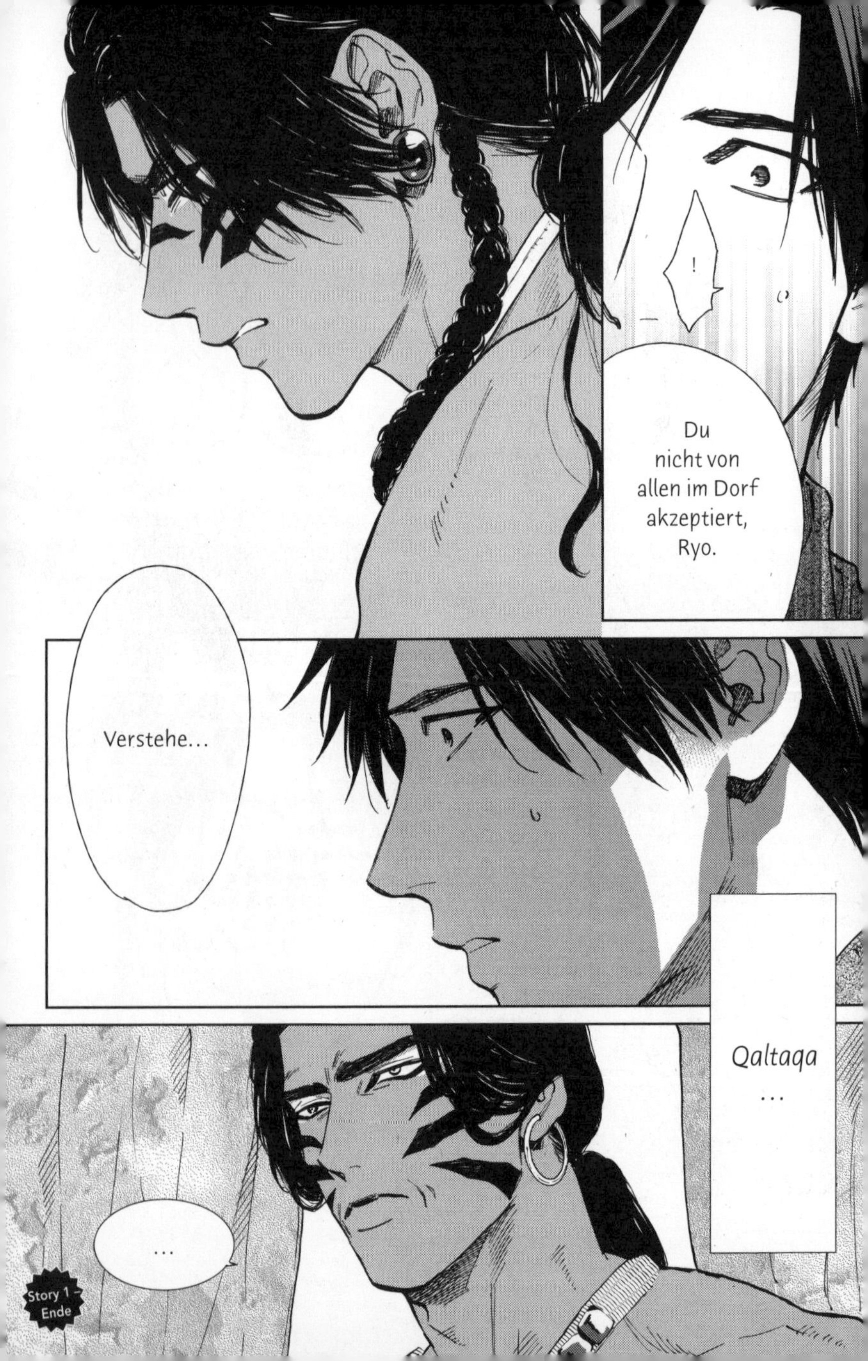
!
Du nicht von allen im Dorf akzeptiert, Ryo.
Verstehe…
Qaltaqa …
…
Story 1 – Ende

MOTHER'S SPIRIT 2

Story 2

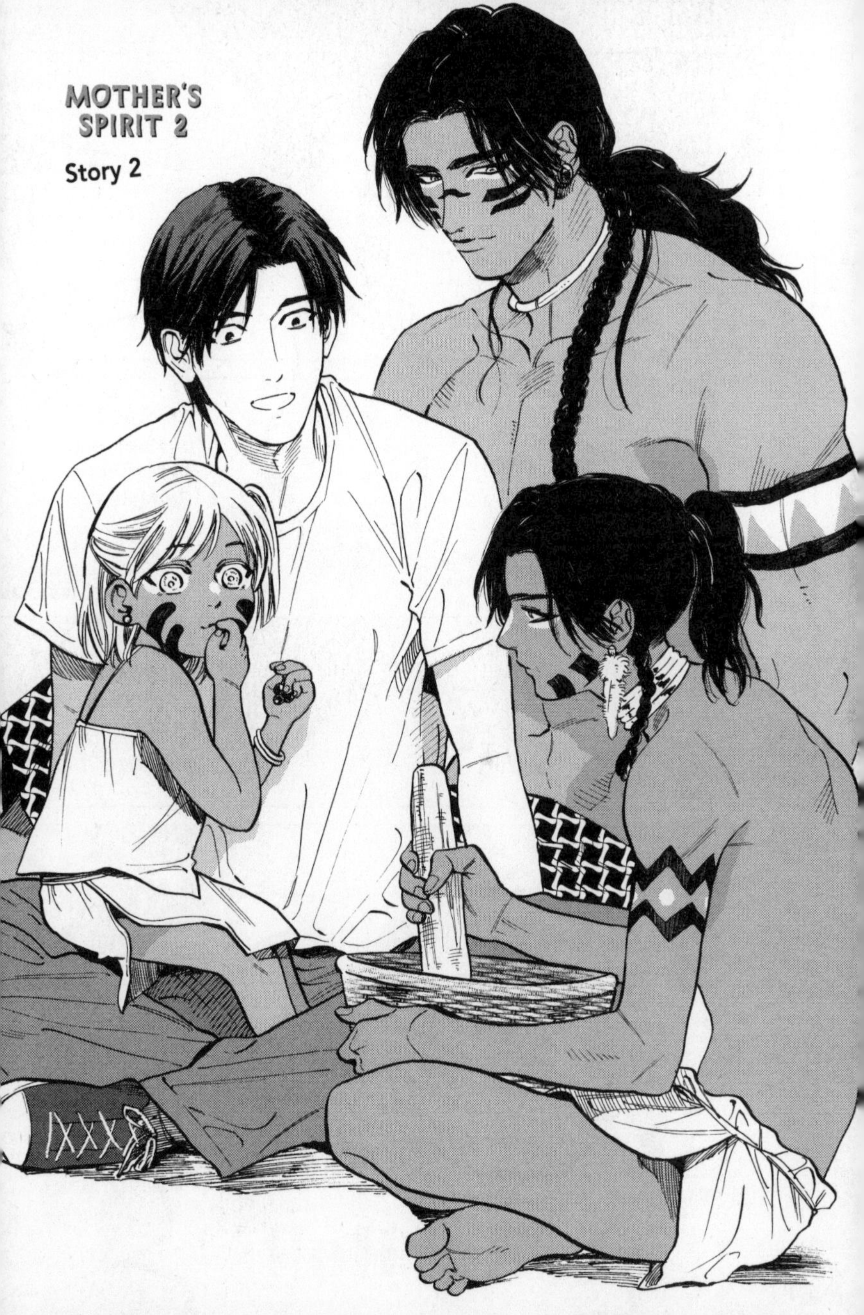

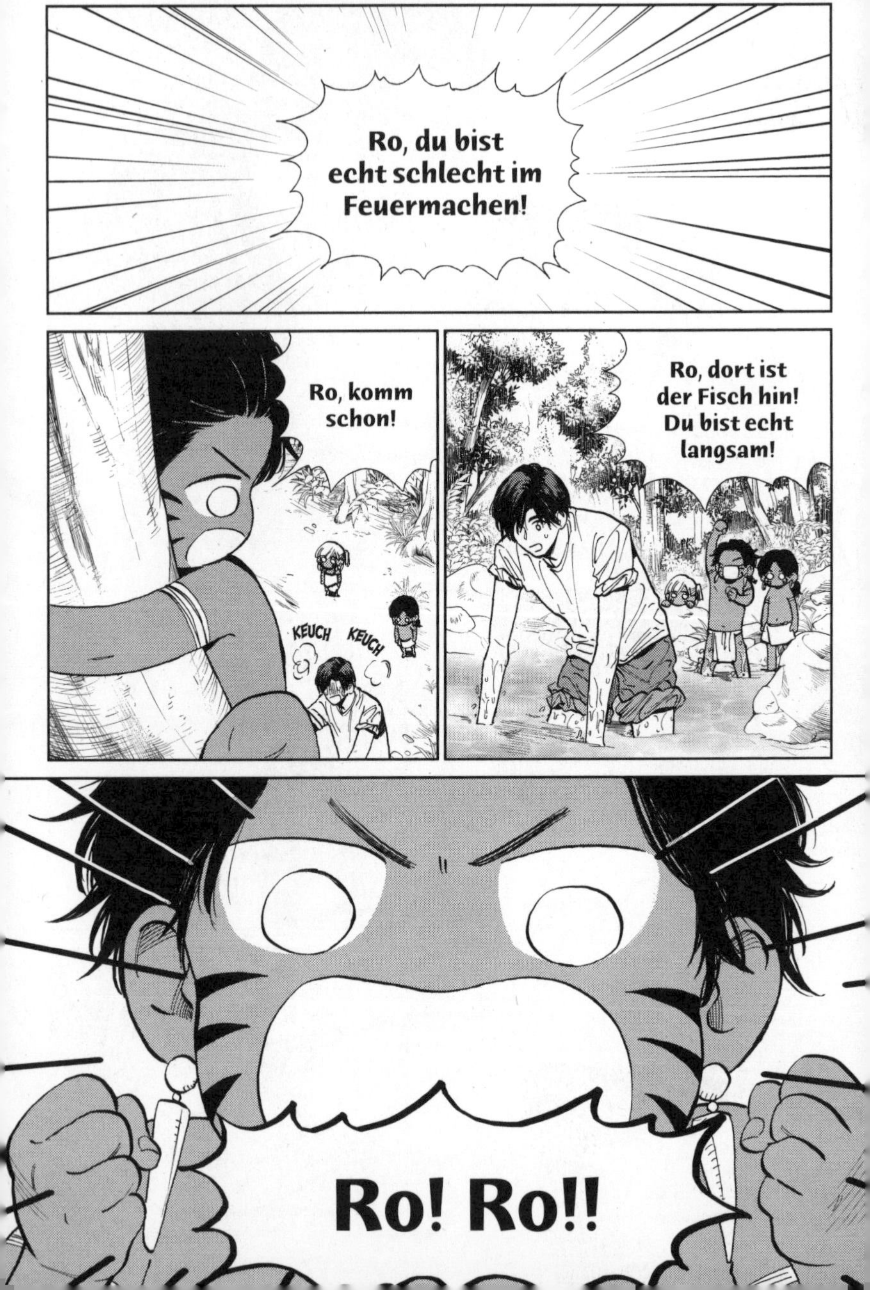
Ro, du bist echt schlecht im Feuermachen!
Ro, dort ist der Fisch hin! Du bist echt langsam!
Ro, komm schon!
KEUCH KEUCH
Ro! Ro!!

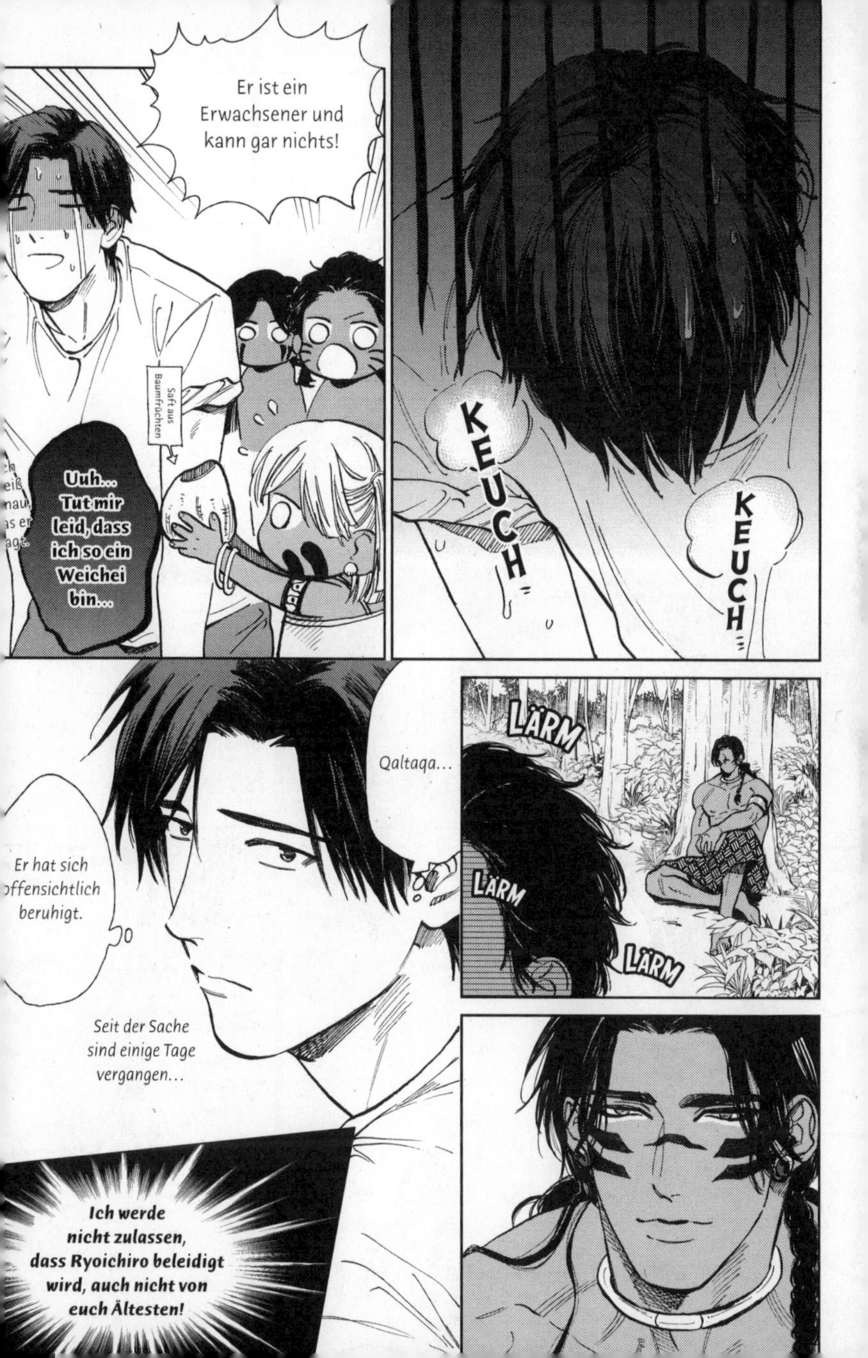
KEUCH
KEUCH
Er ist ein Erwachsener und kann gar nichts!
Saft aus Baumfrüchten
Uuh… Tut mir leid, dass ich so ein Weichei bin…
LÄRM
LÄRM
LÄRM
Qaltaqa…
Er hat sich offensichtlich beruhigt.
Seit der Sache sind einige Tage vergangen…
Ich werde nicht zulassen, dass Ryoichiro beleidigt wird, auch nicht von euch Ältesten!

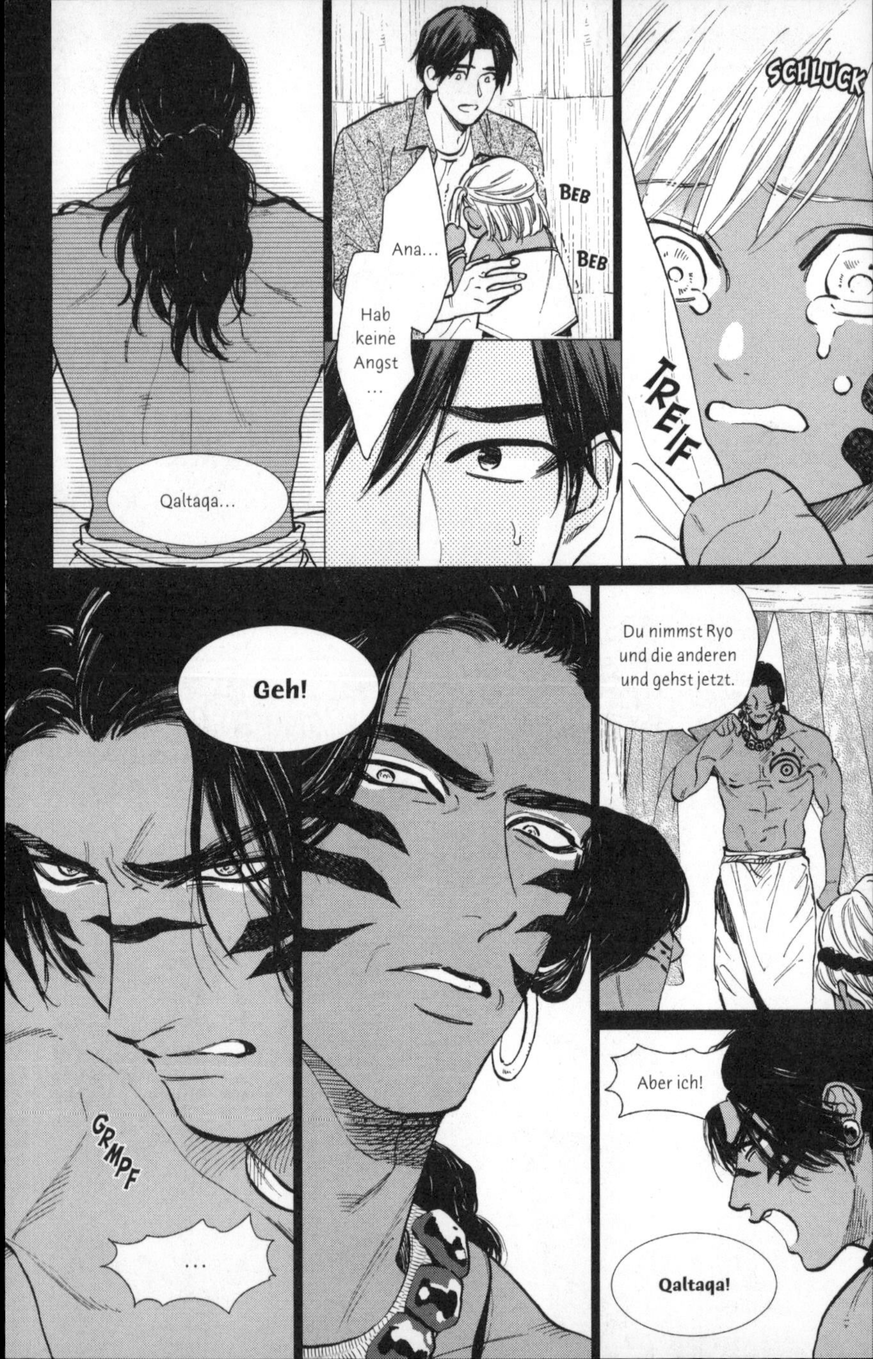
SCHLUCK
TREIF
BEB
BEB
Ana...
Hab keine Angst ...
Qaltaqa...
Du nimmst Ryo und die anderen und gehst jetzt.
Aber ich!
Qaltaqa!
Geh!
GRMPF
...

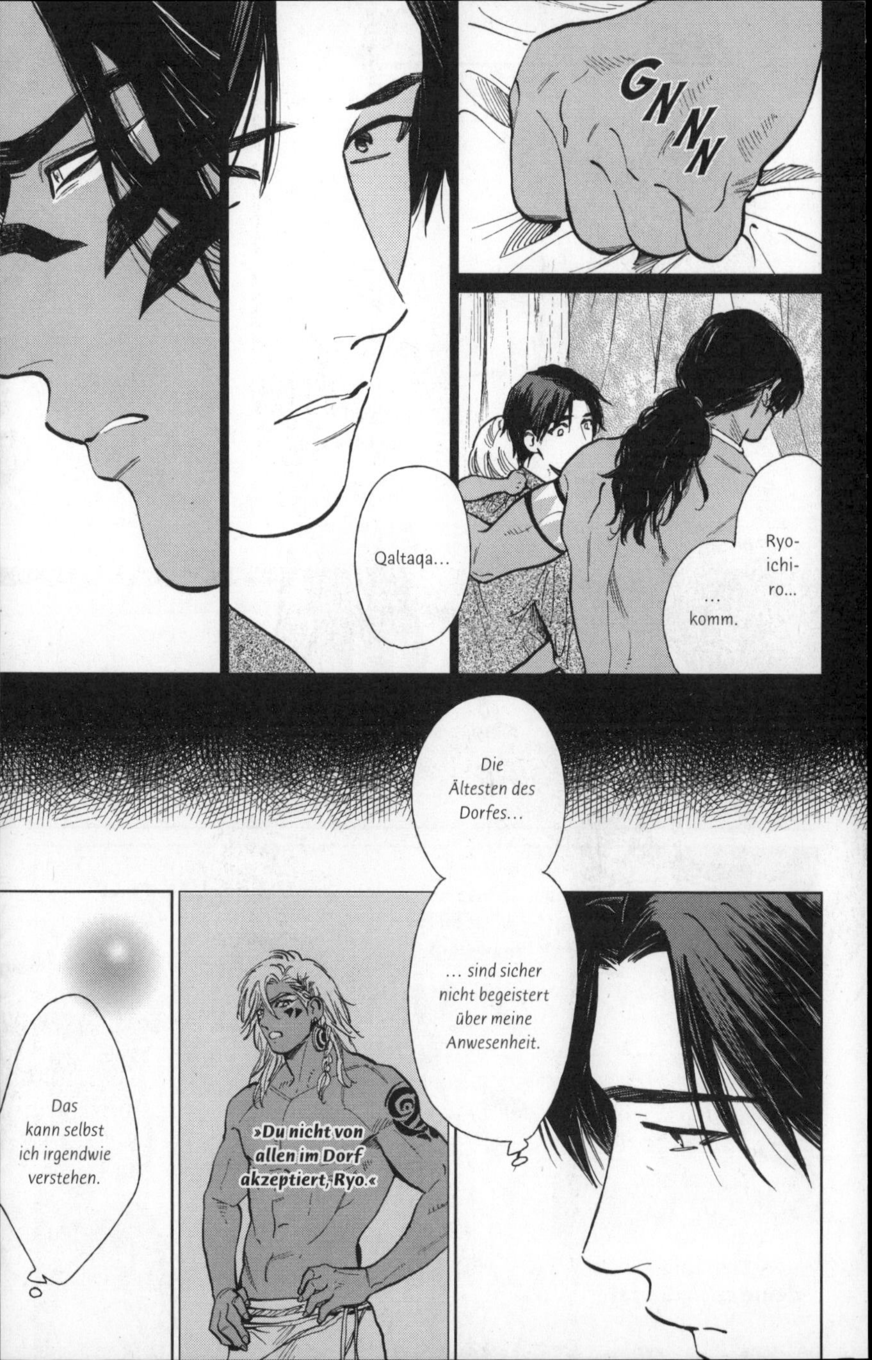
GNNN
Ryo-ichi-ro… … komm.
Qaltaqa…
Die Ältesten des Dorfes…
… sind sicher nicht begeistert über meine Anwesenheit.
»Du nicht von allen im Dorf akzeptiert, Ryo.«
Das kann selbst ich irgendwie verstehen.

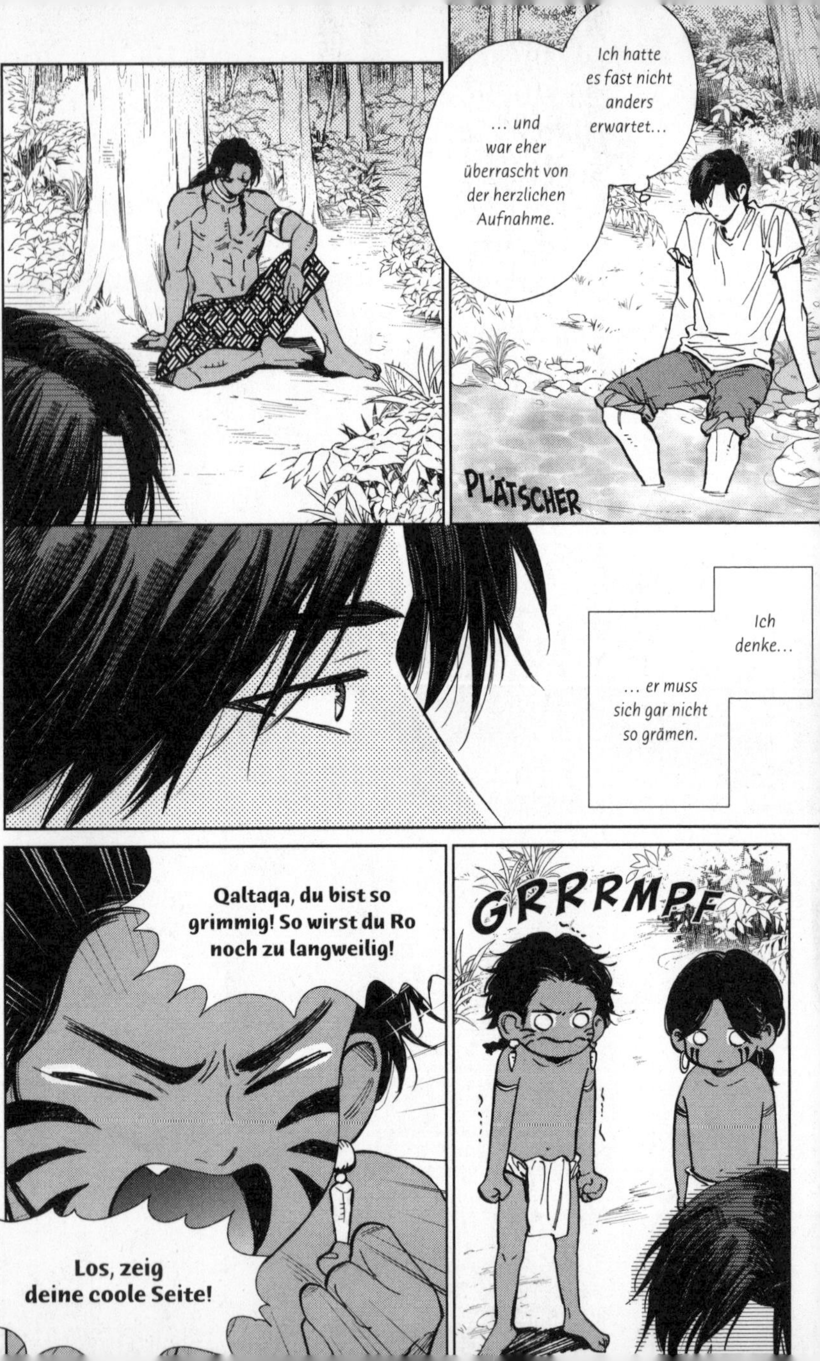
Ich hatte es fast nicht anders erwartet…
… und war eher überrascht von der herzlichen Aufnahme.
PLÄTSCHER
Ich denke…
… er muss sich gar nicht so grämen.
GRRRMPF
Qaltaqa, du bist so grimmig! So wirst du Ro noch zu langweilig!
Los, zeig deine coole Seite!

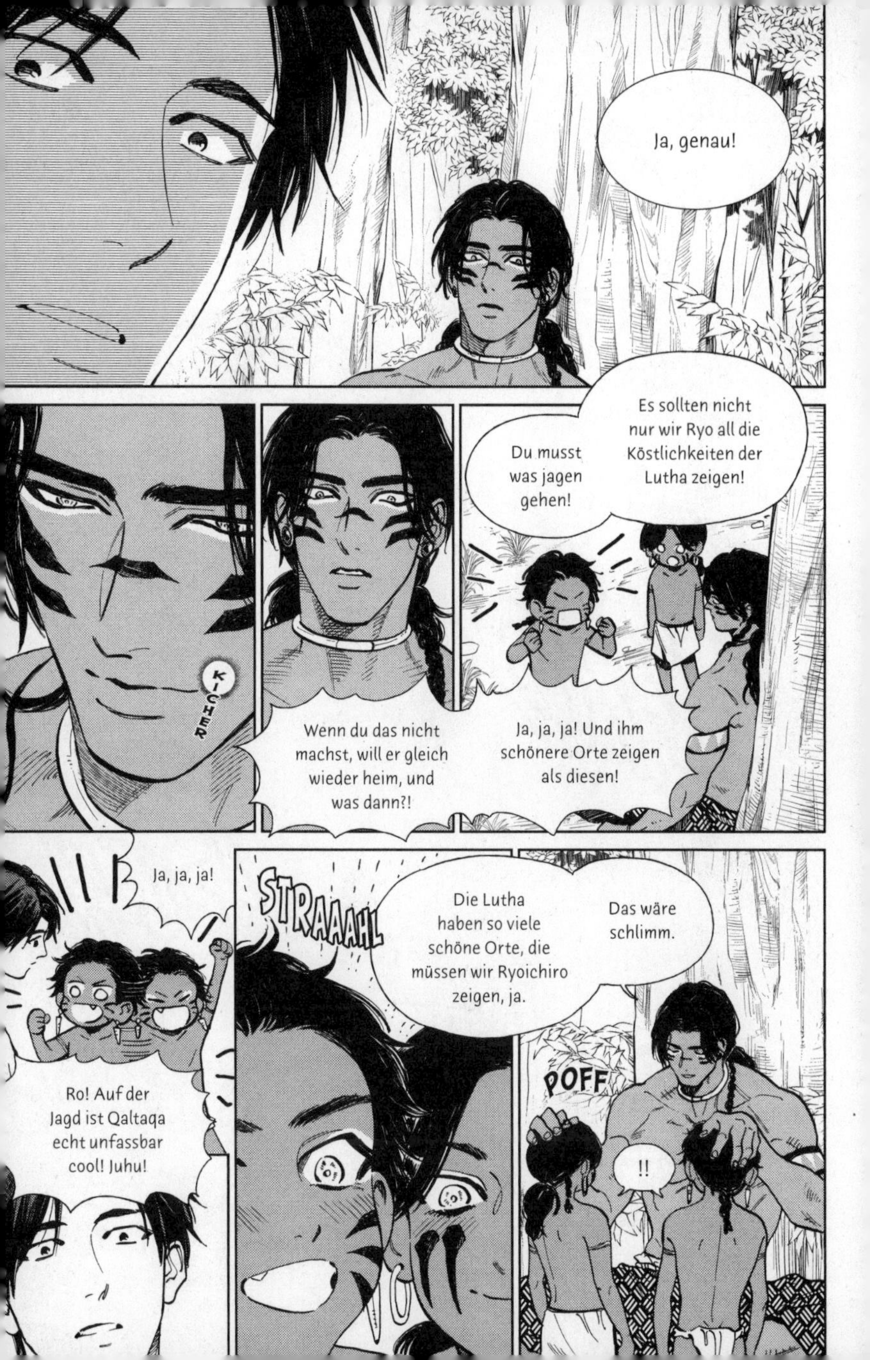
Ja, genau!
Es sollten nicht nur wir Ryo all die Köstlichkeiten der Lutha zeigen!
Du musst was jagen gehen!
Ja, ja, ja! Und ihm schönere Orte zeigen als diesen!
Wenn du das nicht machst, will er gleich wieder heim, und was dann?!
KICHER
Das wäre schlimm.
Die Lutha haben so viele schöne Orte, die müssen wir Ryoichiro zeigen, ja.
POFF
!!
STRAAAHL
Ja, ja, ja!
Ro! Auf der Jagd ist Qaltaqa echt unfassbar cool! Juhu!

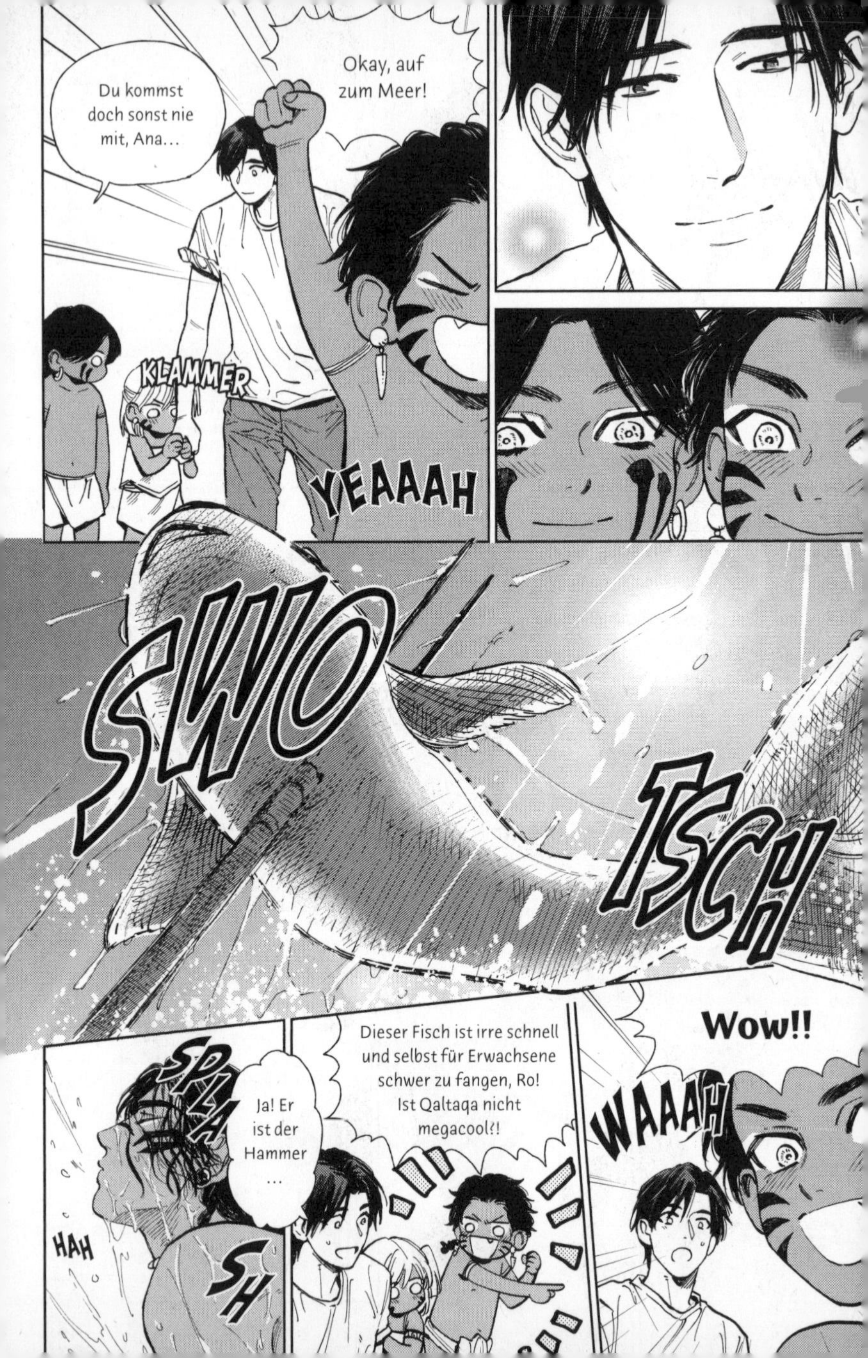
Okay, auf zum Meer!
Du kommst doch sonst nie mit, Ana…
KLAMMER
YEAAAH
SWO
TSCH
Wow!!
WAAAH
Dieser Fisch ist irre schnell und selbst für Erwachsene schwer zu fangen, Ro! Ist Qaltaqa nicht megacool?!
Ja! Er ist der Hammer …
SPLA
SH
HAH

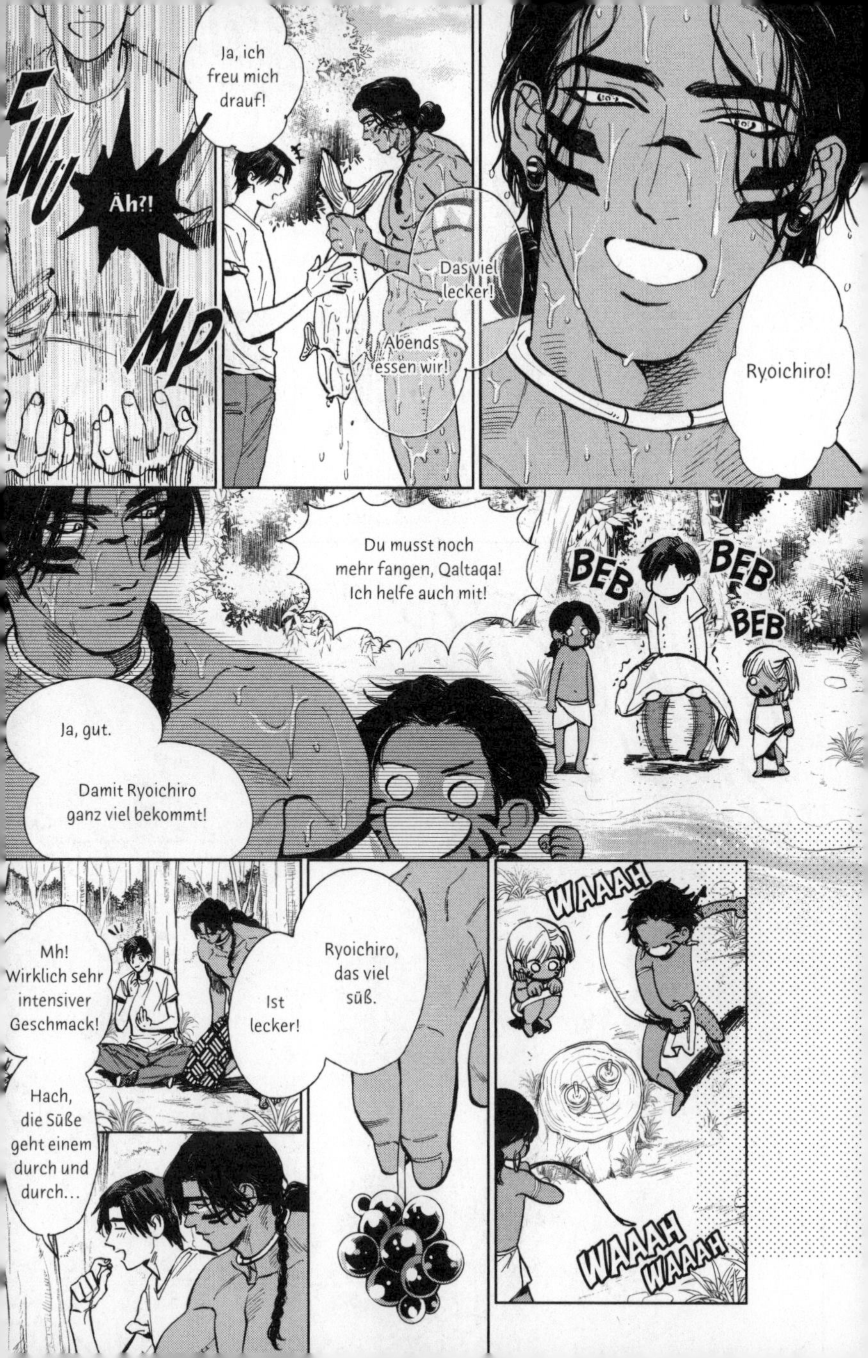
Ja, ich freu mich drauf!
FWUMP
Äh?!
Das viel lecker!
Abends essen wir!
Ryoichiro!
Du musst noch mehr fangen, Qaltaqa! Ich helfe auch mit!
BEB BEB BEB
Ja, gut.
Damit Ryoichiro ganz viel bekommt!
Mh! Wirklich sehr intensiver Geschmack!
Hach, die Süße geht einem durch und durch…
Ryoichiro, das viel süß.
Ist lecker!
WAAAH
WAAAH WAAAH

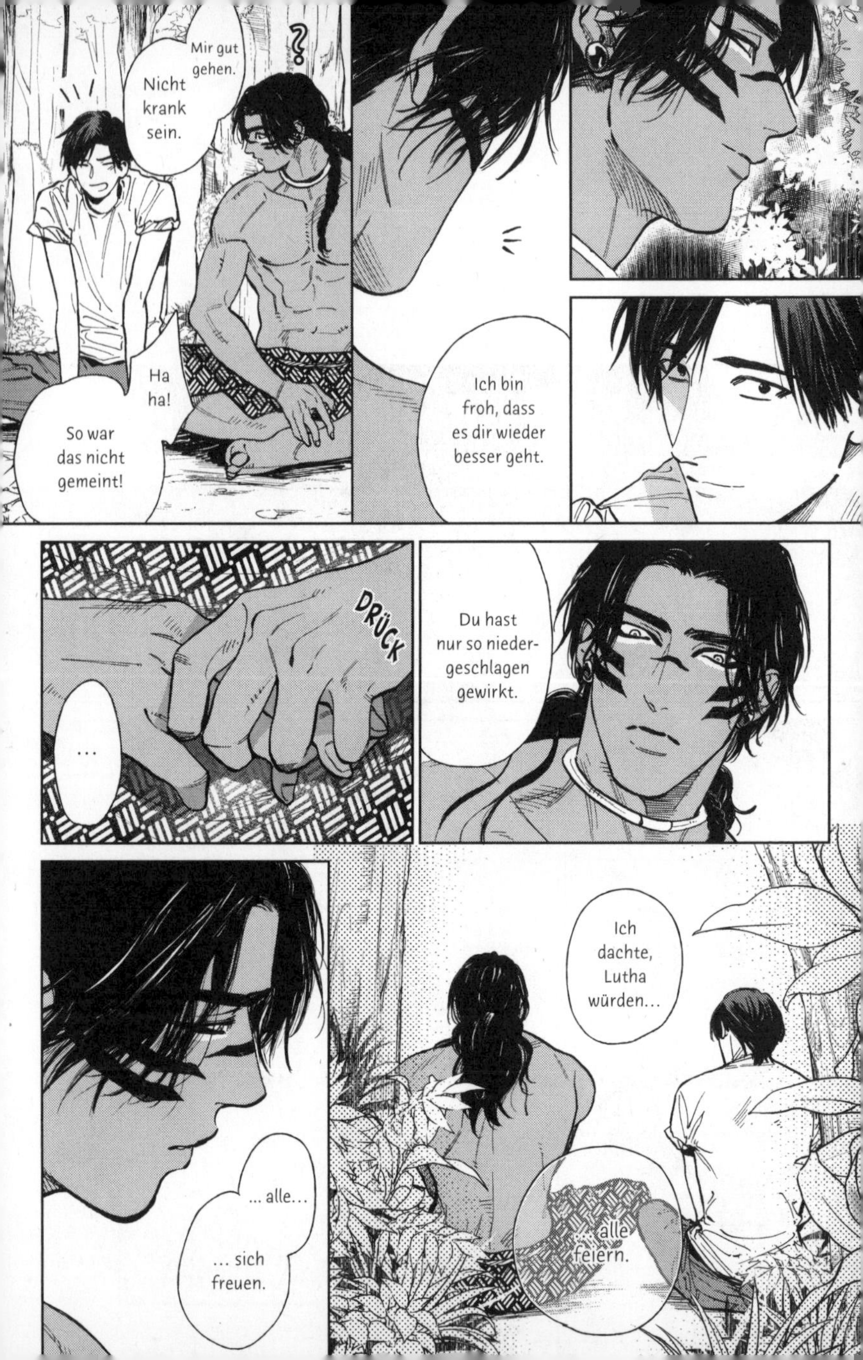
Ich bin froh, dass es dir wieder besser geht.
Mir gut gehen.
Nicht krank sein.
?
Ha ha!
So war das nicht gemeint!
Du hast nur so niedergeschlagen gewirkt.
DRÜCK
…
Ich dachte, Lutha würden…
… alle feiern.
… alle…
… sich freuen.

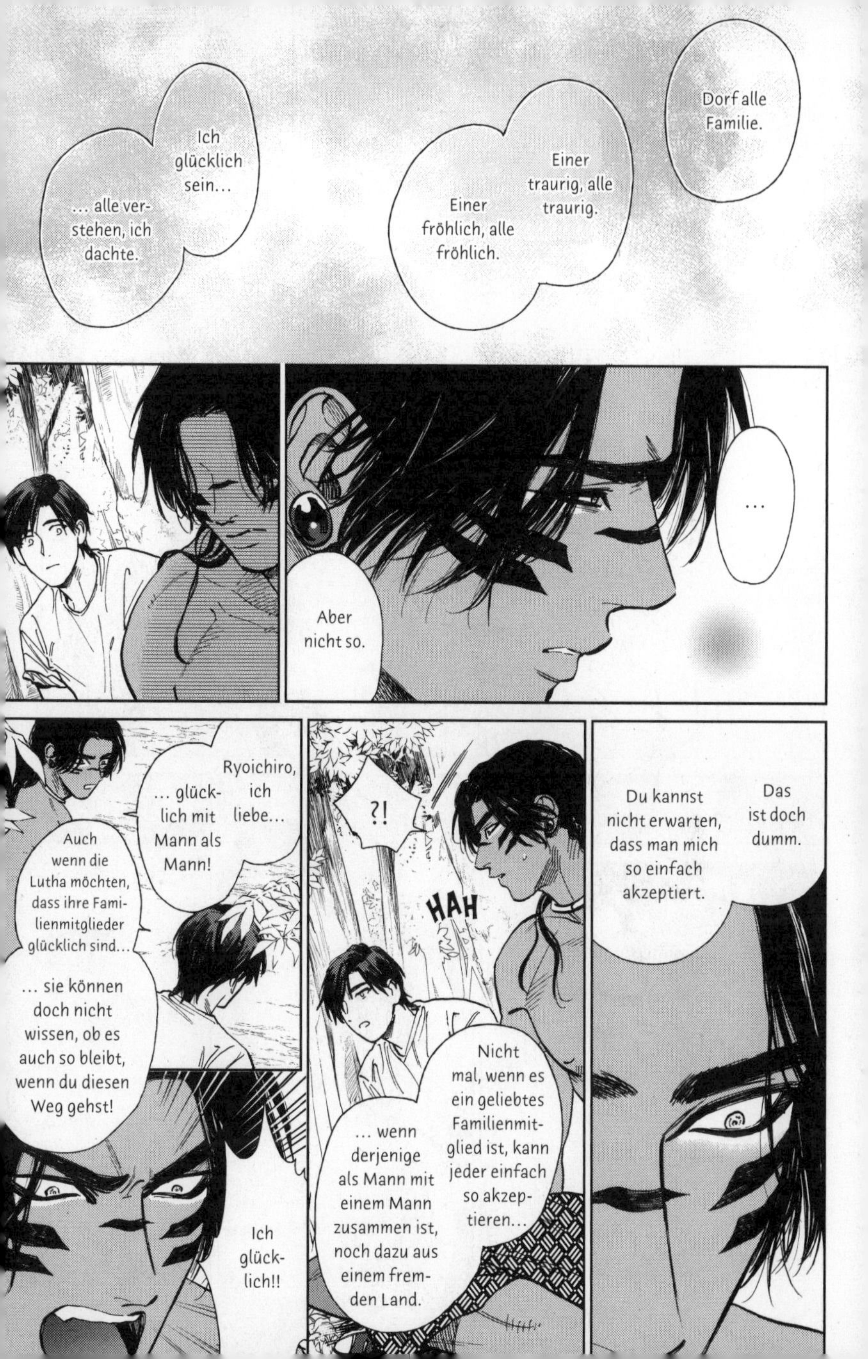

Dorf alle Familie.
Einer traurig, alle traurig.
Einer fröhlich, alle fröhlich.
Ich glücklich sein…
… alle verstehen, ich dachte.
…
Aber nicht so.
Das ist doch dumm.
Du kannst nicht erwarten, dass man mich so einfach akzeptiert.
?!
HAH
Nicht mal, wenn es ein geliebtes Familienmitglied ist, kann jeder einfach so akzeptieren…
… wenn derjenige als Mann mit einem Mann zusammen ist, noch dazu aus einem fremden Land.
Ryoichiro, ich liebe…
… glücklich mit Mann als Mann!
Auch wenn die Lutha möchten, dass ihre Familienmitglieder glücklich sind…
… sie können doch nicht wissen, ob es auch so bleibt, wenn du diesen Weg gehst!
Ich glücklich!!

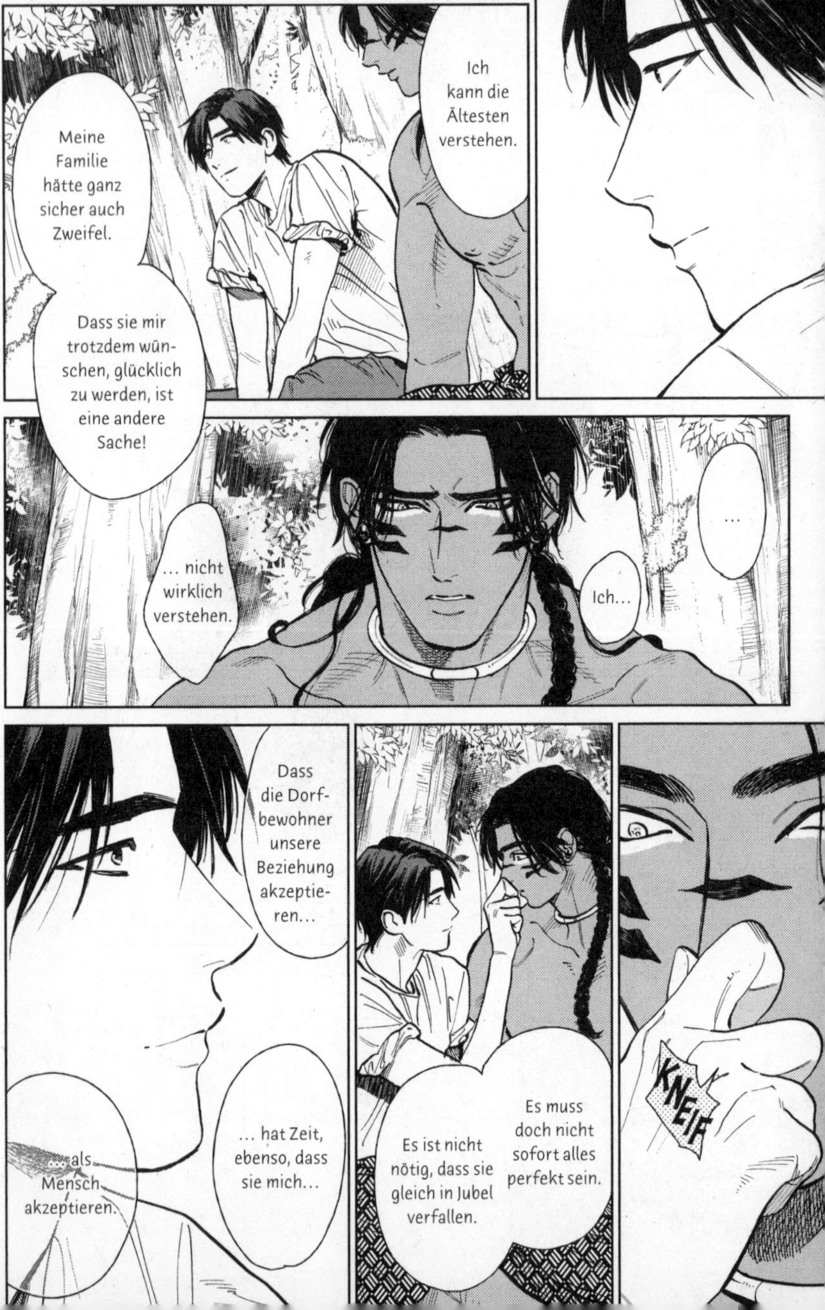
Ich kann die Ältesten verstehen.
Meine Familie hätte ganz sicher auch Zweifel.
Dass sie mir trotzdem wünschen, glücklich zu werden, ist eine andere Sache!
...
Ich...
... nicht wirklich verstehen.
KNEIF
Es muss doch nicht sofort alles perfekt sein.
Es ist nicht nötig, dass sie gleich in Jubel verfallen.
Dass die Dorfbewohner unsere Beziehung akzeptieren...
... hat Zeit, ebenso, dass sie mich...
... als Mensch akzeptieren.

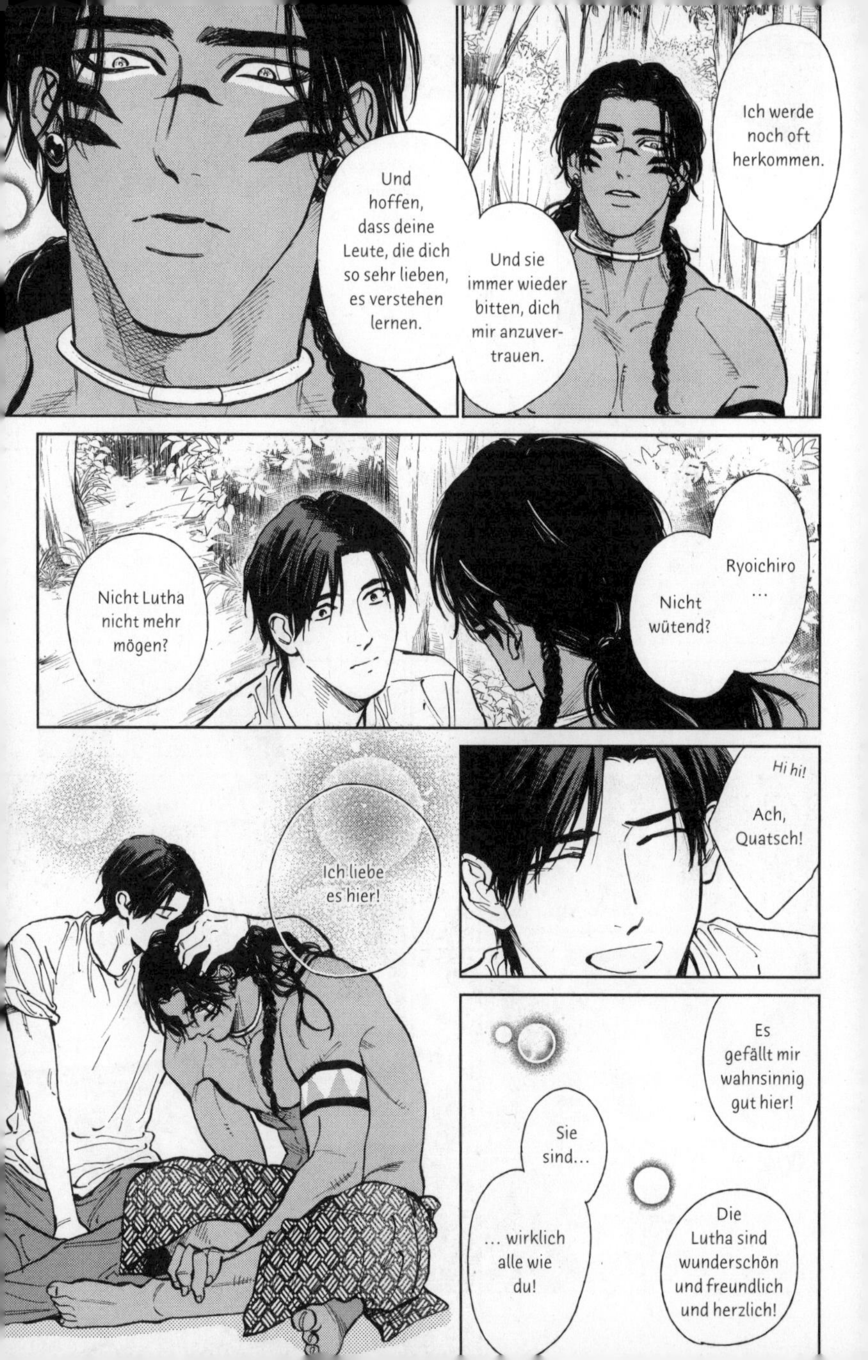

Ich werde noch oft herkommen.
Und sie immer wieder bitten, dich mir anzuvertrauen.
Und hoffen, dass deine Leute, die dich so sehr lieben, es verstehen lernen.
Ryoichiro …
Nicht wütend?
Nicht Lutha nicht mehr mögen?
Hi hi!
Ach, Quatsch!
Ich liebe es hier!
Es gefällt mir wahnsinnig gut hier!
Die Lutha sind wunderschön und freundlich und herzlich!
Sie sind…
… wirklich alle wie du!

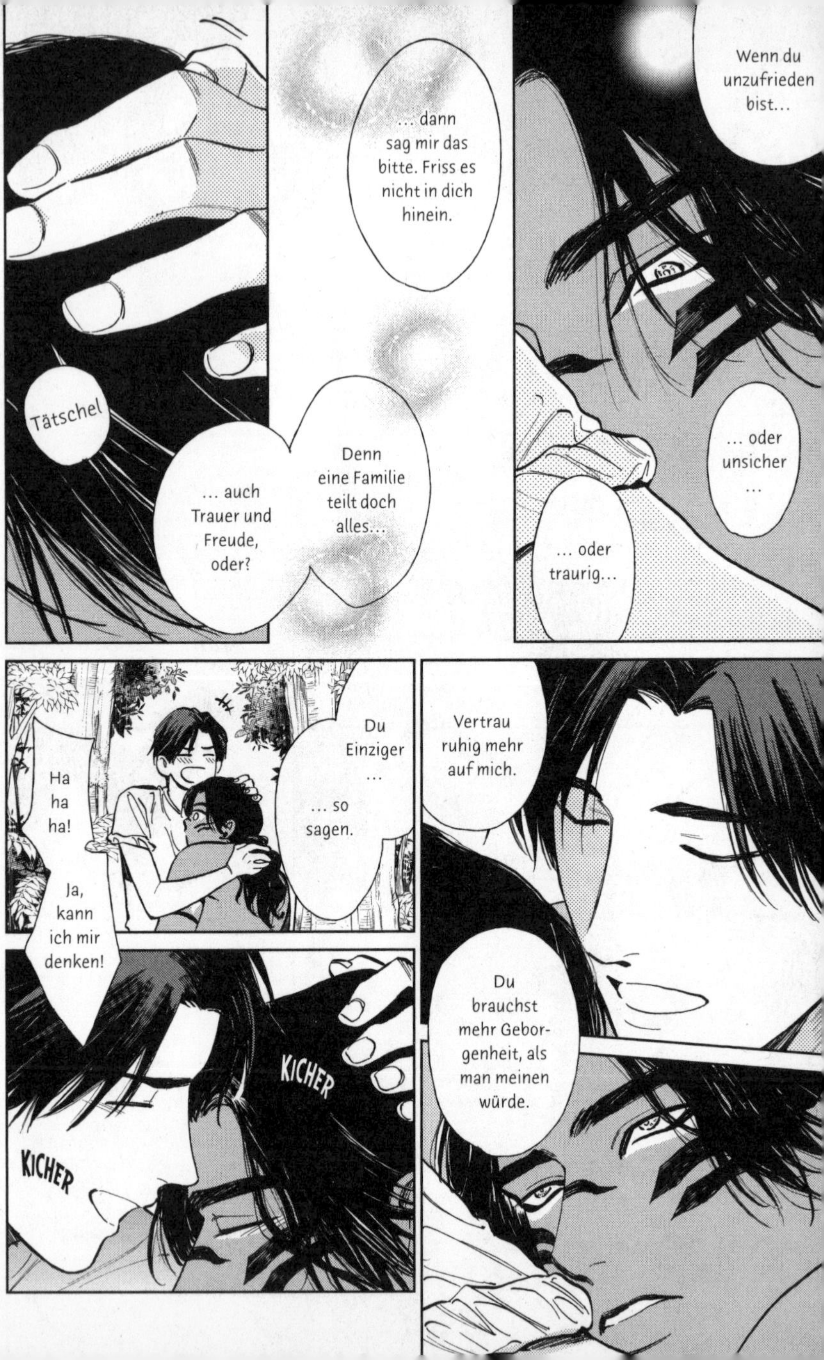
Wenn du unzufrieden bist…
… oder unsicher …
… oder traurig…
… dann sag mir das bitte. Friss es nicht in dich hinein.
Denn eine Familie teilt doch alles…
… auch Trauer und Freude, oder?
Tätschel
Vertrau ruhig mehr auf mich.
Du brauchst mehr Geborgenheit, als man meinen würde.
Du Einziger …
… so sagen.
Ha ha ha!
Ja, kann ich mir denken!
KICHER
KICHER

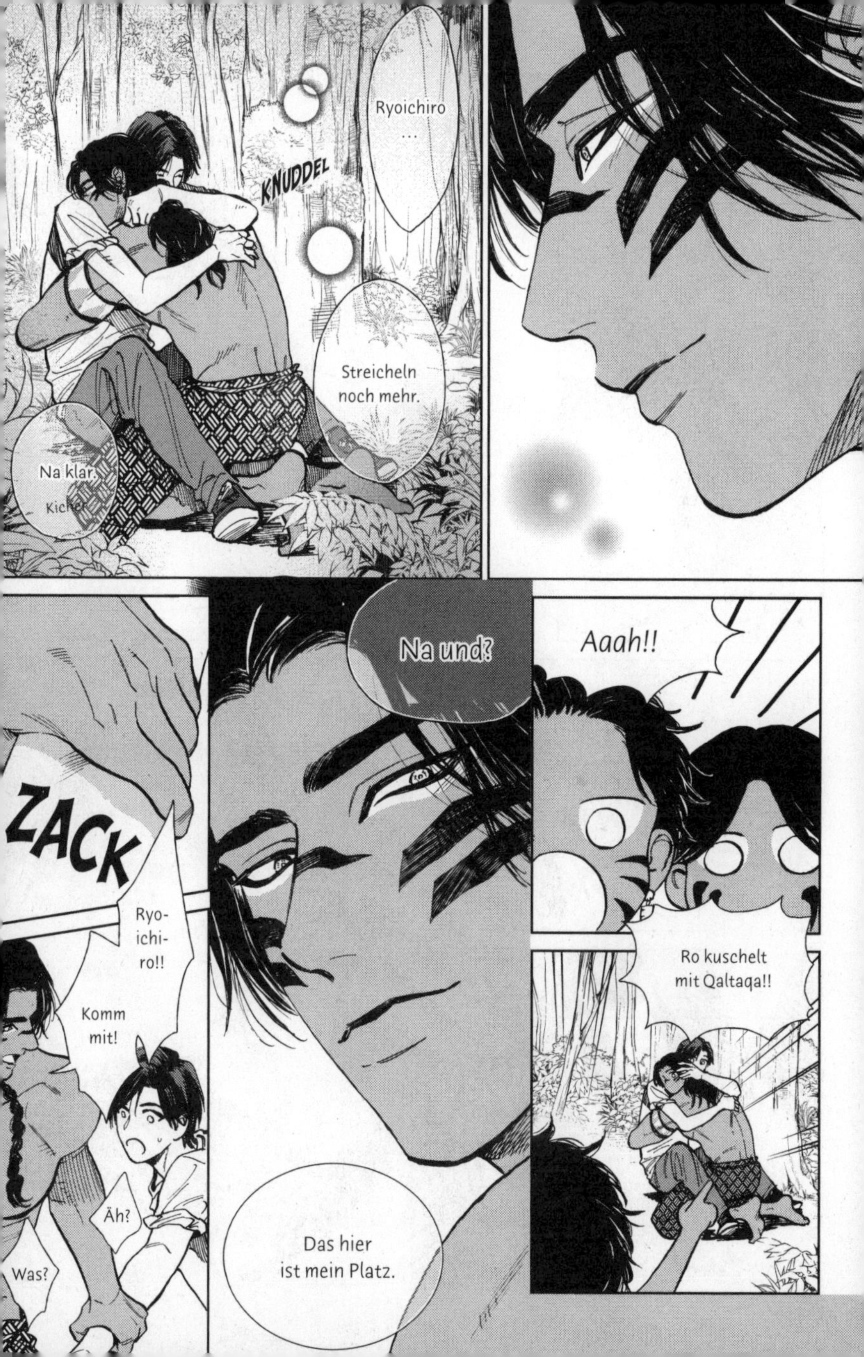
Ryoichiro
…
KNUDDEL
Streicheln noch mehr.
Na klar.
Kicher
Aaah!!
Ro kuschelt mit Qaltaqa!!
Na und?
Das hier ist mein Platz.
ZACK
Ryo-ichi-ro!!
Komm mit!
Äh?
Was?

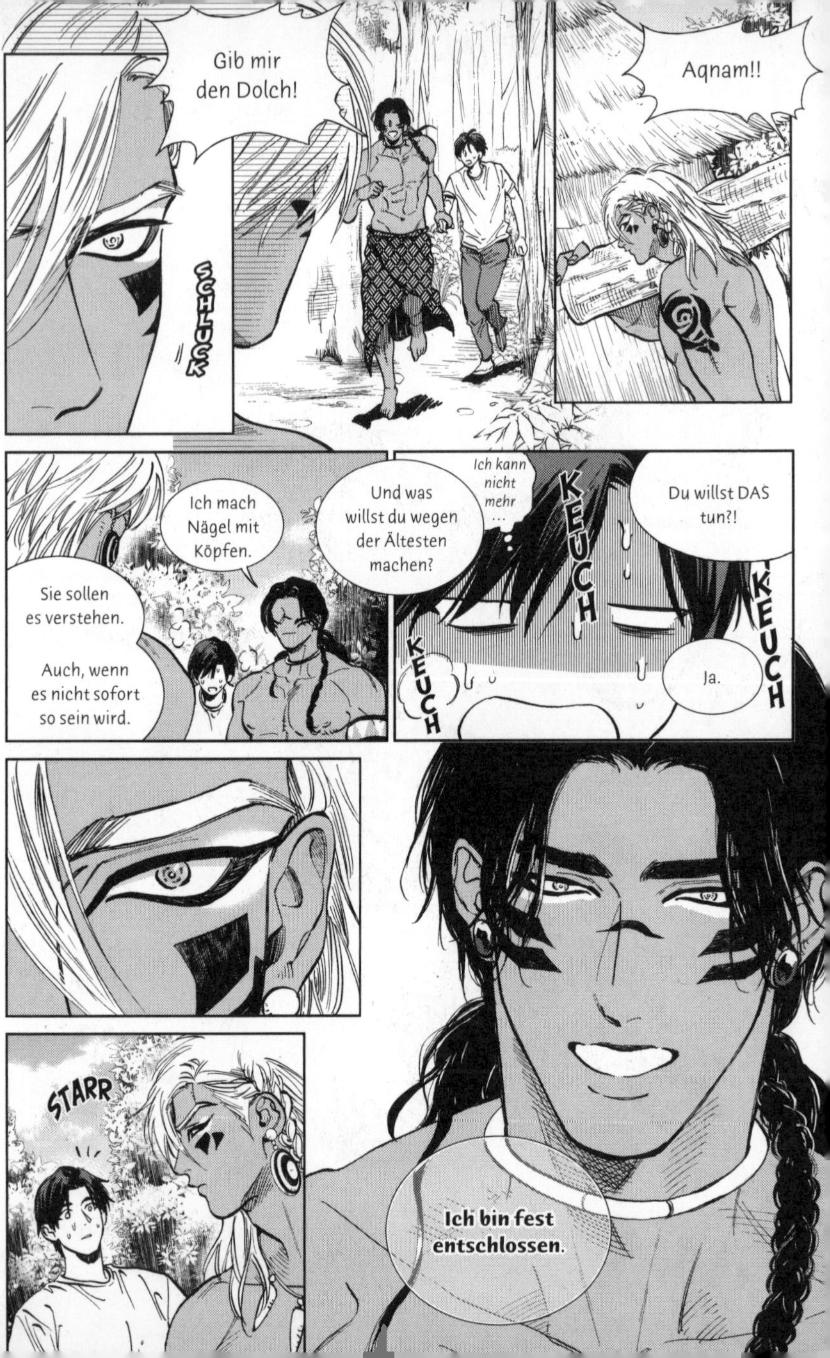
Aqnam!!
Gib mir den Dolch!
SCHLUCK
Du willst DAS tun?!
Ja.
KEUCH
KEUCH
KEUCH
Ich kann nicht mehr …
Und was willst du wegen der Ältesten machen?
Ich mach Nägel mit Köpfen.
Sie sollen es verstehen.
Auch, wenn es nicht sofort so sein wird.
Ich bin fest entschlossen.
STARR

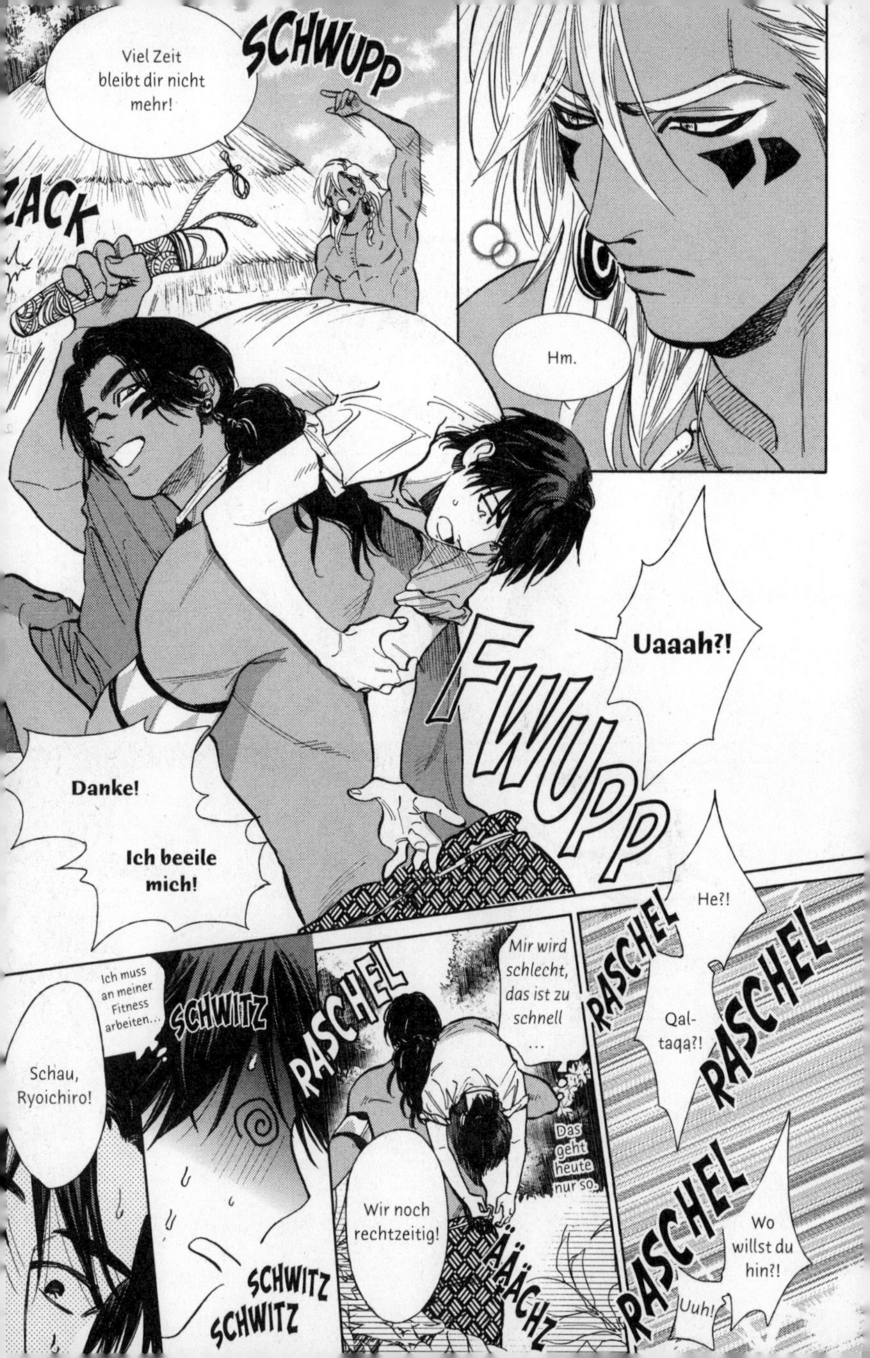

Hm.
Viel Zeit bleibt dir nicht mehr!
SCHWUPP
ZACK
Uaaah?!
FWUPP
Danke!
Ich beeile mich!
He?!
RASCHEL
Qal-
taqa?!
RASCHEL
RASCHEL
RASCHEL
Wo willst du hin?!
Uuh!
RASCHEL
Mir wird schlecht, das ist zu schnell …
RASCHEL
Das geht heute nur so.
Wir noch rechtzeitig!
ÄÄÄCHZ
Ich muss an meiner Fitness arbeiten…
SCHWITZ
Schau, Ryoichiro!
SCHWITZ
SCHWITZ

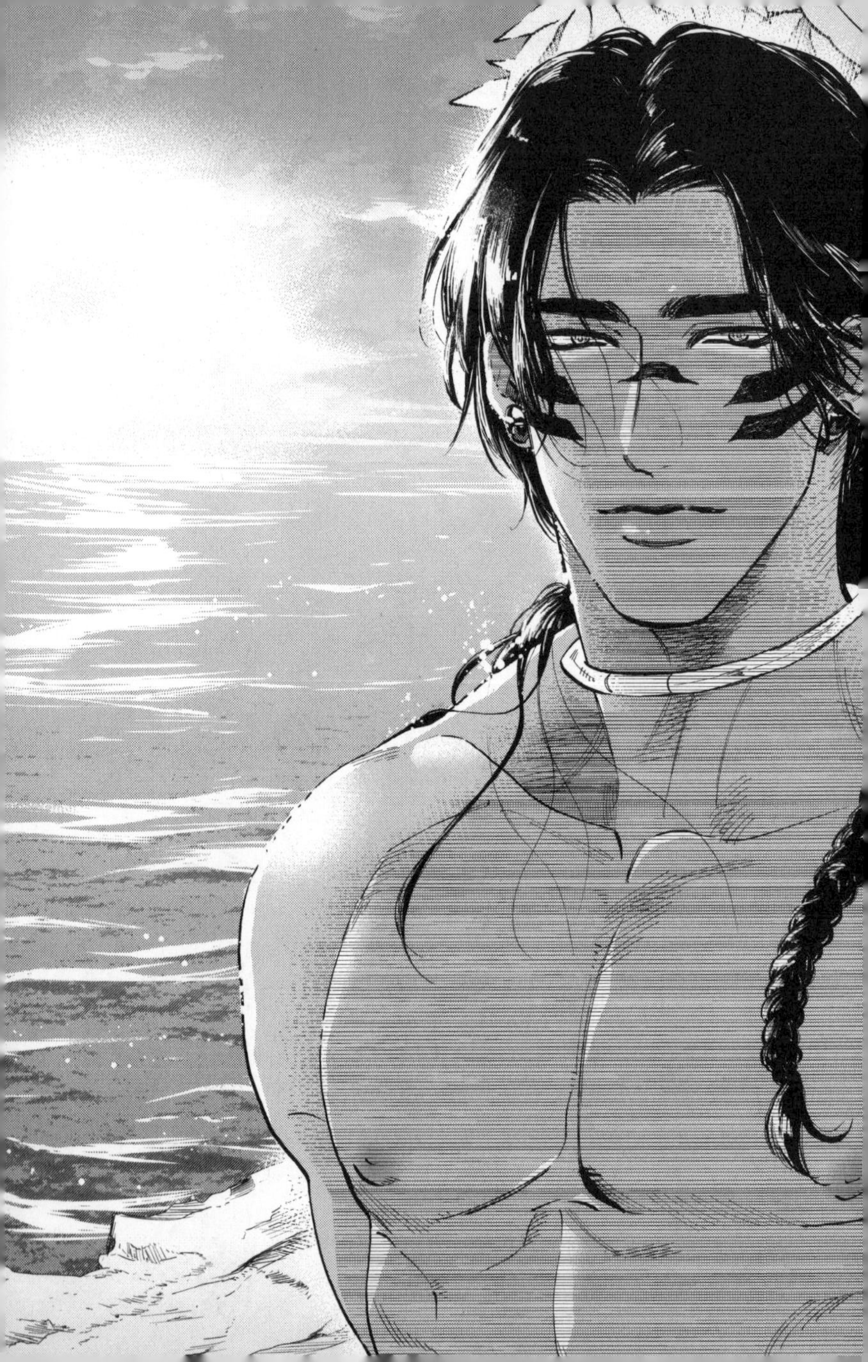

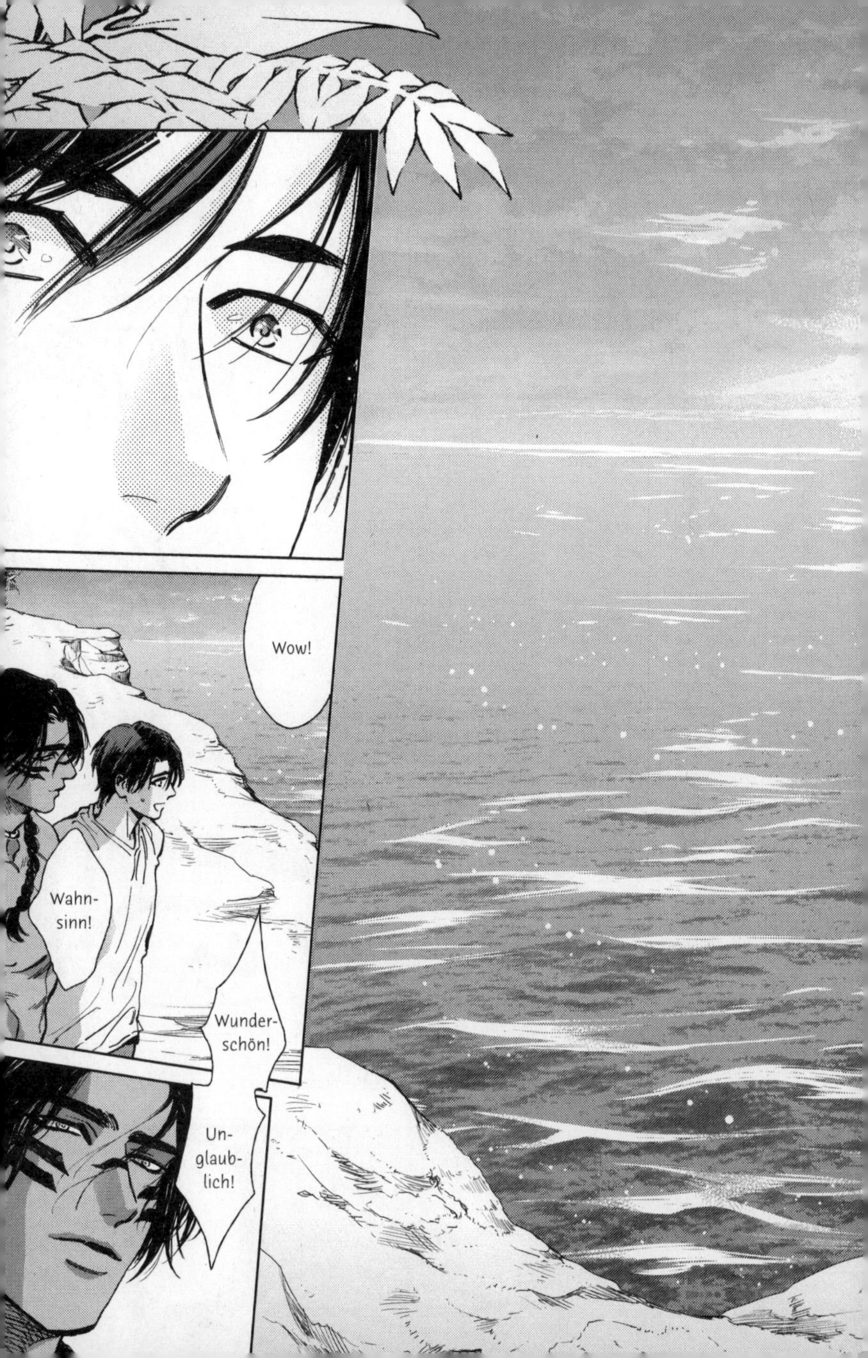
Wow!
Wahn-
sinn!
Wunder-
schön!
Un-
glaub-
lich!

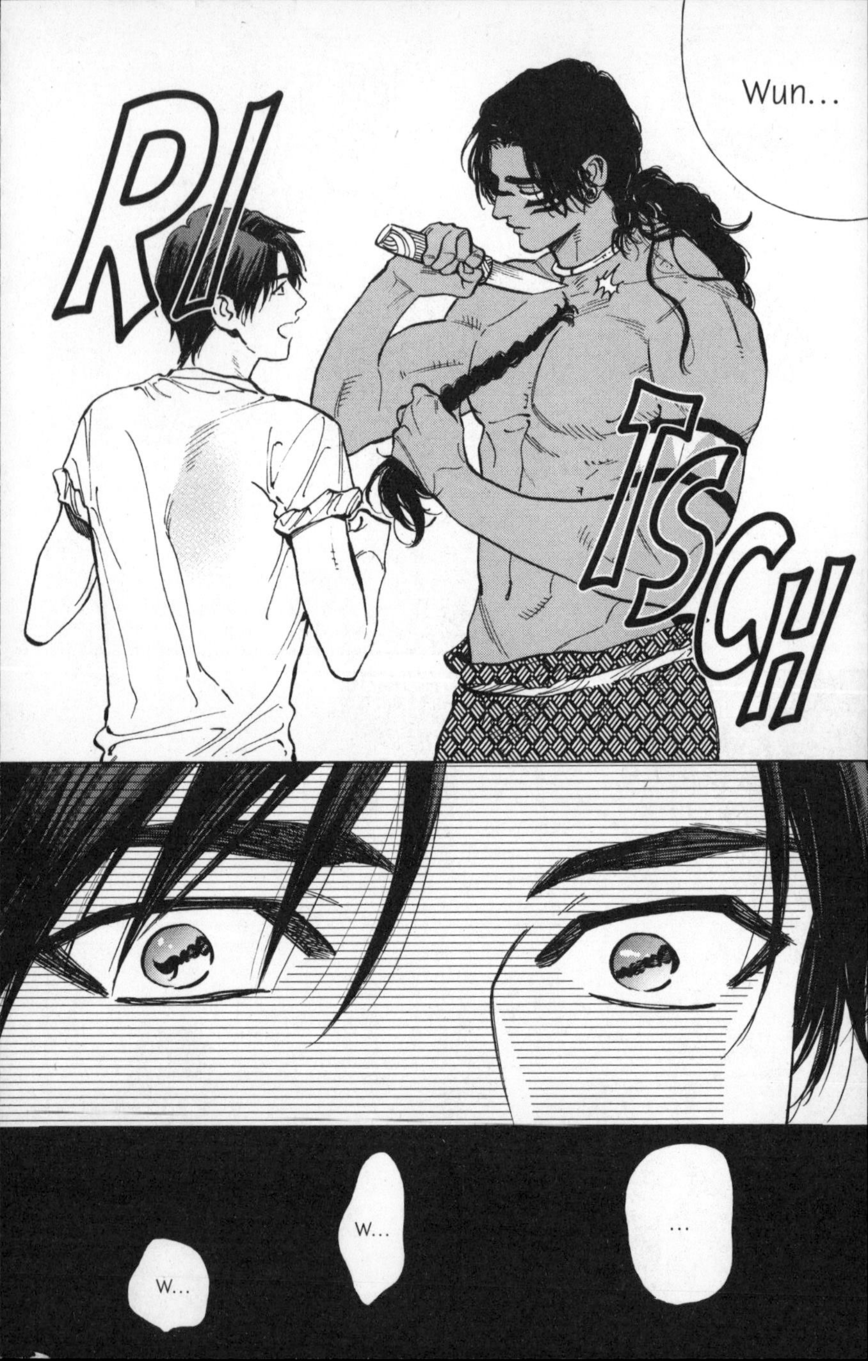
Wun…
RI
TSCH
…
W…
W…

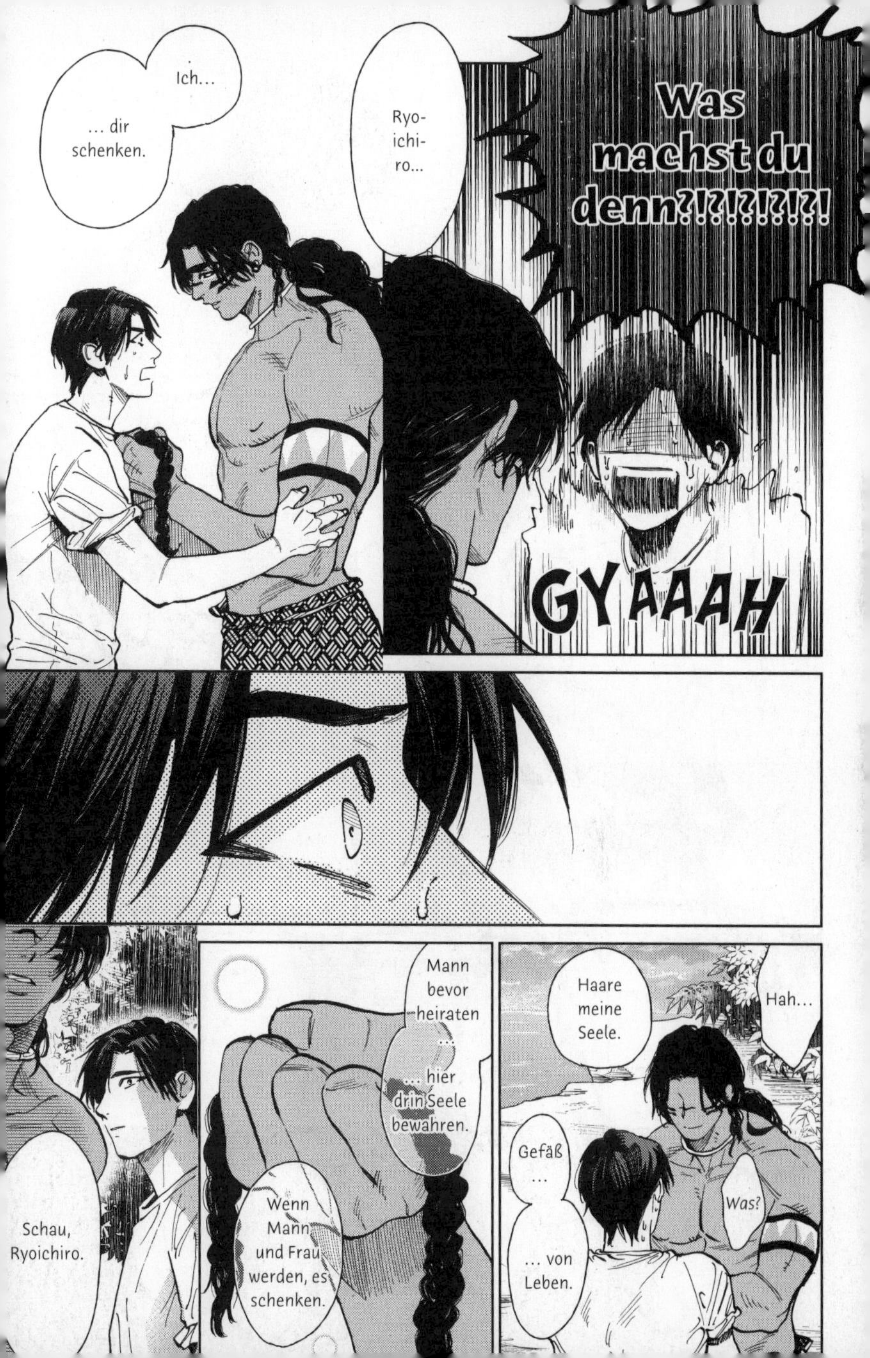

Was machst du denn?!?!?!?!?!
GYAAAH
Ryo-ichi-ro...
Ich...
... dir schenken.
Hah...
Haare meine Seele.
Was?
Gefäß ...
... von Leben.
Mann bevor heiraten ...
... hier drin Seele bewahren.
Wenn Mann und Frau werden, es schenken.
Schau, Ryoichiro.

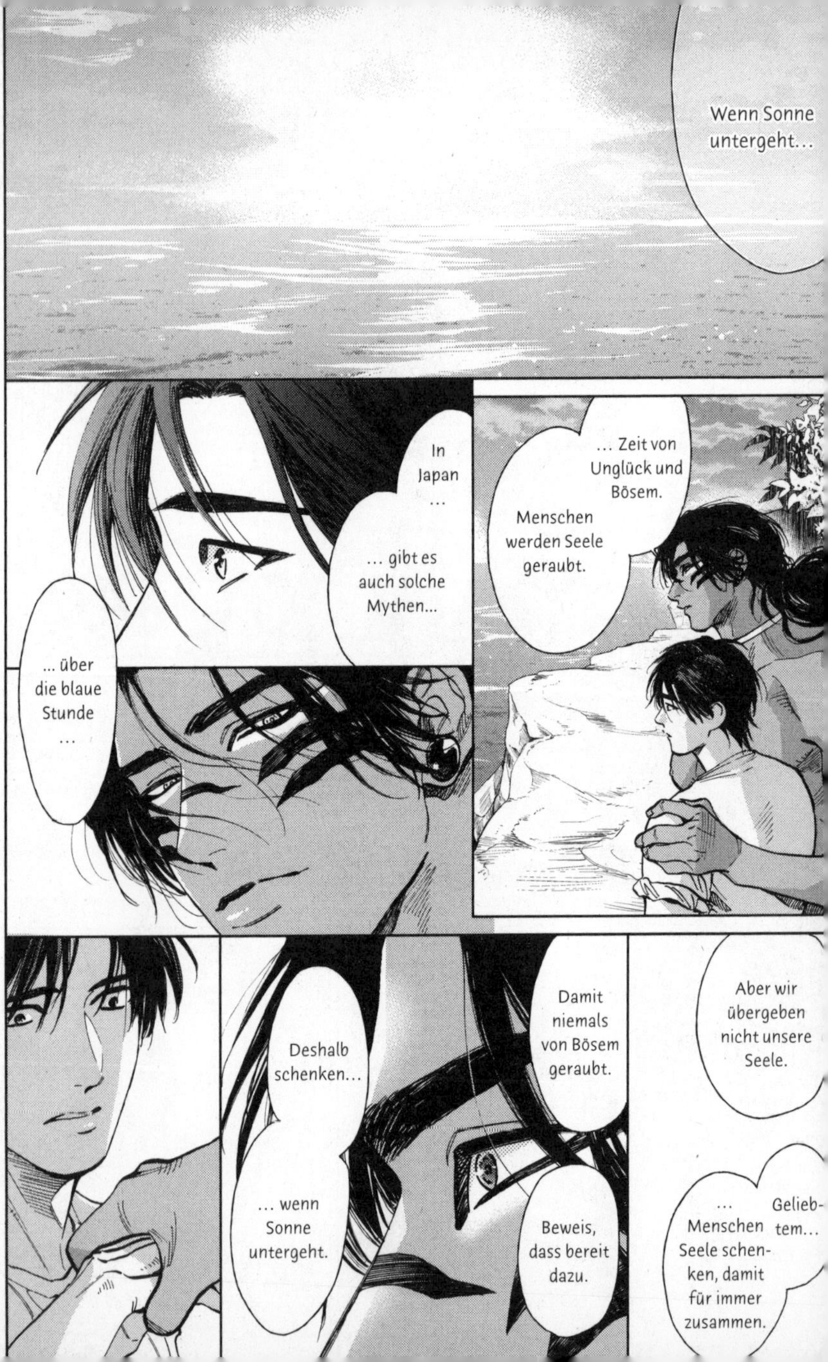

Wenn Sonne untergeht…
… Zeit von Unglück und Bösem.
Menschen werden Seele geraubt.
In Japan …
… gibt es auch solche Mythen…
… über die blaue Stunde …
Aber wir übergeben nicht unsere Seele.
Gelieb- tem…
… Menschen Seele schen- ken, damit für immer zusammen.
Damit niemals von Bösem geraubt.
Beweis, dass bereit dazu.
Deshalb schenken…
… wenn Sonne untergeht.

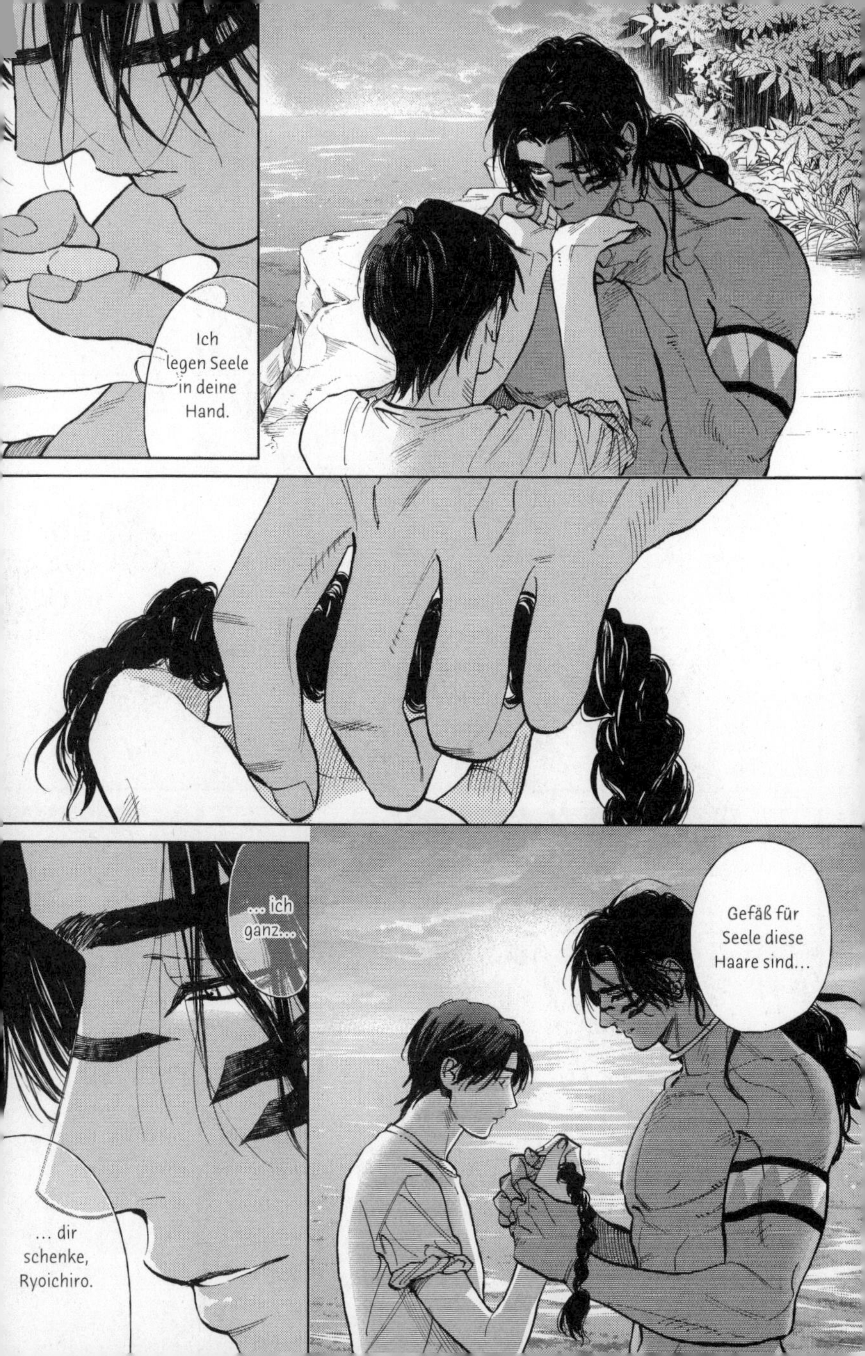
Ich legen Seele in deine Hand.
Gefäß für Seele diese Haare sind…
… ich ganz…
… dir schenke, Ryoichiro.

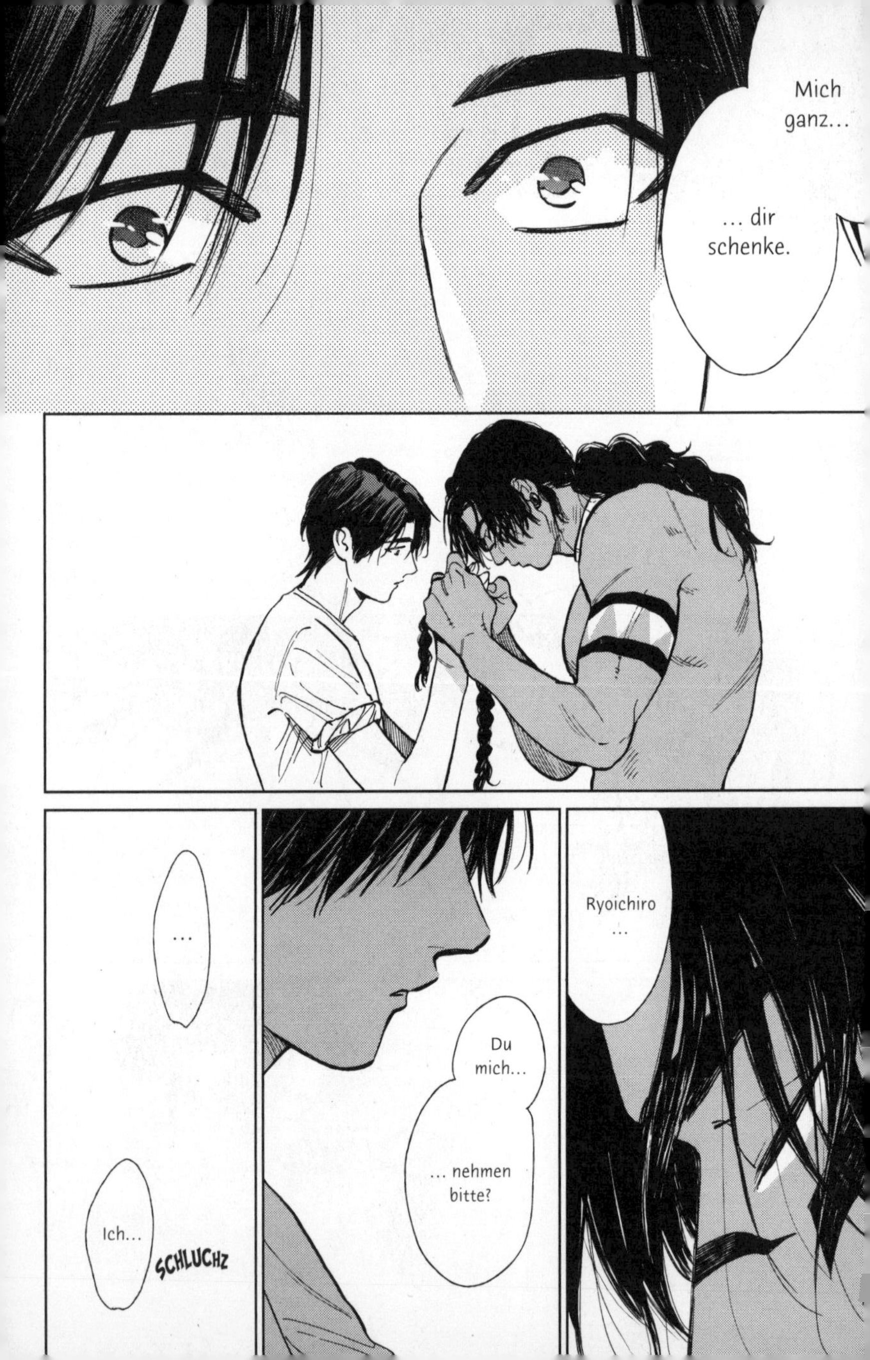
Mich ganz...
... dir schenke.
Ryoichiro ...
Du mich...
... nehmen bitte?
...
Ich...
SCHLUCHZ

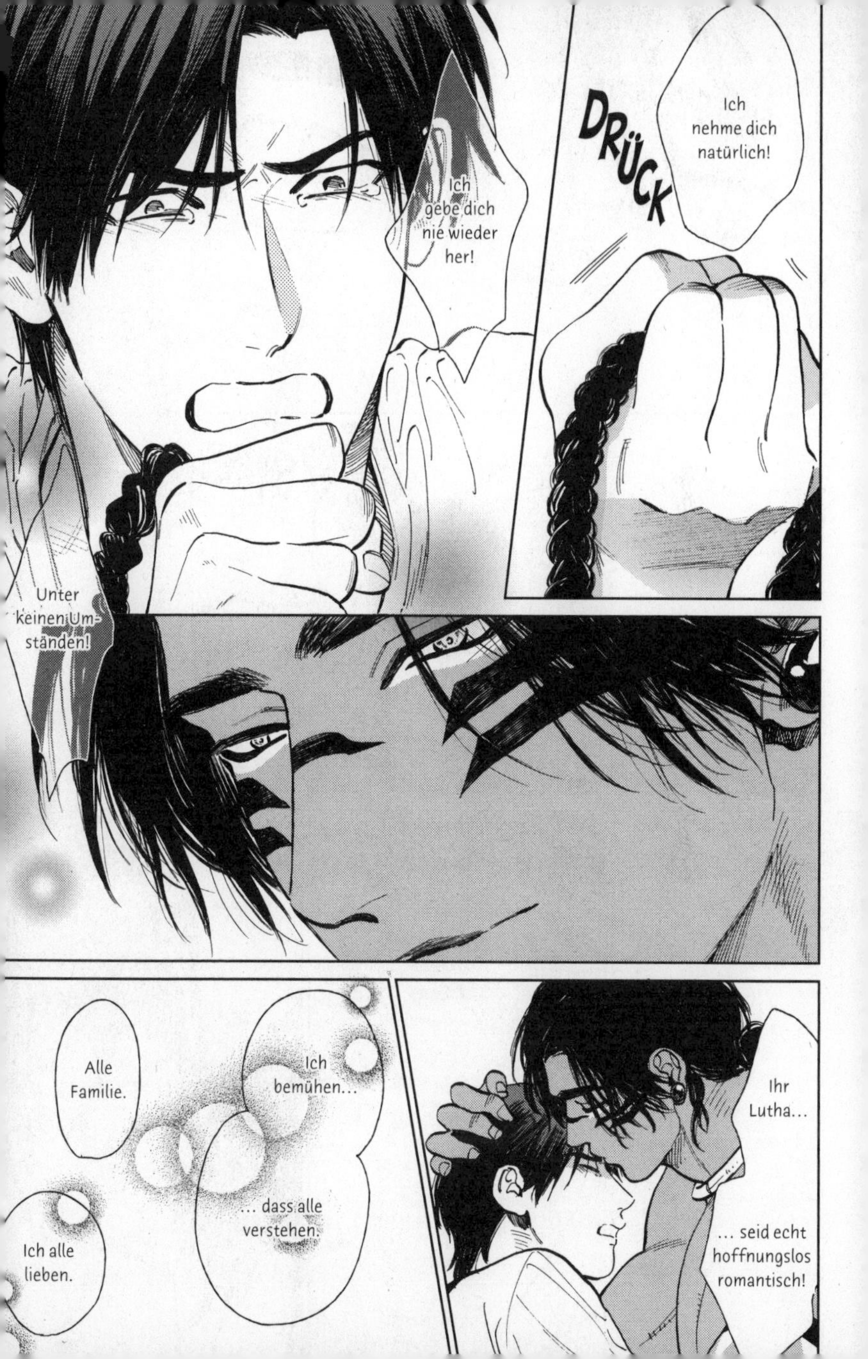
DRÜCK
Ich nehme dich natürlich!
Ich gebe dich nie wieder her!
Unter keinen Umständen!
Ihr Lutha…
… seid echt hoffnungslos romantisch!
Ich bemühen…
… dass alle verstehen.
Alle Familie.
Ich alle lieben.

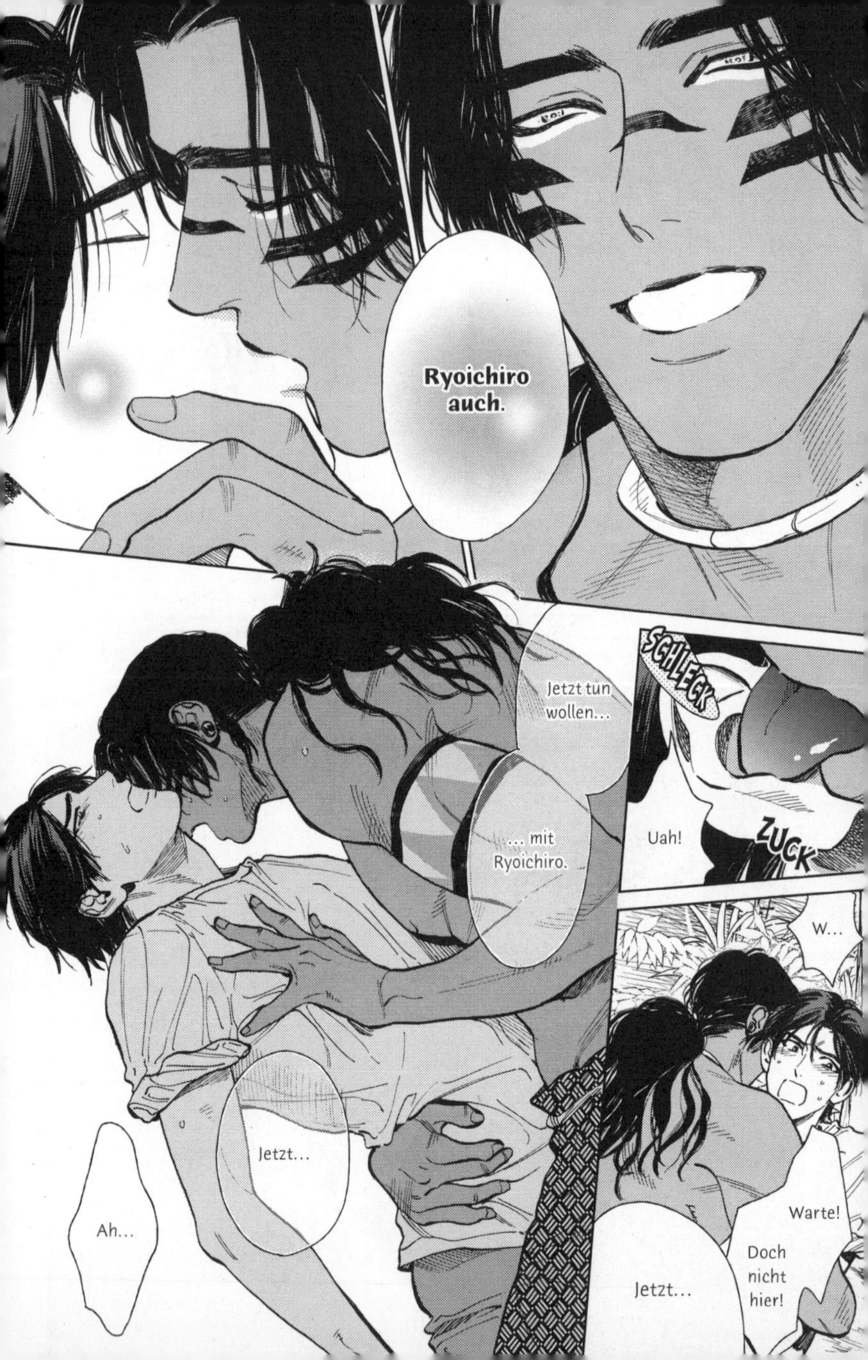
Ryoichiro auch.
SCHLECK
Uah!
ZUCK
W…
Warte!
Doch nicht hier!
Jetzt…
Jetzt tun wollen…
… mit Ryoichiro.
Jetzt…
Ah…

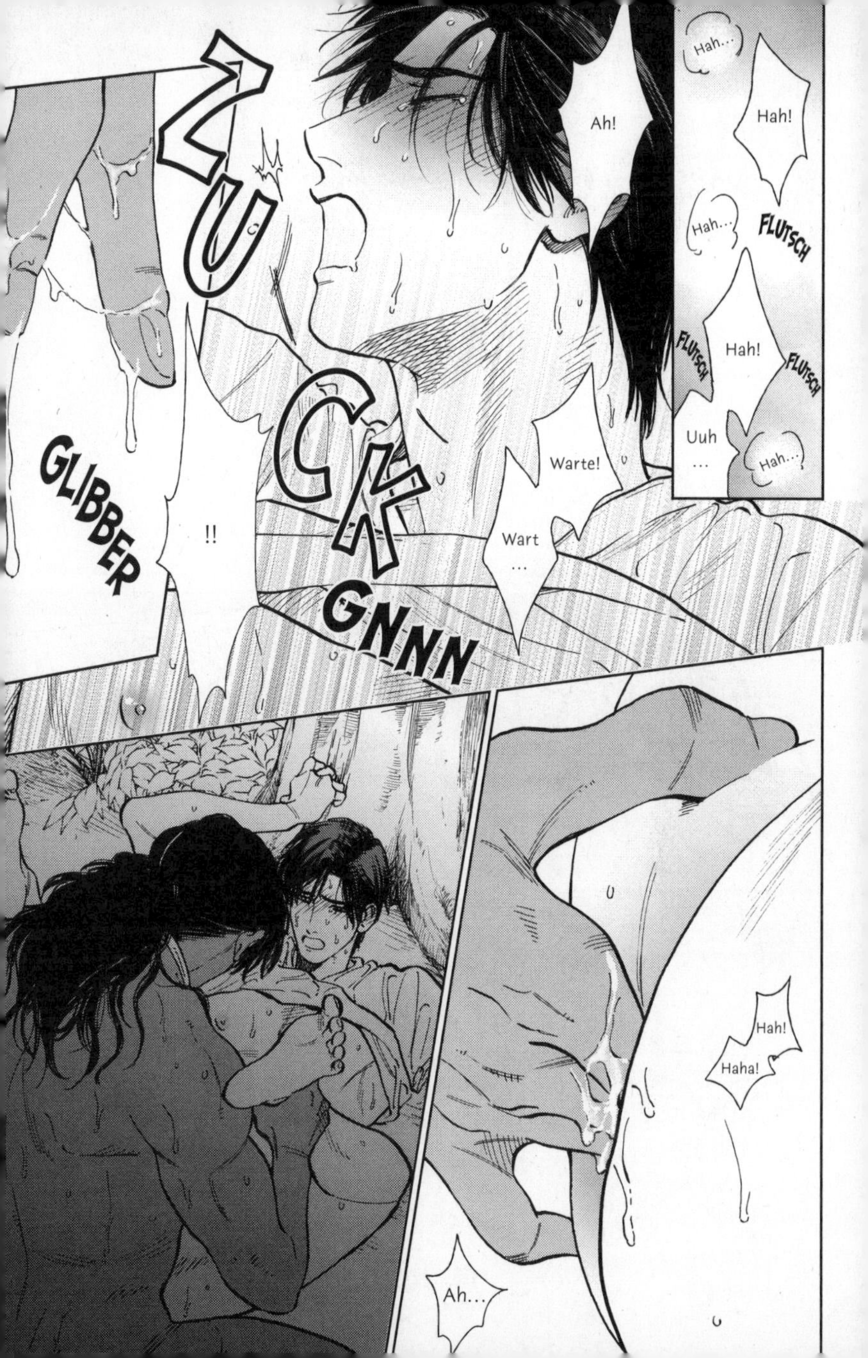

Hah…
Hah!
Hah…
FLUTSCH
Hah!
FLUTSCH
FLUTSCH
Uuh …
Hah…
Ah!
ZUCK
Warte!
Wart …
GNNN
!!
GLIBBER
Hah!
Haha!
Ah…

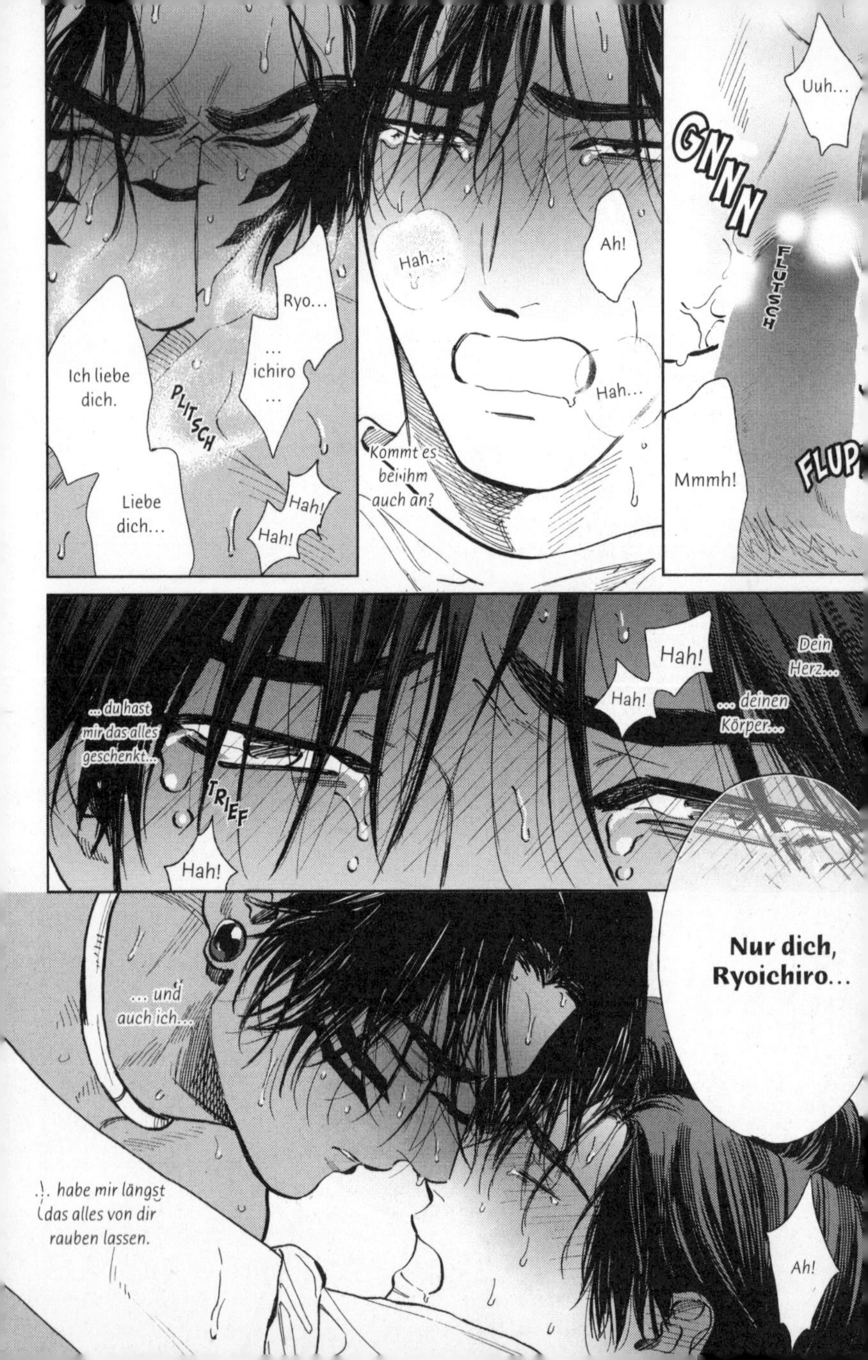
Uuh…
GNNN
FLUTSCH
Mmmh!
FLUP
Ah!
Hah…
Hah…
Kommt es bei ihm auch an?
Ryo… … ichiro …
Ich liebe dich.
PLITSCH
Liebe dich…
Hah!
Hah!
Dein Herz…
… deinen Körper…
Hah!
Hah!
… du hast mir das alles geschenkt…
TRIEF
Hah!
Nur dich, Ryoichiro…
… und auch ich…
… habe mir längst das alles von dir rauben lassen.
Ah!

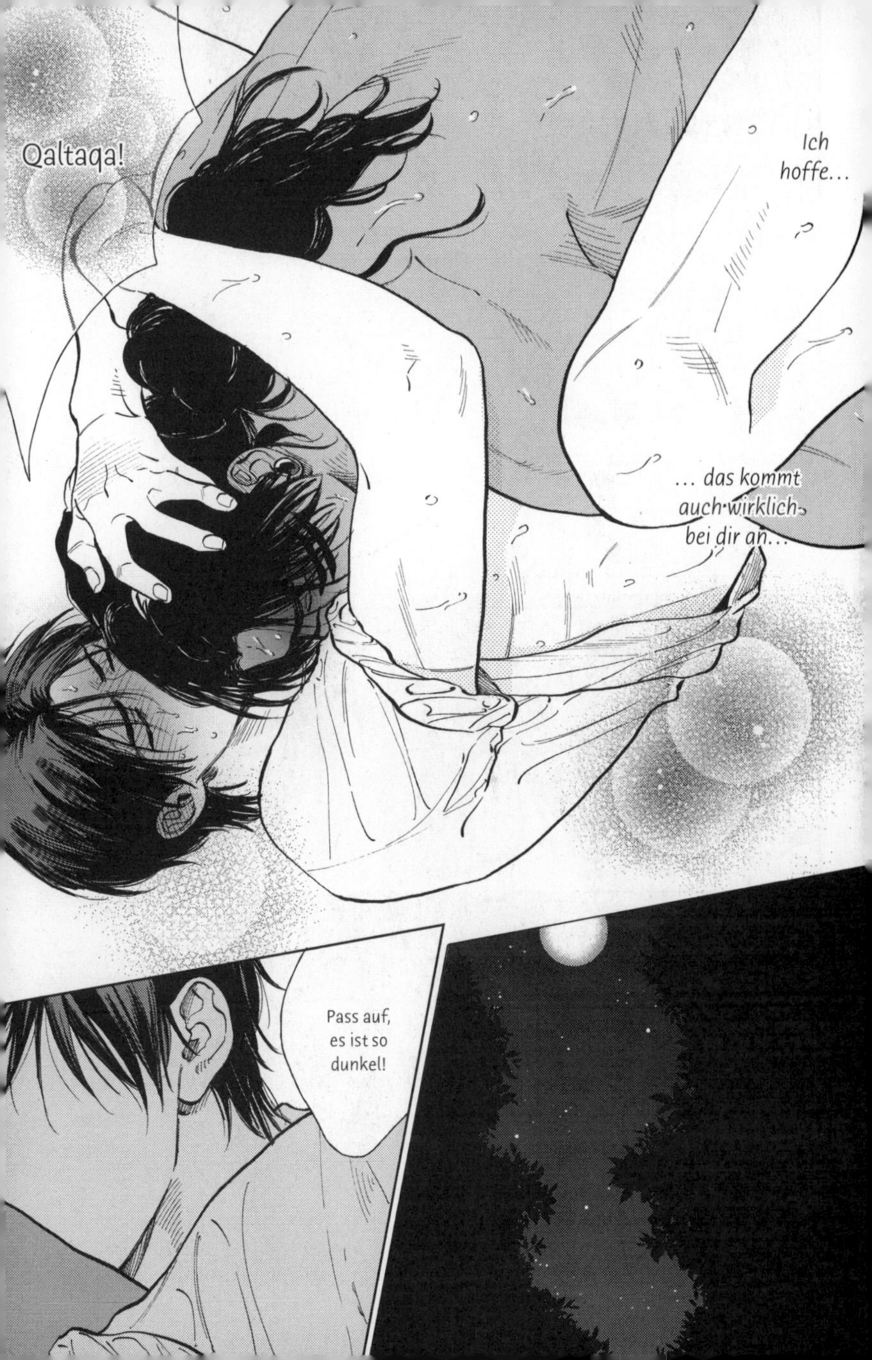
Ich hoffe…
… das kommt auch wirklich bei dir an…
Qaltaqa!
Pass auf, es ist so dunkel!

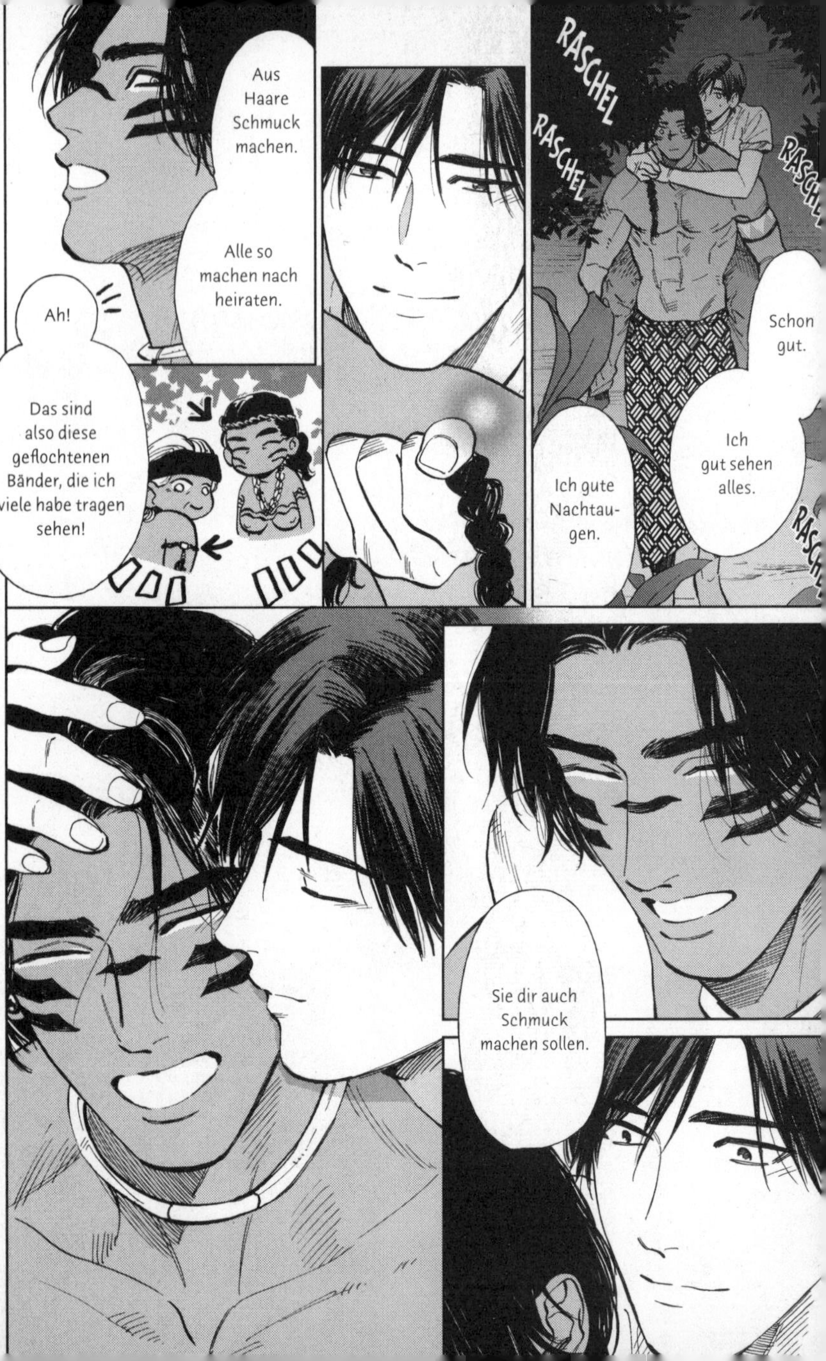
RASCHEL
RASCHEL
RASCHEL
RASCHEL
Schon gut.
Ich gut sehen alles.
Ich gute Nachtaugen.
Aus Haare Schmuck machen.
Alle so machen nach heiraten.
Ah!
Das sind also diese geflochtenen Bänder, die ich viele habe tragen sehen!
Sie dir auch Schmuck machen sollen.

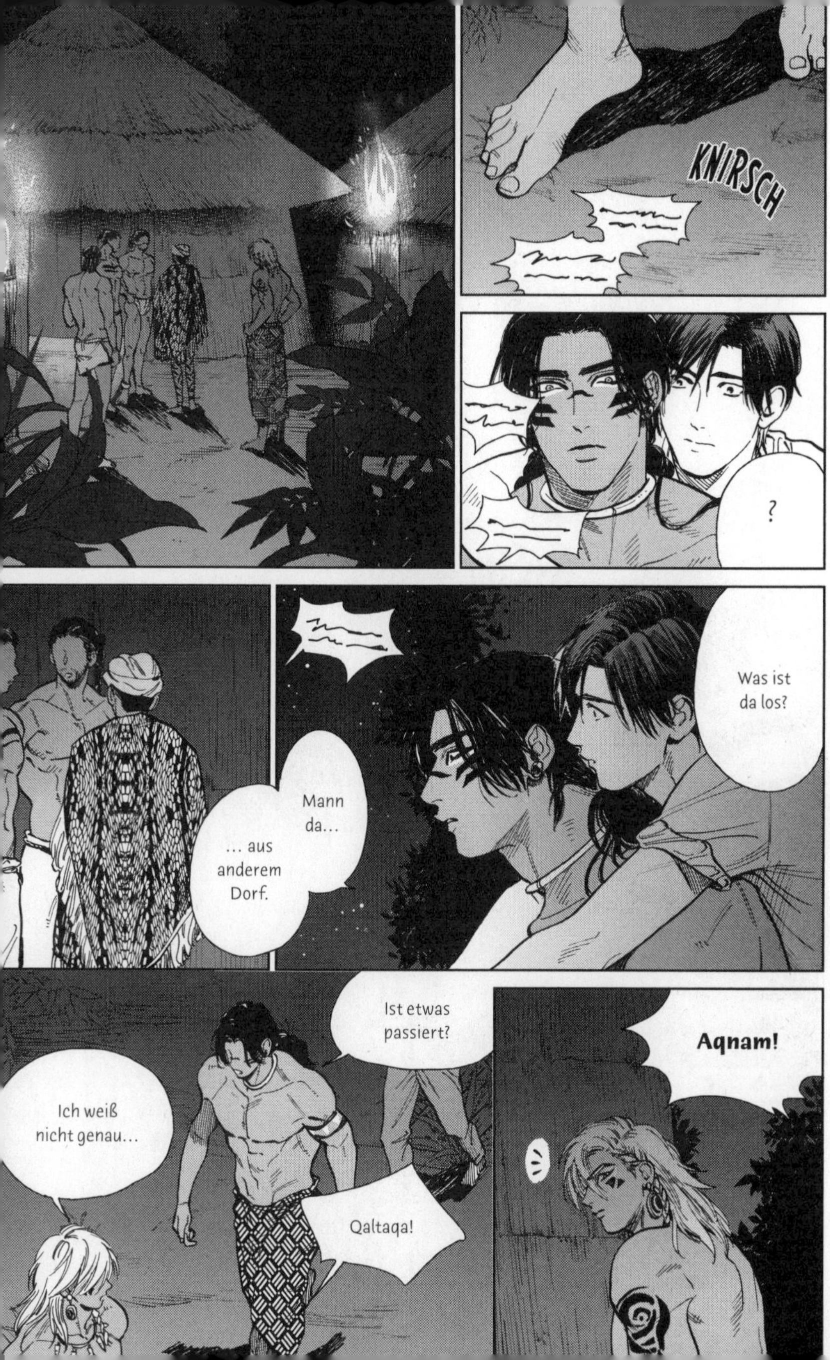
KNIRSCH
?
Was ist da los?
Mann da...
... aus anderem Dorf.
Ist etwas passiert?
Ich weiß nicht genau...
Qaltaqa!
Aqnam!
!

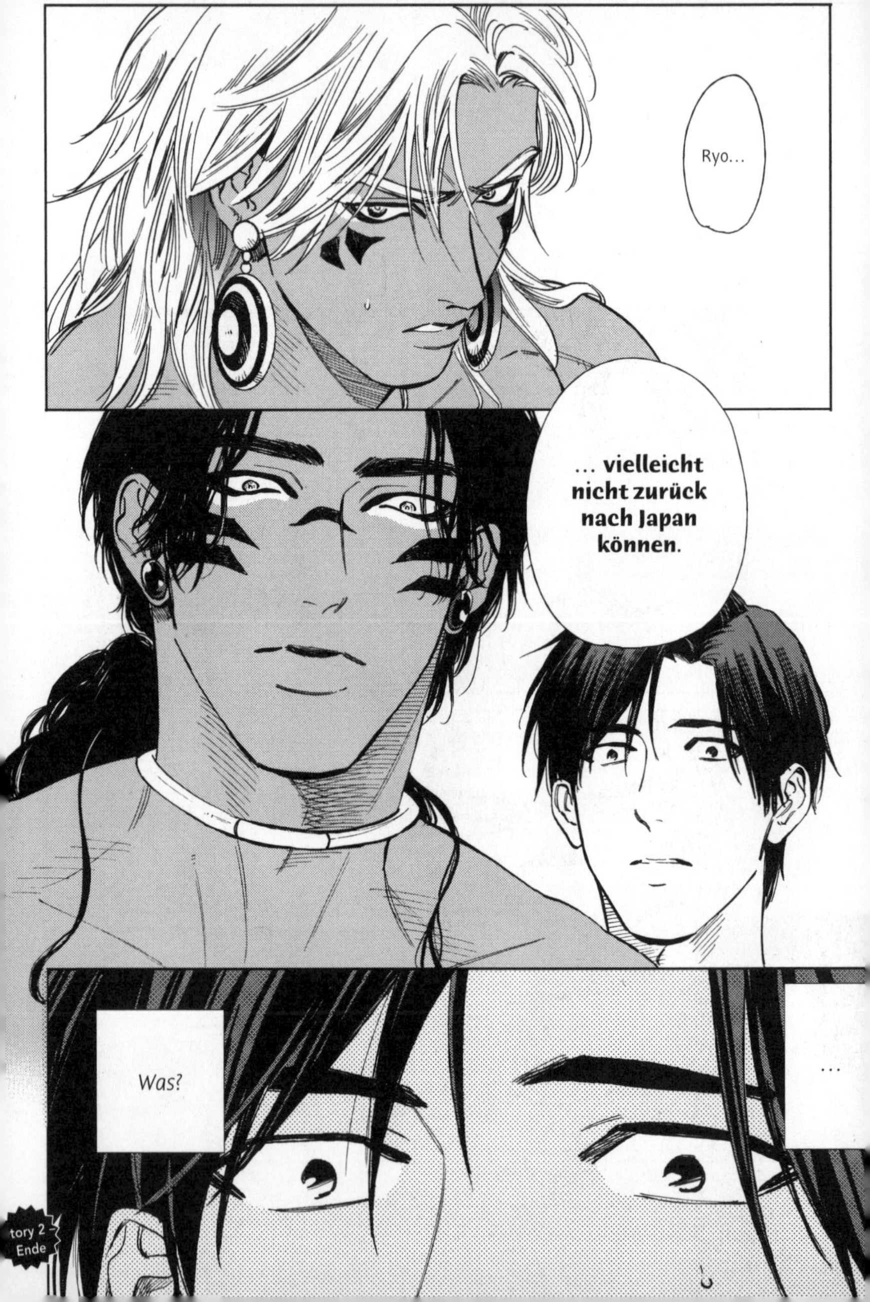
Ryo…
… vielleicht nicht zurück nach Japan können.
…
Was?
tory 2 – Ende

MOTHER'S SPIRIT 2

Story 3

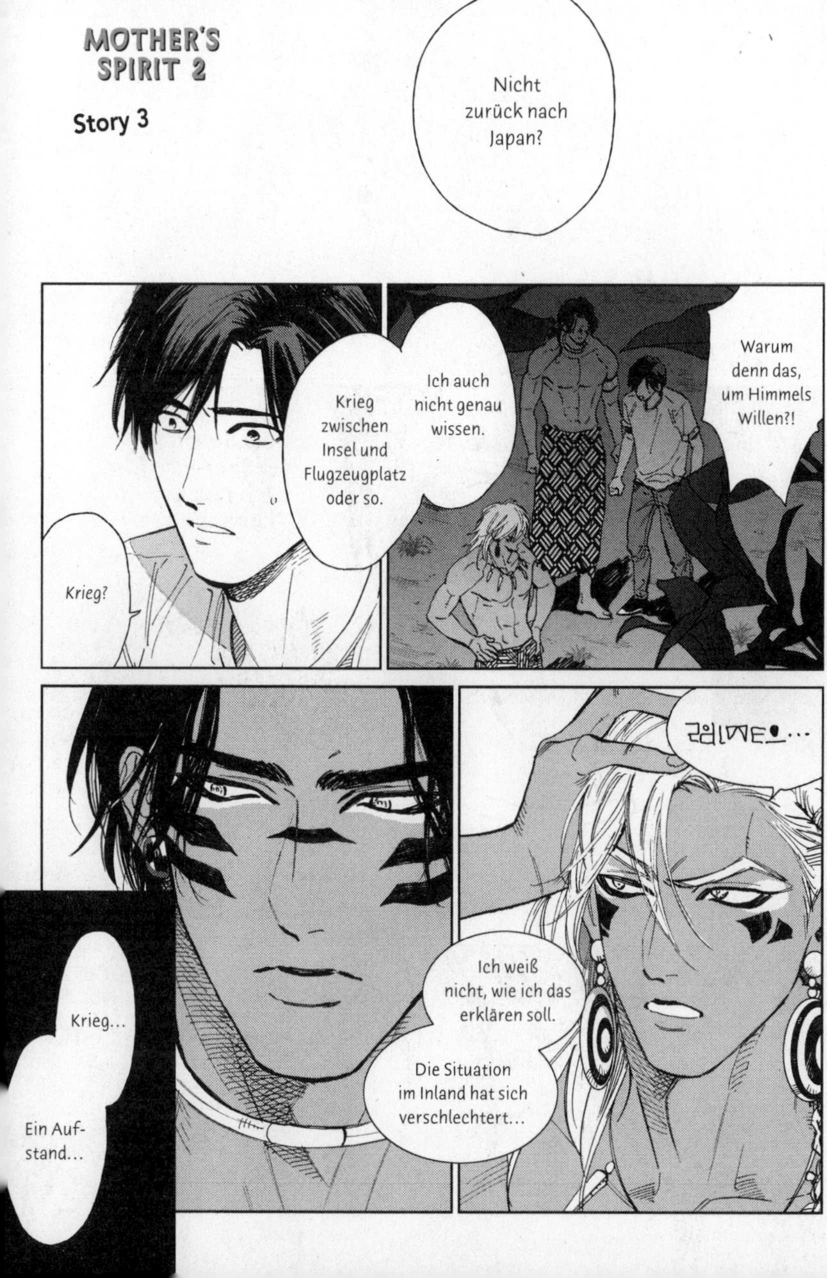

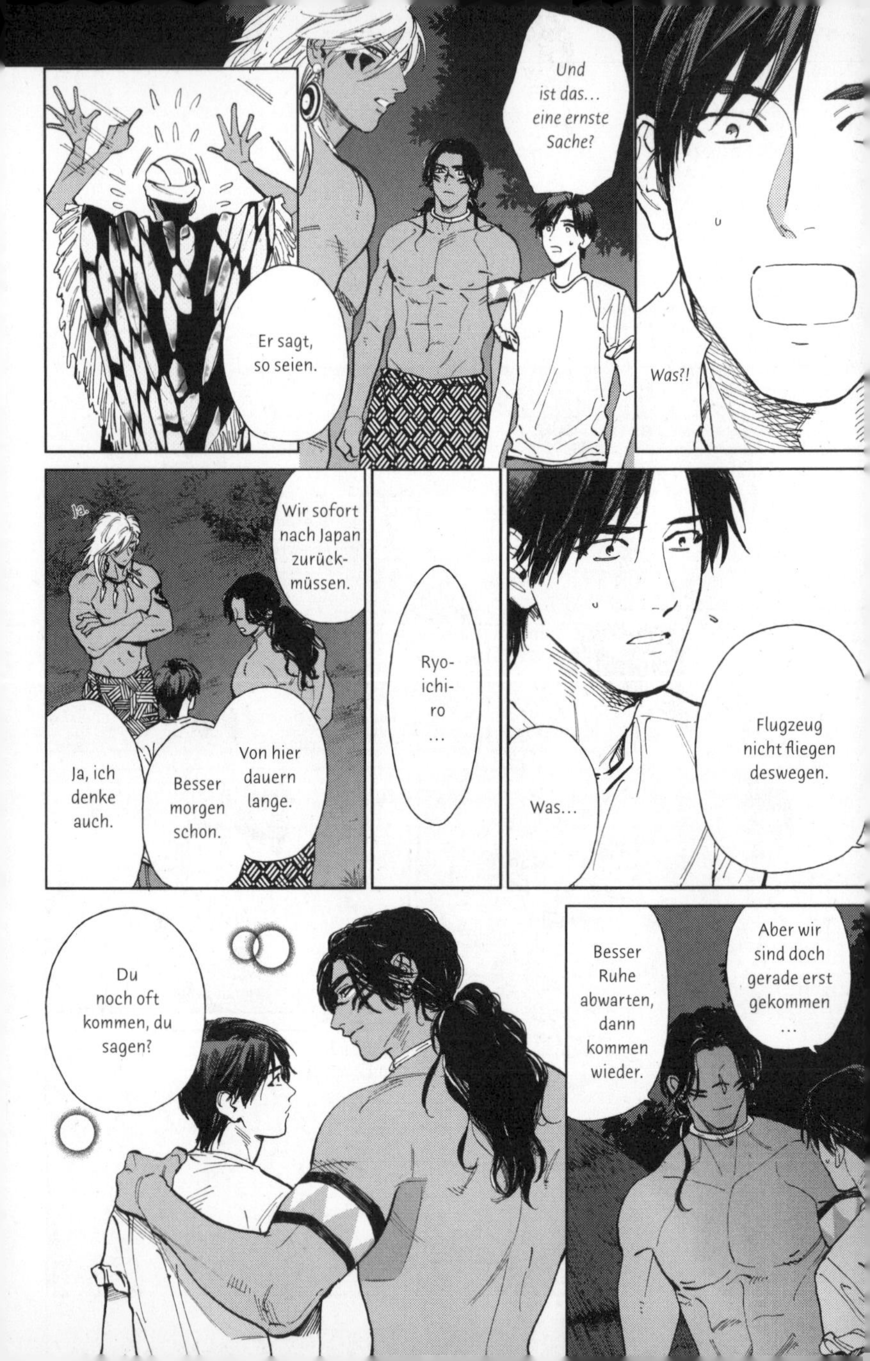
Und ist das… eine ernste Sache?
Er sagt, so seien.
Was?!
Flugzeug nicht fliegen deswegen.
Was…
Ryo-ichi-ro …
Wir sofort nach Japan zurückmüssen.
Ja.
Von hier dauern lange.
Besser morgen schon.
Ja, ich denke auch.
Aber wir sind doch gerade erst gekommen …
Besser Ruhe abwarten, dann kommen wieder.
Du noch oft kommen, du sagen?

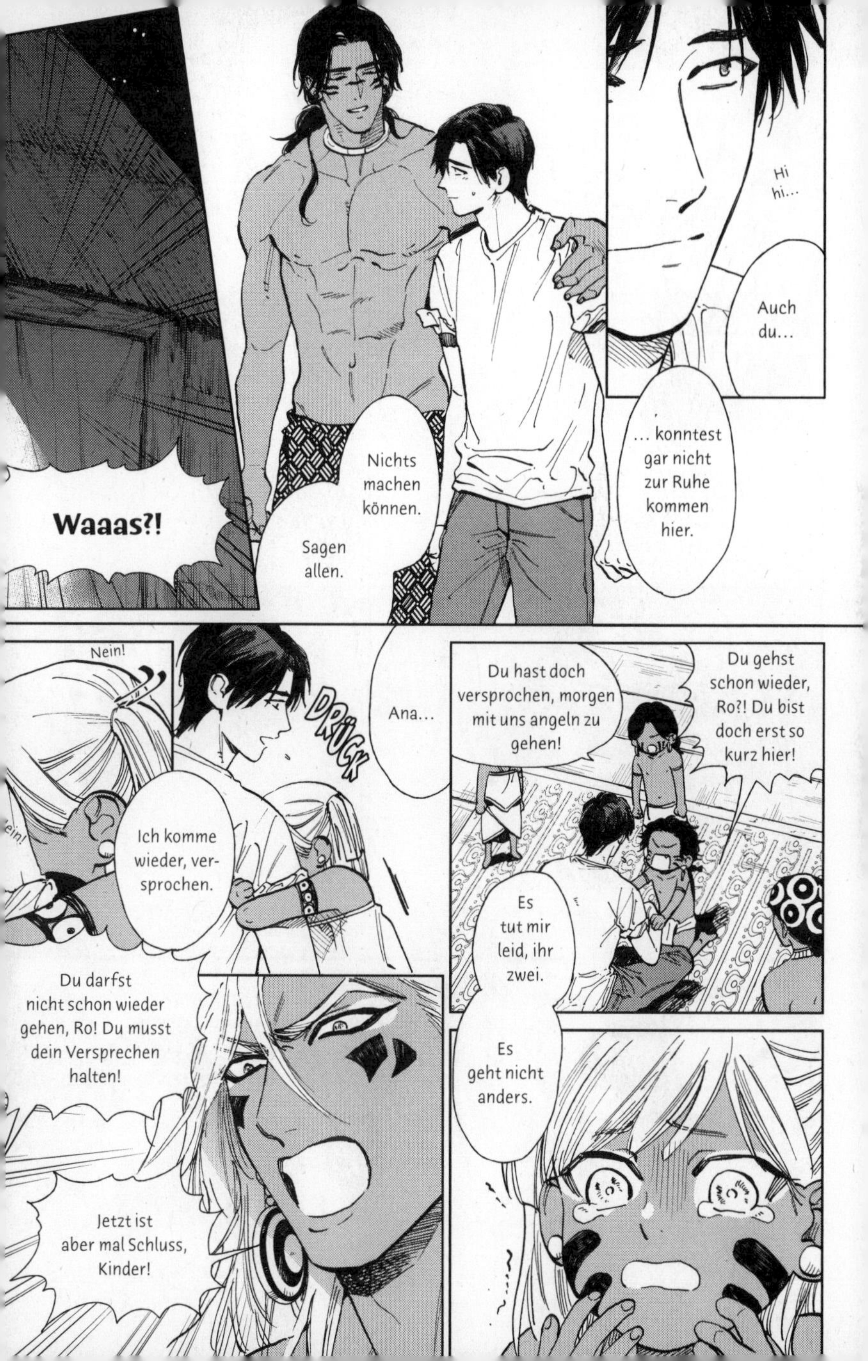
Hi hi…
Auch du…
… konntest gar nicht zur Ruhe kommen hier.
Nichts machen können.
Sagen allen.
Waaas?!
Du gehst schon wieder, Ro?! Du bist doch erst so kurz hier!
Du hast doch versprochen, morgen mit uns angeln zu gehen!
Ana…
DRÜCK
Nein!
Nein!
Ich komme wieder, versprochen.
Es tut mir leid, ihr zwei.
Es geht nicht anders.
Du darfst nicht schon wieder gehen, Ro! Du musst dein Versprechen halten!
Jetzt ist aber mal Schluss, Kinder!

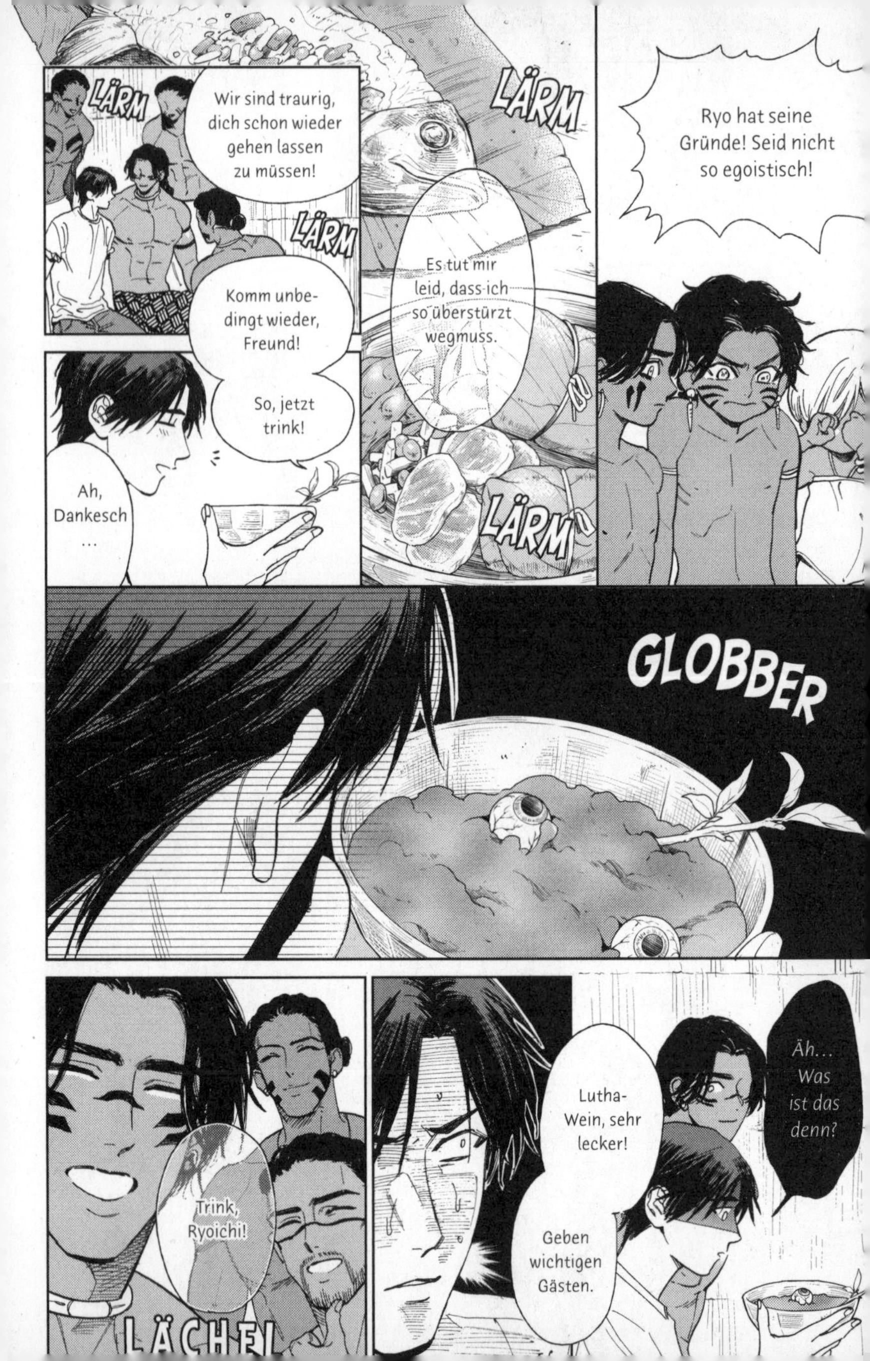
LÄRM
LÄRM
LÄRM
LÄRM
Wir sind traurig, dich schon wieder gehen lassen zu müssen!
Komm unbedingt wieder, Freund!
Es tut mir leid, dass ich so überstürzt wegmuss.
Ryo hat seine Gründe! Seid nicht so egoistisch!
So, jetzt trink!
Ah, Dankesch …
GLOBBER
Äh… Was ist das denn?
Lutha-Wein, sehr lecker!
Geben wichtigen Gästen.
Trink, Ryoichi!
LÄCHEL

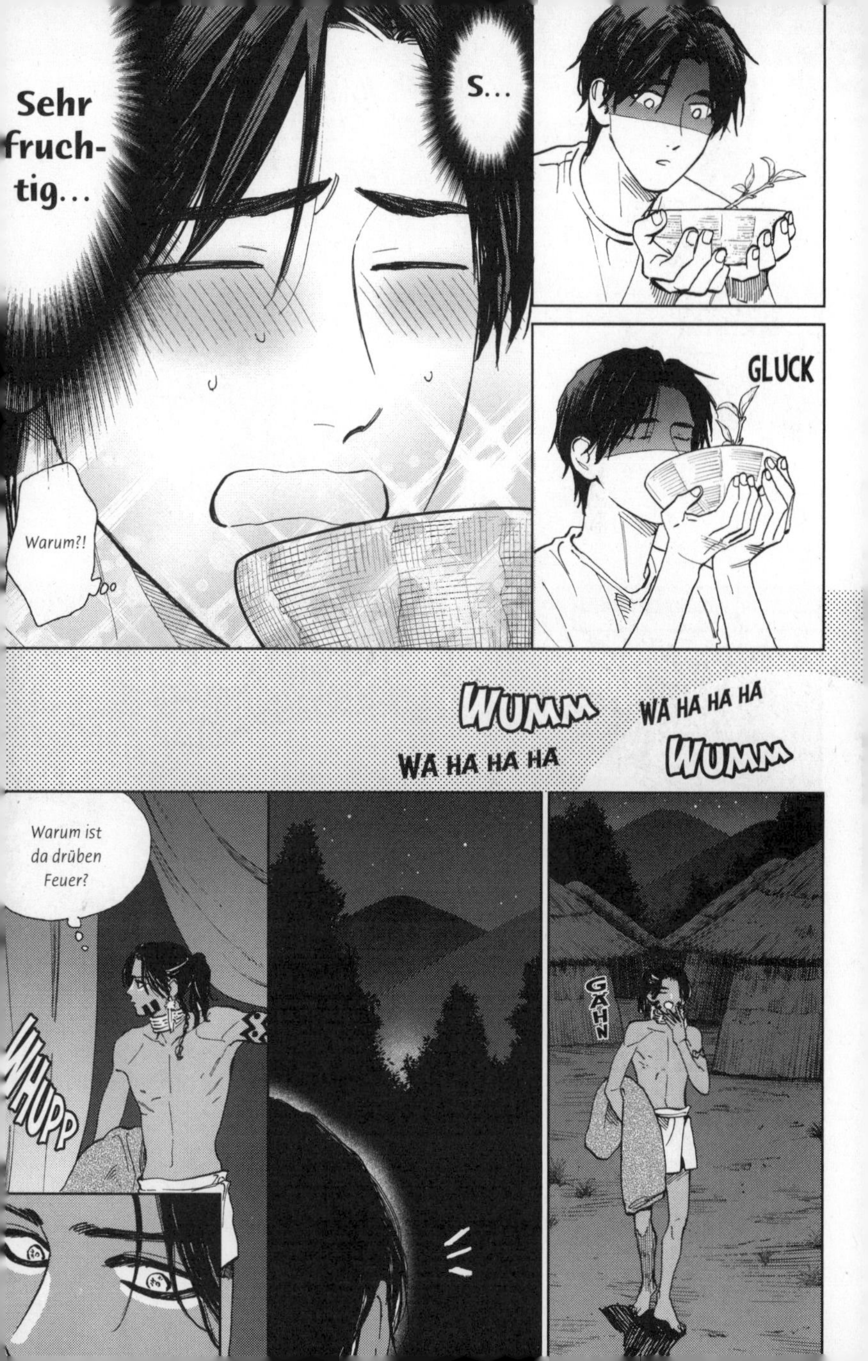
GLUCK
S…
Sehr fruch-tig…
Warum?!
WUMM
WA HA HA HA
WUMM
WA HA HA HA
GÄHN
Warum ist da drüben Feuer?
WHUPP

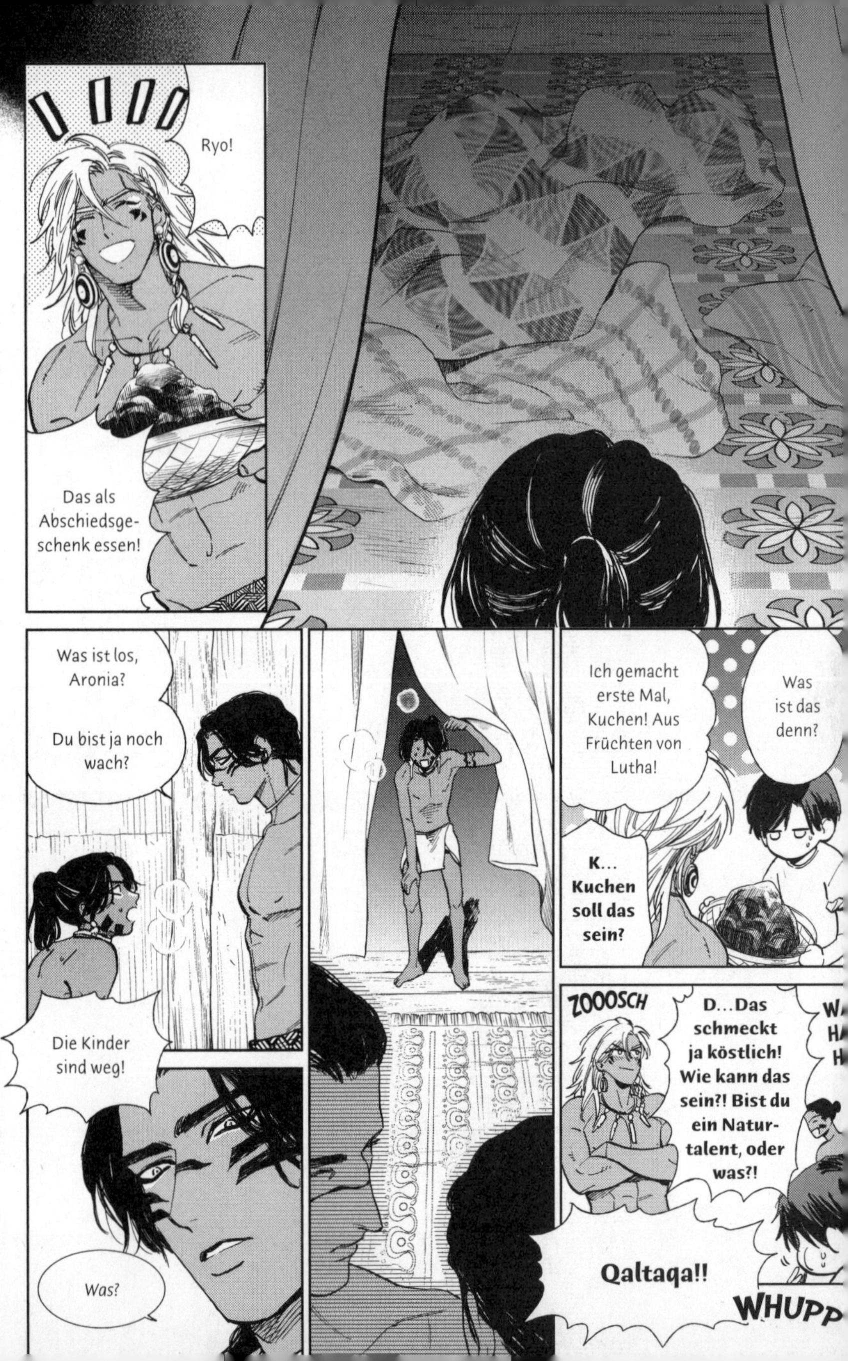

Ryo!
Das als Abschiedsgeschenk essen!
Was ist das denn?
Ich gemacht erste Mal, Kuchen! Aus Früchten von Lutha!
K... Kuchen soll das sein?
ZOOOSCH
D...Das schmeckt ja köstlich! Wie kann das sein?! Bist du ein Naturtalent, oder was?!
Qaltaqa!!
WHUPP
Was ist los, Aronia?
Du bist ja noch wach?
Die Kinder sind weg!
Was?

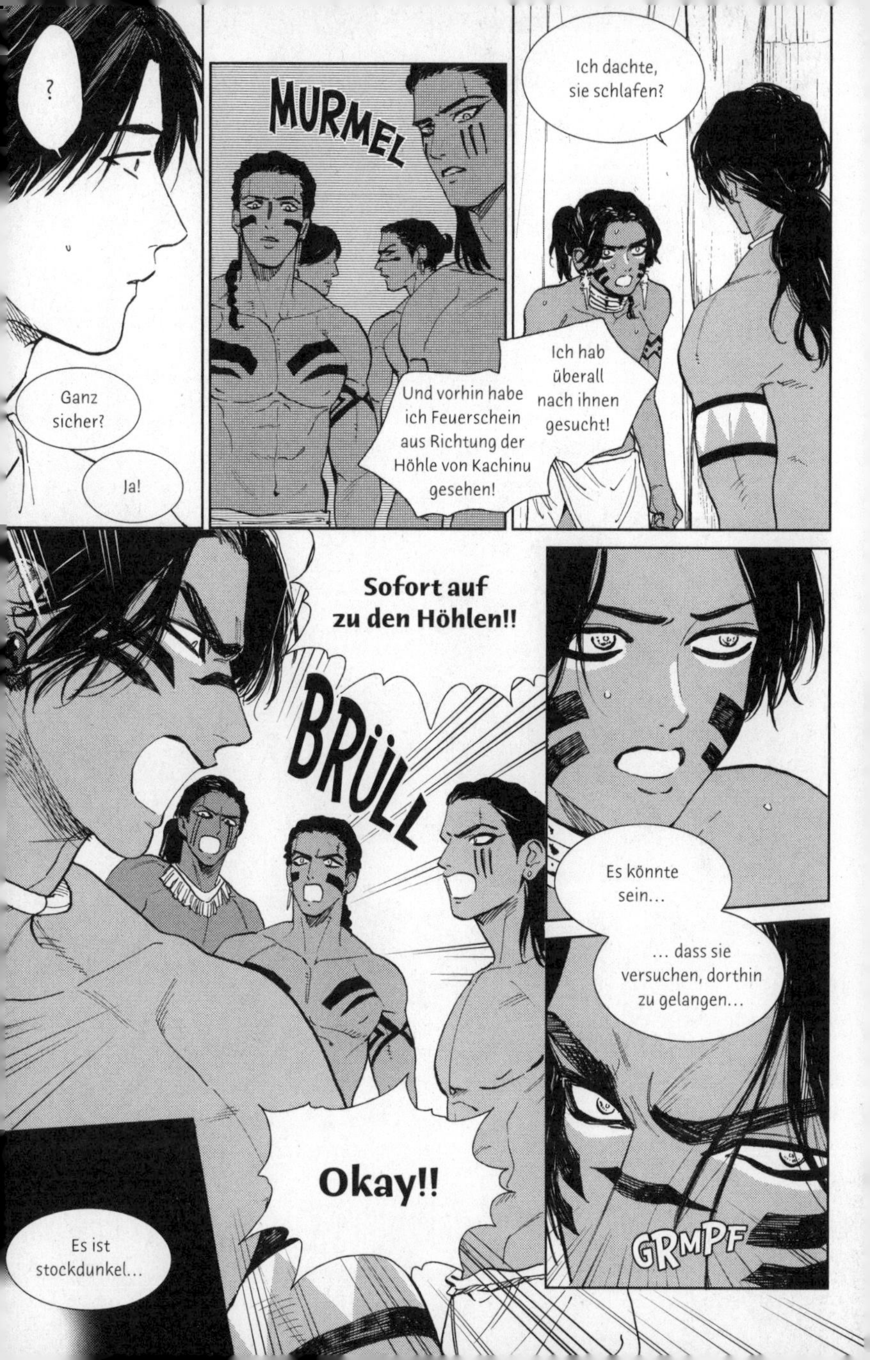
Ich dachte, sie schlafen?
Ich hab überall nach ihnen gesucht!
Und vorhin habe ich Feuerschein aus Richtung der Höhle von Kachinu gesehen!
MURMEL
?
Ganz sicher?
Ja!
Es könnte sein…
… dass sie versuchen, dorthin zu gelangen…
GRMPF
Sofort auf zu den Höhlen!!
BRÜLL
Okay!!
Es ist stockdunkel…

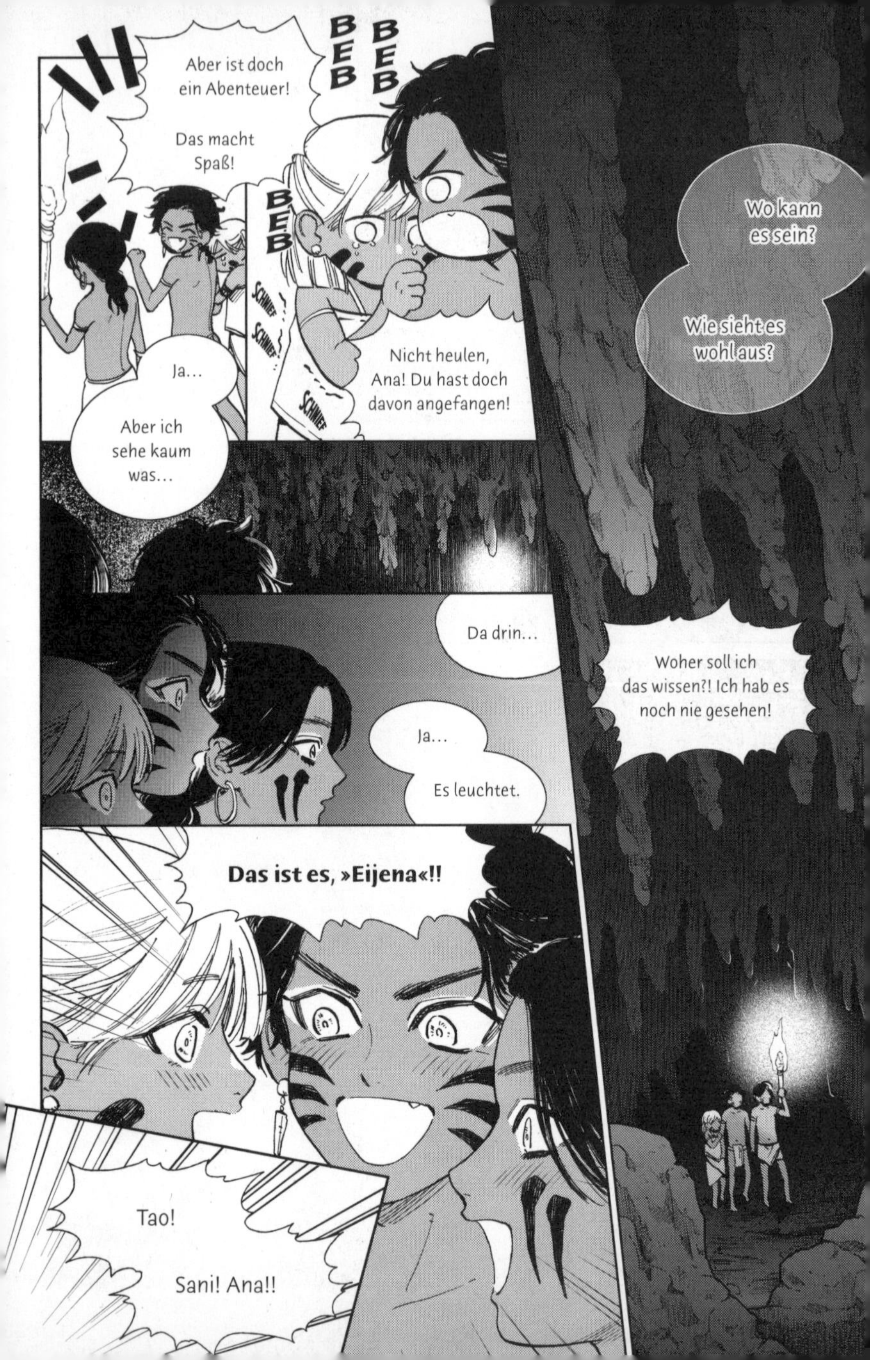
Aber ist doch ein Abenteuer!
Das macht Spaß!
BEB BEB
BEB
SCHNIEF SCHNIEF
SCHNIEF
Ja…
Aber ich sehe kaum was…
Nicht heulen, Ana! Du hast doch davon angefangen!
Wo kann es sein?
Wie sieht es wohl aus?
Woher soll ich das wissen?! Ich hab es noch nie gesehen!
Da drin…
Ja…
Es leuchtet.
Das ist es, »Eijena«!!
Tao!
Sani! Ana!!

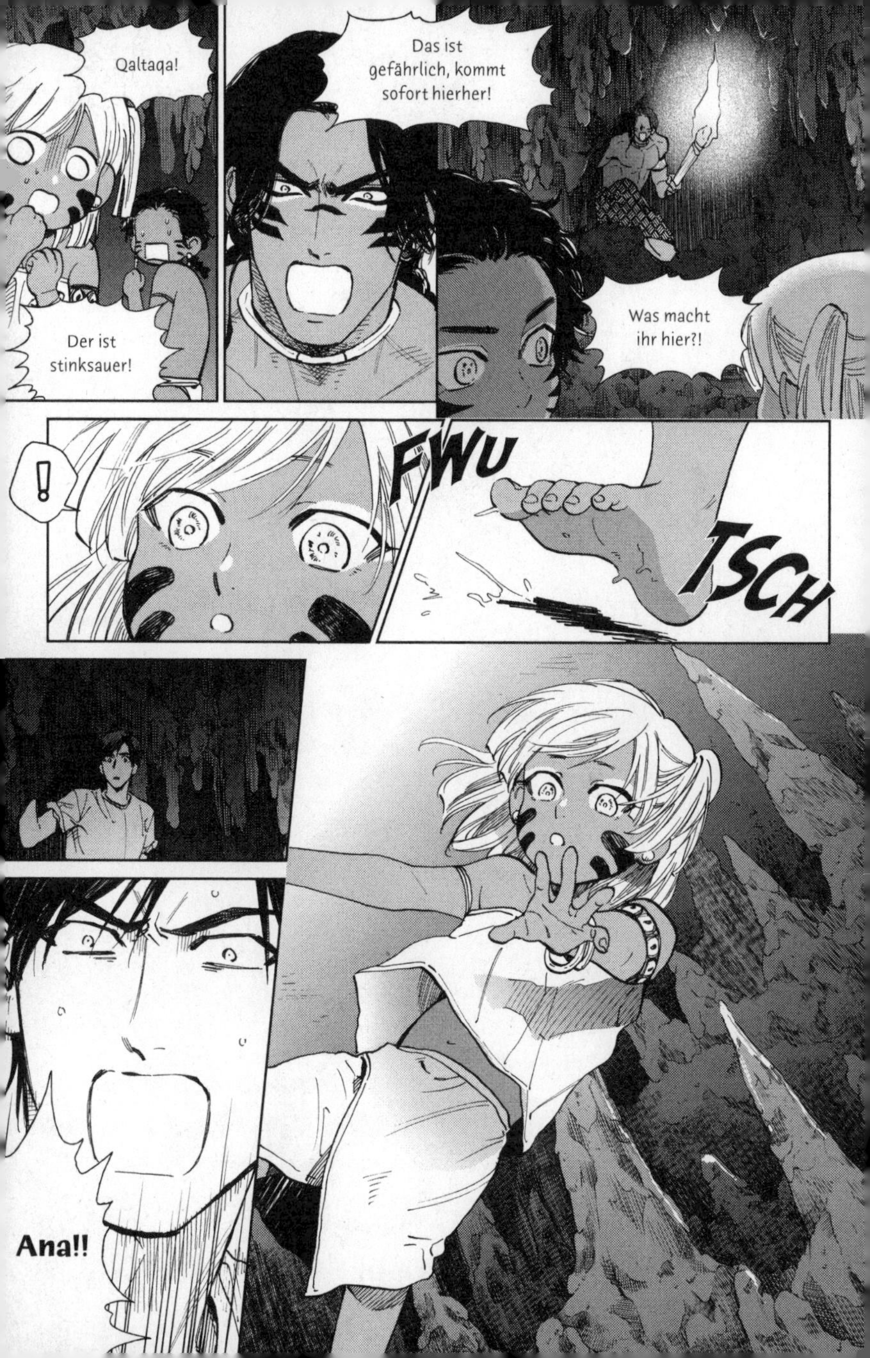
Das ist gefährlich, kommt sofort hierher!
Qaltaqa!
Der ist stinksauer!
Was macht ihr hier?!
!
FWU
TSCH
Ana!!

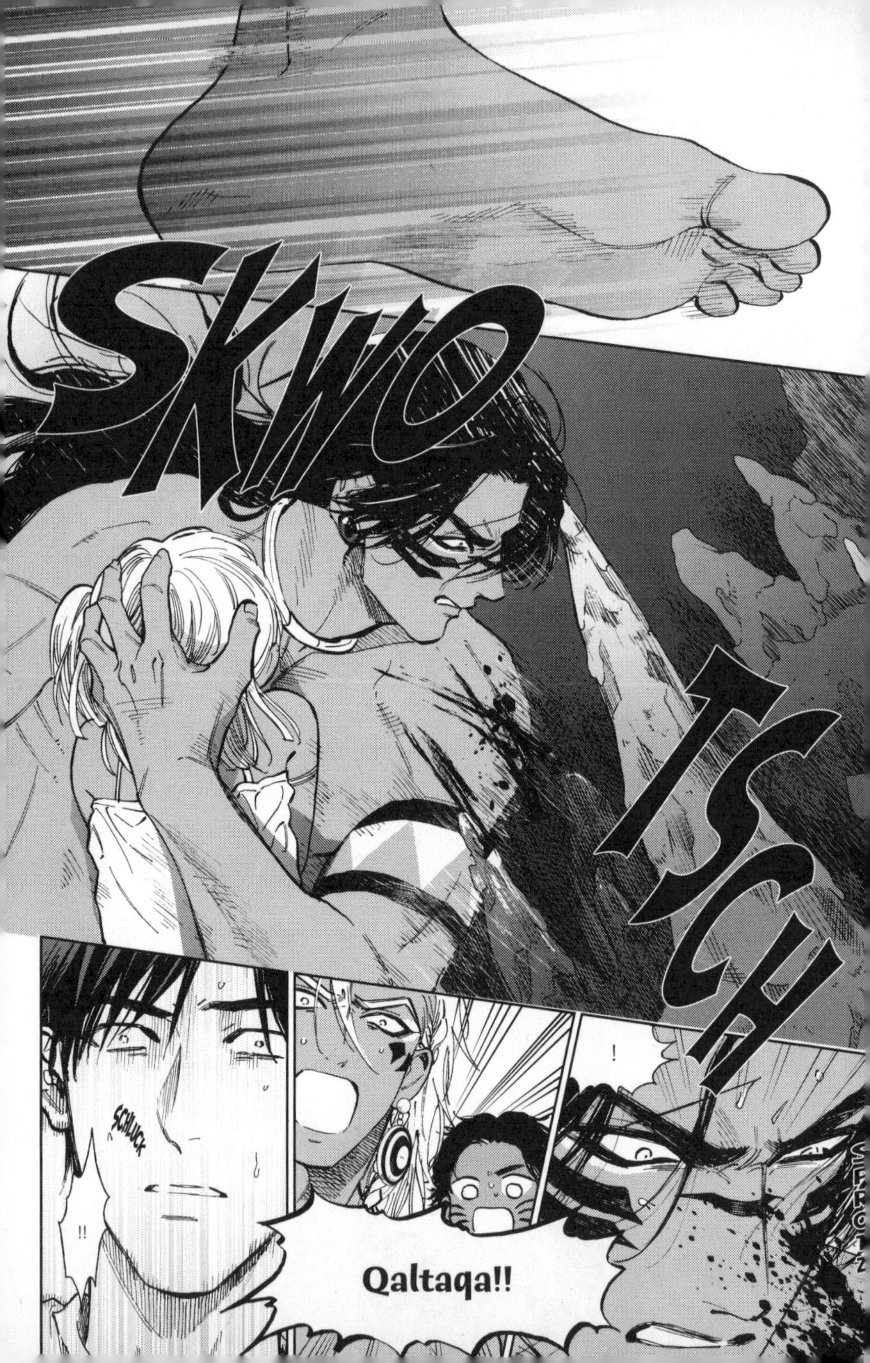
SKWO
TSCH!
!
Qaltaqa!!
!!
SCHLUCK

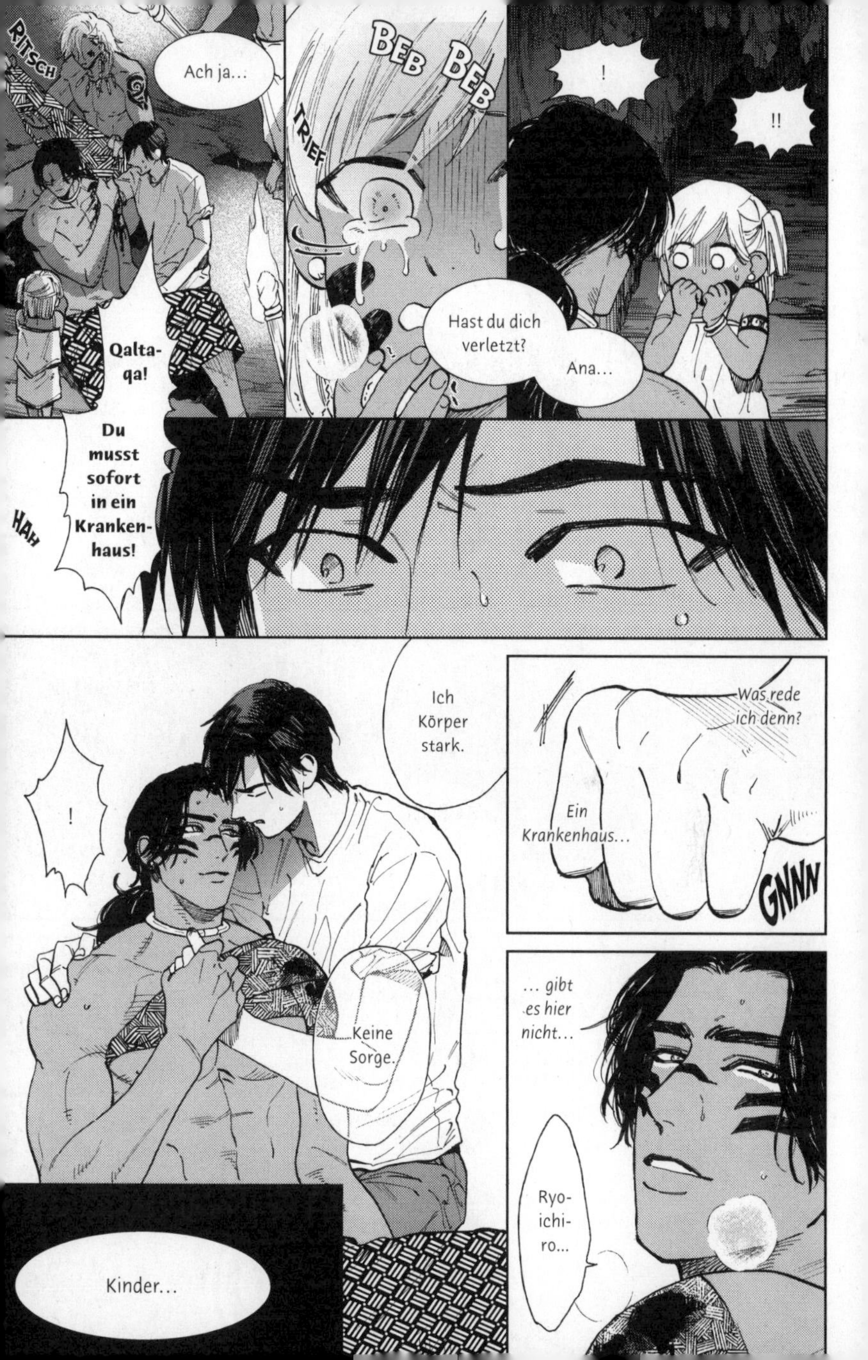
!
!!
BEB BEB
TRIEF
Hast du dich verletzt?
Ana…
Ach ja…
RITSCH
Qalta-qa!
Du musst sofort in ein Krankenhaus!
HAH
Was rede ich denn?
Ein Krankenhaus…
GNNN
… gibt es hier nicht…
Ryo-ichi-ro…
Ich Körper stark.
!
Keine Sorge.
Kinder…

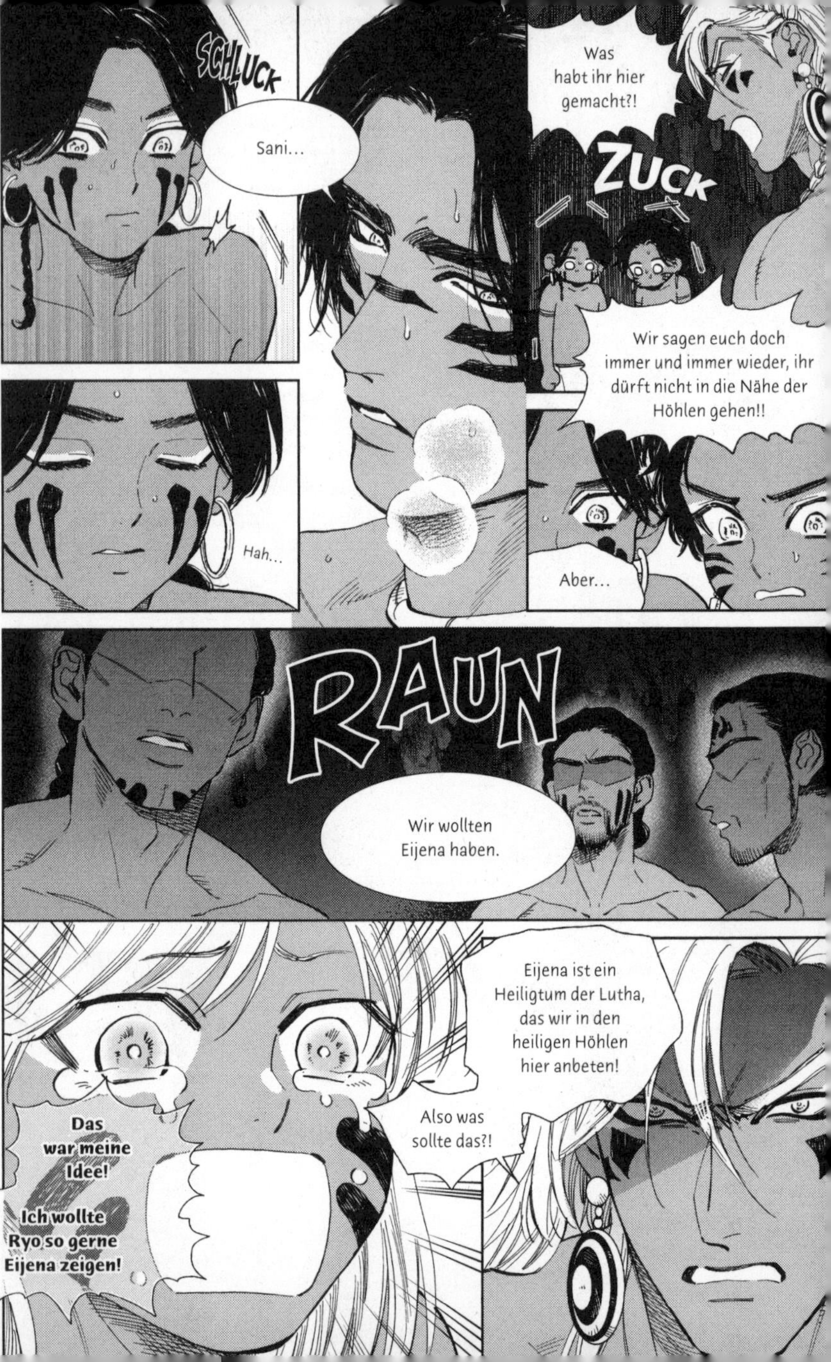

Was habt ihr hier gemacht?!
ZUCK
Wir sagen euch doch immer und immer wieder, ihr dürft nicht in die Nähe der Höhlen gehen!!
Aber…
Sani…
SCHLUCK
Hah…
RAUN
Wir wollten Eijena haben.
Eijena ist ein Heiligtum der Lutha, das wir in den heiligen Höhlen hier anbeten!
Also was sollte das?!
Das war meine Idee!
Ich wollte Ryo so gerne Eijena zeigen!

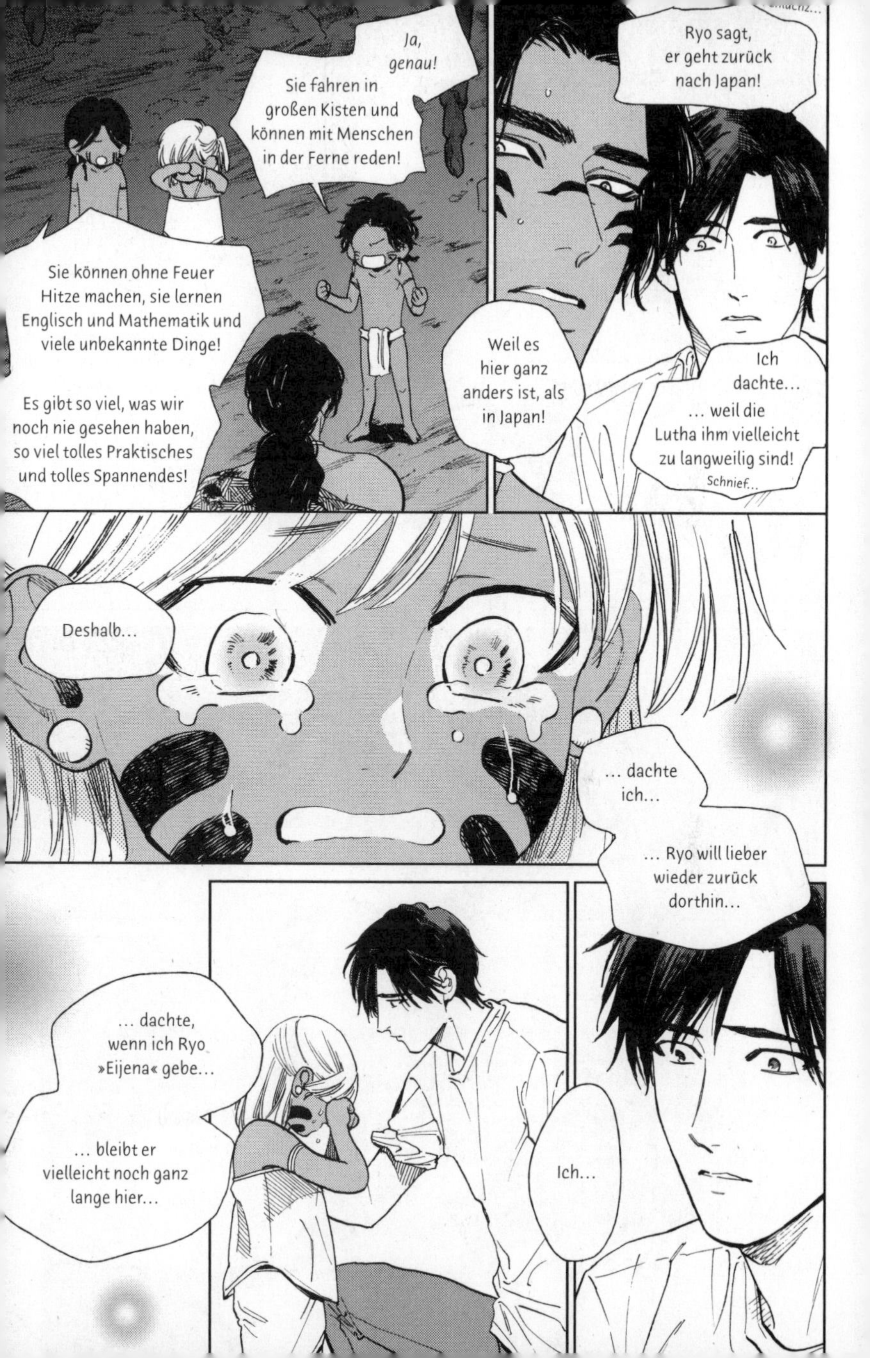

Ryo sagt, er geht zurück nach Japan!
Weil es hier ganz anders ist, als in Japan!
Ja, genau!
Sie fahren in großen Kisten und können mit Menschen in der Ferne reden!
Sie können ohne Feuer Hitze machen, sie lernen Englisch und Mathematik und viele unbekannte Dinge!
Es gibt so viel, was wir noch nie gesehen haben, so viel tolles Praktisches und tolles Spannendes!
Ich dachte…
… weil die Lutha ihm vielleicht zu langweilig sind!
Schnief…
Deshalb…
… dachte ich…
… Ryo will lieber wieder zurück dorthin…
… dachte, wenn ich Ryo »Eijena« gebe…
… bleibt er vielleicht noch ganz lange hier…
Ich…

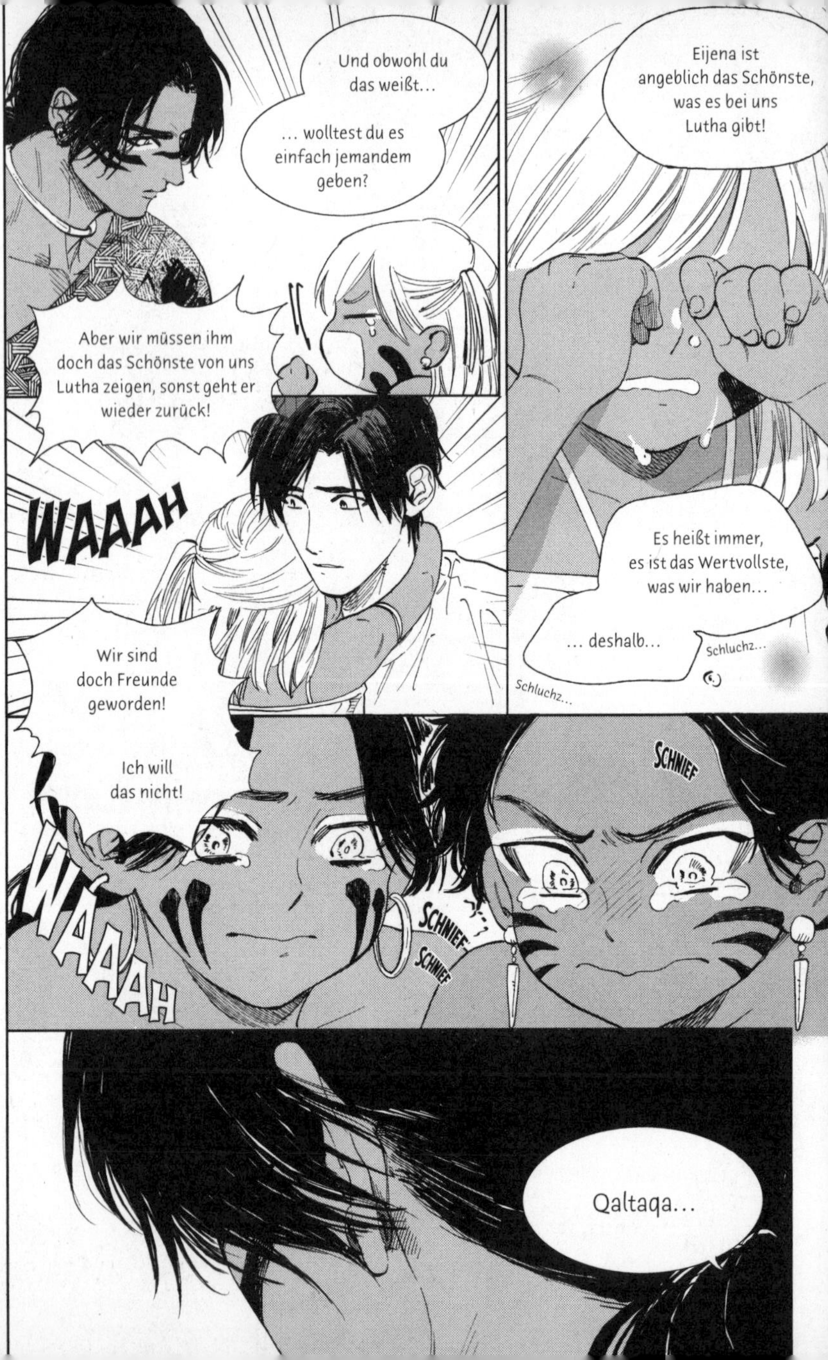
Eijena ist angeblich das Schönste, was es bei uns Lutha gibt!
Es heißt immer, es ist das Wertvollste, was wir haben…
… deshalb…
Schluchz…
Schluchz…
Und obwohl du das weißt…
… wolltest du es einfach jemandem geben?
Aber wir müssen ihm doch das Schönste von uns Lutha zeigen, sonst geht er wieder zurück!
WAAAH
Wir sind doch Freunde geworden!
Ich will das nicht!
SCHNIEF
WAAAH
SCHNIEF
SCHNIEF
Qaltaqa…

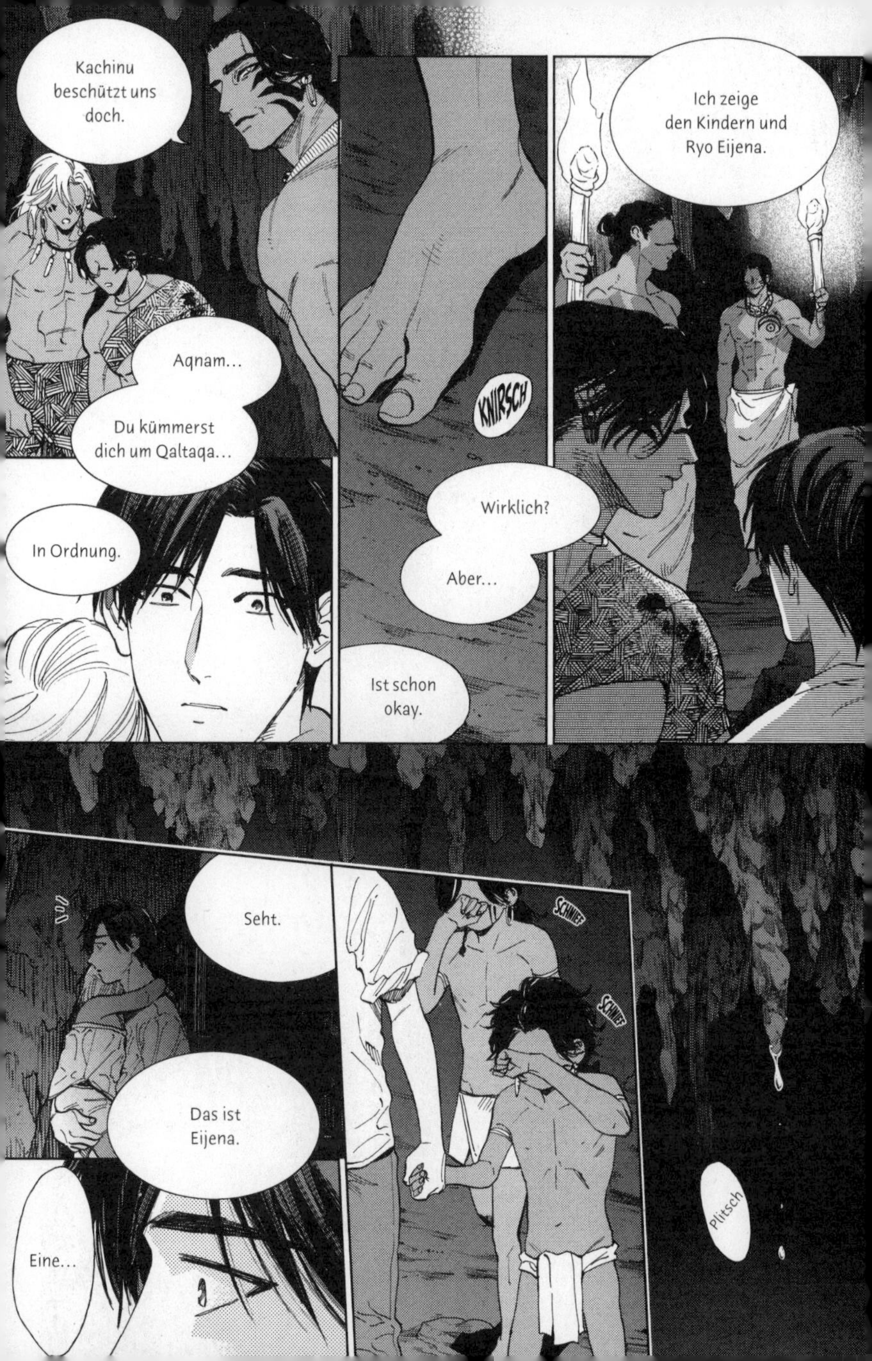
Ich zeige den Kindern und Ryo Eijena.
Wirklich?
Aber…
KNIRSCH
Ist schon okay.
Kachinu beschützt uns doch.
Aqnam…
Du kümmerst dich um Qaltaqa…
In Ordnung.
Plitsch
SCHNIEF
SCHNIEF
Seht.
Das ist Eijena.
Eine…

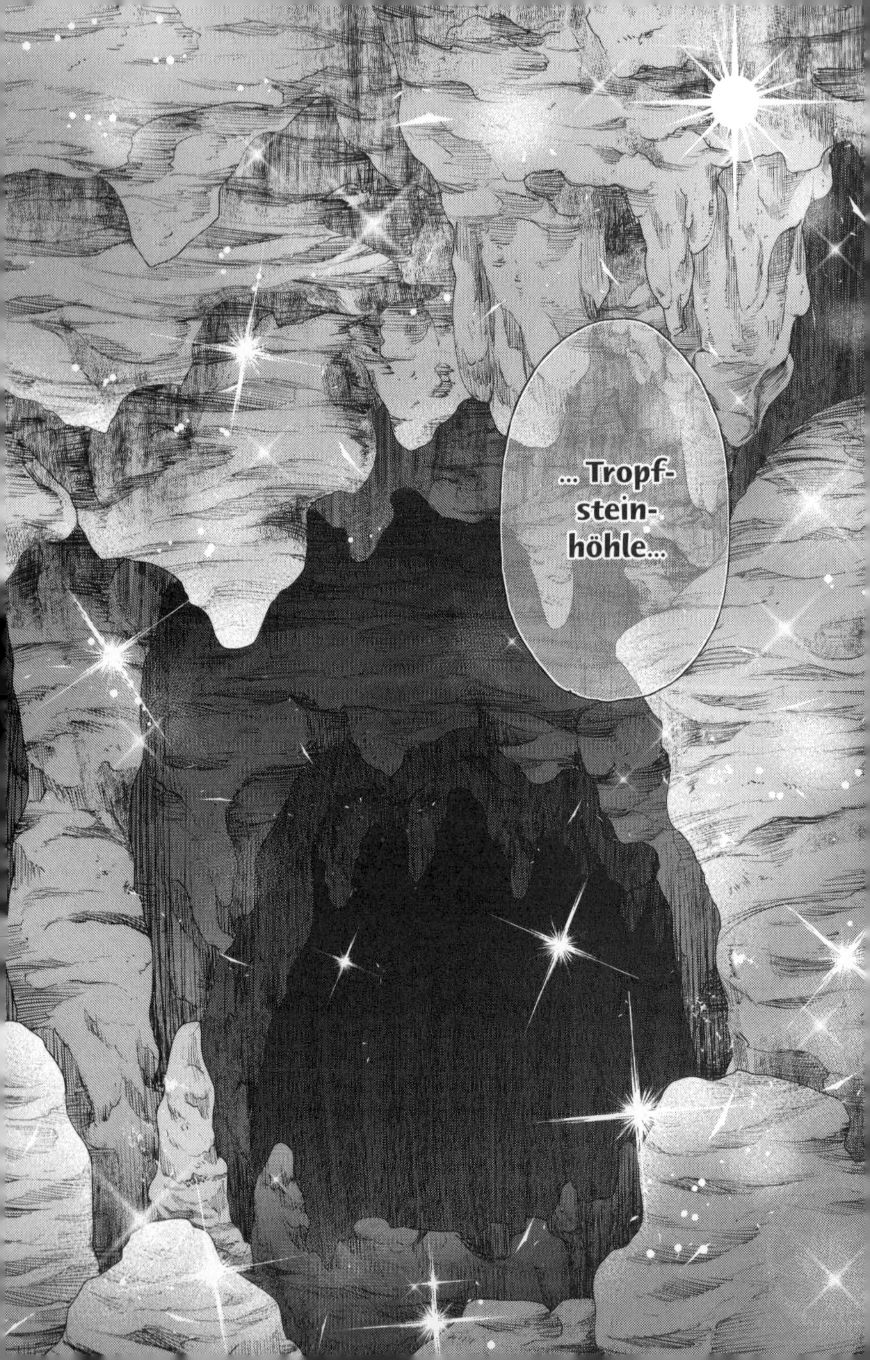
... Tropf-stein-höhle...

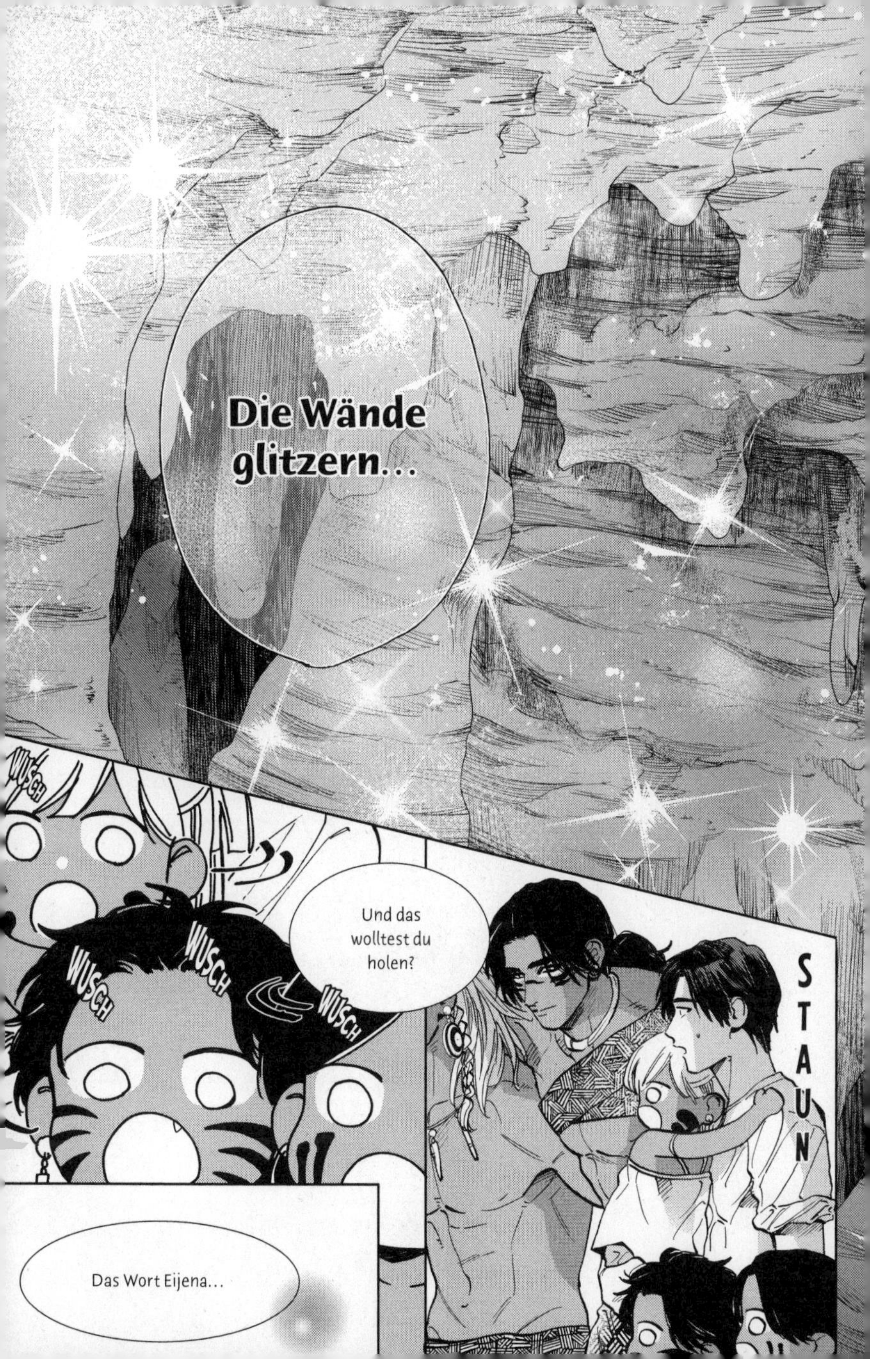
Die Wände glitzern...
WUSCH
WUSCH
WUSCH
WUSCH
Und das wolltest du holen?
STAUN
Das Wort Eijena...

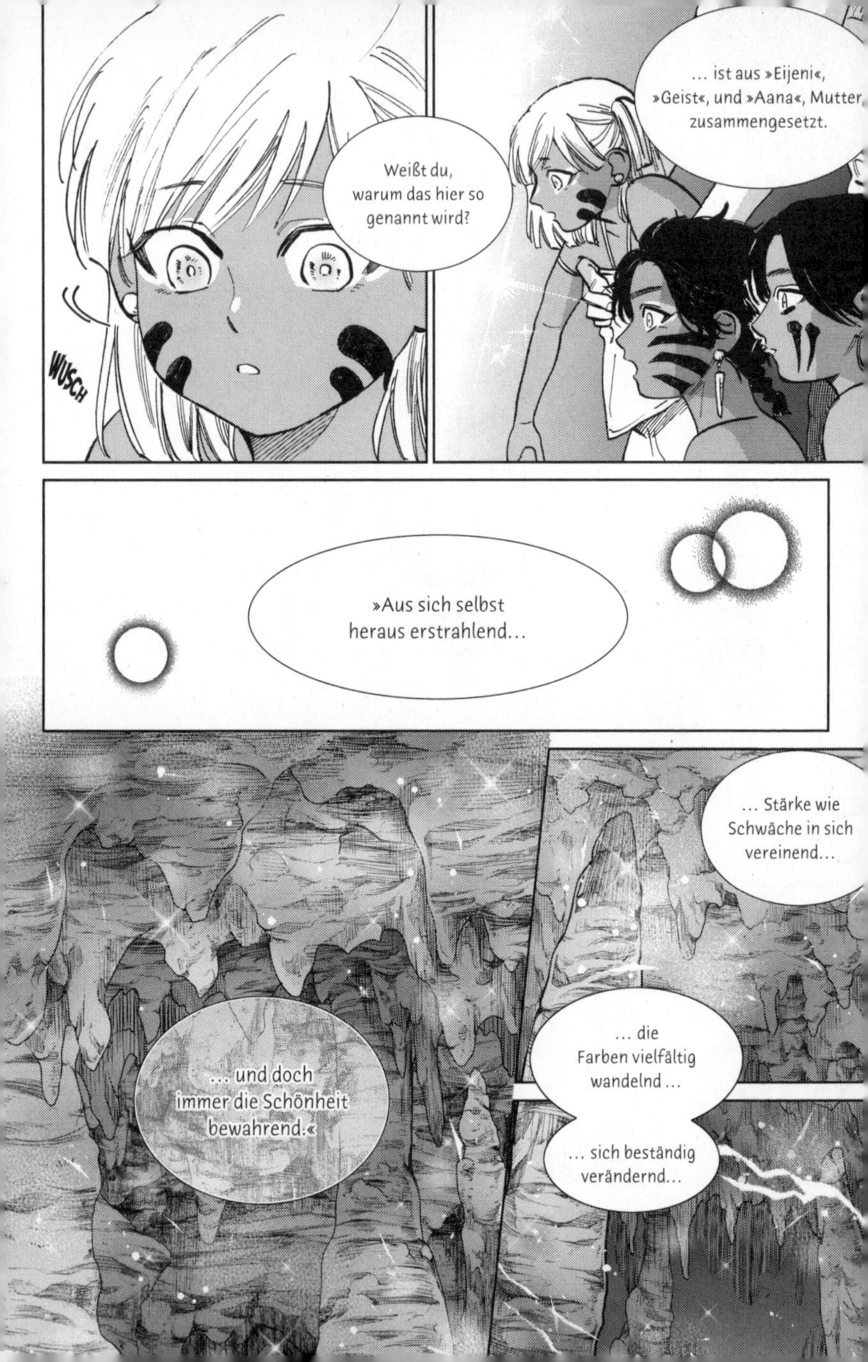
WUSCH
Weißt du, warum das hier so genannt wird?
… ist aus »Eijeni«, »Geist«, und »Aana«, Mutter, zusammengesetzt.
»Aus sich selbst heraus erstrahlend…
… Stärke wie Schwäche in sich vereinend…
… die Farben vielfältig wandelnd …
… sich beständig verändernd…
… und doch immer die Schönheit bewahrend.«

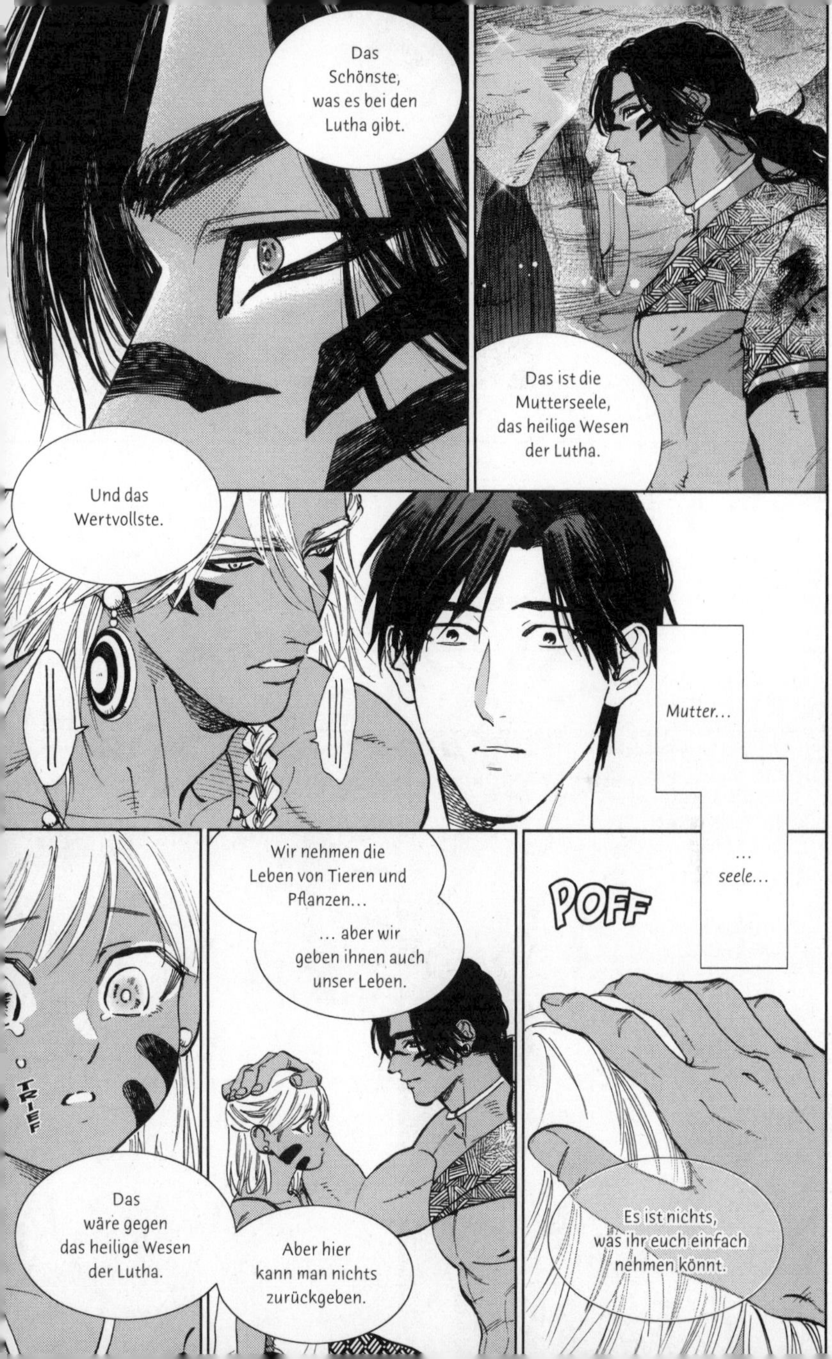
Das ist die Mutterseele, das heilige Wesen der Lutha.
Das Schönste, was es bei den Lutha gibt.
Und das Wertvollste.
Mutter…
… seele…
POFF
Es ist nichts, was ihr euch einfach nehmen könnt.
Wir nehmen die Leben von Tieren und Pflanzen…
… aber wir geben ihnen auch unser Leben.
Aber hier kann man nichts zurückgeben.
TRIEF
Das wäre gegen das heilige Wesen der Lutha.

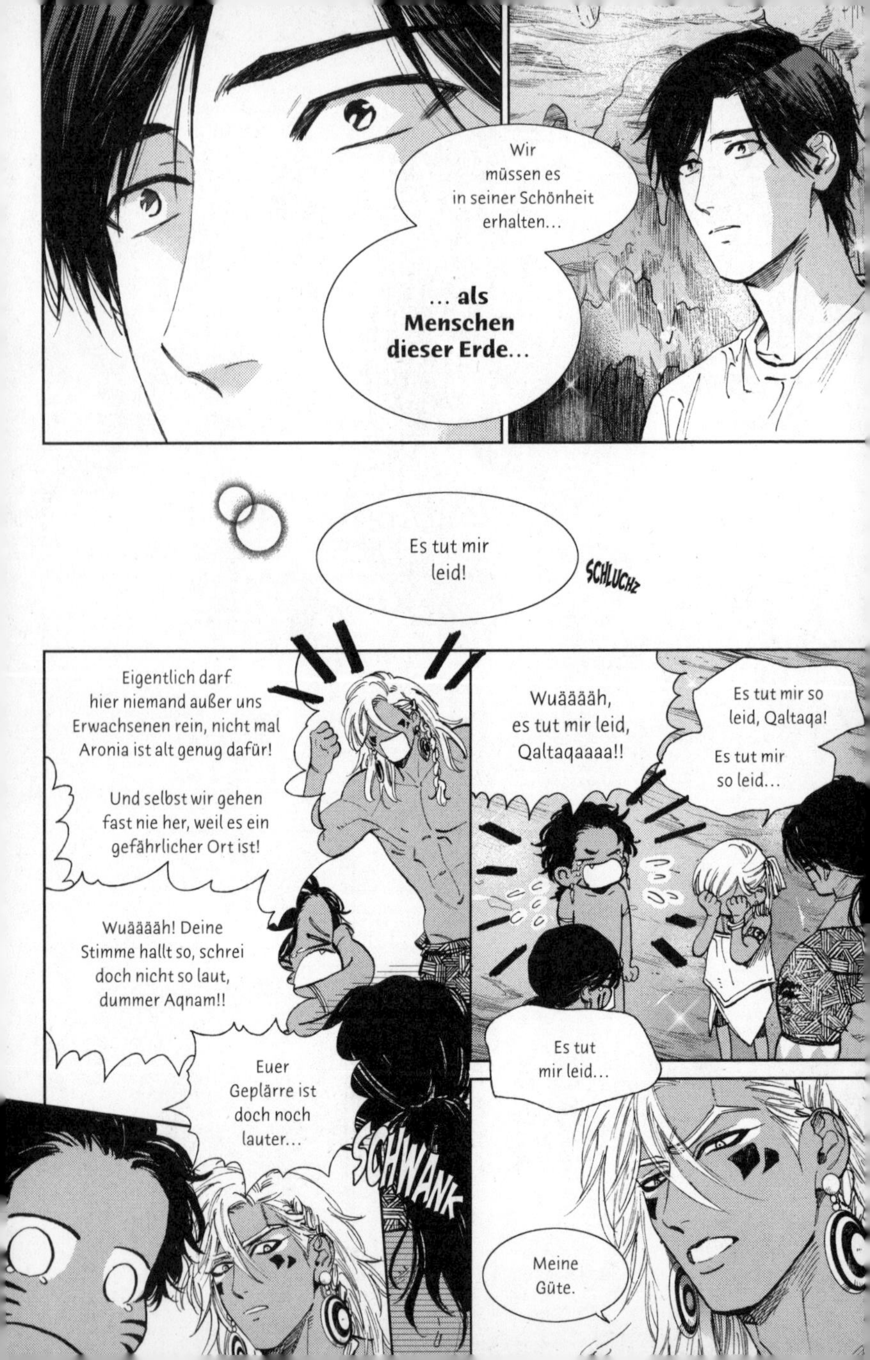
Wir müssen es in seiner Schönheit erhalten…
… als Menschen dieser Erde…
Es tut mir leid!
SCHLUCHZ
Wuääääh, es tut mir leid, Qaltaqaaaa!!
Es tut mir so leid, Qaltaqa!
Es tut mir so leid…
Eigentlich darf hier niemand außer uns Erwachsenen rein, nicht mal Aronia ist alt genug dafür!
Und selbst wir gehen fast nie her, weil es ein gefährlicher Ort ist!
Wuääääh! Deine Stimme hallt so, schrei doch nicht so laut, dummer Aqnam!!
Es tut mir leid…
Euer Geplärre ist doch noch lauter…
SCHWANK
Meine Güte.

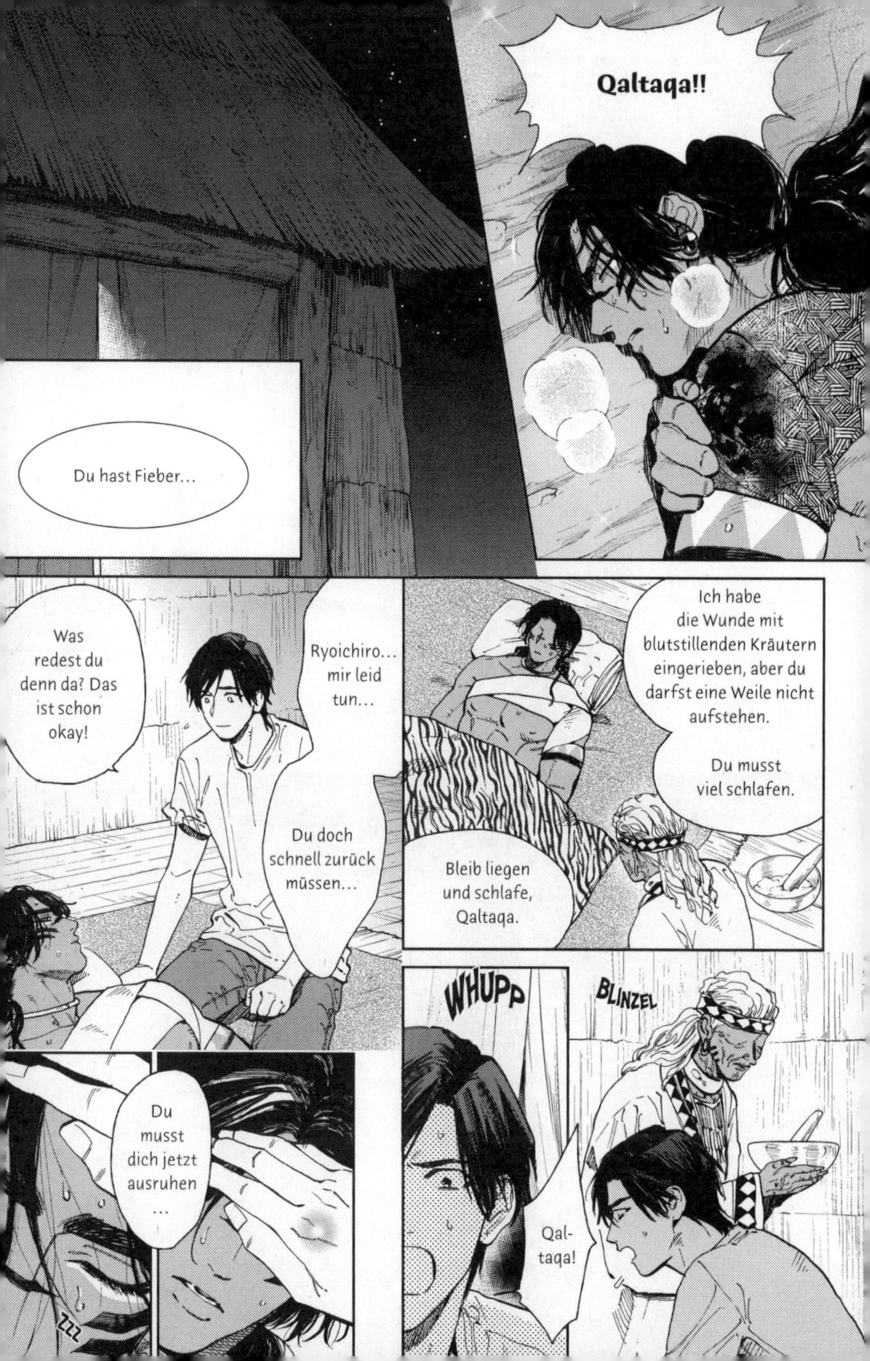
Qaltaqa!!
Du hast Fieber…
Ryoichiro… mir leid tun…
Du doch schnell zurück müssen…
Was redest du denn da? Das ist schon okay!
Ich habe die Wunde mit blutstillenden Kräutern eingerieben, aber du darfst eine Weile nicht aufstehen.
Du musst viel schlafen.
Bleib liegen und schlafe, Qaltaqa.
Du musst dich jetzt ausruhen …
ZZZ
BLINZEL
WHUPP
Qal-taqa!

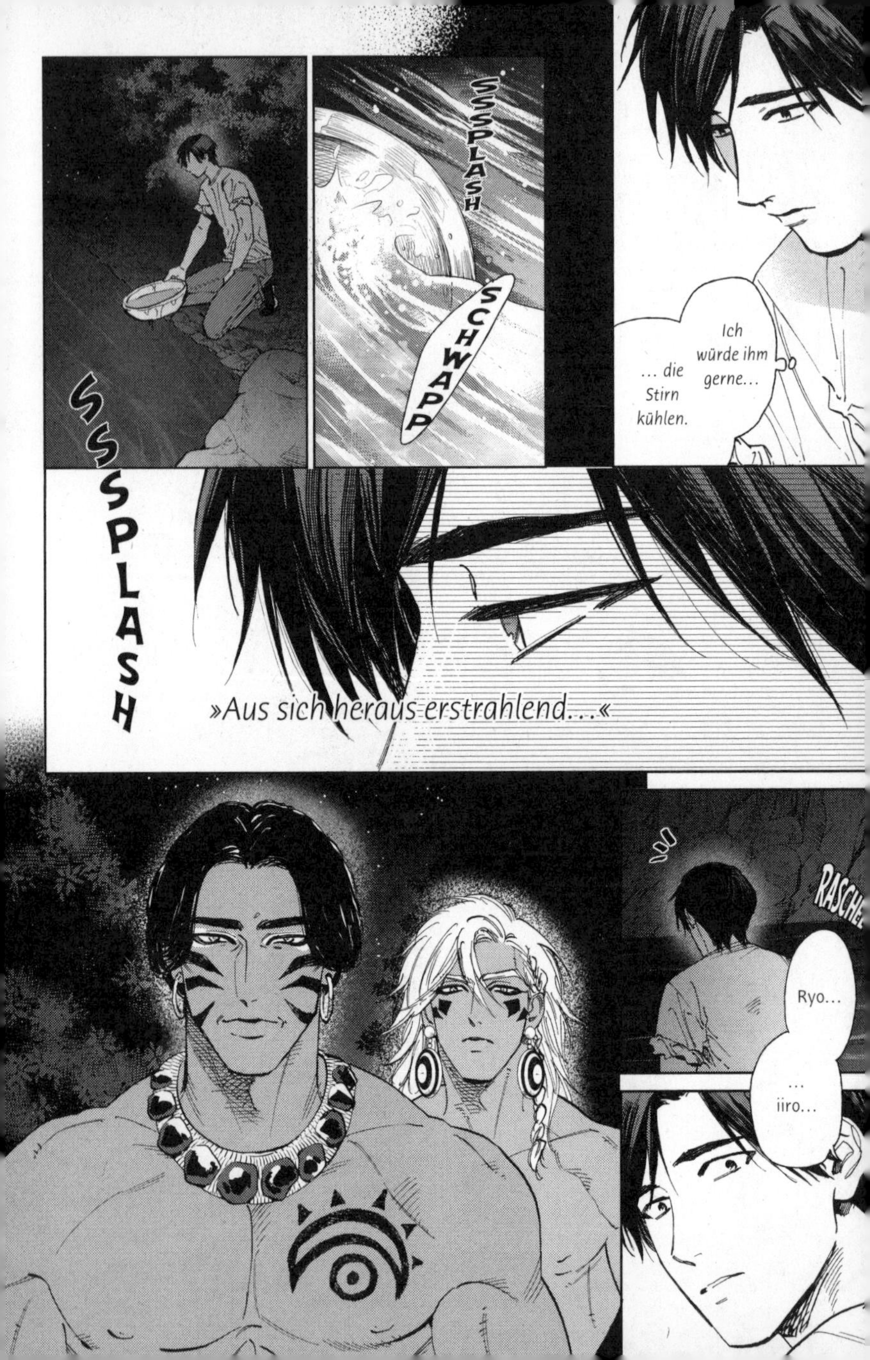
Ich würde ihm gerne…
… die Stirn kühlen.
SSSPLASH
SCHWAPP
SSSPLASH
»Aus sich heraus erstrahlend…«
RASCHEL
Ryo…
… iiro…

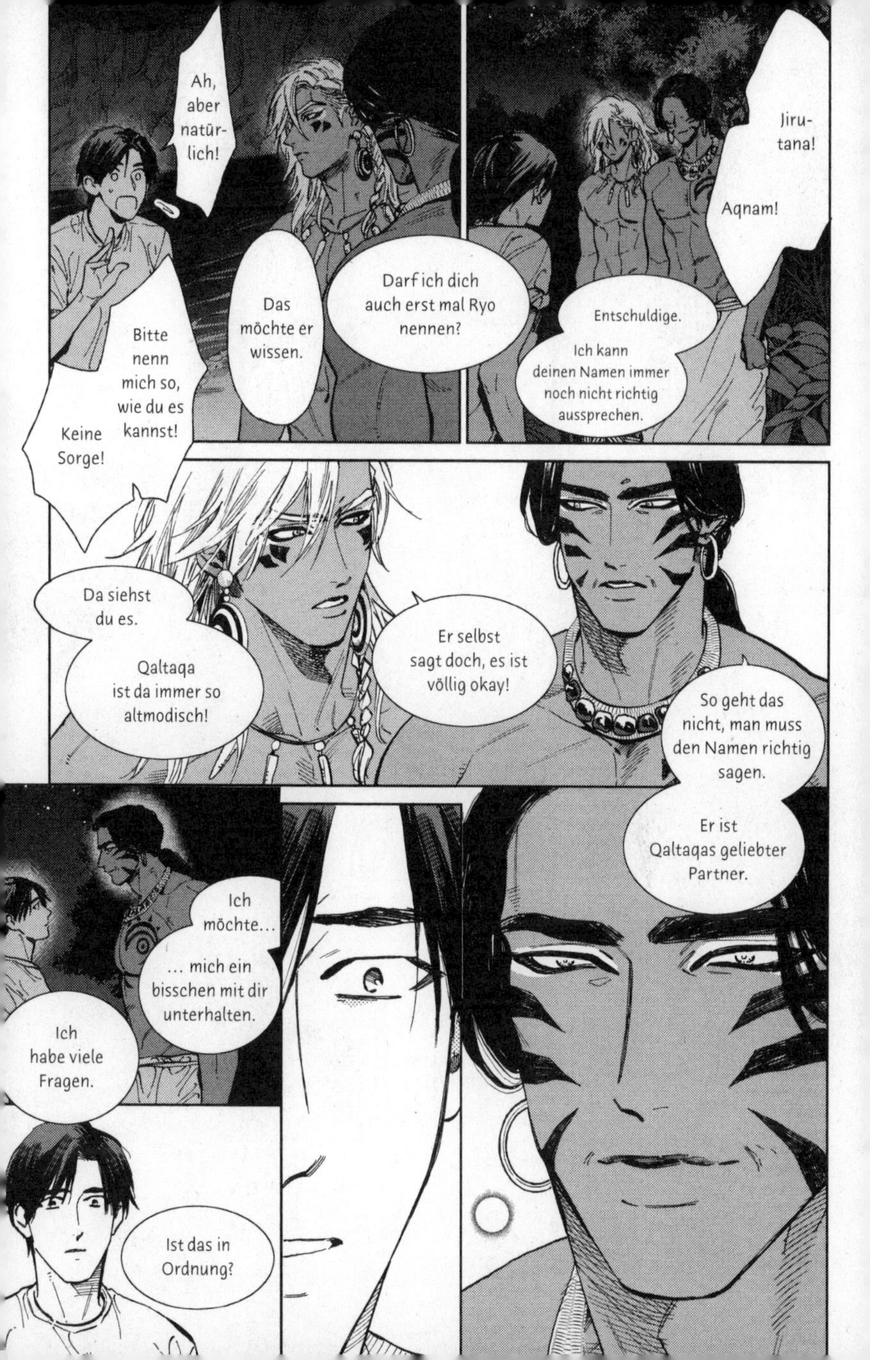

Jiru-tana!
Aqnam!
Entschuldige.
Ich kann deinen Namen immer noch nicht richtig aussprechen.
Darf ich dich auch erst mal Ryo nennen?
Das möchte er wissen.
Ah, aber natürlich!
Bitte nenn mich so, wie du es kannst!
Keine Sorge!
So geht das nicht, man muss den Namen richtig sagen.
Er selbst sagt doch, es ist völlig okay!
Da siehst du es.
Qaltaqa ist da immer so altmodisch!
Er ist Qaltaqas geliebter Partner.
Ich möchte…
… mich ein bisschen mit dir unterhalten.
Ich habe viele Fragen.
Ist das in Ordnung?

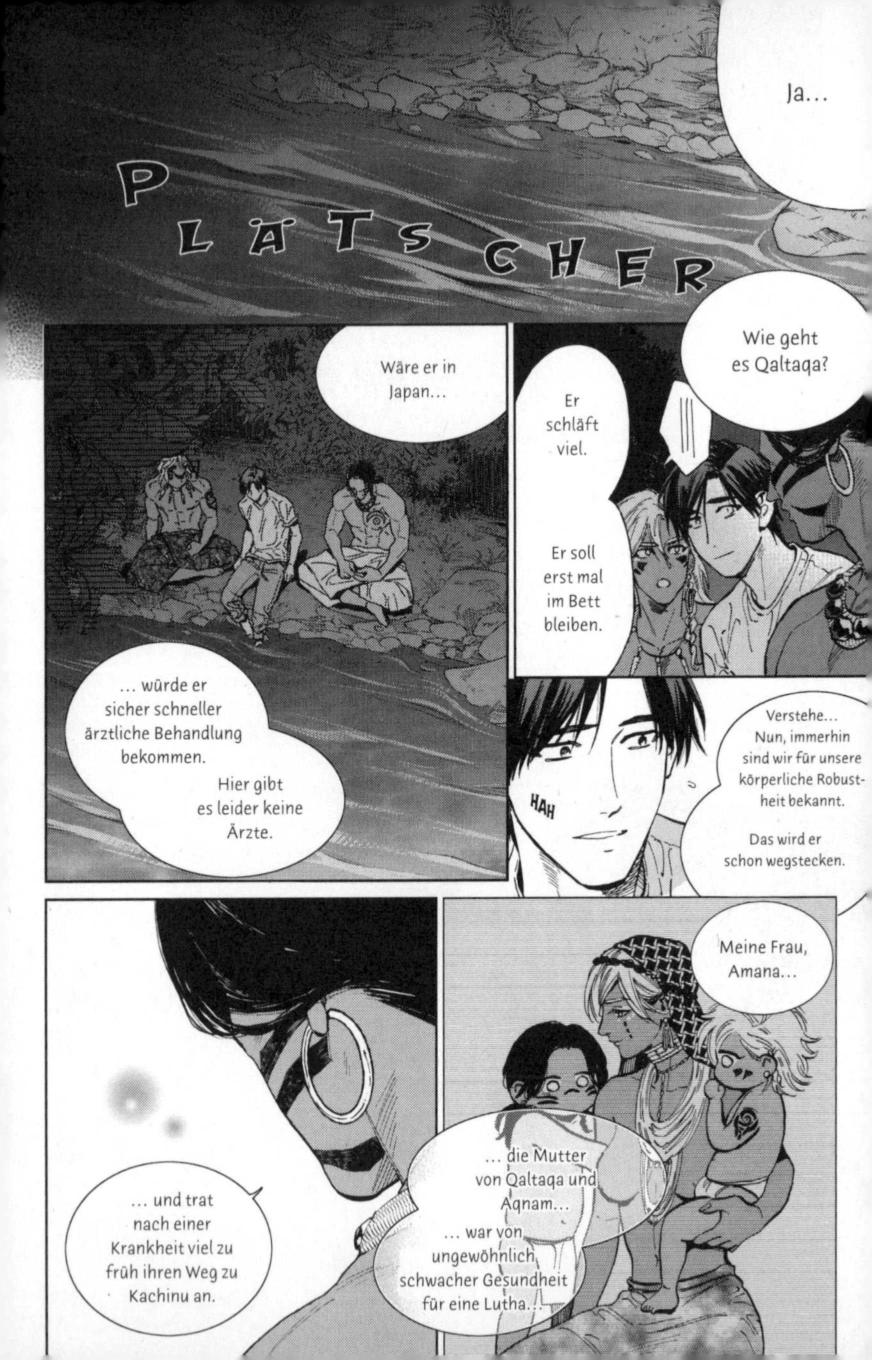
Ja…
PLÄTSCHER
Wie geht es Qaltaqa?
Er schläft viel.
Er soll erst mal im Bett bleiben.
Wäre er in Japan…
… würde er sicher schneller ärztliche Behandlung bekommen.
Hier gibt es leider keine Ärzte.
Verstehe… Nun, immerhin sind wir für unsere körperliche Robustheit bekannt.
Das wird er schon wegstecken.
HAH
Meine Frau, Amana…
… die Mutter von Qaltaqa und Aqnam…
… war von ungewöhnlich schwacher Gesundheit für eine Lutha…
… und trat nach einer Krankheit viel zu früh ihren Weg zu Kachinu an.

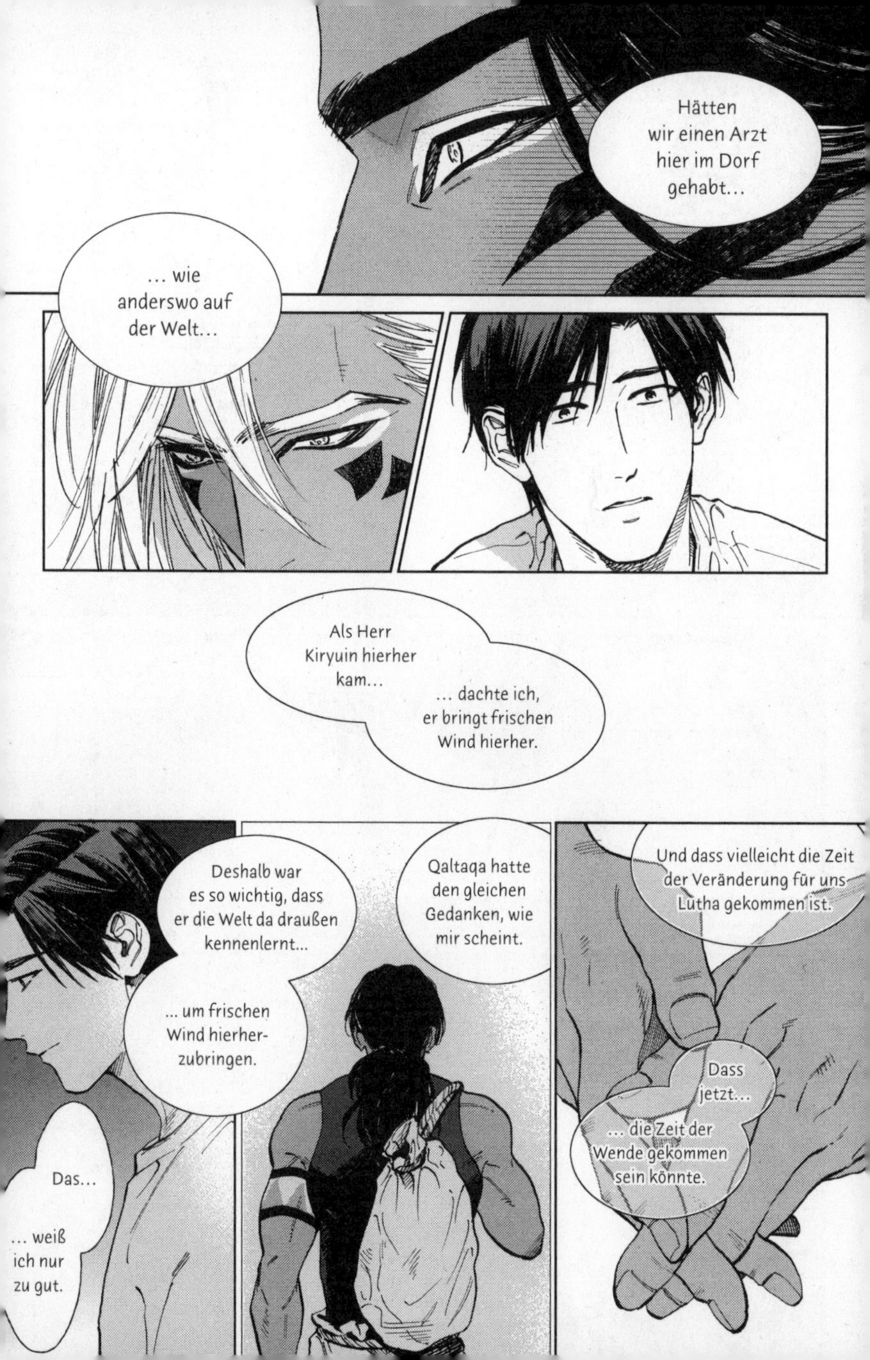
Hätten wir einen Arzt hier im Dorf gehabt…
… wie anderswo auf der Welt…
Als Herr Kiryuin hierher kam…
… dachte ich, er bringt frischen Wind hierher.
Und dass vielleicht die Zeit der Veränderung für uns Lutha gekommen ist.
Dass jetzt…
… die Zeit der Wende gekommen sein könnte.
Qaltaqa hatte den gleichen Gedanken, wie mir scheint.
Deshalb war es so wichtig, dass er die Welt da draußen kennenlernt…
… um frischen Wind hierher-zubringen.
Das…
… weiß ich nur zu gut.

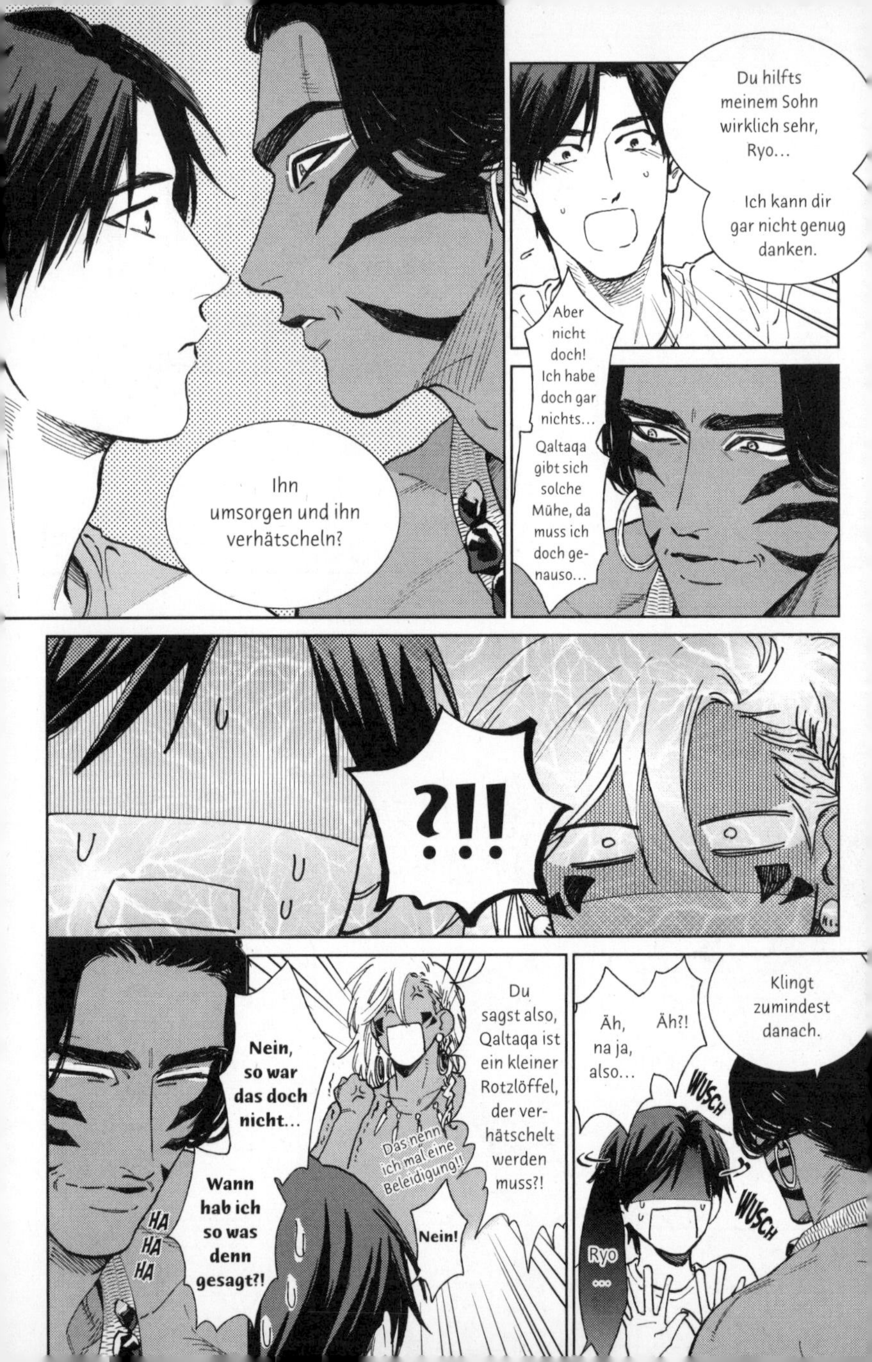

Du hilfts meinem Sohn wirklich sehr, Ryo…
Ich kann dir gar nicht genug danken.
Aber nicht doch! Ich habe doch gar nichts…
Qaltaqa gibt sich solche Mühe, da muss ich doch genauso…
Ihn umsorgen und ihn verhätscheln?
?!!
Klingt zumindest danach.
Äh?!
Äh, na ja, also…
WUSCH
WUSCH
Ryo…
Du sagst also, Qaltaqa ist ein kleiner Rotzlöffel, der verhätschelt werden muss?!
Das nenn ich mal eine Beleidigung!!
Nein!
Nein, so war das doch nicht…
Wann hab ich so was denn gesagt?!
HA HA HA

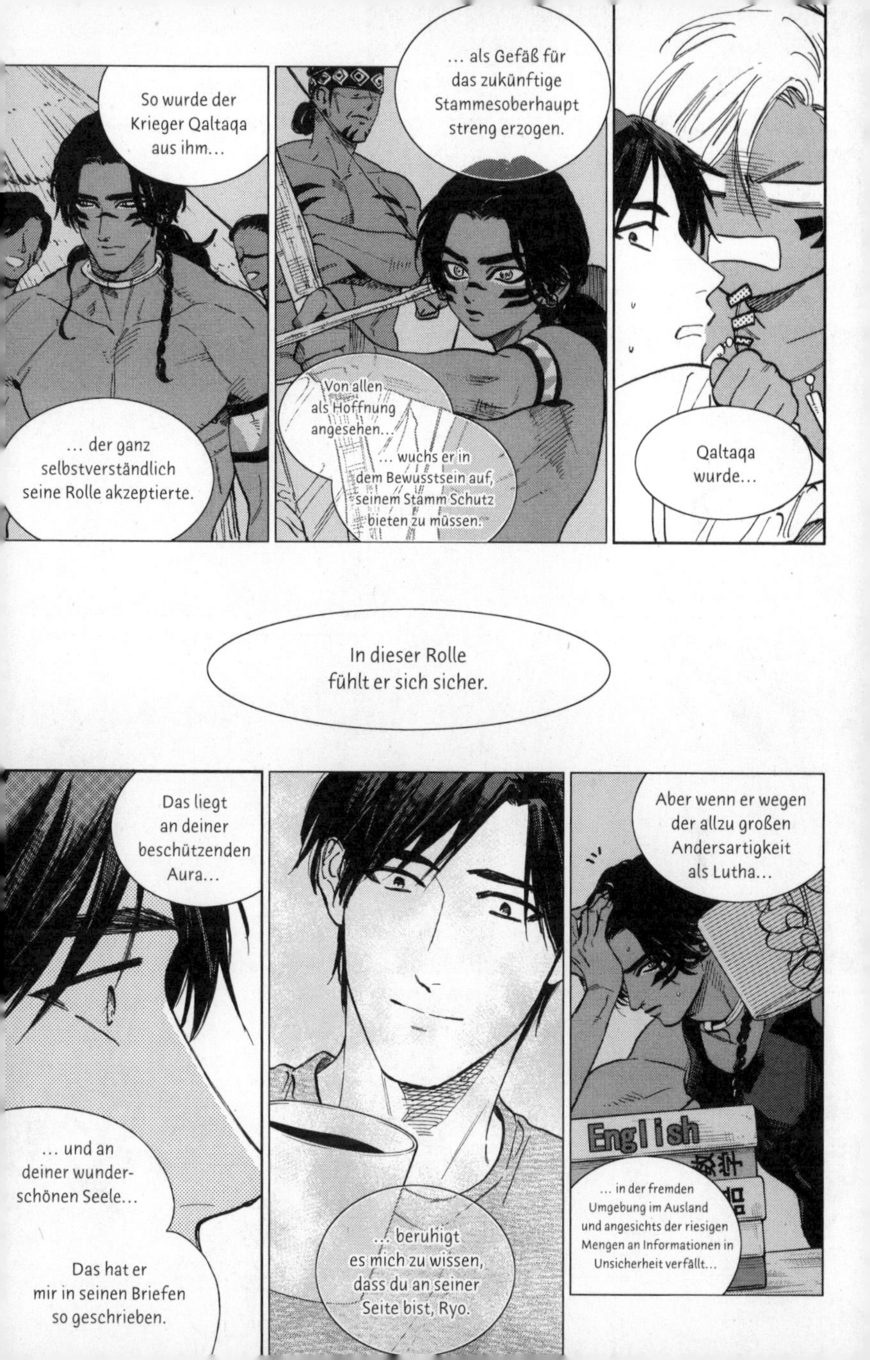
… als Gefäß für das zukünftige Stammesoberhaupt streng erzogen.
Qaltaqa wurde…
So wurde der Krieger Qaltaqa aus ihm…
Von allen als Hoffnung angesehen…
… wuchs er in dem Bewusstsein auf, seinem Stamm Schutz bieten zu müssen.
… der ganz selbstverständlich seine Rolle akzeptierte.
In dieser Rolle fühlt er sich sicher.
Aber wenn er wegen der allzu großen Andersartigkeit als Lutha…
English
… in der fremden Umgebung im Ausland und angesichts der riesigen Mengen an Informationen in Unsicherheit verfällt…
… beruhigt es mich zu wissen, dass du an seiner Seite bist, Ryo.
Das liegt an deiner beschützenden Aura…
… und an deiner wunderschönen Seele…
Das hat er mir in seinen Briefen so geschrieben.

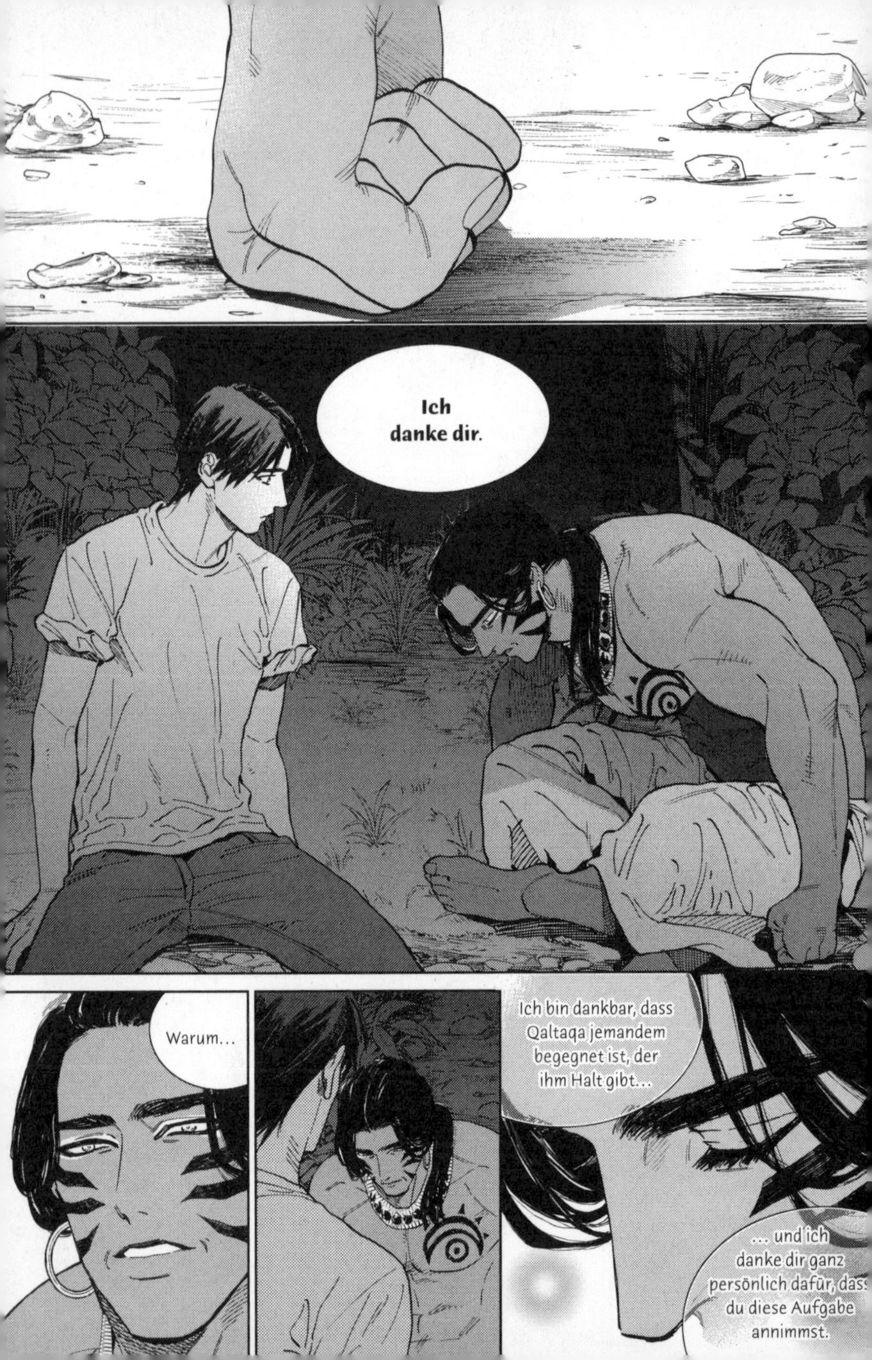
Ich danke dir.
Warum…
Ich bin dankbar, dass Qaltaqa jemandem begegnet ist, der ihm Halt gibt…
… und ich danke dir ganz persönlich dafür, dass du diese Aufgabe annimmst.

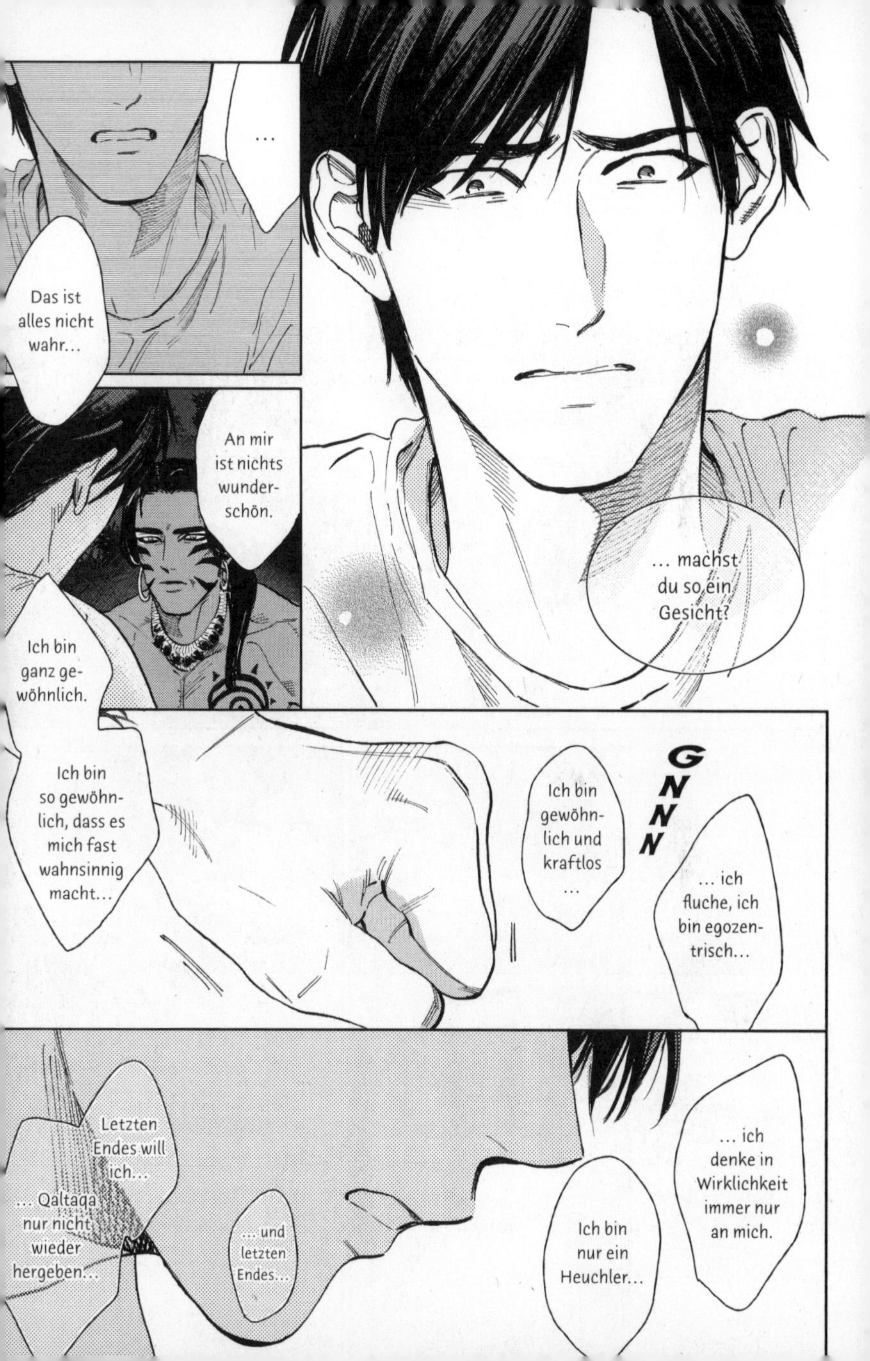
… machst du so ein Gesicht?
…
Das ist alles nicht wahr…
An mir ist nichts wunderschön.
Ich bin ganz gewöhnlich.
… ich fluche, ich bin egozentrisch…
GNNN
Ich bin gewöhnlich und kraftlos …
Ich bin so gewöhnlich, dass es mich fast wahnsinnig macht…
… ich denke in Wirklichkeit immer nur an mich.
Ich bin nur ein Heuchler…
… und letzten Endes…
Letzten Endes will ich…
… Qaltaqa nur nicht wieder hergeben…

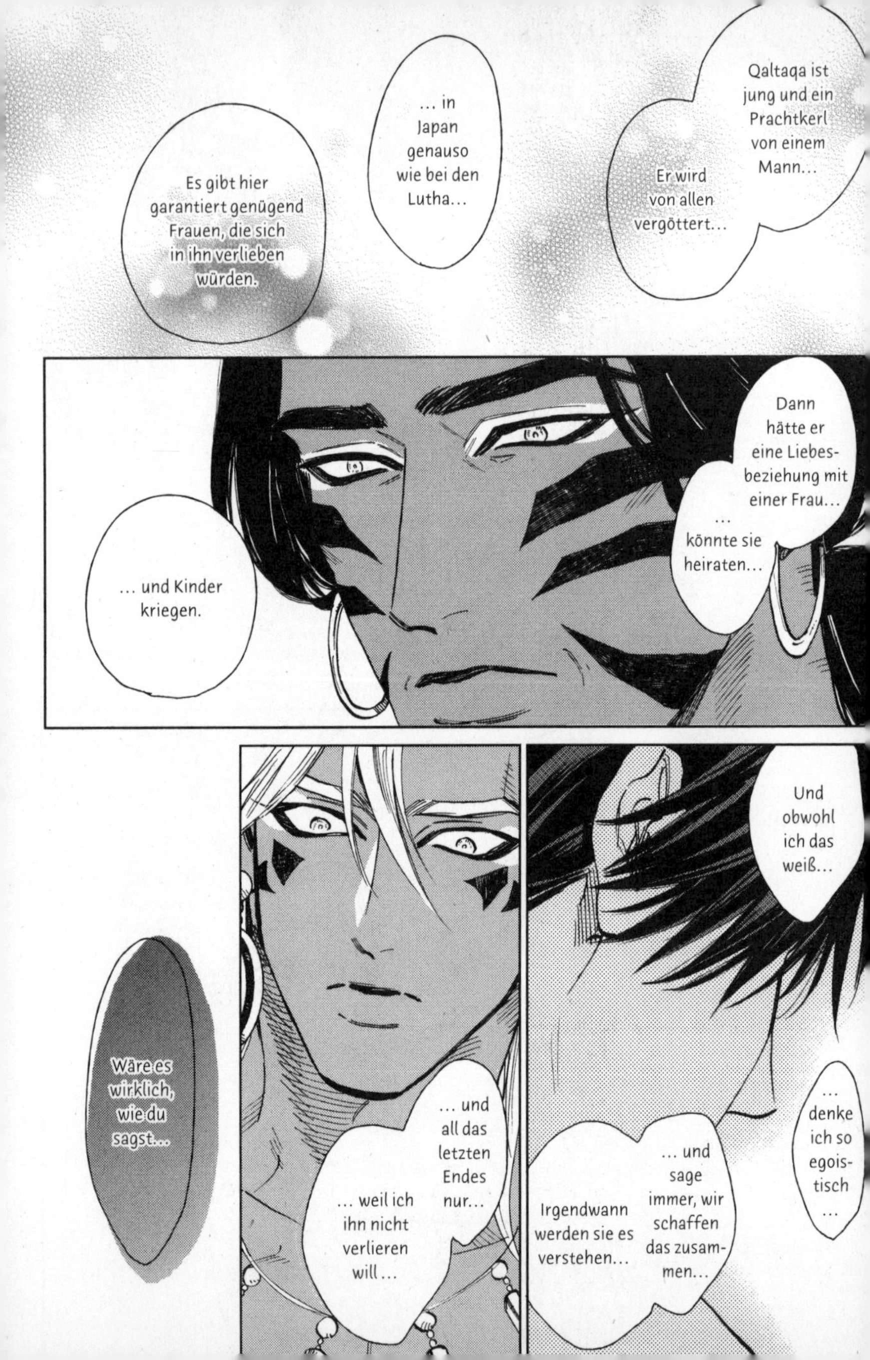
Qaltaqa ist jung und ein Prachtkerl von einem Mann…
Er wird von allen vergöttert…
… in Japan genauso wie bei den Lutha…
Es gibt hier garantiert genügend Frauen, die sich in ihn verlieben würden.
Dann hätte er eine Liebesbeziehung mit einer Frau…
… könnte sie heiraten…
… und Kinder kriegen.
Und obwohl ich das weiß…
… denke ich so egoistisch …
… und sage immer, wir schaffen das zusammen…
Irgendwann werden sie es verstehen…
… und all das letzten Endes nur…
… weil ich ihn nicht verlieren will…
Wäre es wirklich, wie du sagst…

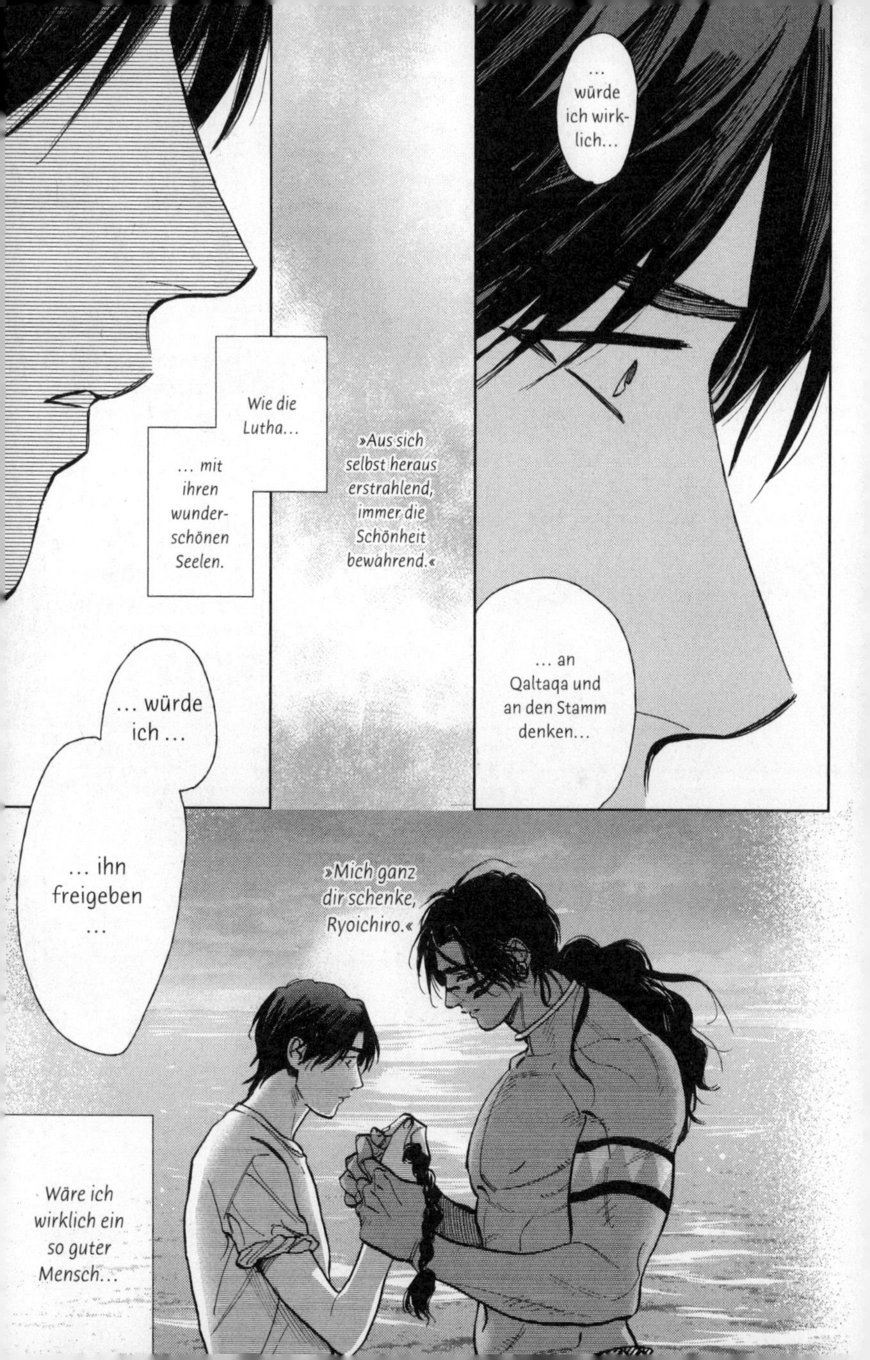
… würde ich wirklich…
… an Qaltaqa und an den Stamm denken…
»Aus sich selbst heraus erstrahlend, immer die Schönheit bewahrend.«
Wie die Lutha…
… mit ihren wunderschönen Seelen.
… würde ich …
… ihn freigeben …
»Mich ganz dir schenke, Ryoichiro.«
Wäre ich wirklich ein so guter Mensch…

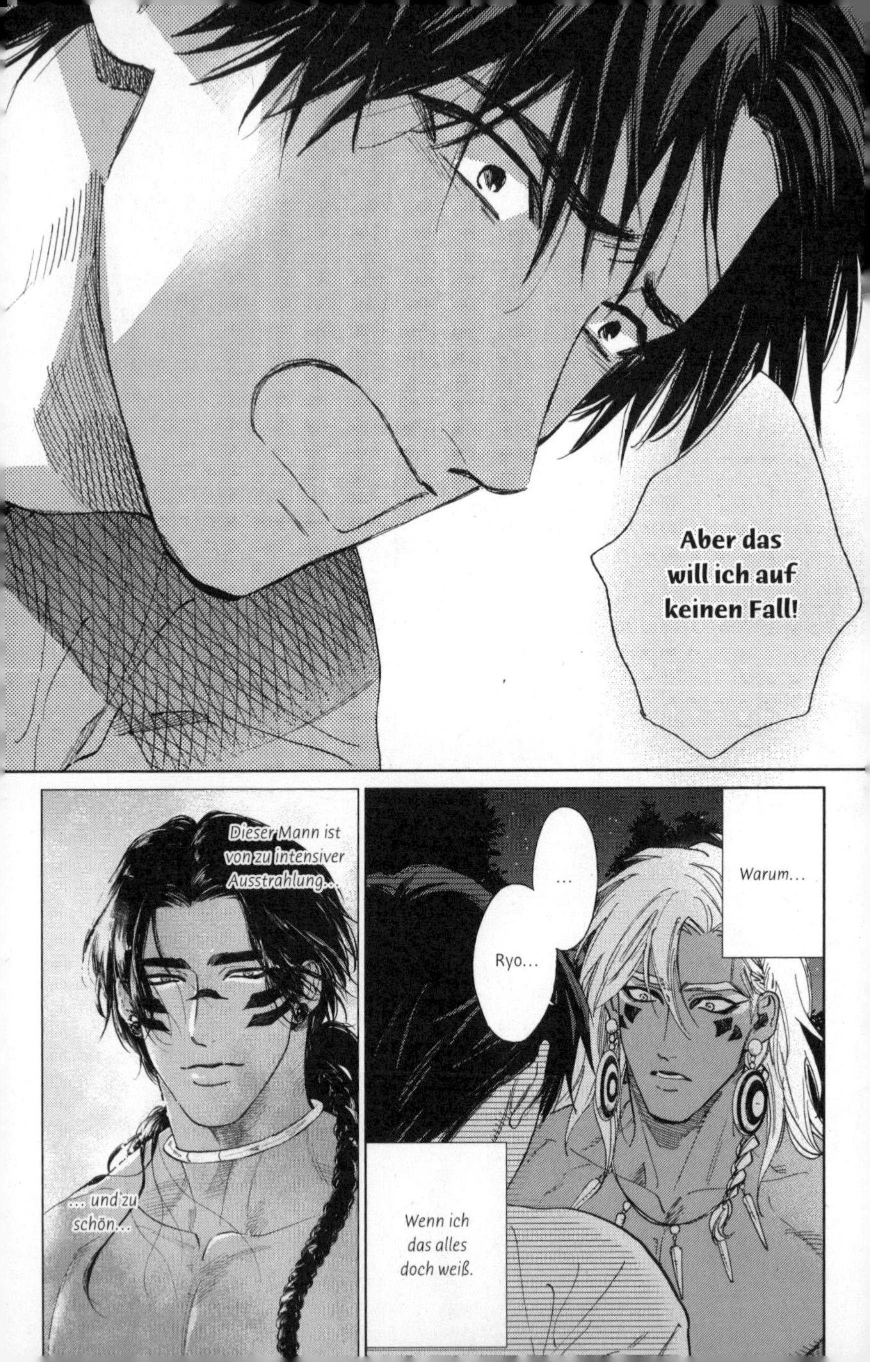
Aber das will ich auf keinen Fall!
Warum…
…
Ryo…
Wenn ich das alles doch weiß.
Dieser Mann ist von zu intensiver Ausstrahlung…
… und zu schön…

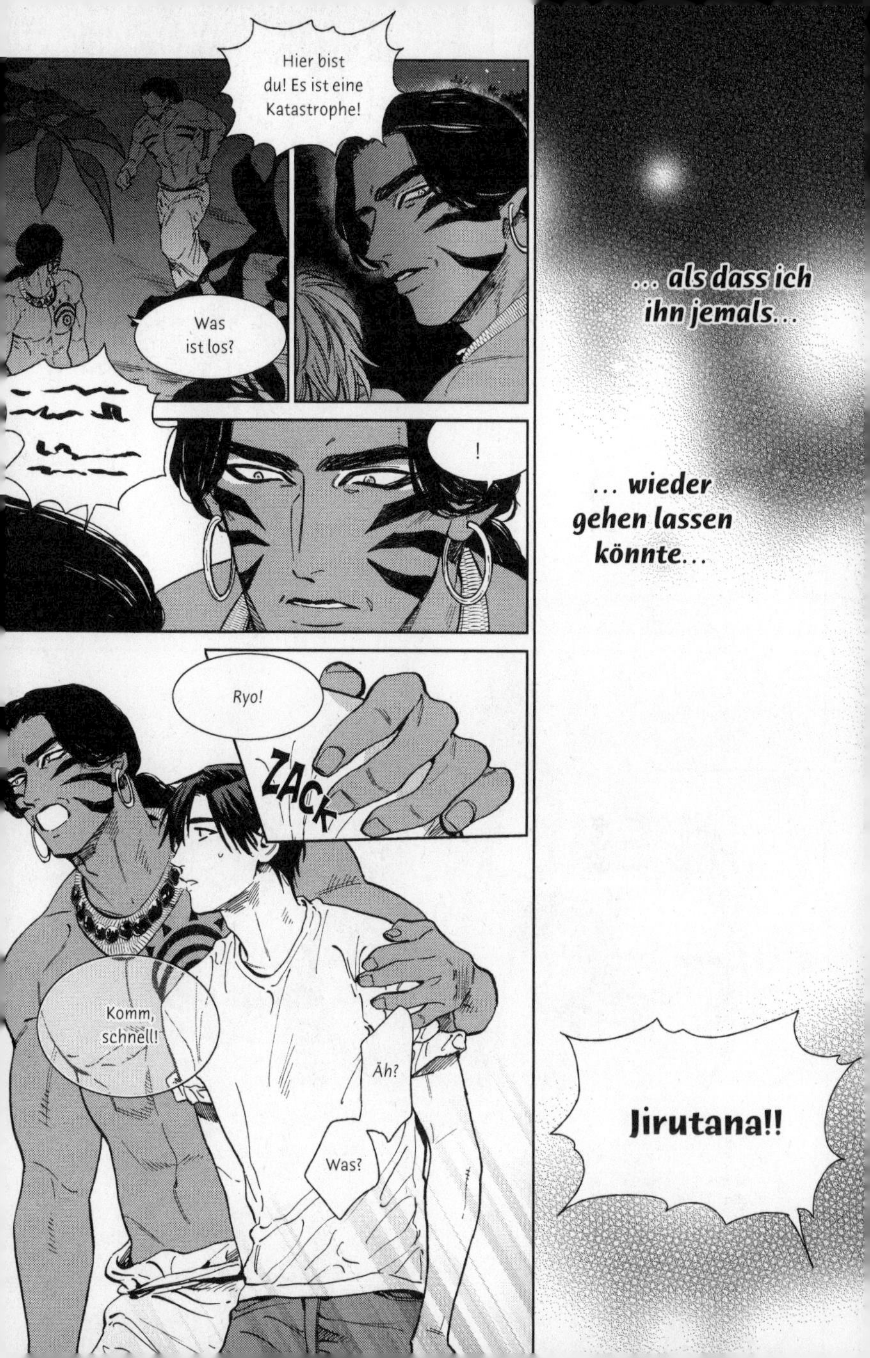
... als dass ich ihn jemals...
... wieder gehen lassen könnte...
Jirutana!!
Hier bist du! Es ist eine Katastrophe!
Was ist los?
!
Ryo!
ZACK
Komm, schnell!
Äh?
Was?

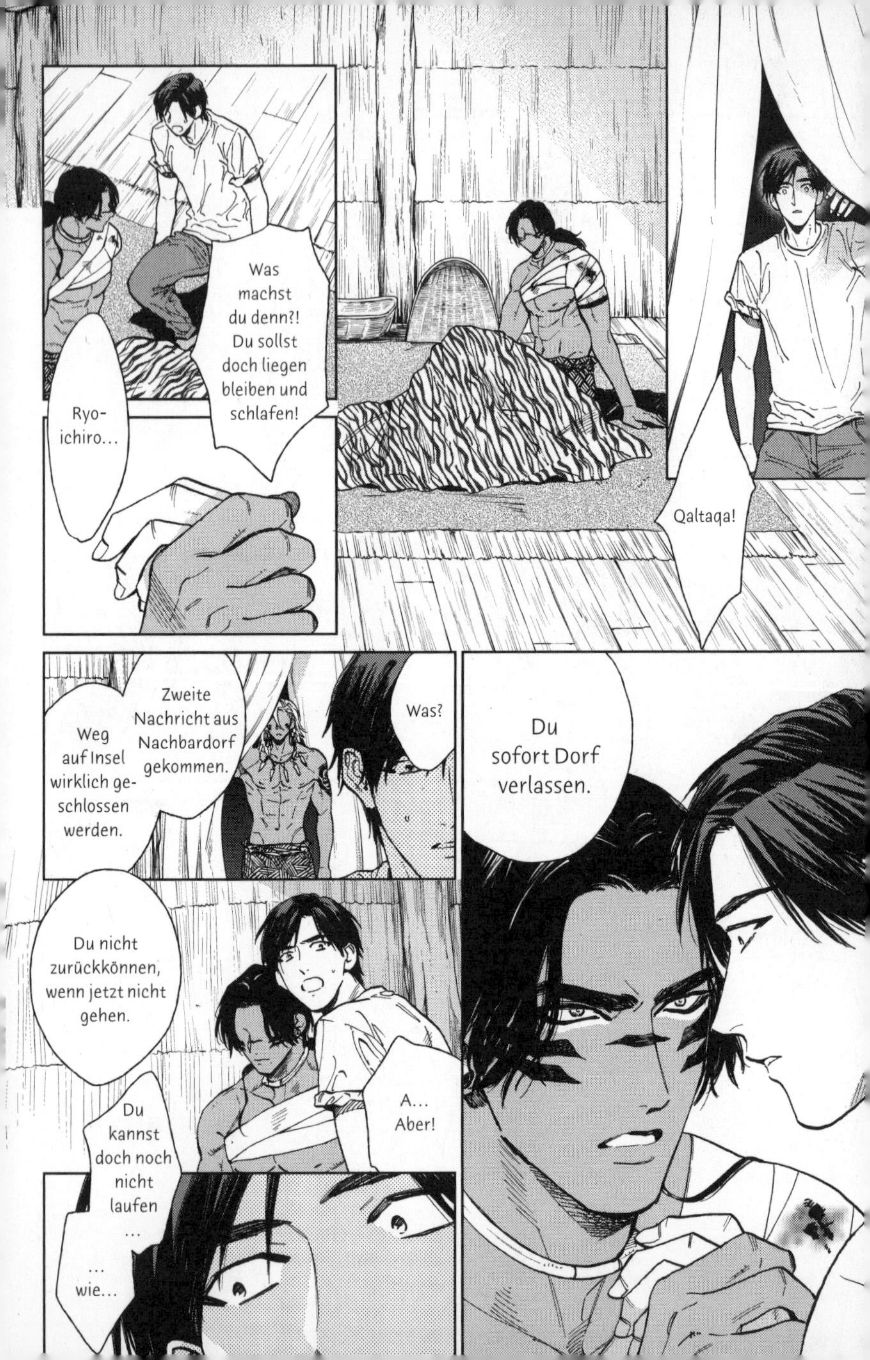
Qaltaqa!
Was machst du denn?! Du sollst doch liegen bleiben und schlafen!
Ryo-ichiro…
Du sofort Dorf verlassen.
Was?
Zweite Nachricht aus Nachbardorf gekommen.
Weg auf Insel wirklich geschlossen werden.
A… Aber!
Du nicht zurückkönnen, wenn jetzt nicht gehen.
Du kannst doch noch nicht laufen …
… wie…

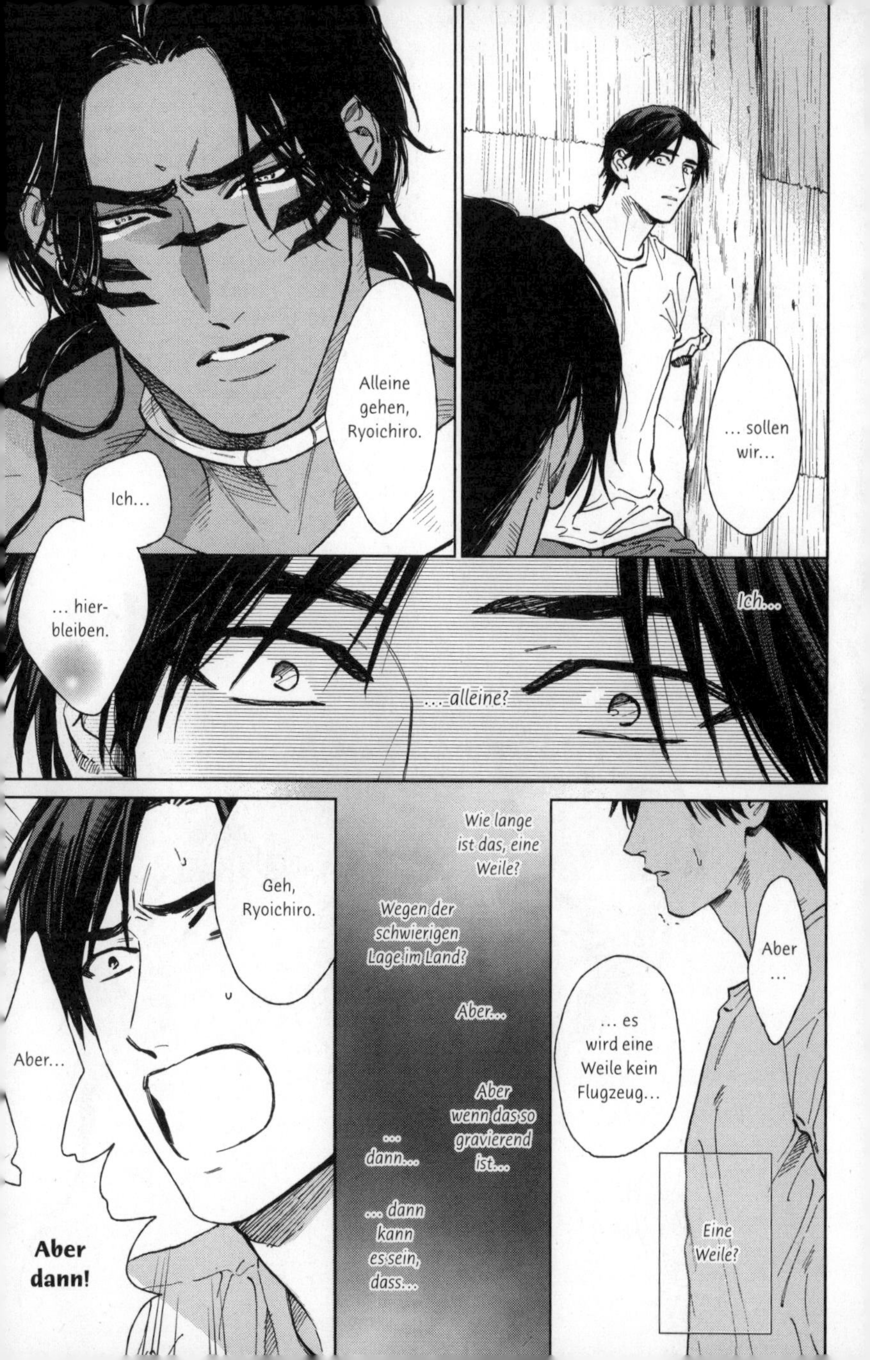
… sollen wir…
Alleine gehen, Ryoichiro.
Ich…
… hierbleiben.
Ich…
… alleine?
Aber …
… es wird eine Weile kein Flugzeug…
Eine Weile?
Wie lange ist das, eine Weile?
Wegen der schwierigen Lage im Land?
Aber…
Aber wenn das so gravierend ist…
… dann…
… dann kann es sein, dass…
Geh, Ryoichiro.
Aber…
Aber dann!

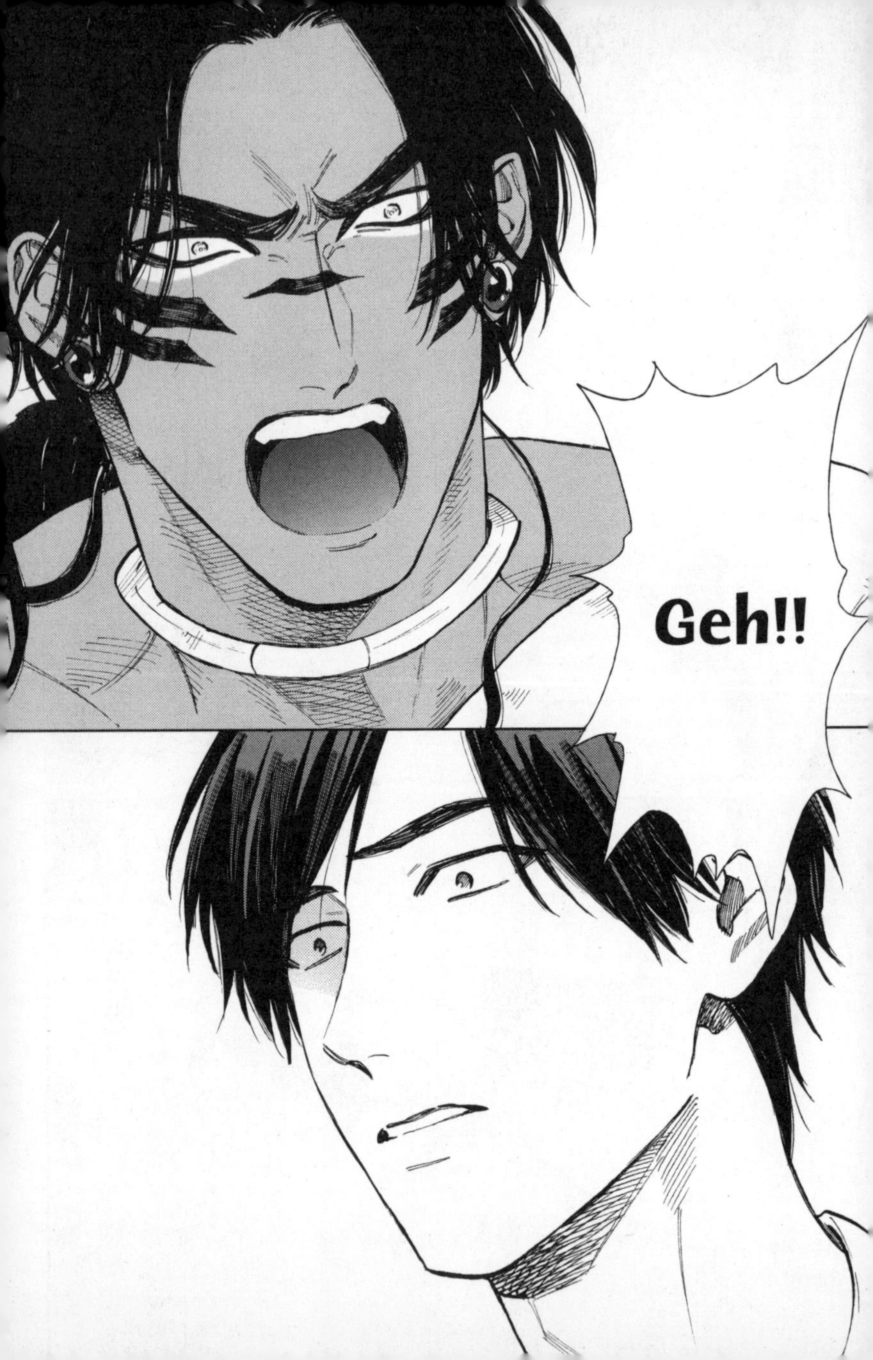
Geh!!

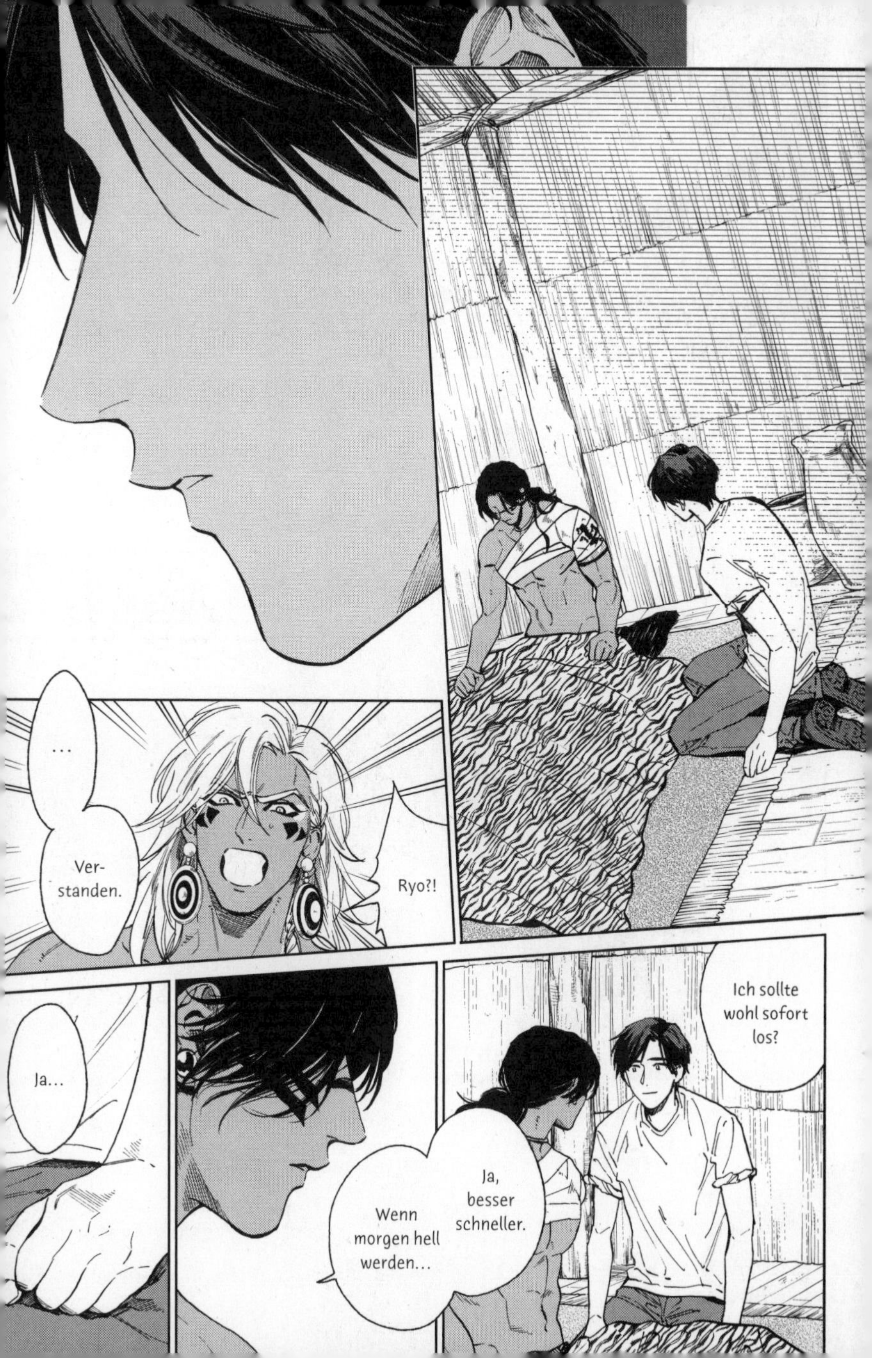
Ryo?!
…
Verstanden.
Ich sollte wohl sofort los?
Ja, besser schneller.
Wenn morgen hell werden…
Ja…

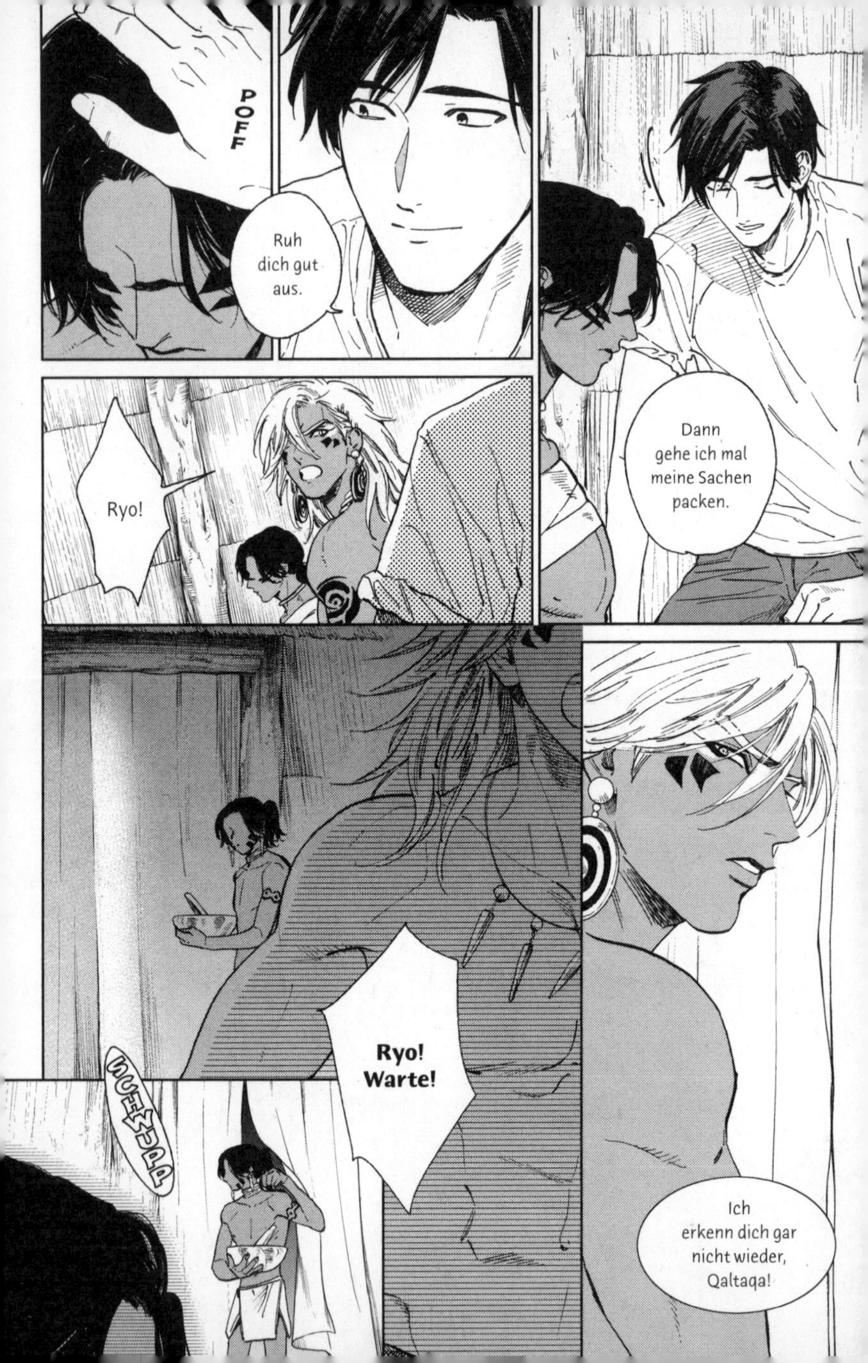
Dann gehe ich mal meine Sachen packen.
POFF
Ruh dich gut aus.
Ryo!
Ich erkenn dich gar nicht wieder, Qaltaqa!
Ryo! Warte!
SCHWUPP

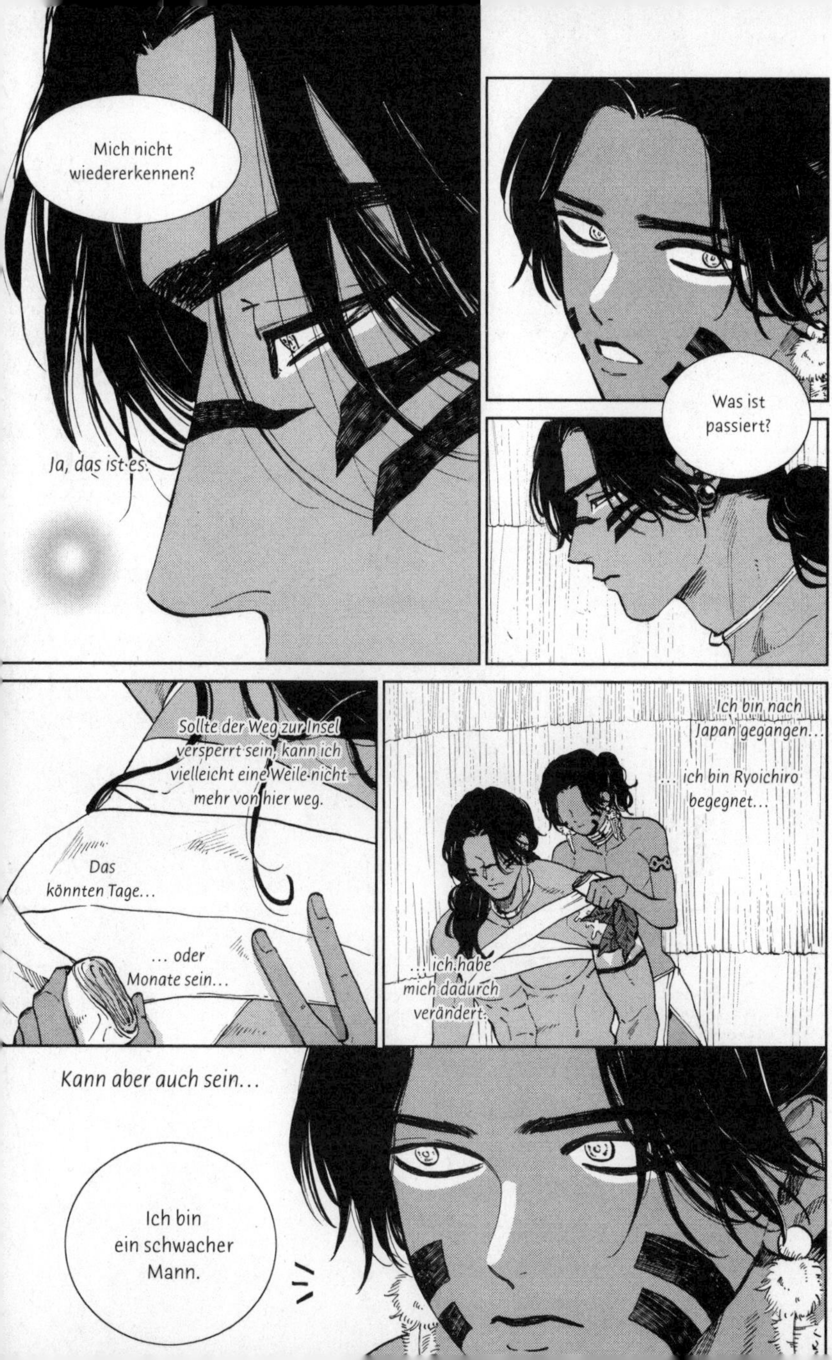
Mich nicht wiedererkennen?
Ja, das ist es.
Was ist passiert?
Ich bin nach Japan gegangen…
… ich bin Ryoichiro begegnet…
… ich habe mich dadurch verändert.
Sollte der Weg zur Insel versperrt sein, kann ich vielleicht eine Weile nicht mehr von hier weg.
Das könnten Tage…
… oder Monate sein…
Kann aber auch sein…
Ich bin ein schwacher Mann.

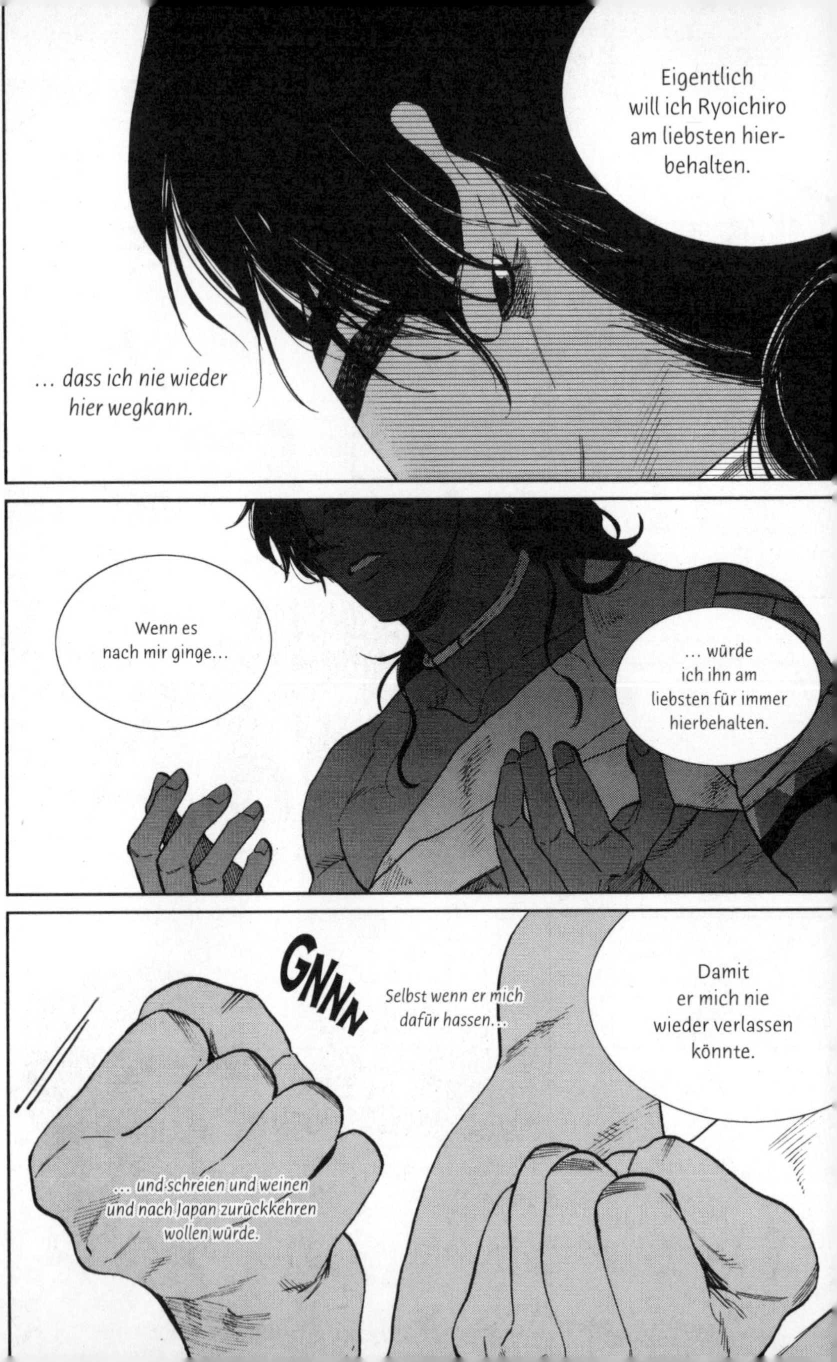
Eigentlich will ich Ryoichiro am liebsten hierbehalten.
… dass ich nie wieder hier wegkann.
… würde ich ihn am liebsten für immer hierbehalten.
Wenn es nach mir ginge…
Damit er mich nie wieder verlassen könnte.
Selbst wenn er mich dafür hassen…
GNNN
… und schreien und weinen und nach Japan zurückkehren wollen würde.

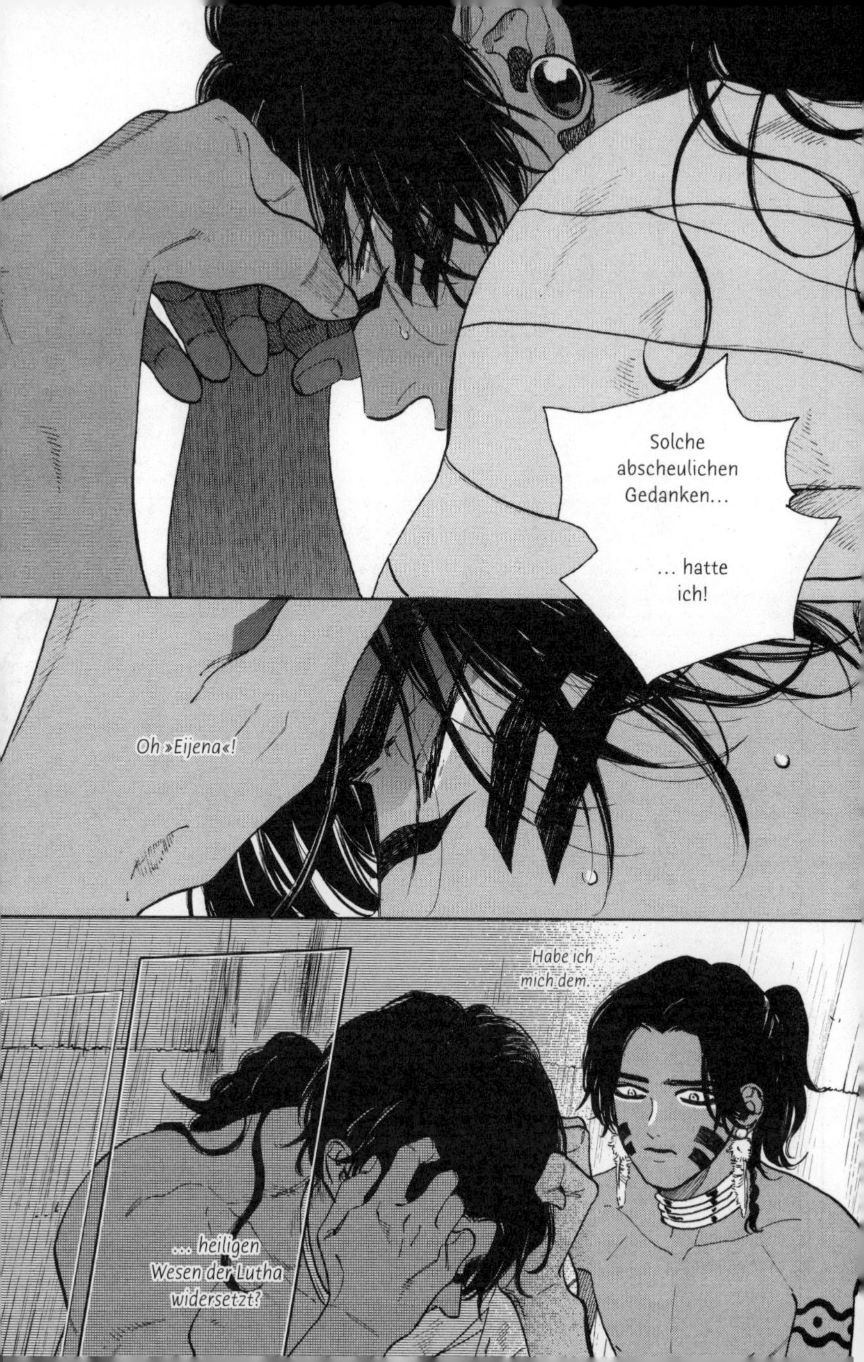
Solche abscheulichen Gedanken…
… hatte ich!
Oh »Eijena«!
Habe ich mich dem…
… heiligen Wesen der Lutha widersetzt?

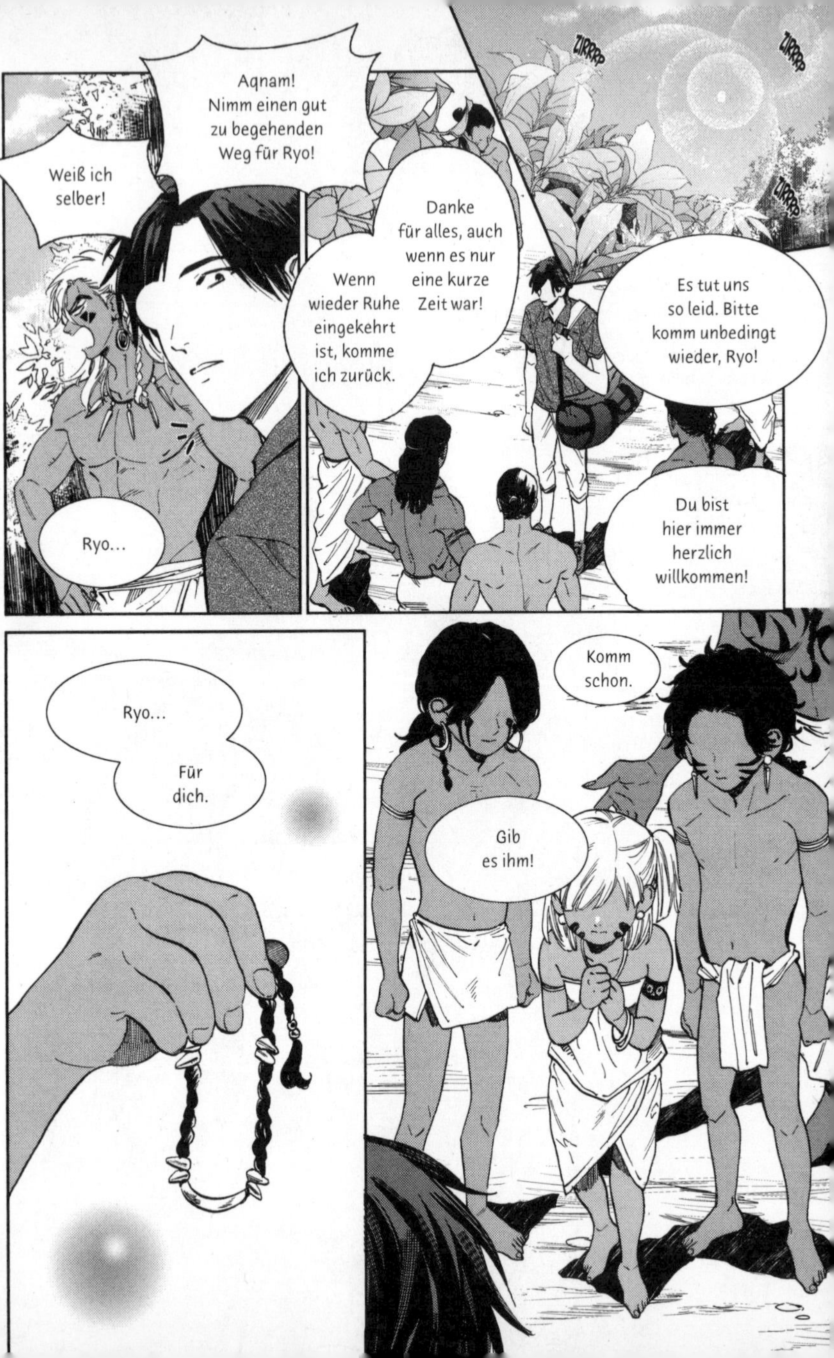
Aqnam! Nimm einen gut zu begehenden Weg für Ryo!
Weiß ich selber!
Ryo...
ZIRRRP
ZIRRRP
ZIRRRP
Danke für alles, auch wenn es nur eine kurze Zeit war!
Wenn wieder Ruhe eingekehrt ist, komme ich zurück.
Es tut uns so leid. Bitte komm unbedingt wieder, Ryo!
Du bist hier immer herzlich willkommen!
Komm schon.
Ryo...
Für dich.
Gib es ihm!

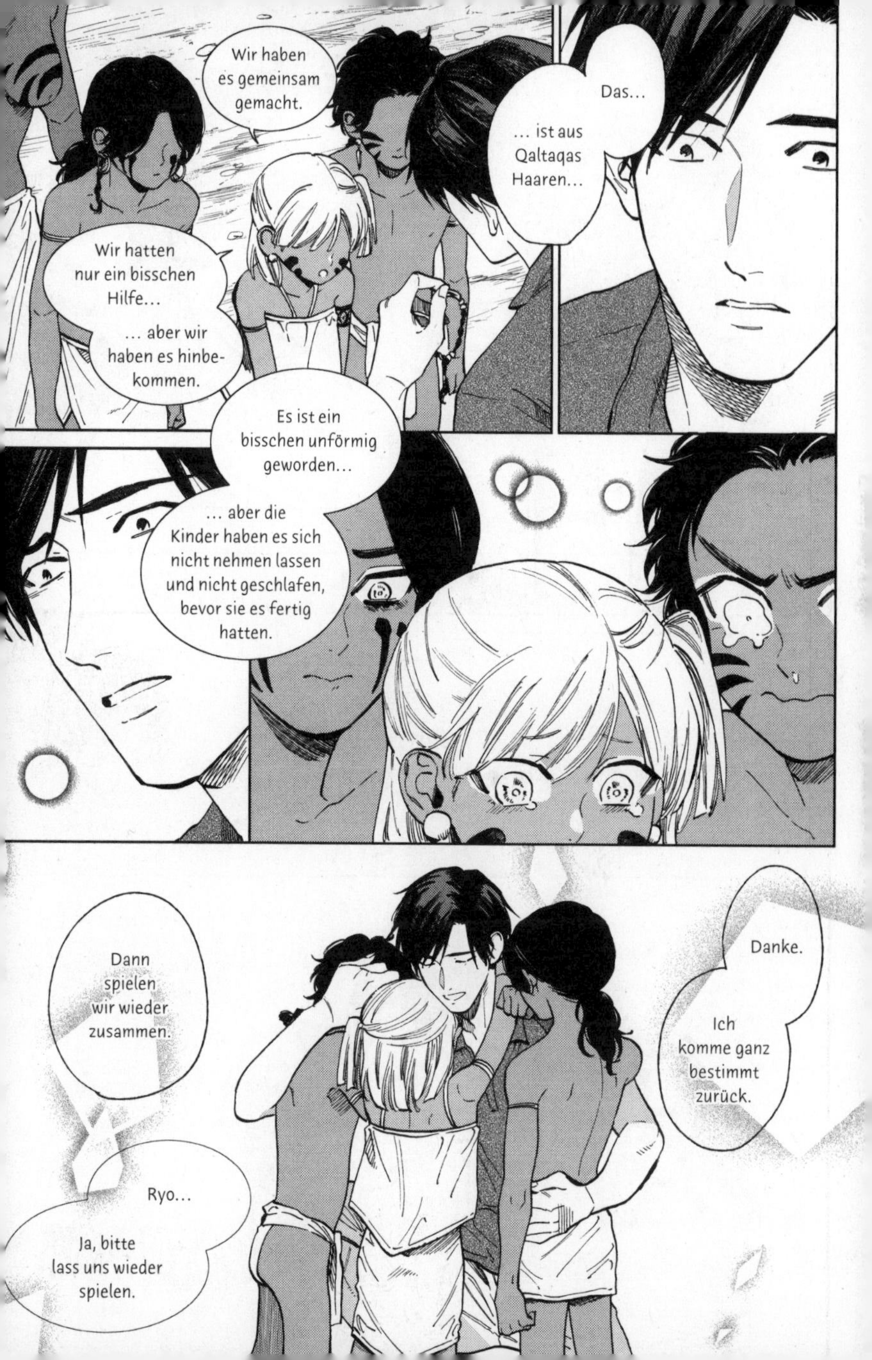
Das…
… ist aus Qaltaqas Haaren…
Wir haben es gemeinsam gemacht.
Wir hatten nur ein bisschen Hilfe…
… aber wir haben es hinbekommen.
Es ist ein bisschen unförmig geworden…
… aber die Kinder haben es sich nicht nehmen lassen und nicht geschlafen, bevor sie es fertig hatten.
Danke.
Ich komme ganz bestimmt zurück.
Dann spielen wir wieder zusammen.
Ryo…
Ja, bitte lass uns wieder spielen.

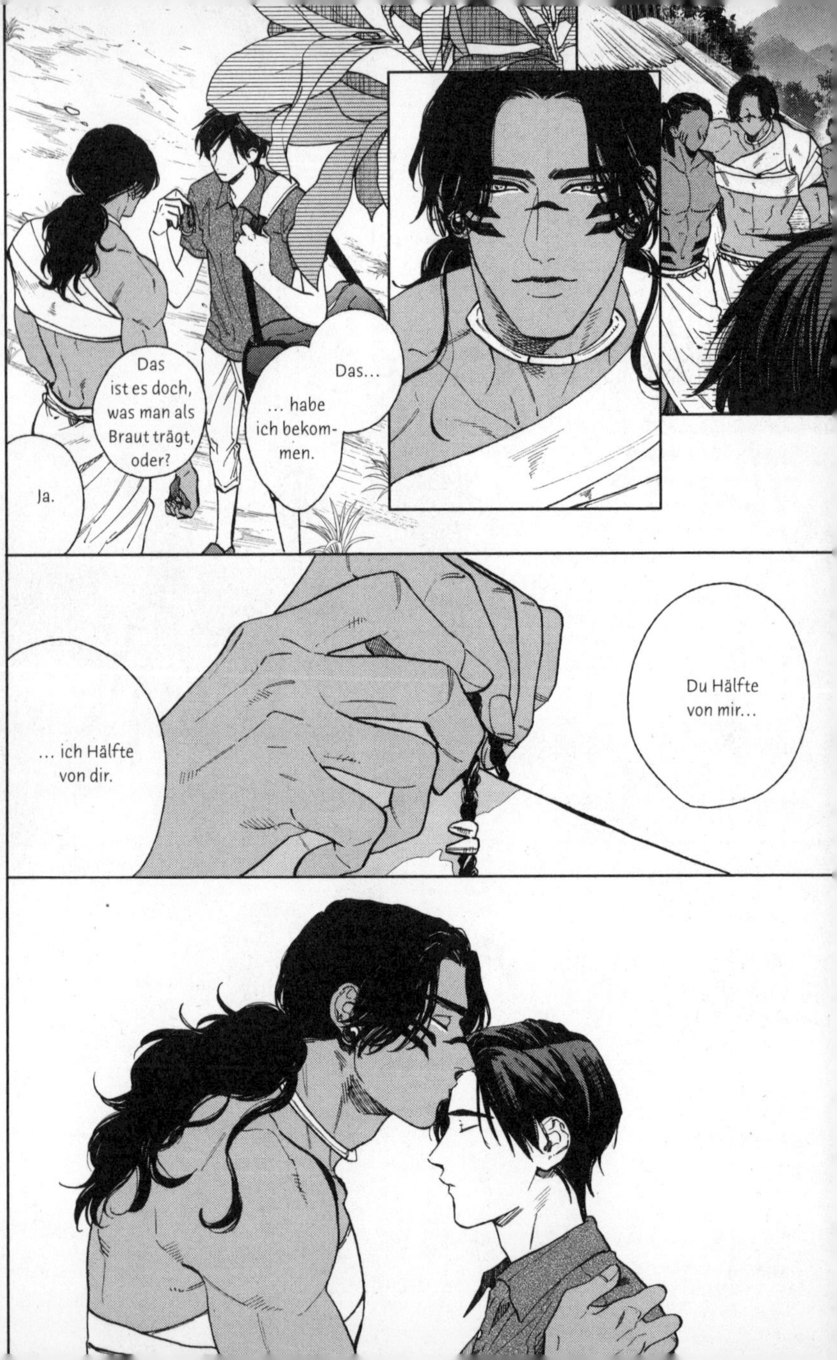
Das…
… habe ich bekom-men.
Das ist es doch, was man als Braut trägt, oder?
Ja.
Du Hälfte von mir…
… ich Hälfte von dir.

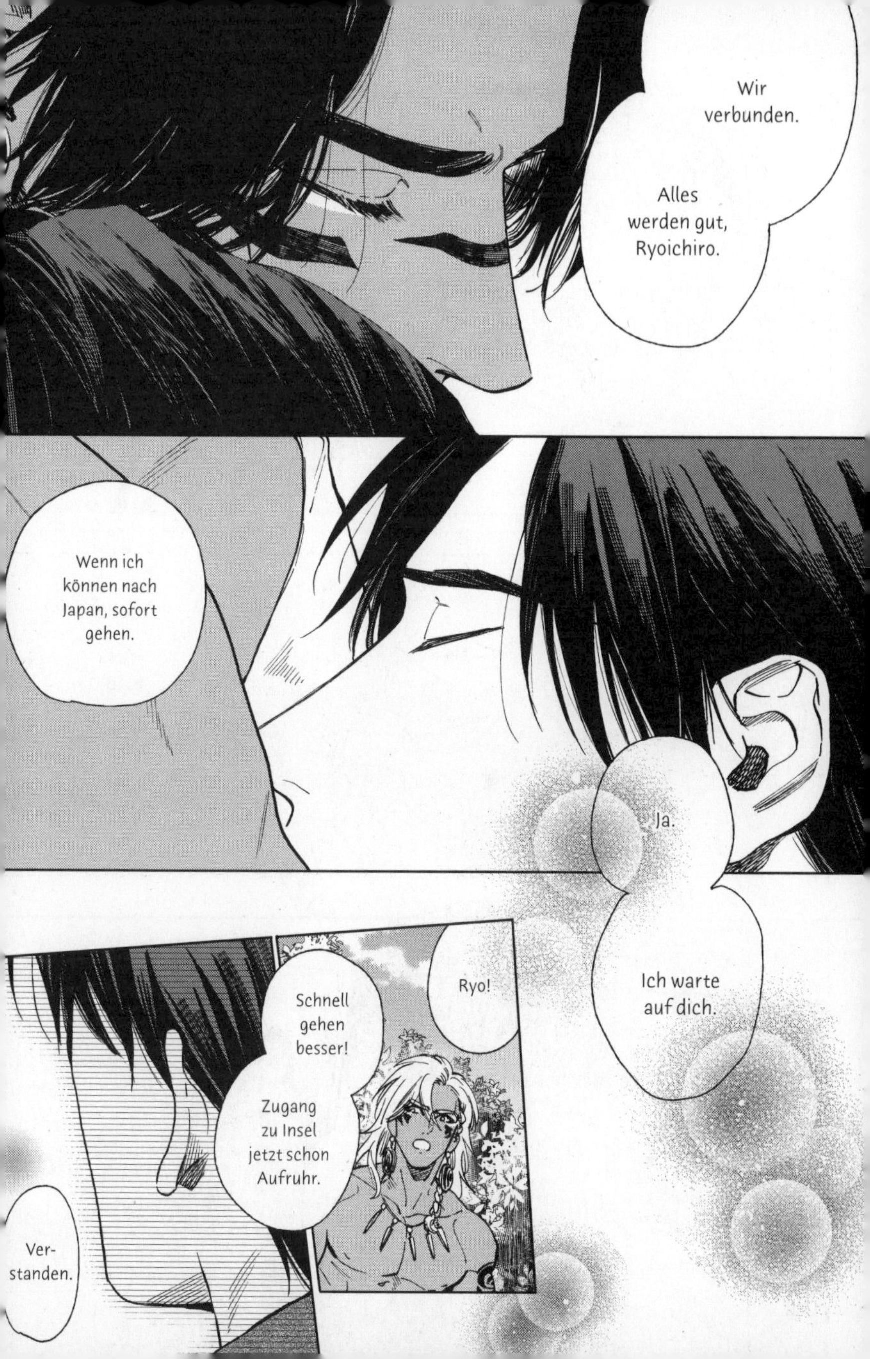

Wir verbunden.
Alles werden gut, Ryoichiro.
Wenn ich können nach Japan, sofort gehen.
Ja.
Ich warte auf dich.
Ryo!
Schnell gehen besser!
Zugang zu Insel jetzt schon Aufruhr.
Verstanden.

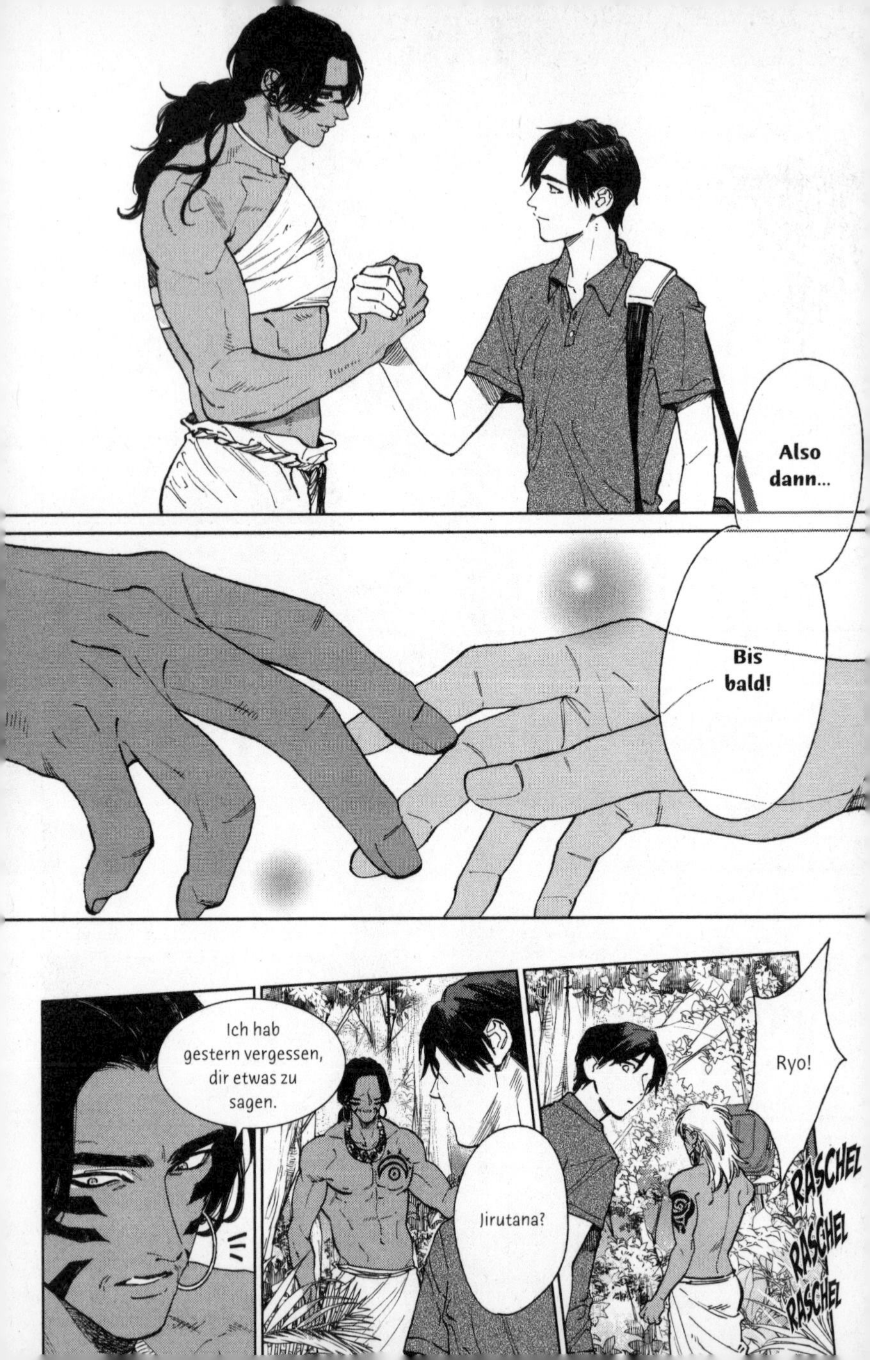
Also dann...
Bis bald!
Ryo!
RASCHEL RASCHEL RASCHEL
Jirutana?
Ich hab gestern vergessen, dir etwas zu sagen.

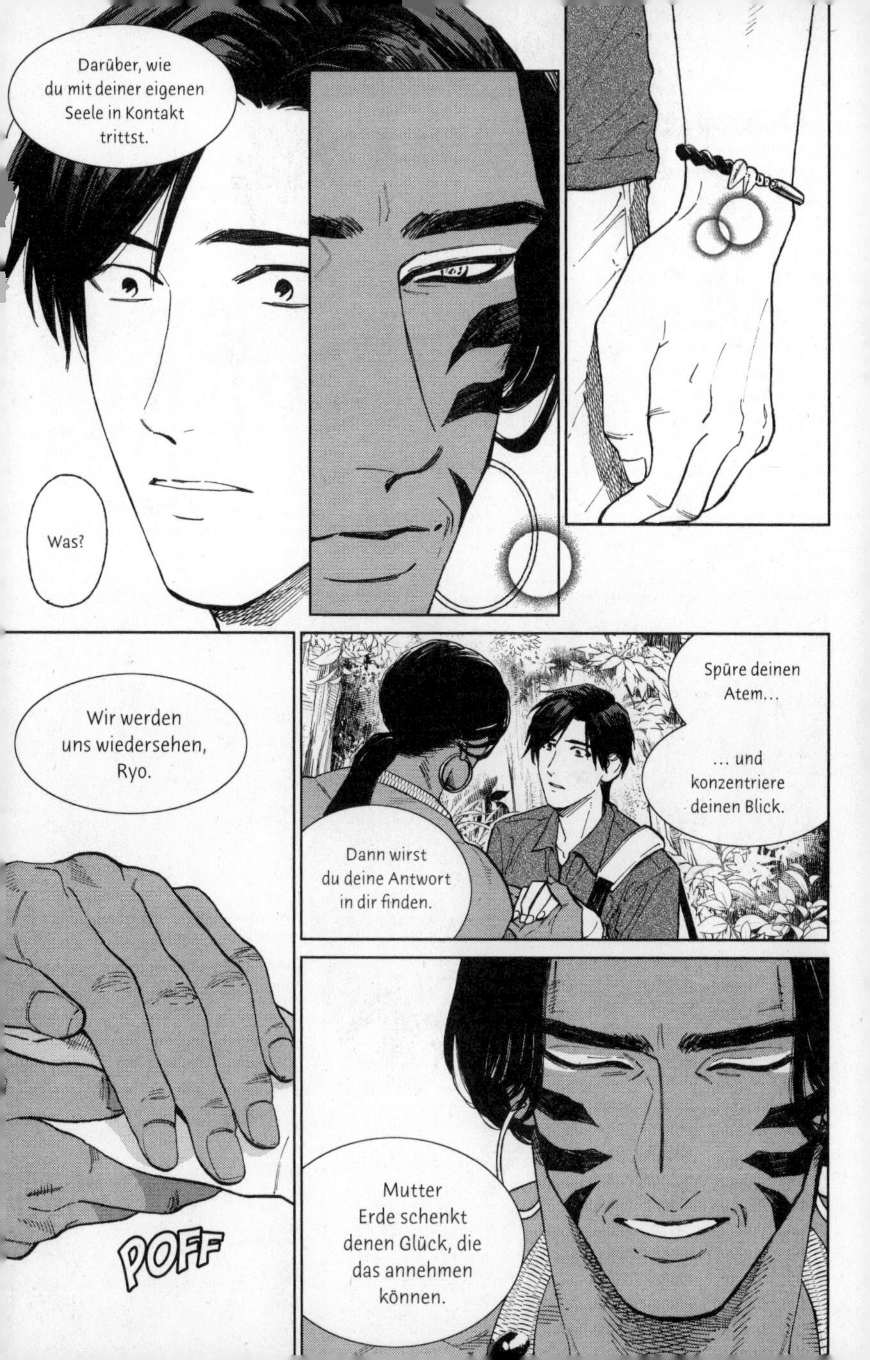
Darüber, wie du mit deiner eigenen Seele in Kontakt trittst.
Was?
Wir werden uns wiedersehen, Ryo.
Spüre deinen Atem…
… und konzentriere deinen Blick.
Dann wirst du deine Antwort in dir finden.
Mutter Erde schenkt denen Glück, die das annehmen können.
POFF

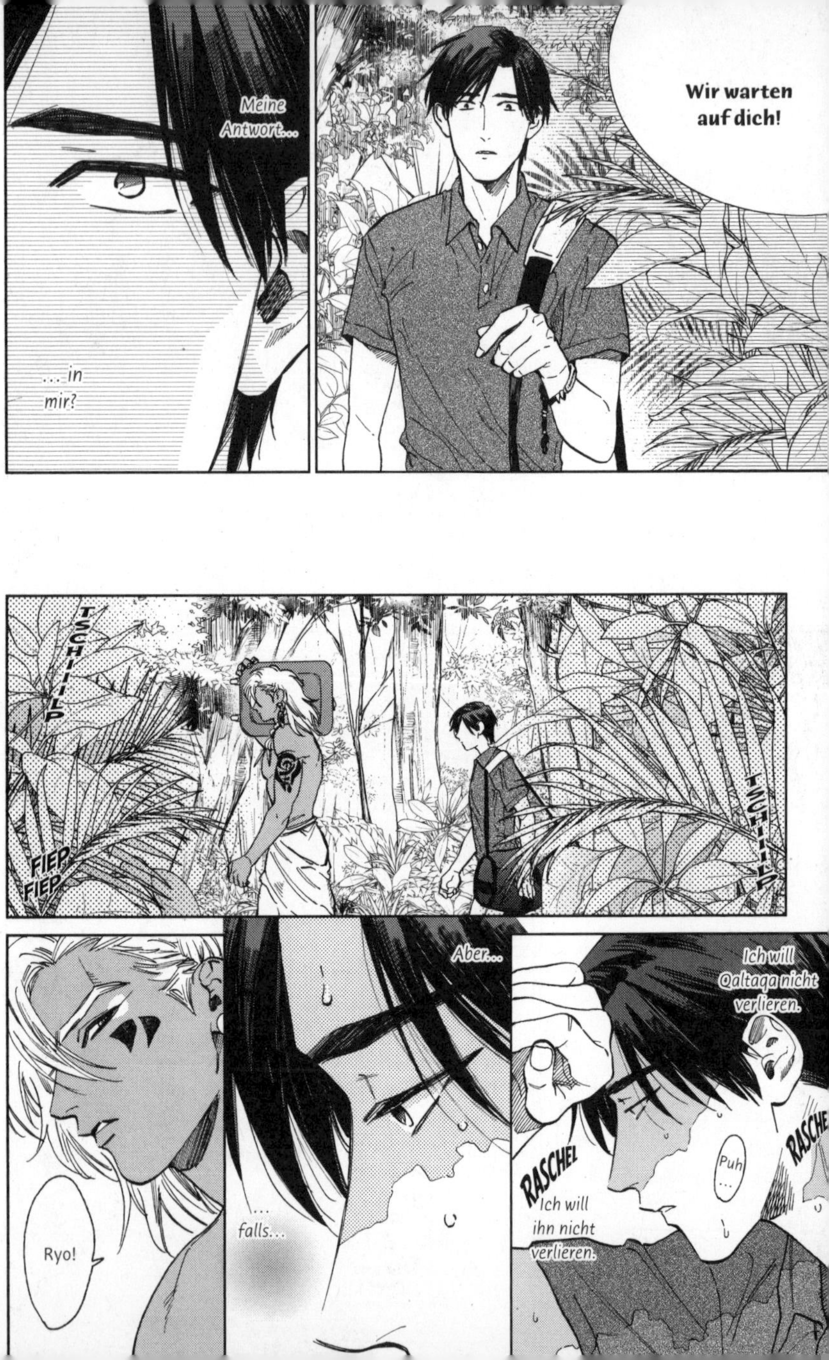
Wir warten auf dich!
Meine Antwort...
...in mir?
TSCHIIIILP
TSCHIIIILP
FIEP FIEP
Ich will Qaltaqa nicht verlieren.
RASCHE
Puh...
RASCHEL
Ich will ihn nicht verlieren.
Aber...
...falls...
Ryo!

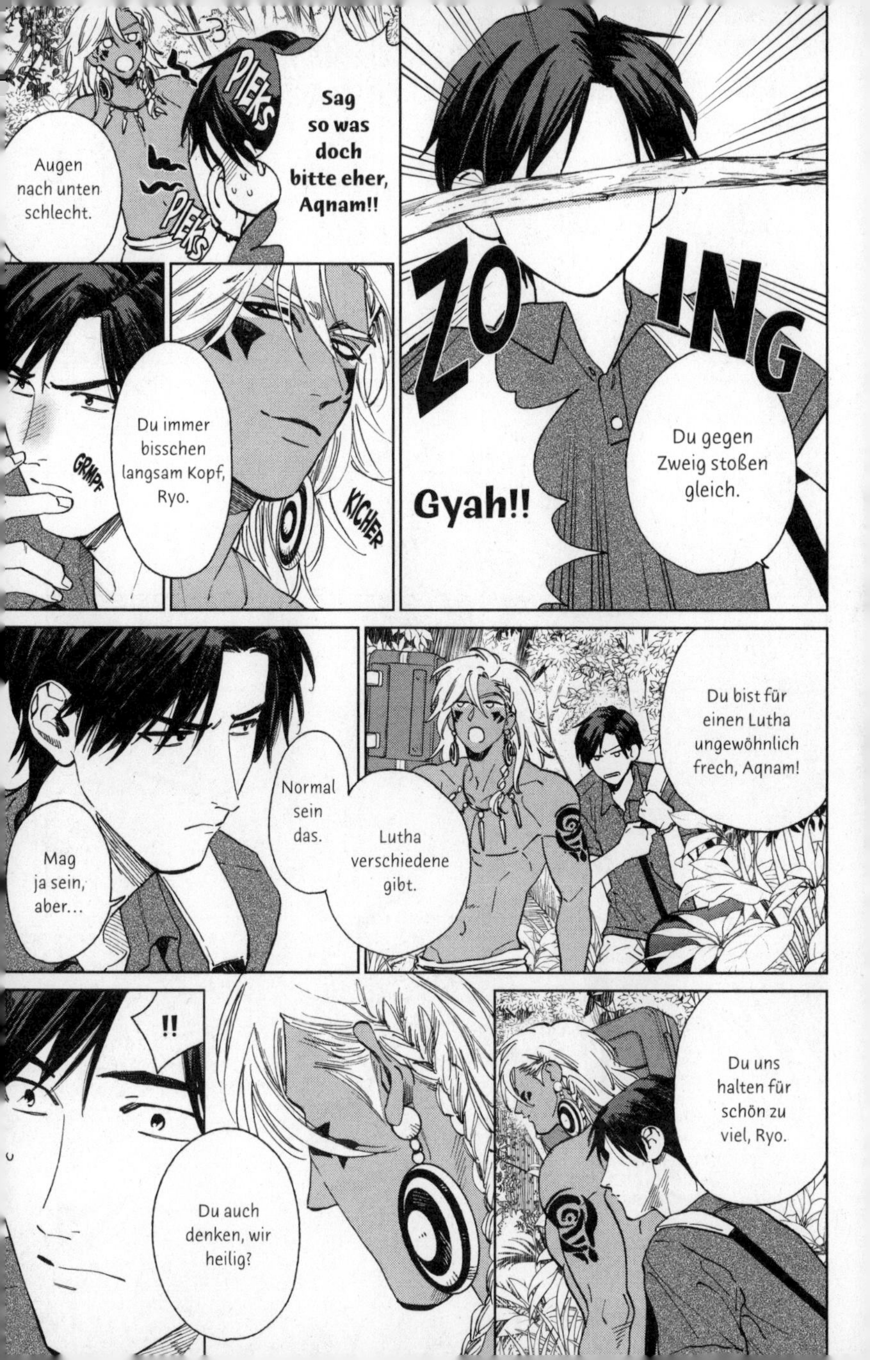

ZOING
Gyah!!
Du gegen Zweig stoßen gleich.
Sag so was doch bitte eher, Aqnam!!
PIEKS
PIEKS
Augen nach unten schlecht.
Du immer bisschen langsam Kopf, Ryo.
KICHER
GRMPF
Du bist für einen Lutha ungewöhnlich frech, Aqnam!
Normal sein das.
Lutha verschiedene gibt.
Mag ja sein, aber…
Du uns halten für schön zu viel, Ryo.
!!
Du auch denken, wir heilig?

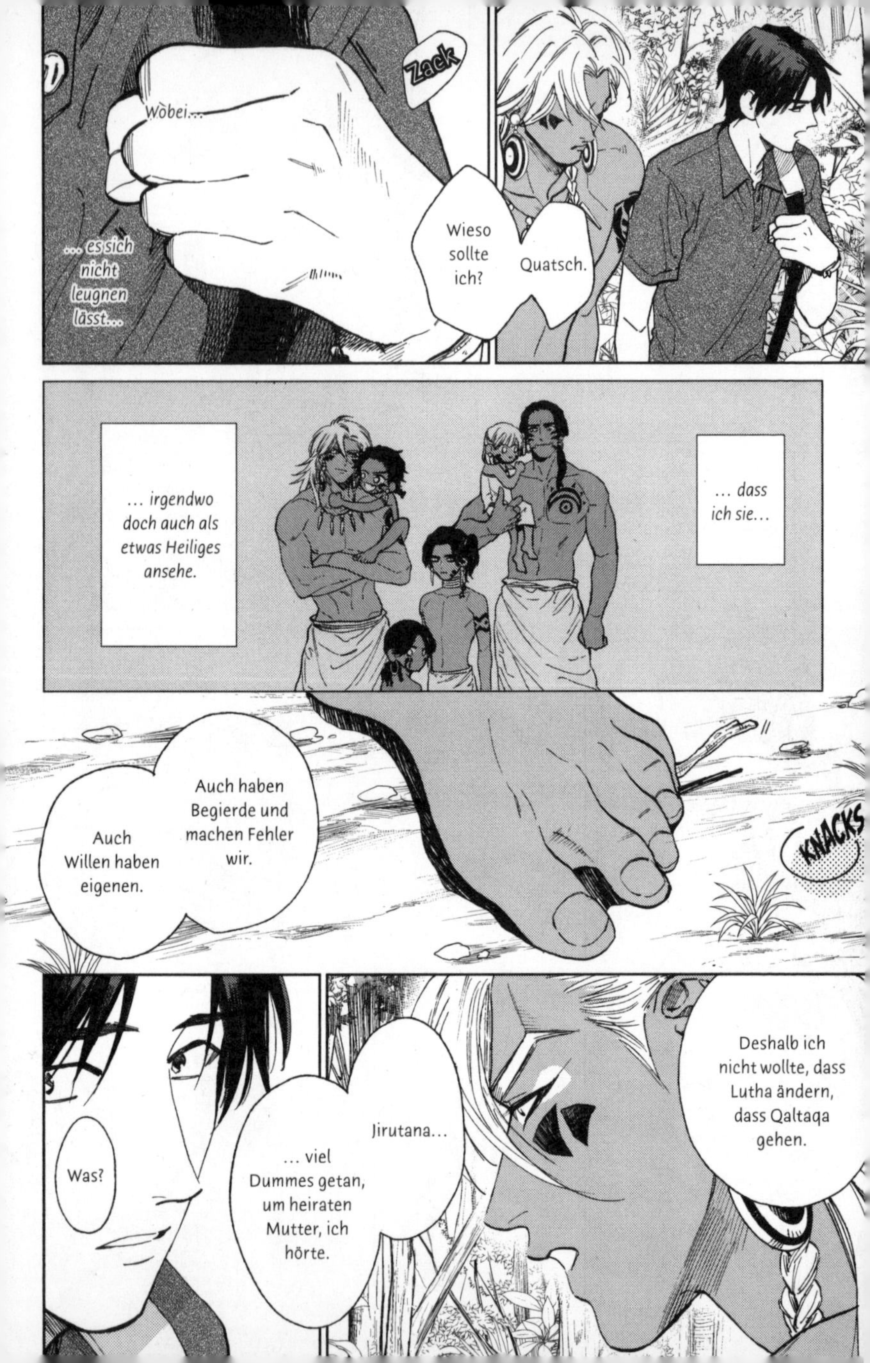
Quatsch.
Wieso sollte ich?
Zack
Wobei…
… es sich nicht leugnen lässt…
… dass ich sie…
… irgendwo doch auch als etwas Heiliges ansehe.
KNACKS
Auch haben Begierde und machen Fehler wir.
Auch Willen haben eigenen.
Deshalb ich nicht wollte, dass Lutha ändern, dass Qaltaqa gehen.
Jirutana…
… viel Dummes getan, um heiraten Mutter, ich hörte.
Was?

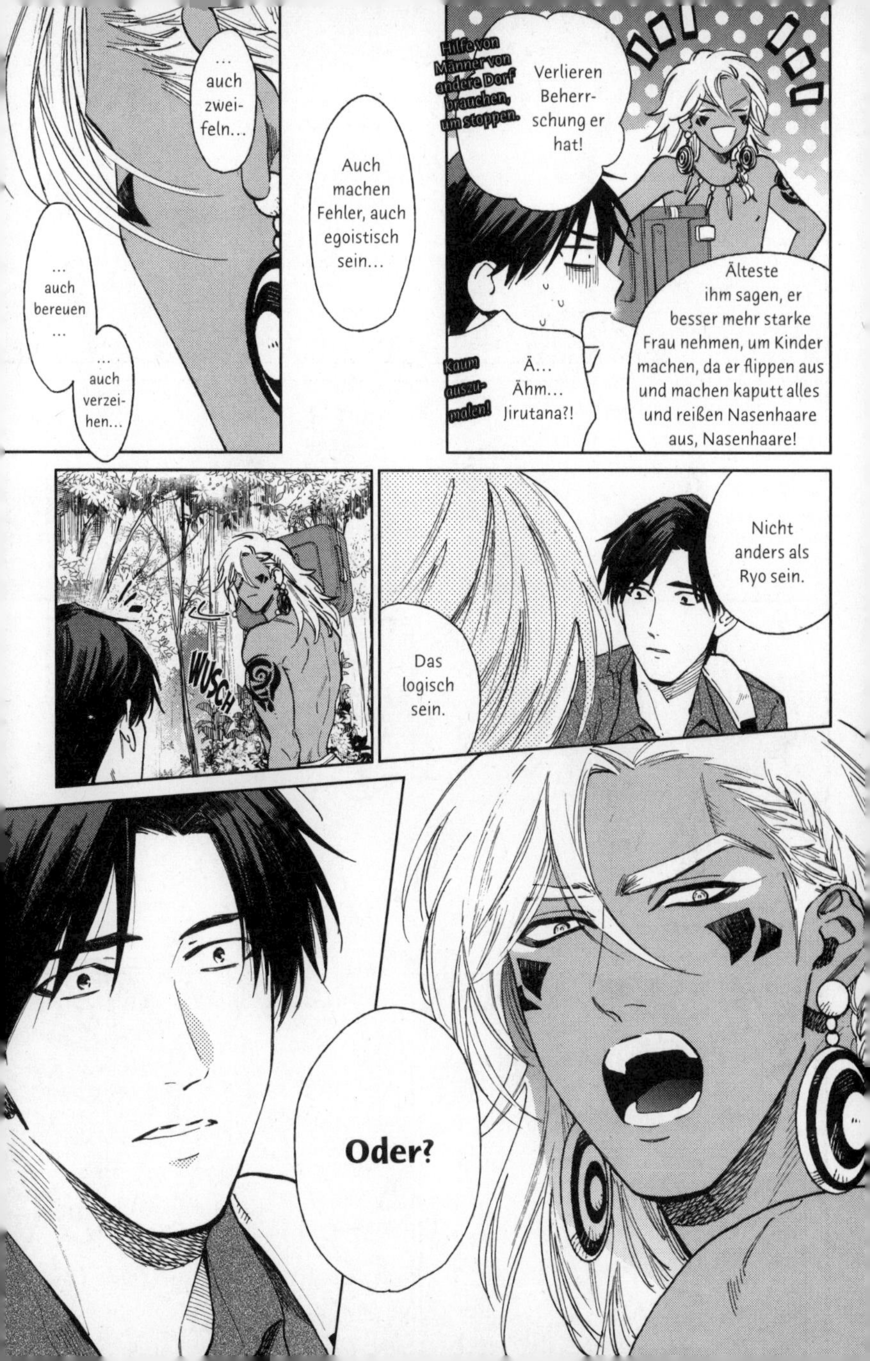
Verlieren Beherrschung er hat!
Hilfe von Männer von andere Dorf brauchen, um stoppen.
Älteste ihm sagen, er besser mehr starke Frau nehmen, um Kinder machen, da er flippen aus und machen kaputt alles und reißen Nasenhaare aus, Nasenhaare!
Ä… Ähm… Jirutana?!
Kaum auszumalen!
Auch machen Fehler, auch egoistisch sein…
… auch zweifeln…
… auch bereuen …
… auch verzeihen…
Nicht anders als Ryo sein.
Das logisch sein.
WUSCH
Oder?

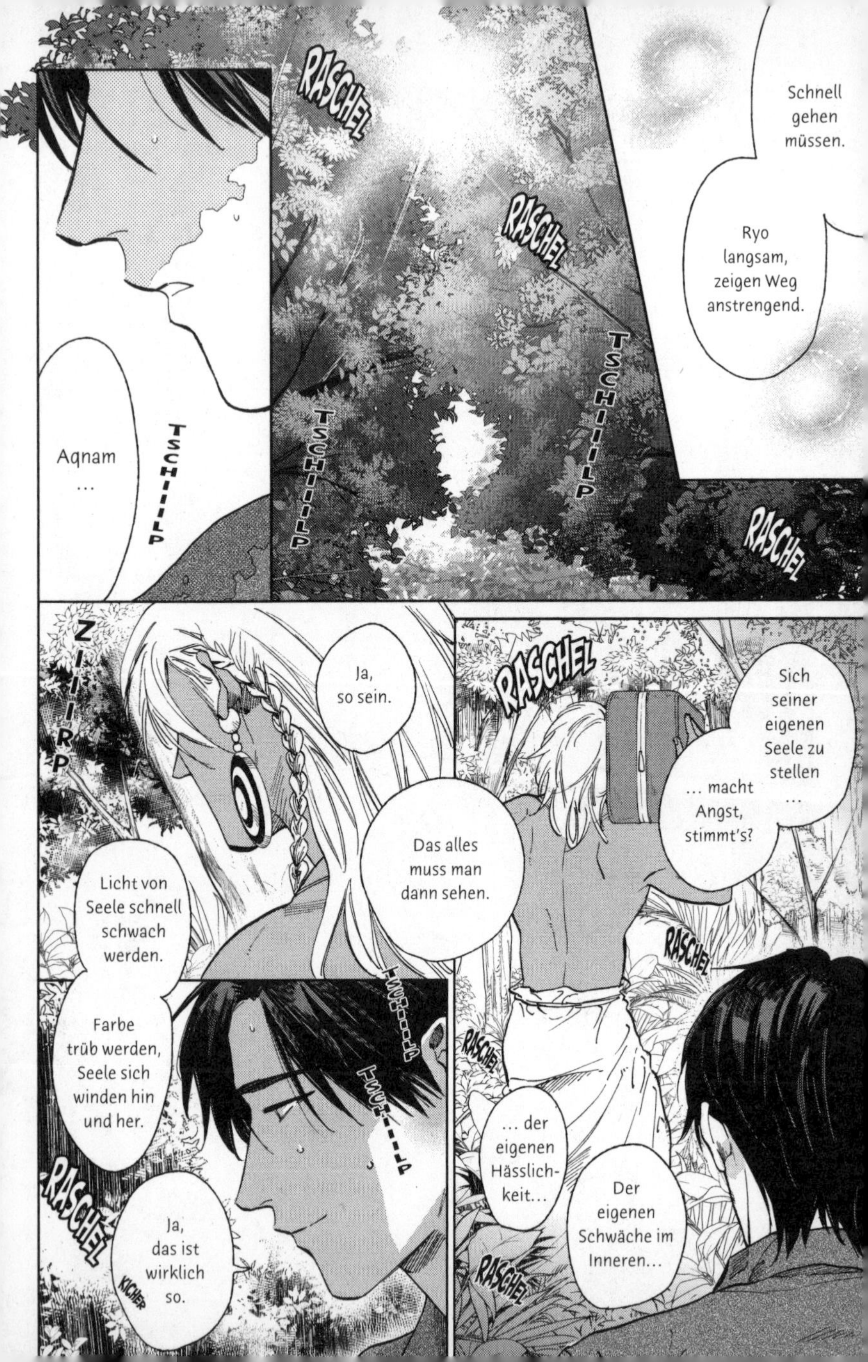
Schnell gehen müssen.
Ryo langsam, zeigen Weg anstrengend.
RASCHEL
RASCHEL
TSCHIIIILP
TSCHIIIILP
RASCHEL
Aqnam …
TSCHIIIILP
RASCHEL
Sich seiner eigenen Seele zu stellen …
… macht Angst, stimmt's?
RASCHEL
Ja, so sein.
Das alles muss man dann sehen.
ZIIIRP
Licht von Seele schnell schwach werden.
Farbe trüb werden, Seele sich winden hin und her.
RASCHEL
Der eigenen Schwäche im Inneren…
… der eigenen Hässlich-keit…
RASCHEL
TSCHIIIILP
TSCHIIIILP
Ja, das ist wirklich so.
KICHER
RASCHEL

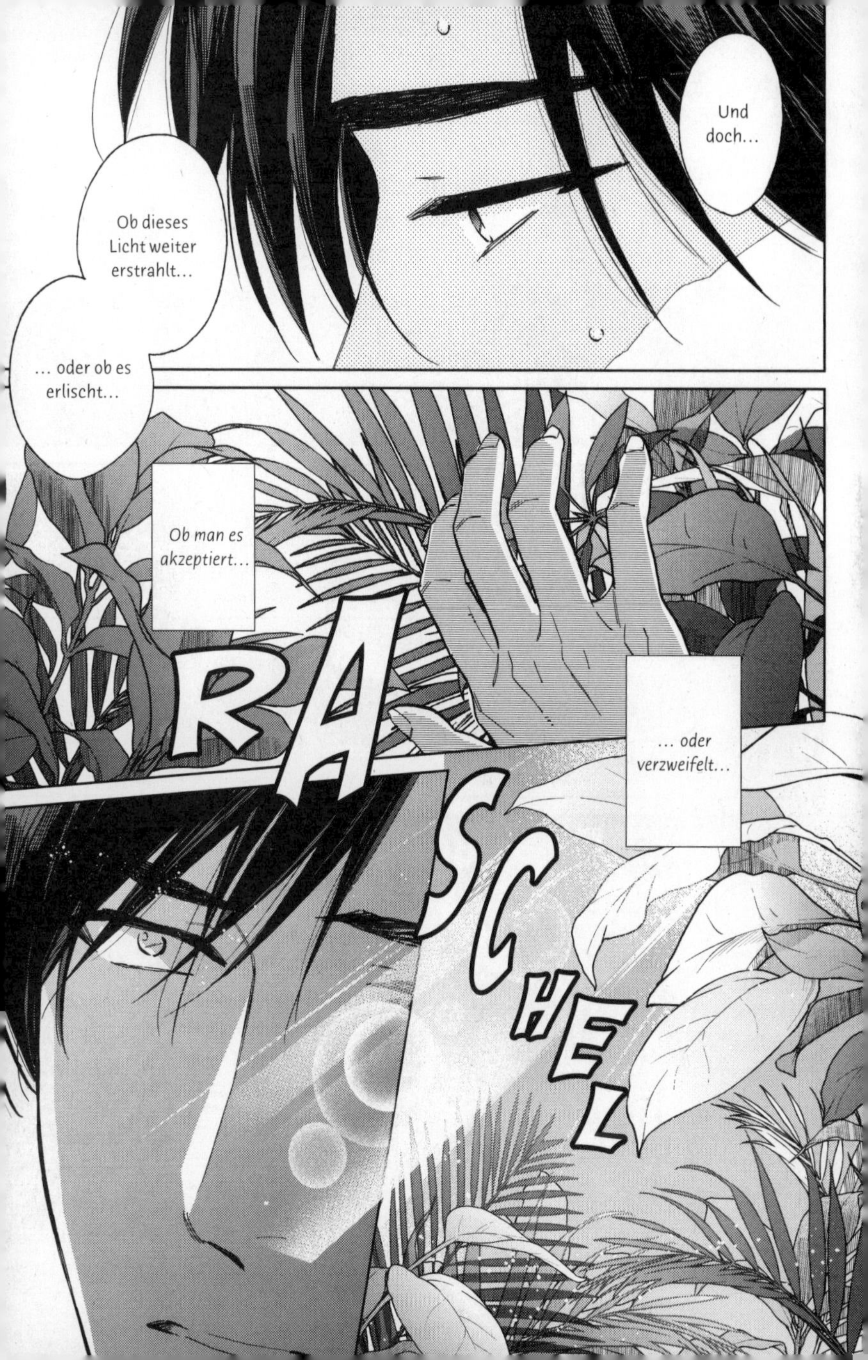
Und doch…
Ob dieses Licht weiter erstrahlt…
… oder ob es erlischt…
… oder verzweifelt…
Ob man es akzeptiert…
RASCHEL

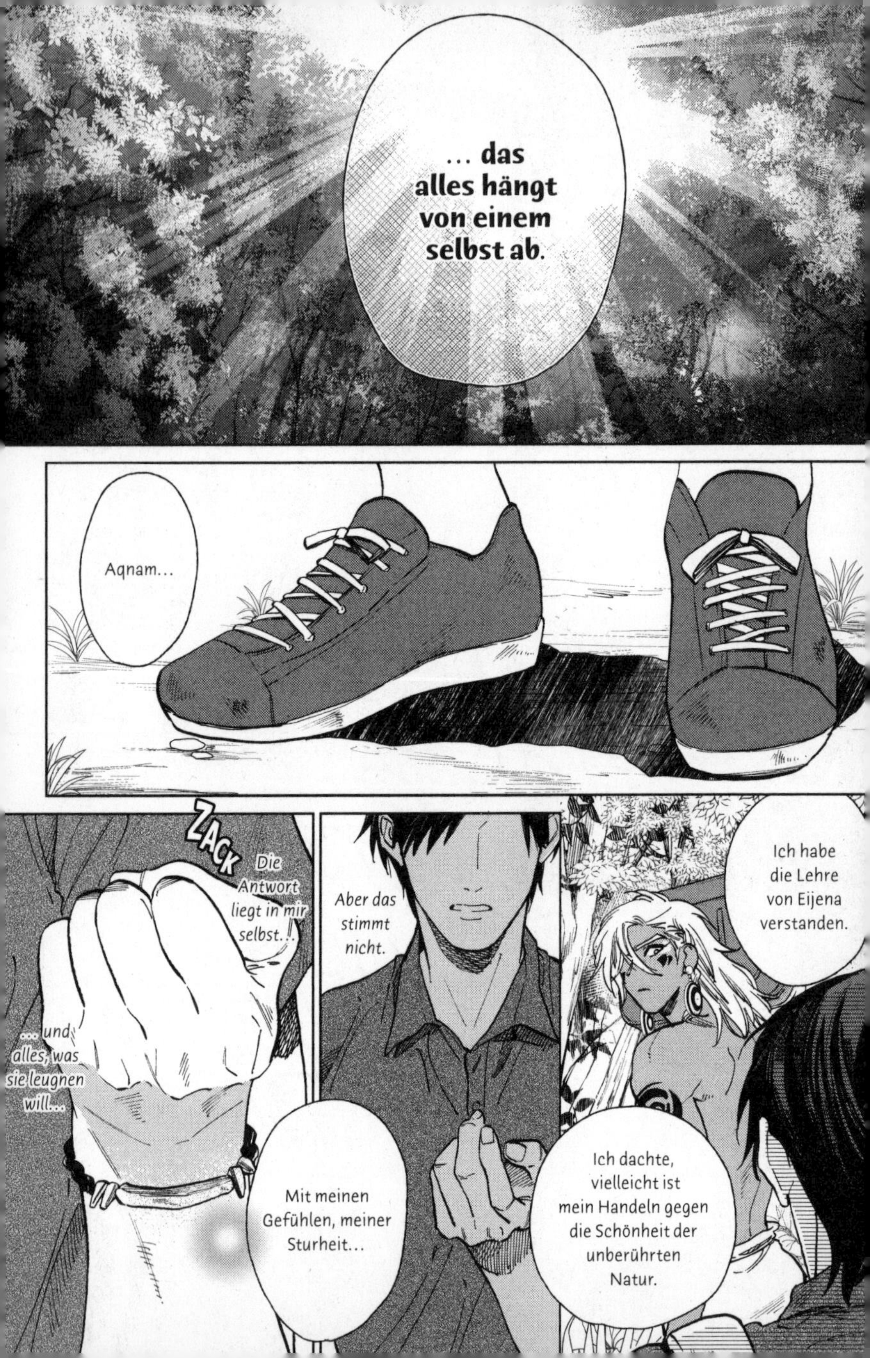
... das alles hängt von einem selbst ab.
Aqnam...
Ich habe die Lehre von Eijena verstanden.
Ich dachte, vielleicht ist mein Handeln gegen die Schönheit der unberührten Natur.
Aber das stimmt nicht.
Mit meinen Gefühlen, meiner Sturheit...
ZACK
Die Antwort liegt in mir selbst...
... und alles, was sie leugnen will...

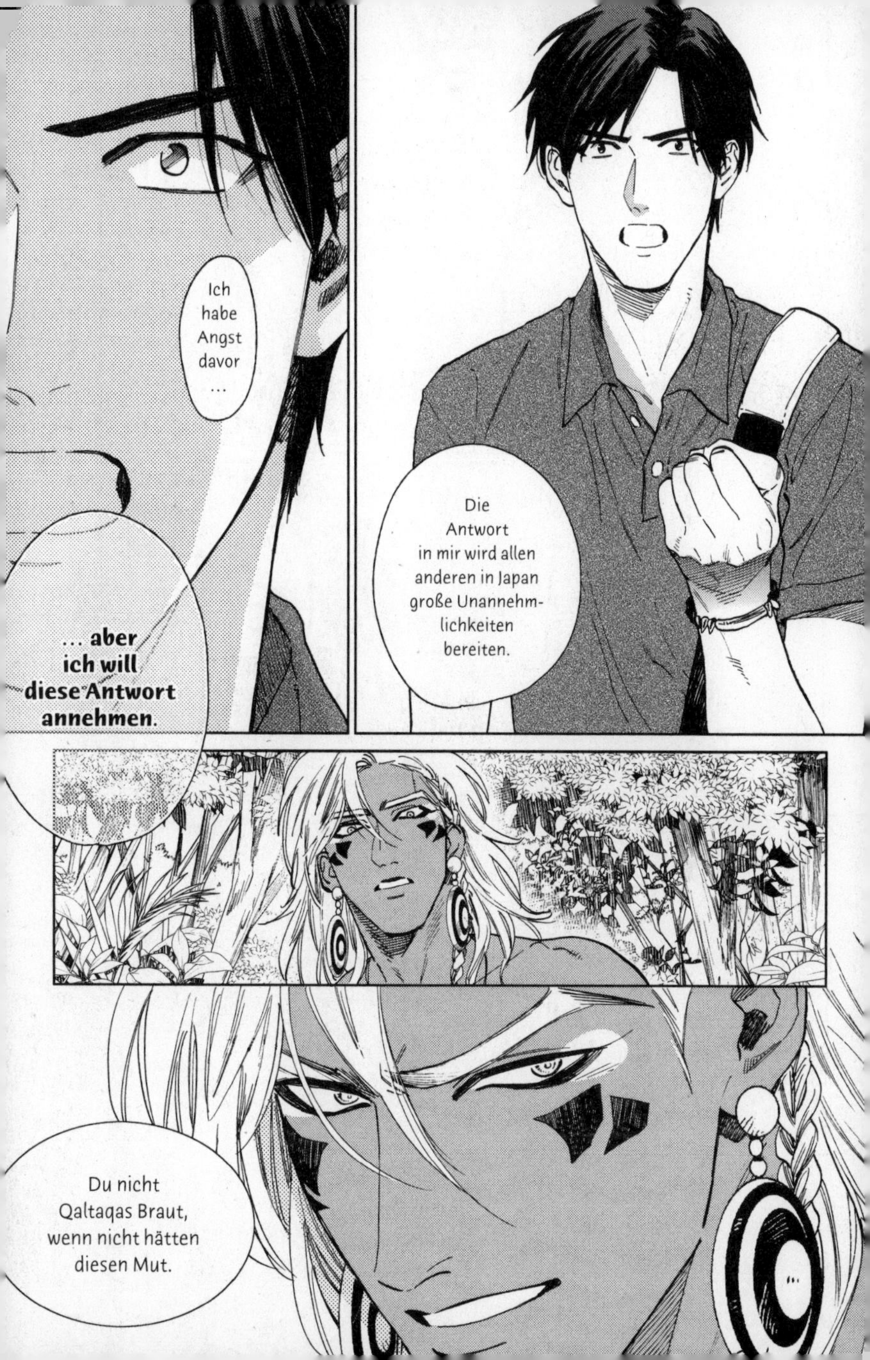
Die Antwort in mir wird allen anderen in Japan große Unannehmlichkeiten bereiten.
Ich habe Angst davor …
… **aber ich will diese Antwort annehmen.**
…
Du nicht Qaltaqas Braut, wenn nicht hätten diesen Mut.

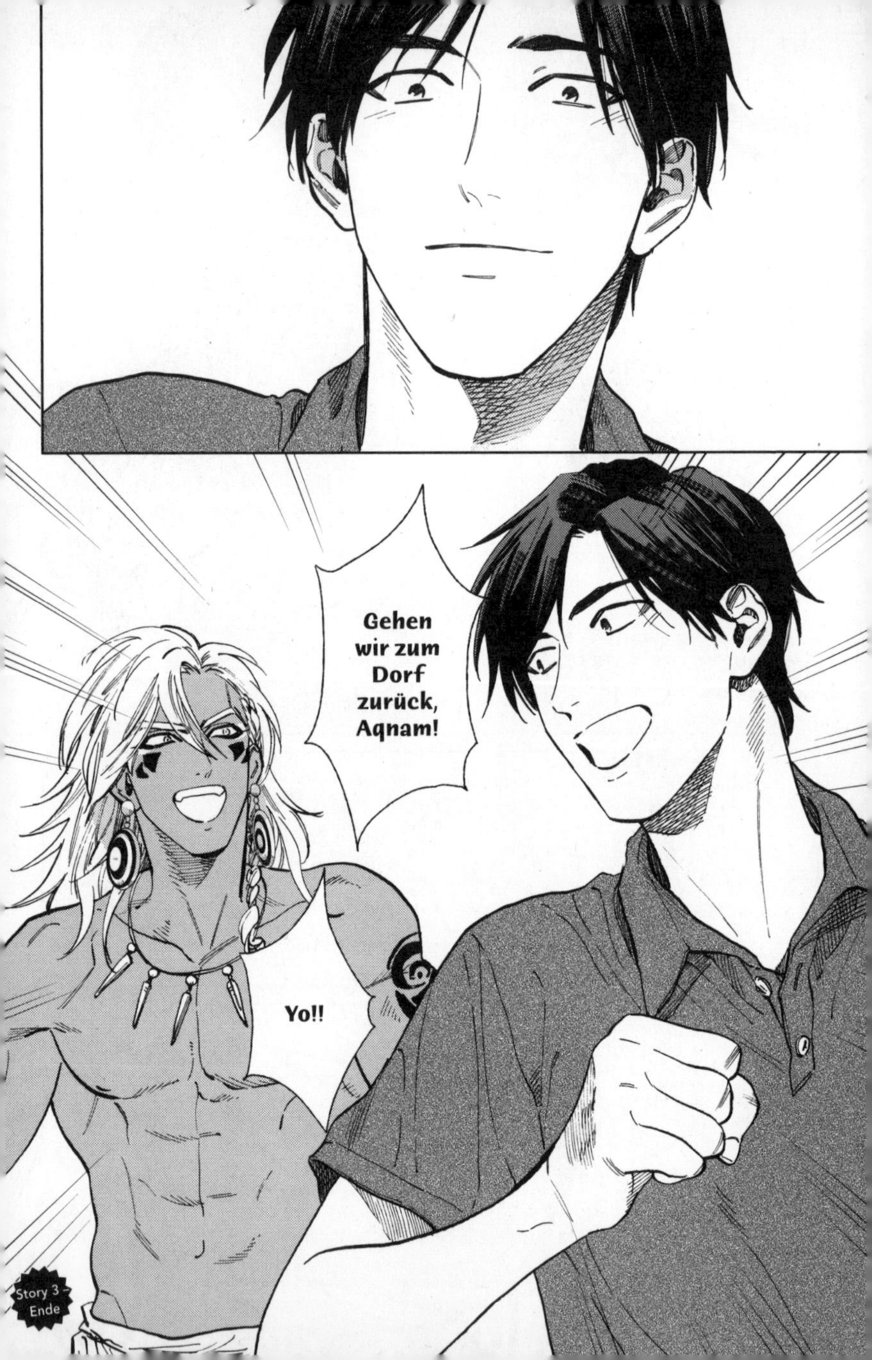
Gehen wir zum Dorf zurück, Aqnam!
Yo!!
Story 3 – Ende

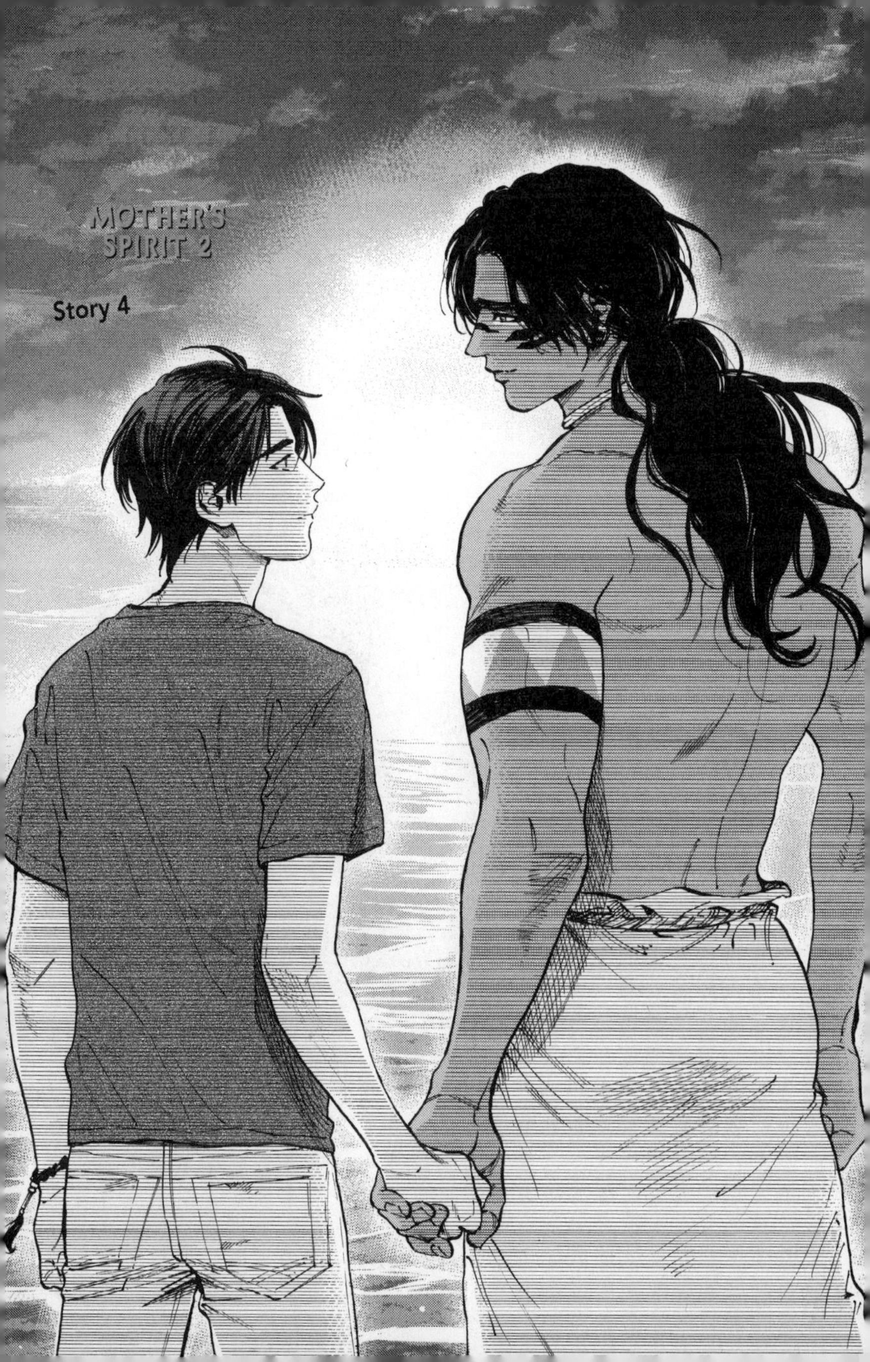
MOTHER'S SPIRIT 2
Story 4

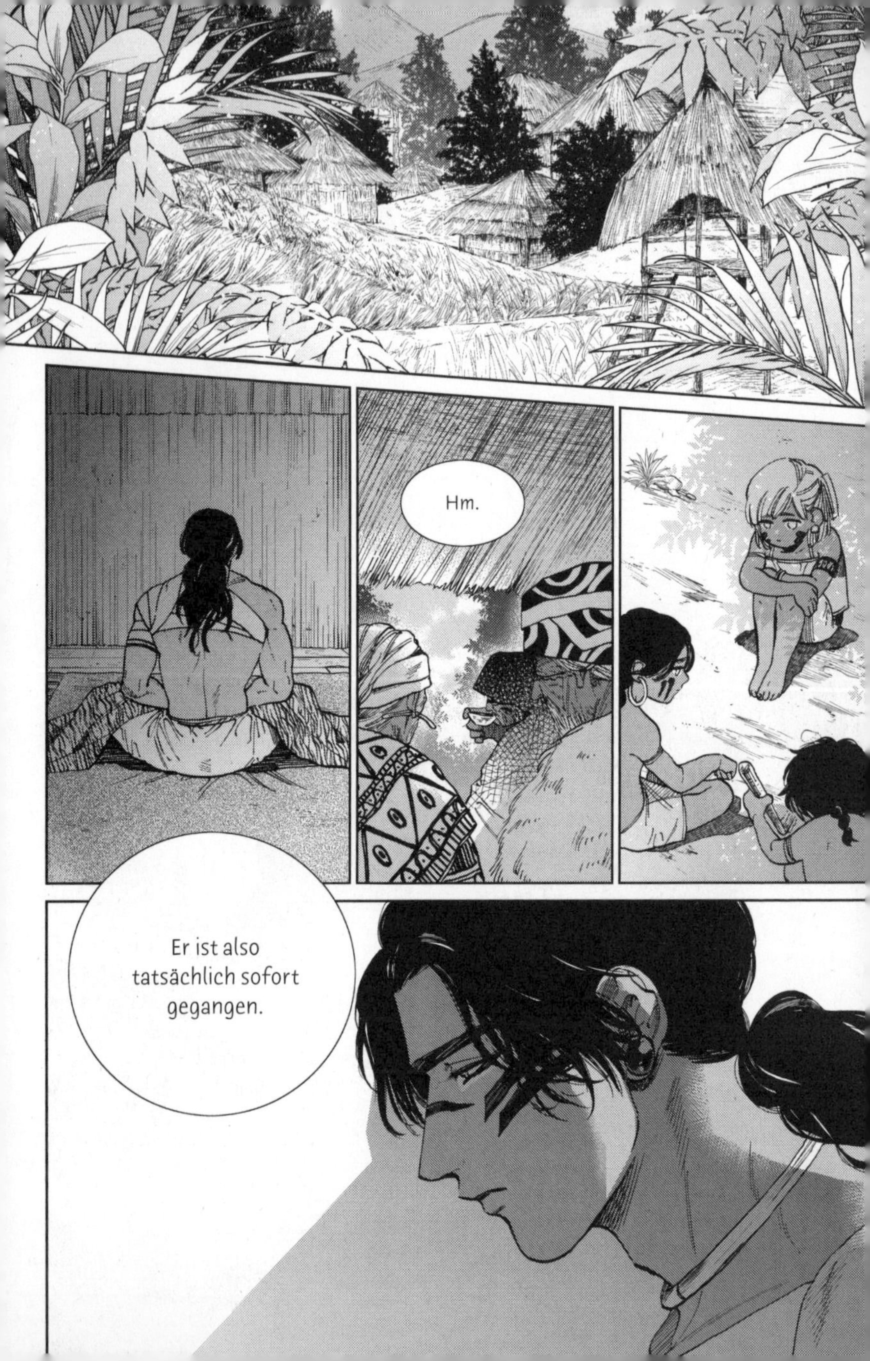
Hm.
Er ist also tatsächlich sofort gegangen.

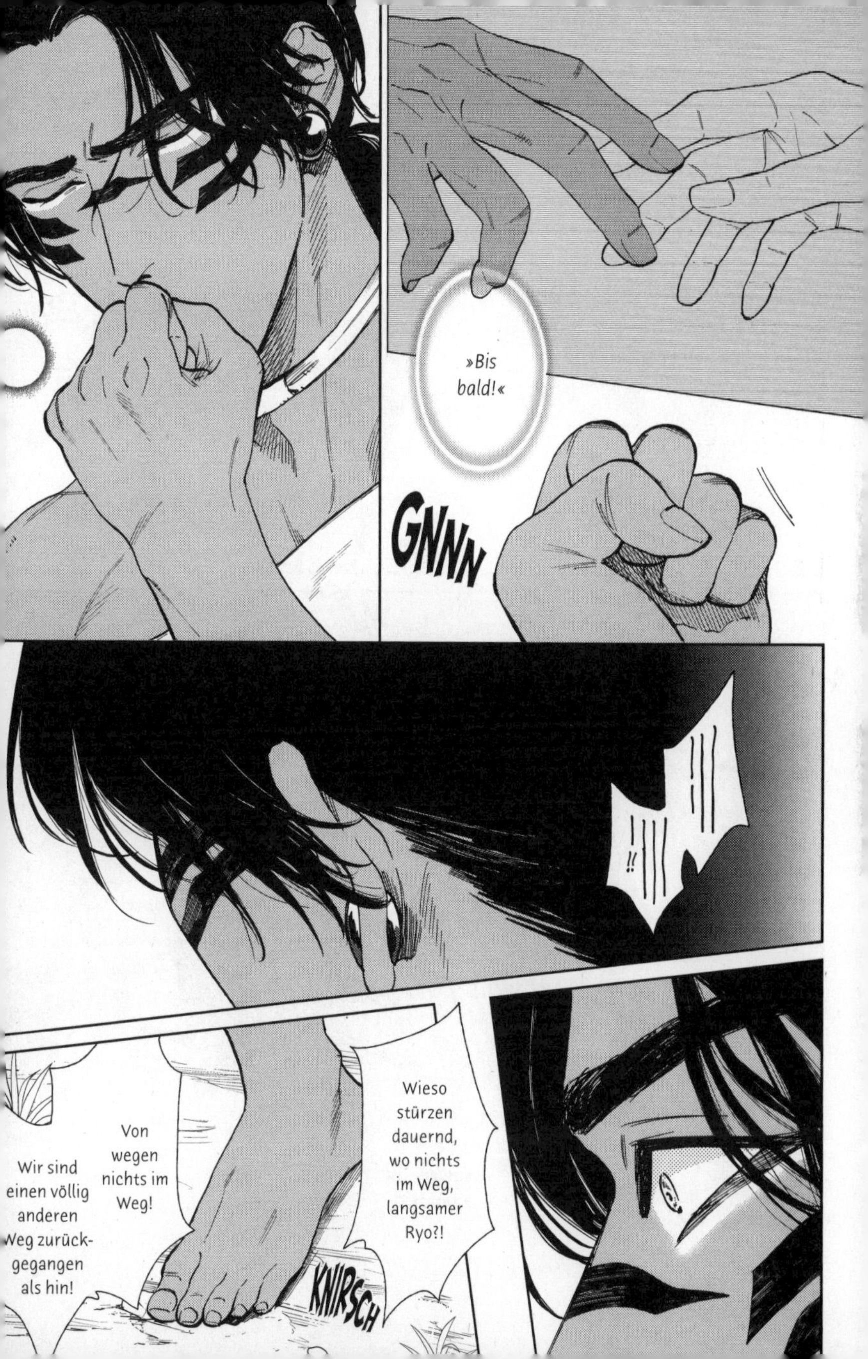
»Bis bald!«
GNNN
!!
Wieso stürzen dauernd, wo nichts im Weg, langsamer Ryo?!
KNIRSCH
Von wegen nichts im Weg!
Wir sind einen völlig anderen Weg zurückgegangen als hin!

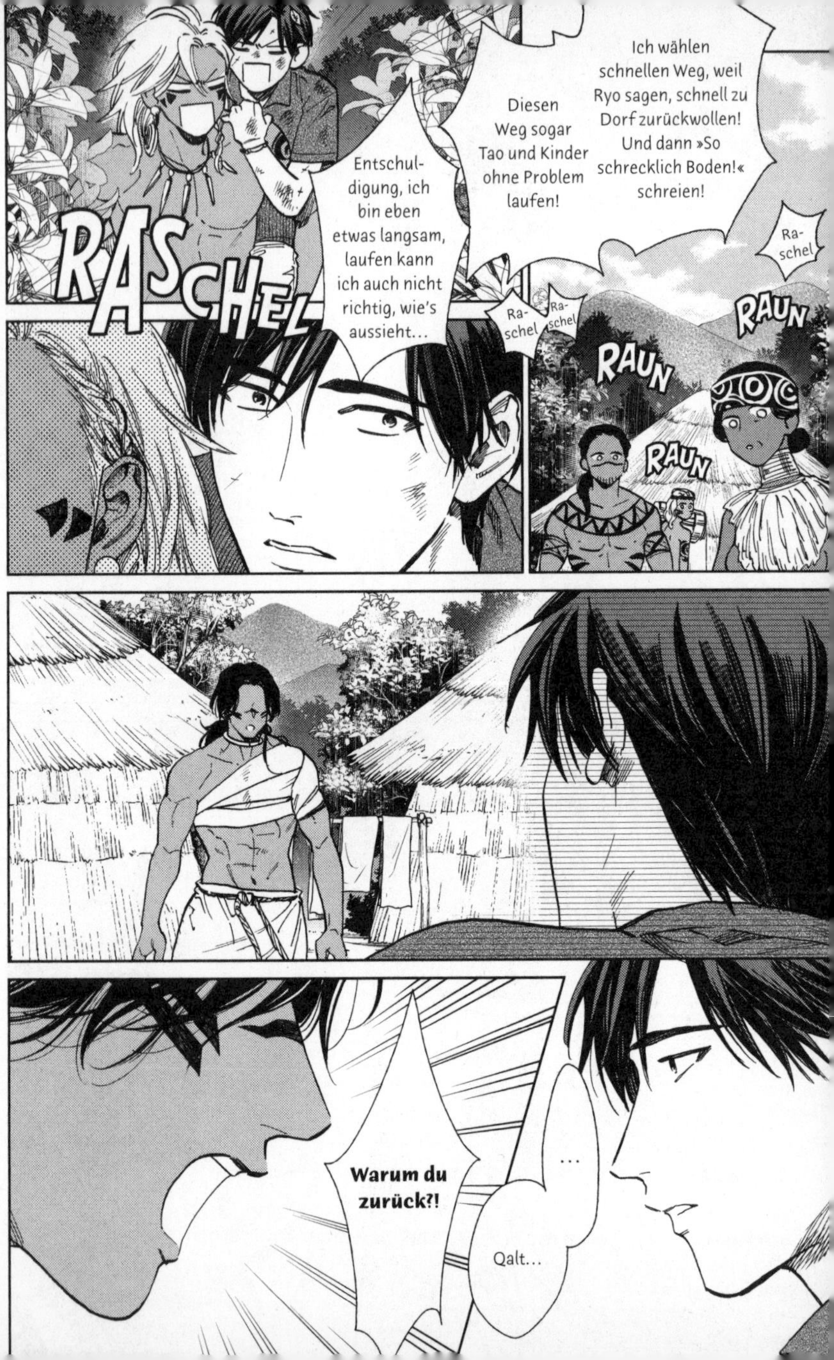
Ich wählen schnellen Weg, weil Ryo sagen, schnell zu Dorf zurückwollen! Und dann »So schrecklich Boden!« schreien!
Diesen Weg sogar Tao und Kinder ohne Problem laufen!
Entschuldigung, ich bin eben etwas langsam, laufen kann ich auch nicht richtig, wie's aussieht …
RASCHEL
Ra-schel
Ra-schel
Ra-schel
RAUN
RAUN
RAUN
…
Qalt …
Warum du zurück?!

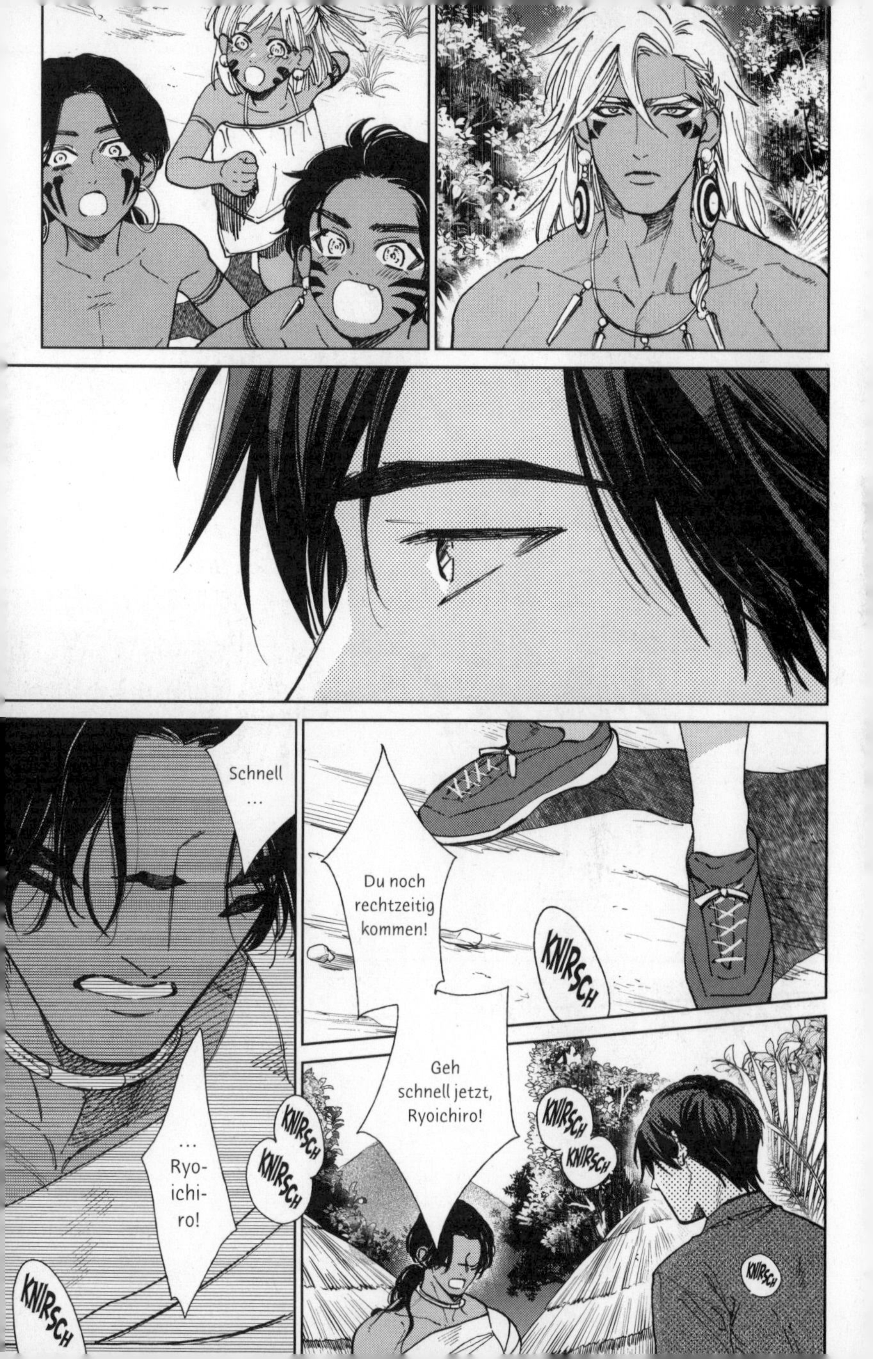

Schnell …
Du noch rechtzeitig kommen!
KNIRSCH
Geh schnell jetzt, Ryoichiro!
… Ryo-ichi-ro!
KNIRSCH
KNIRSCH
KNIRSCH
KNIRSCH
KNIRSCH
KNIRSCH

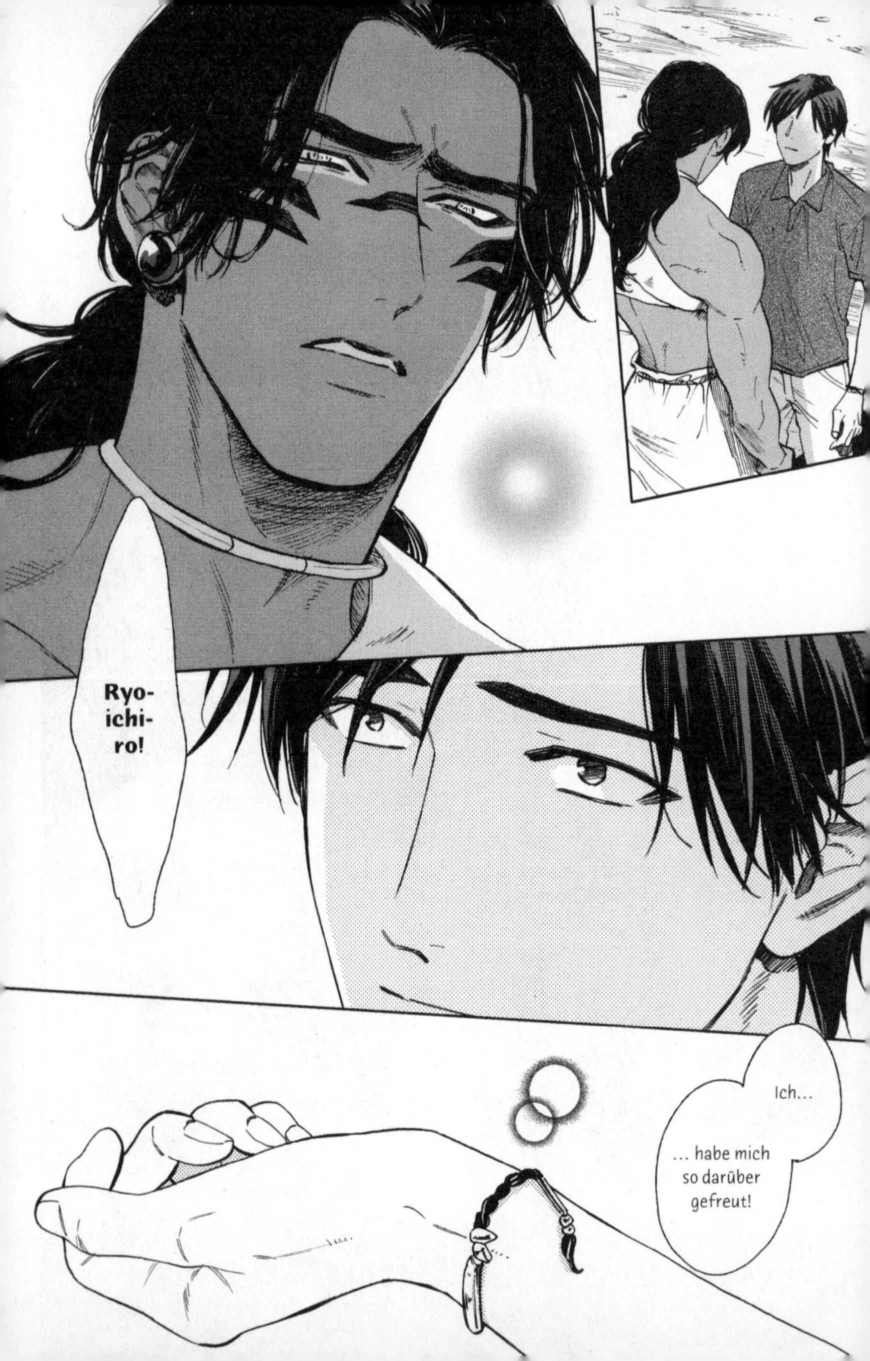
Ryo-
ichi-
ro!
Ich…
… habe mich
so darüber
gefreut!

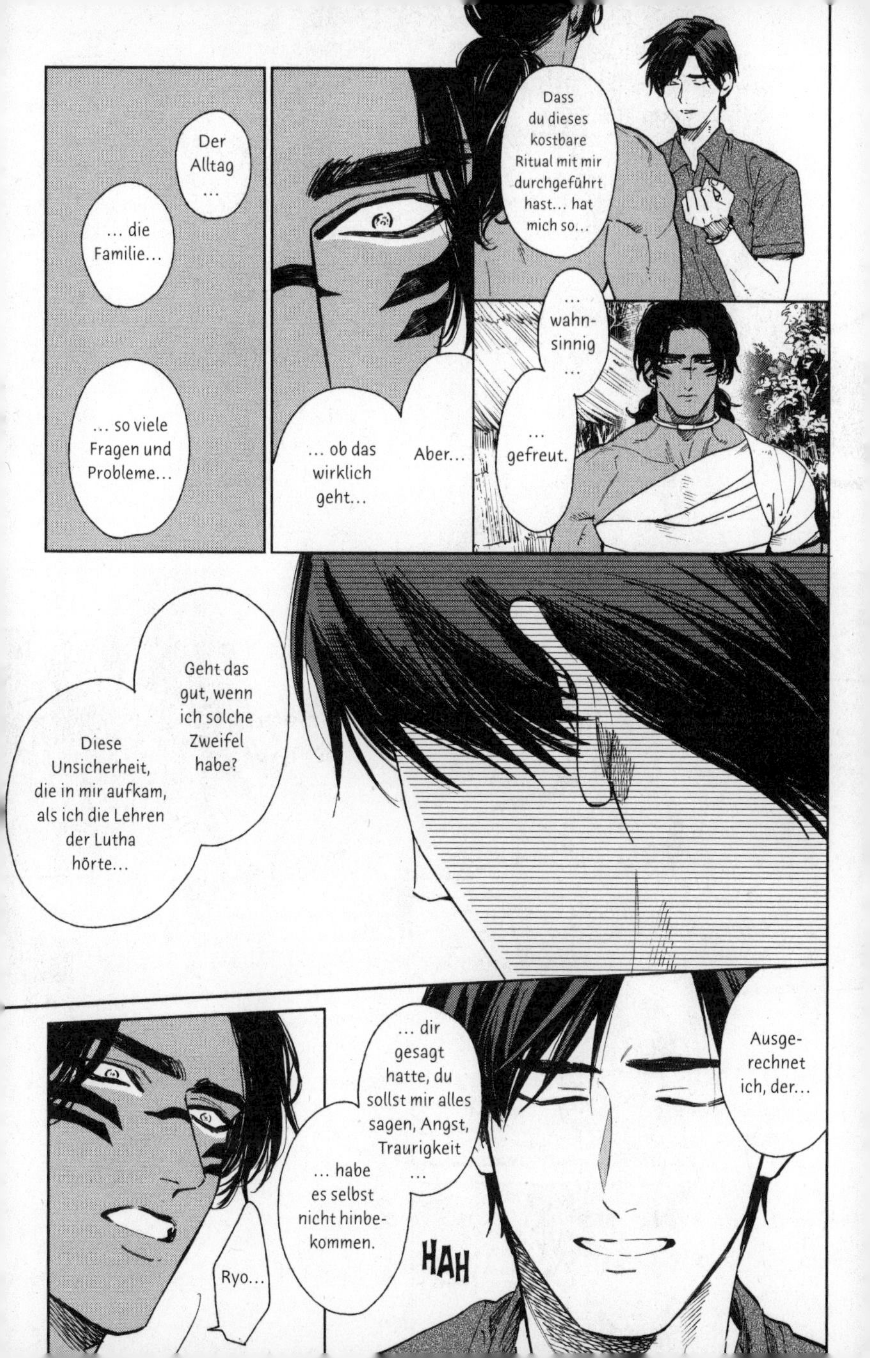

Dass du dieses kostbare Ritual mit mir durchgeführt hast… hat mich so…
… wahnsinnig …
… gefreut.
Aber…
… ob das wirklich geht…
Der Alltag …
… die Familie…
… so viele Fragen und Probleme…
Geht das gut, wenn ich solche Zweifel habe?
Diese Unsicherheit, die in mir aufkam, als ich die Lehren der Lutha hörte…
Ausge-rechnet ich, der…
… dir gesagt hatte, du sollst mir alles sagen, Angst, Traurigkeit …
… habe es selbst nicht hinbe-kommen.
HAH
Ryo…

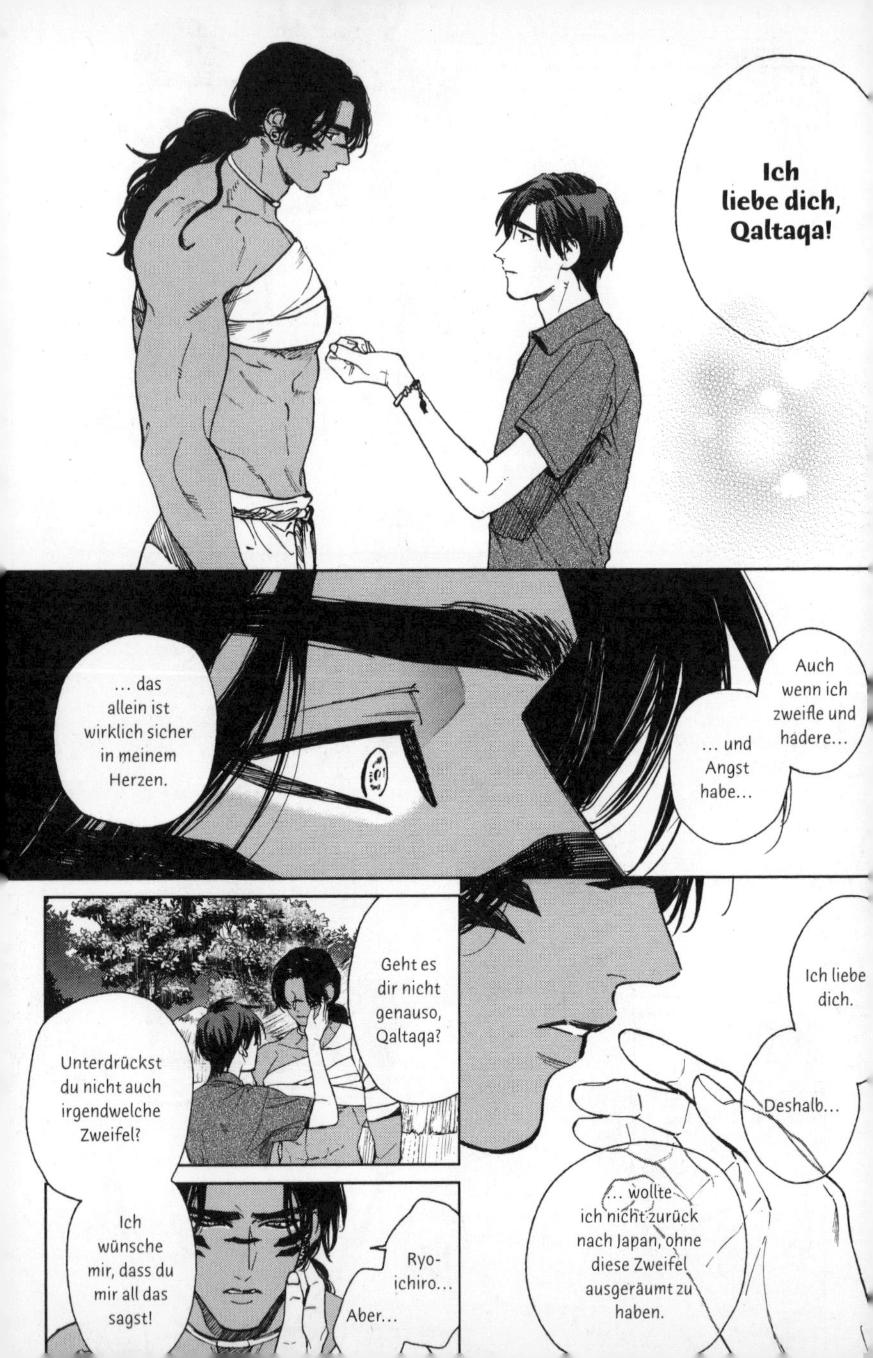
Ich liebe dich, Qaltaqa!
Auch wenn ich zweifle und hadere…
… und Angst habe…
… das allein ist wirklich sicher in meinem Herzen.
Ich liebe dich.
Deshalb…
… wollte ich nicht zurück nach Japan, ohne diese Zweifel ausgeräumt zu haben.
Geht es dir nicht genauso, Qaltaqa?
Unterdrückst du nicht auch irgendwelche Zweifel?
Ryo-ichiro…
Aber…
Ich wünsche mir, dass du mir all das sagst!

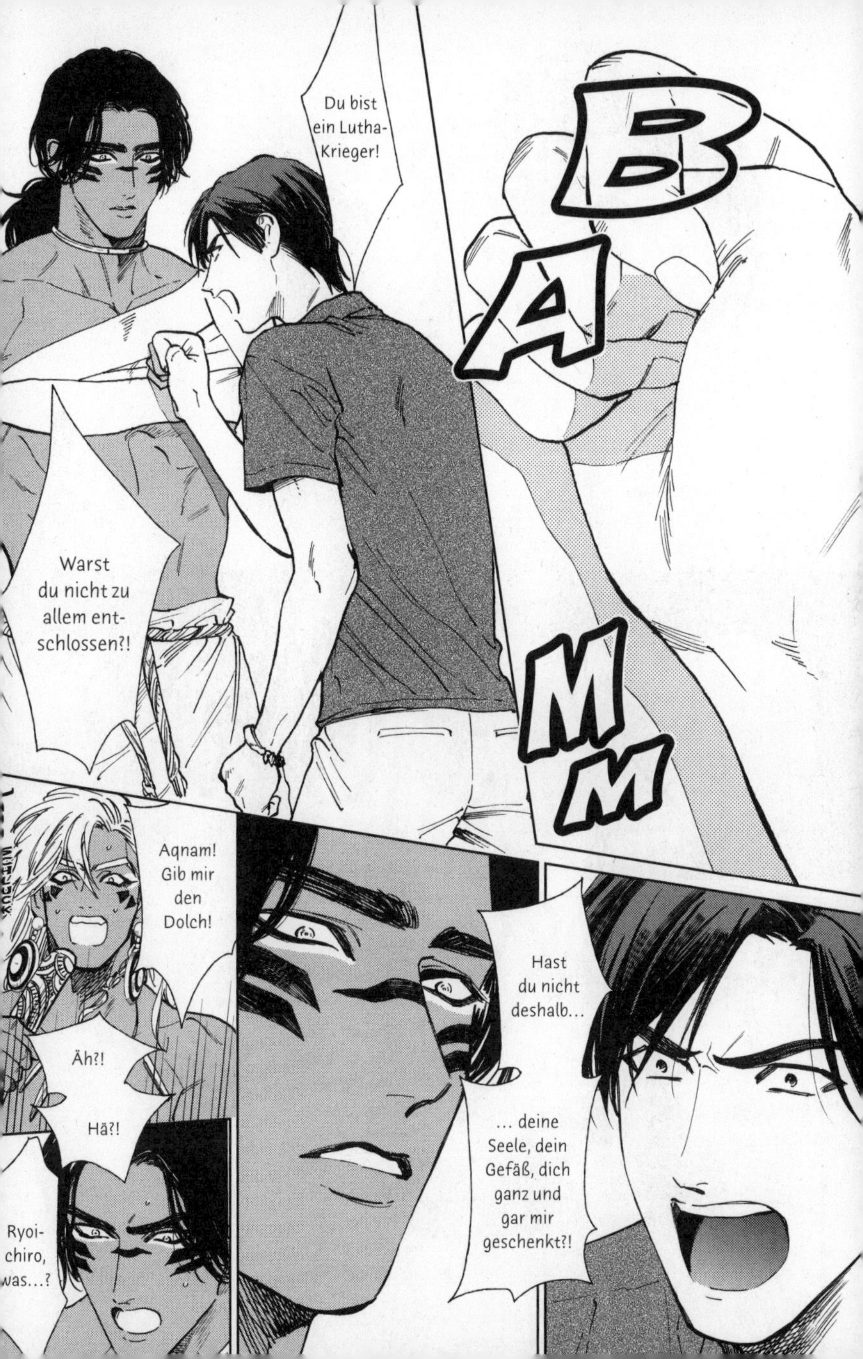
BAMM
Du bist ein Lutha-Krieger!
Warst du nicht zu allem entschlossen?!
Hast du nicht deshalb…
… deine Seele, dein Gefäß, dich ganz und gar mir geschenkt?!
Aqnam! Gib mir den Dolch!
Äh?!
Hä?!
Ryoichiro, was…?

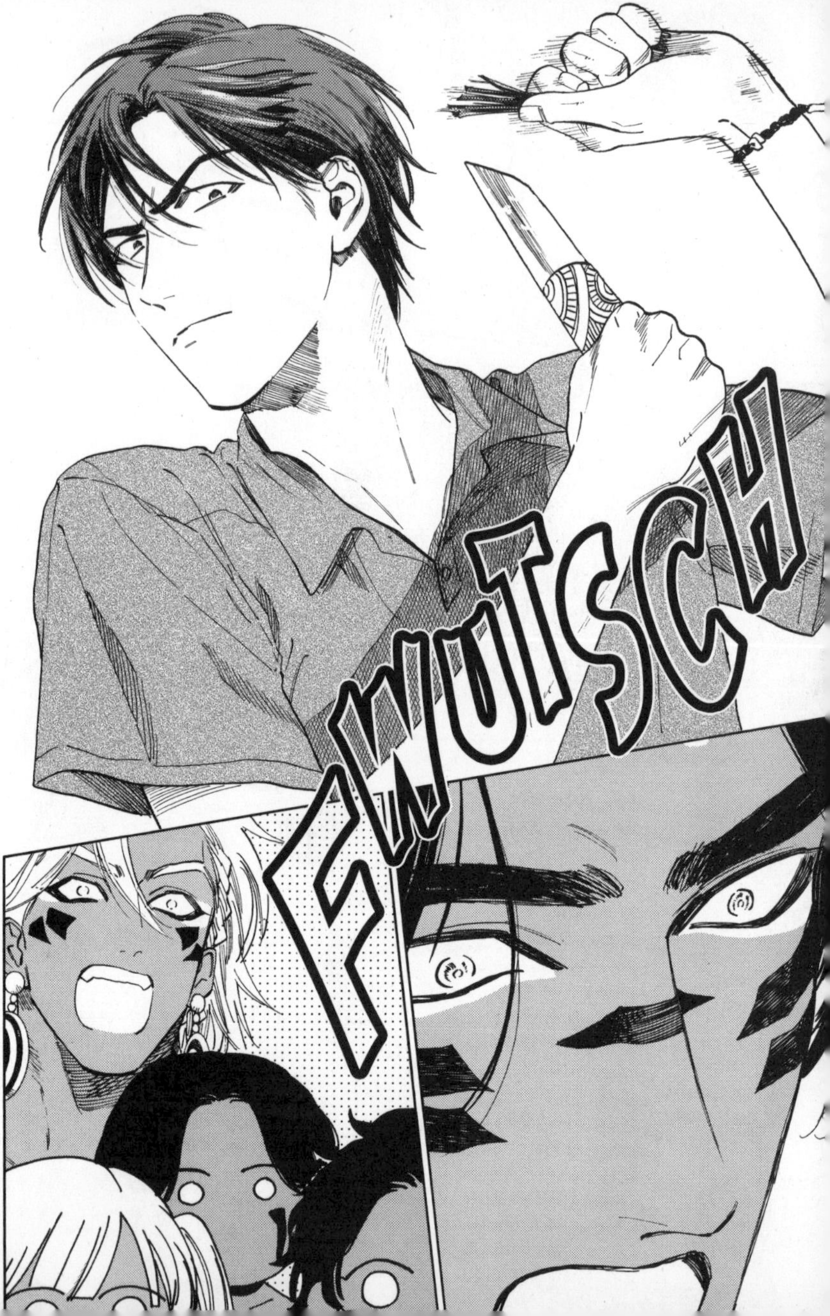
FWUTSCH

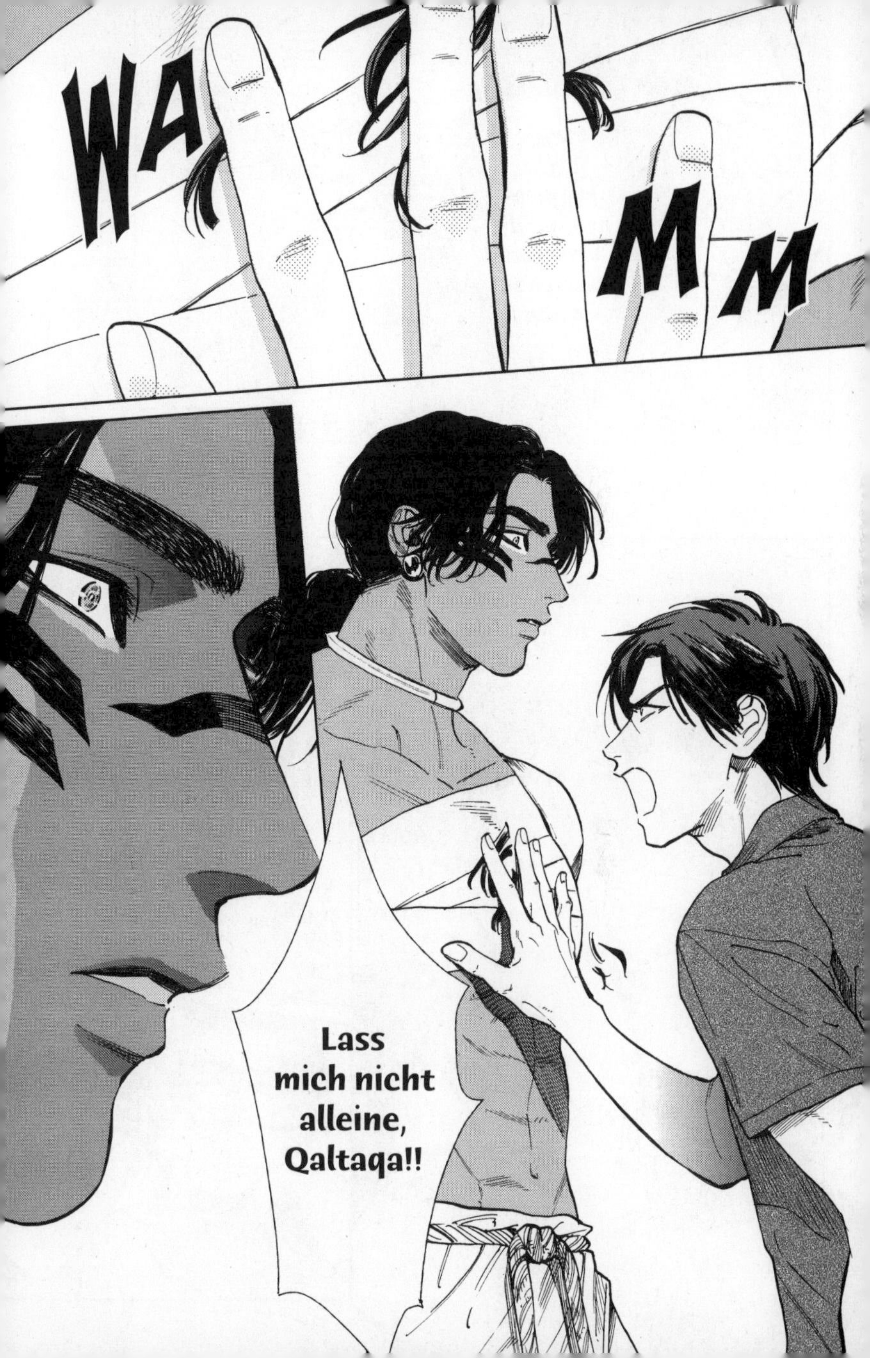
WAMM
Lass mich nicht alleine, Qaltaqa!!

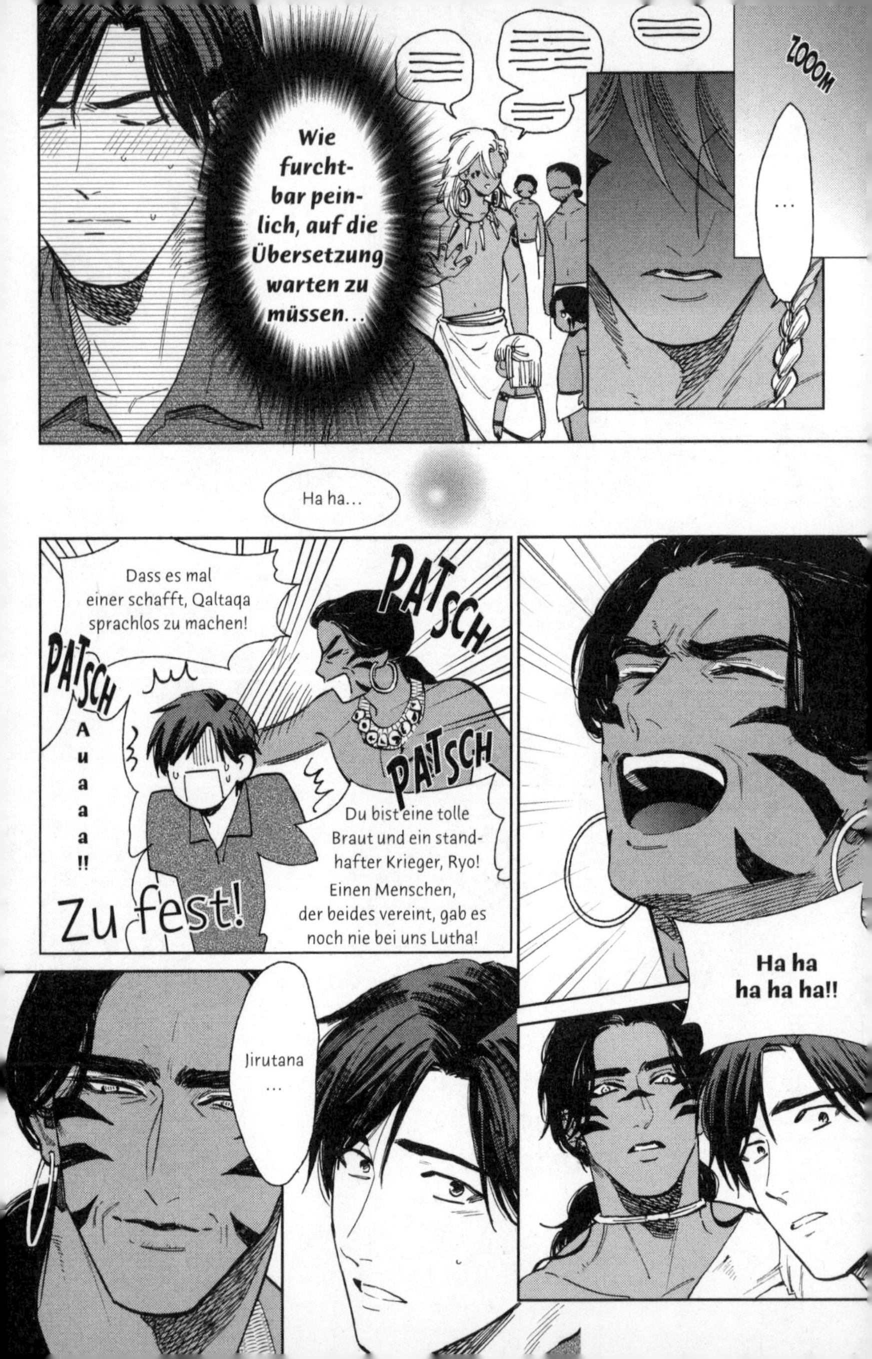
ZOOOM
…
Wie furchtbar peinlich, auf die Übersetzung warten zu müssen…
Ha ha…
PATSCH
Dass es mal einer schafft, Qaltaqa sprachlos zu machen!
PATSCH
PATSCH
Du bist eine tolle Braut und ein standhafter Krieger, Ryo! Einen Menschen, der beides vereint, gab es noch nie bei uns Lutha!
Auaaaa!!
Zu fest!
Ha ha ha ha ha!!
Jirutana …

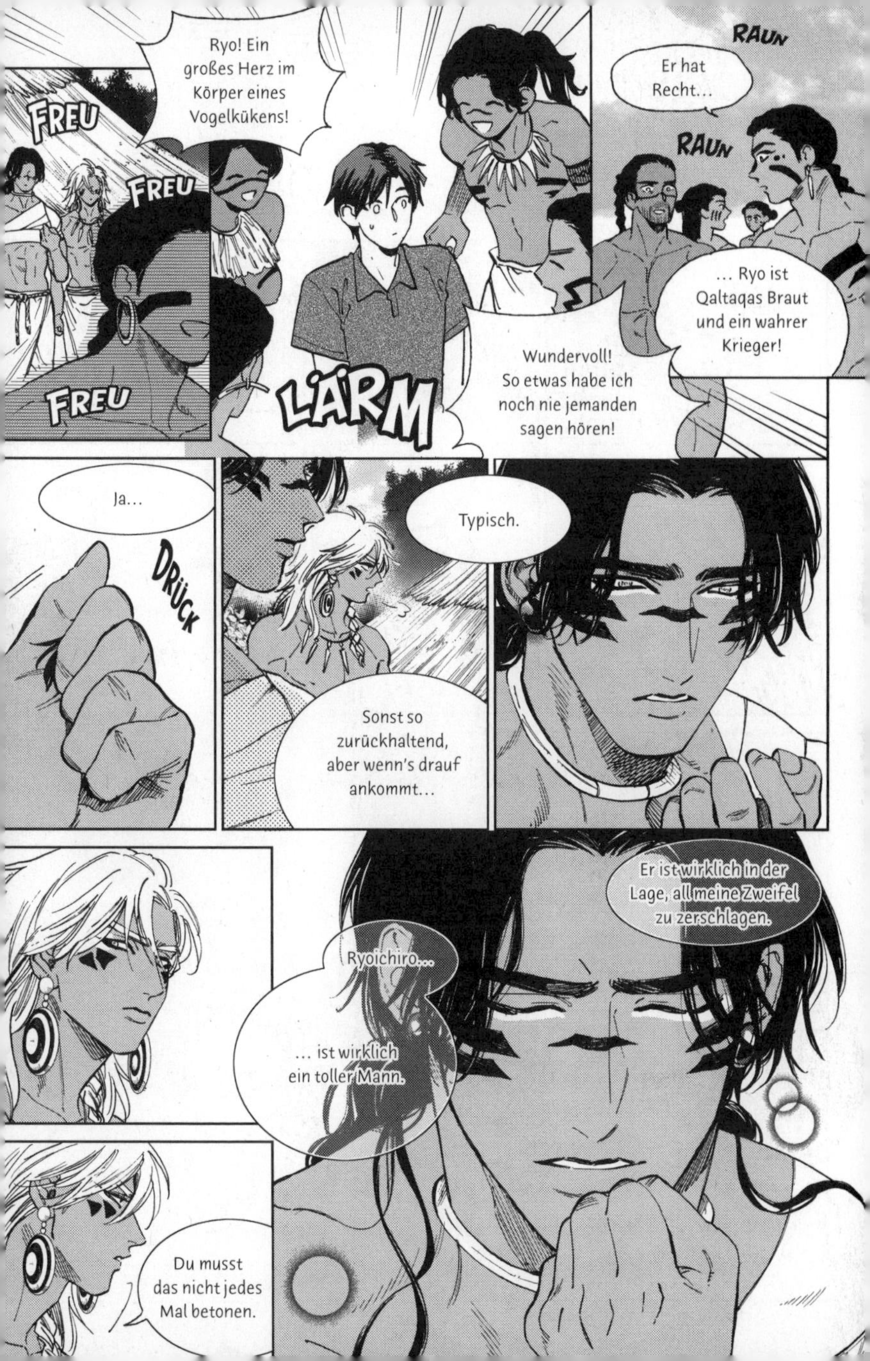
RAUN
Er hat Recht…
RAUN
… Ryo ist Qaltaqas Braut und ein wahrer Krieger!
Wundervoll! So etwas habe ich noch nie jemanden sagen hören!
LÄRM
Ryo! Ein großes Herz im Körper eines Vogelkükens!
FREU
FREU
FREU
Typisch.
Sonst so zurückhaltend, aber wenn's drauf ankommt…
Ja…
DRÜCK
Er ist wirklich in der Lage, all meine Zweifel zu zerschlagen.
Ryoichiro…
… ist wirklich ein toller Mann.
Du musst das nicht jedes Mal betonen.

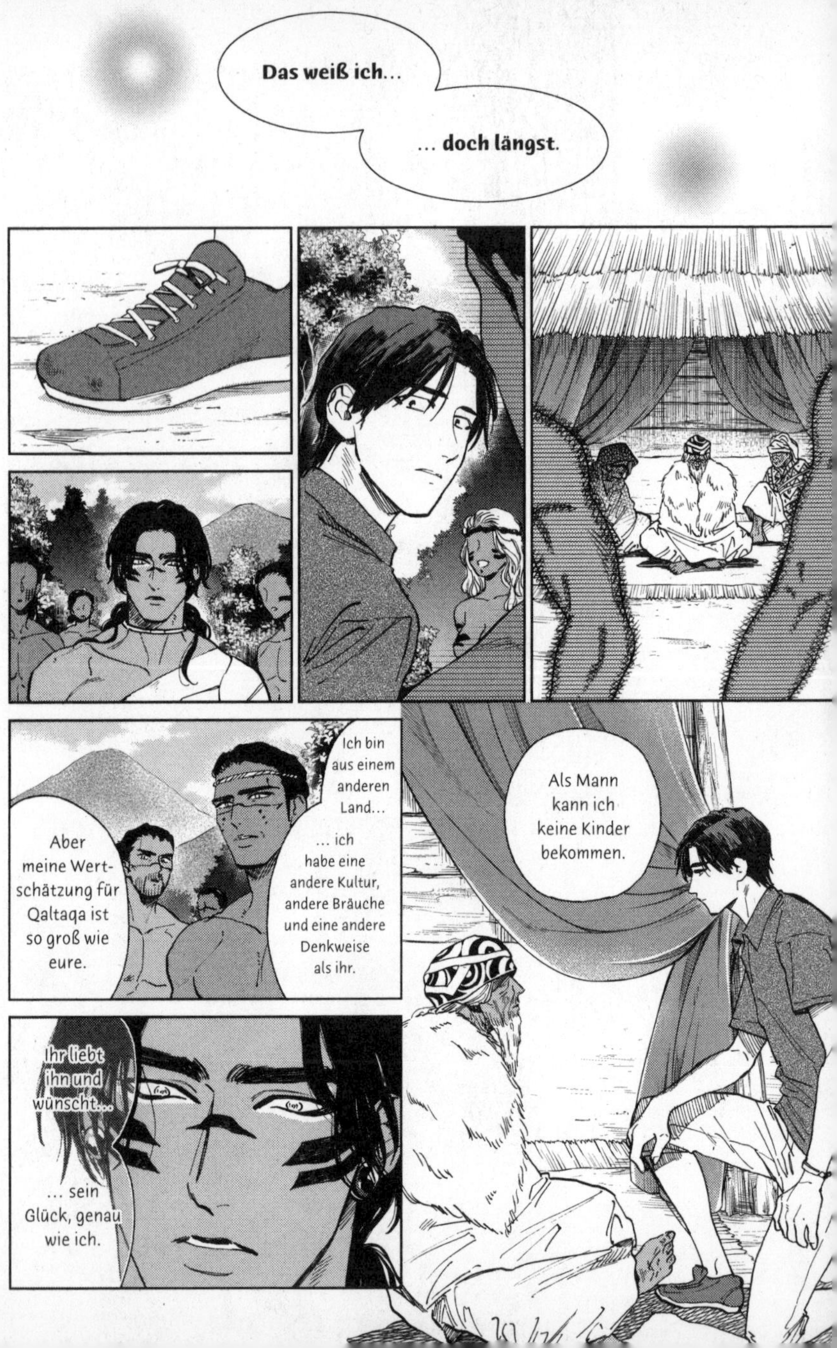
Das weiß ich…
… doch längst.
Als Mann kann ich keine Kinder bekommen.
Ich bin aus einem anderen Land…
… ich habe eine andere Kultur, andere Bräuche und eine andere Denkweise als ihr.
Aber meine Wertschätzung für Qaltaqa ist so groß wie eure.
Ihr liebt ihn und wünscht…
… sein Glück, genau wie ich.

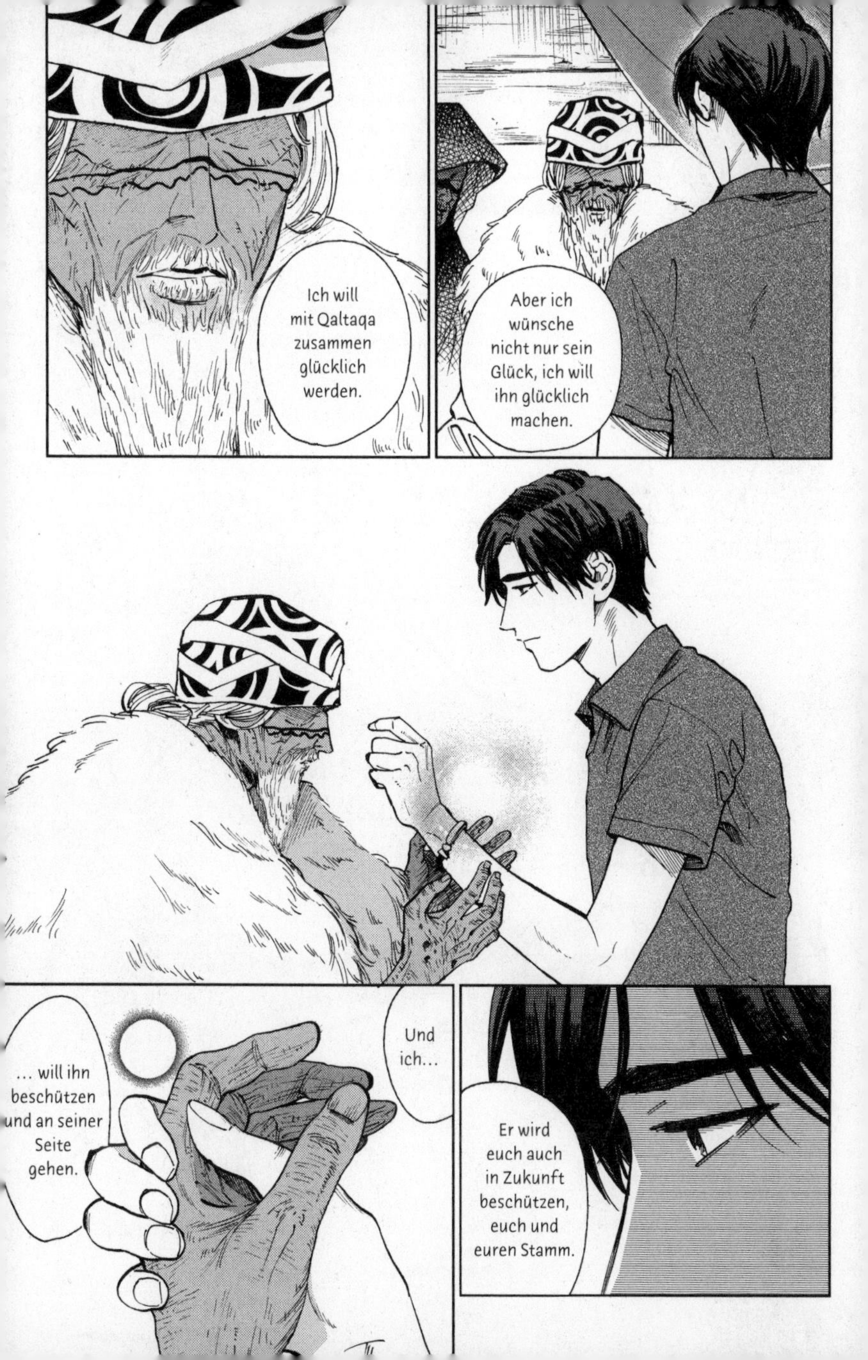
Aber ich wünsche nicht nur sein Glück, ich will ihn glücklich machen.
Ich will mit Qaltaqa zusammen glücklich werden.
Er wird euch auch in Zukunft beschützen, euch und euren Stamm.
Und ich…
… will ihn beschützen und an seiner Seite gehen.

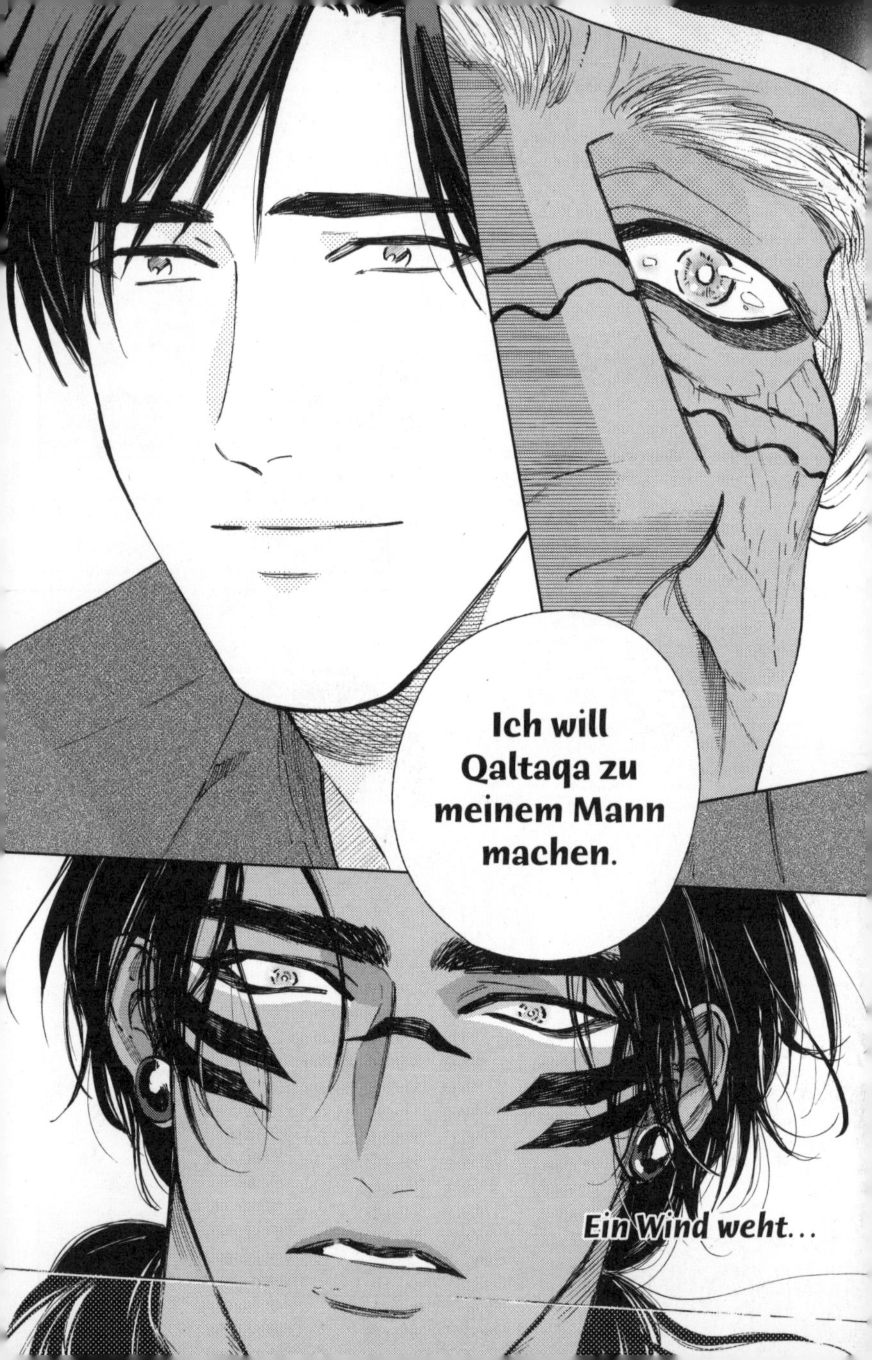
Ich will Qaltaqa zu meinem Mann machen.
Ein Wind weht...

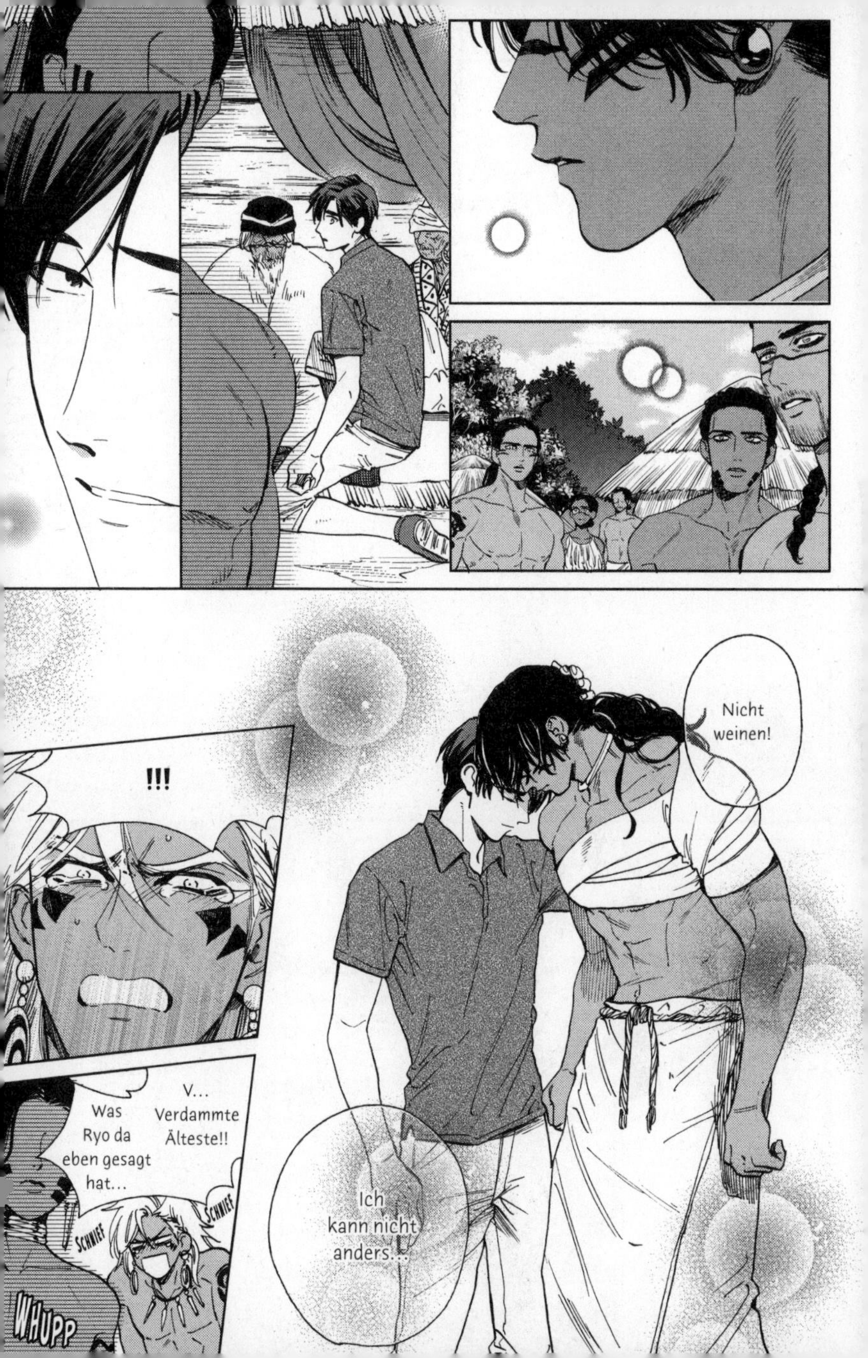

Nicht weinen!
!!!
Ich kann nicht anders…
V… Verdammte Älteste!!
Was Ryo da eben gesagt hat…
SCHNIEF
SCHNIEF
WHUPP

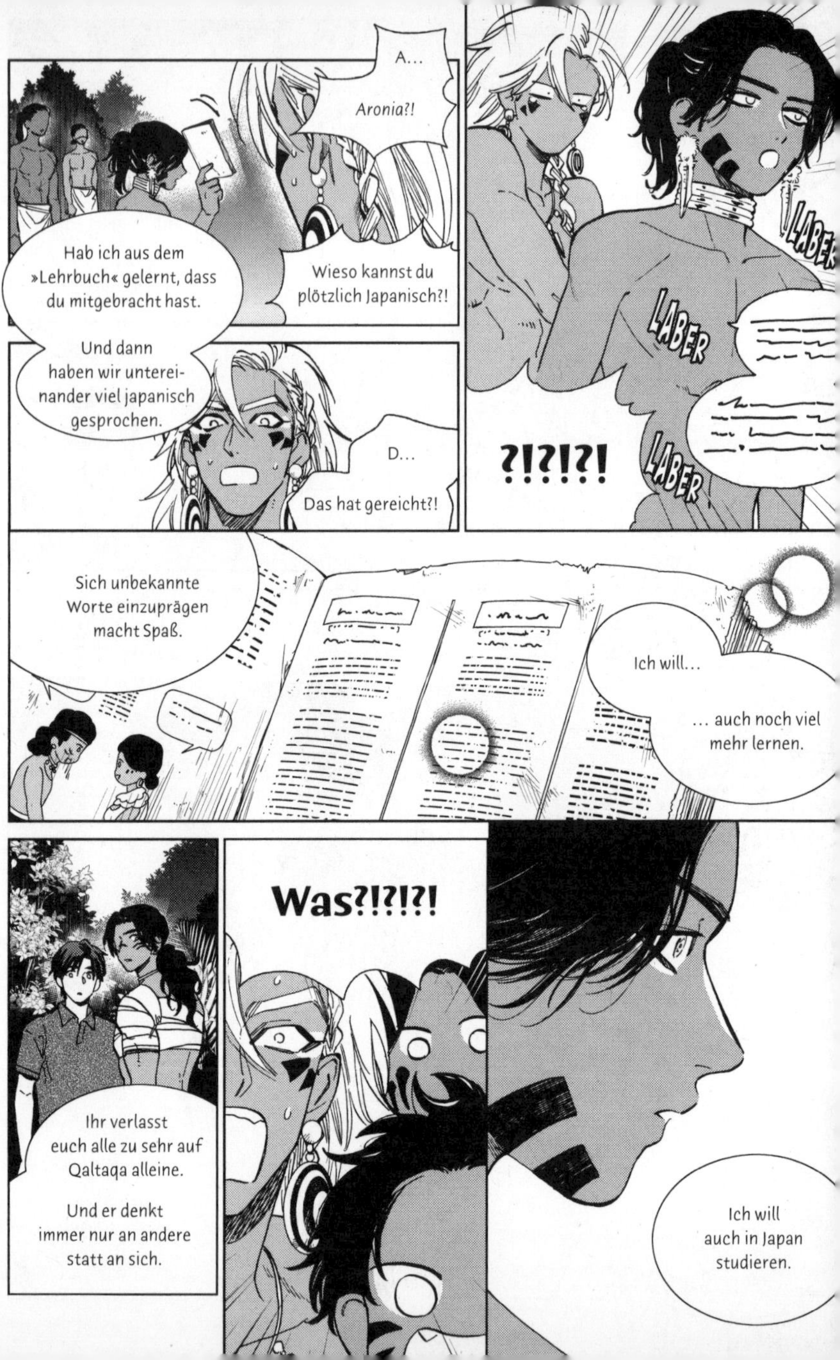
LABER
LABER
LABER
?!?!?!
A…
Aronia?!
Wieso kannst du plötzlich Japanisch?!
Hab ich aus dem »Lehrbuch« gelernt, dass du mitgebracht hast.
Und dann haben wir untereinander viel japanisch gesprochen.
D…
Das hat gereicht?!
Sich unbekannte Worte einzuprägen macht Spaß.
Ich will…
… auch noch viel mehr lernen.
Ich will auch in Japan studieren.
Was?!?!?!
Ihr verlasst euch alle zu sehr auf Qaltaqa alleine.
Und er denkt immer nur an andere statt an sich.

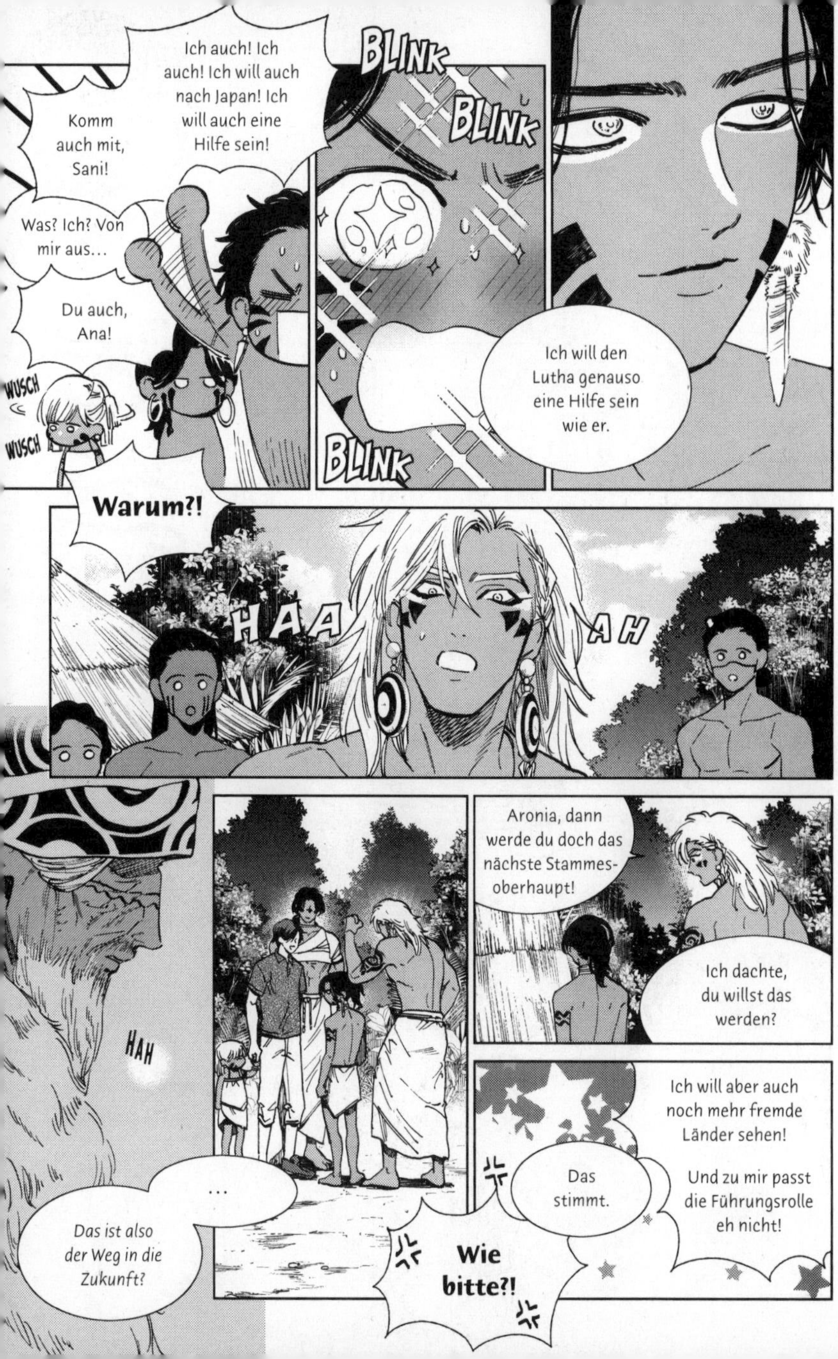
Ich will den Lutha genauso eine Hilfe sein wie er.
BLINK
BLINK
BLINK
Ich auch! Ich auch! Ich will auch nach Japan! Ich will auch eine Hilfe sein!
Komm auch mit, Sani!
Was? Ich? Von mir aus…
Du auch, Ana!
WUSCH
WUSCH
Warum?!
HAA
AH
Aronia, dann werde du doch das nächste Stammes-oberhaupt!
Ich dachte, du willst das werden?
Ich will aber auch noch mehr fremde Länder sehen!
Und zu mir passt die Führungsrolle eh nicht!
Das stimmt.
Wie bitte?!
…
HAH
Das ist also der Weg in die Zukunft?

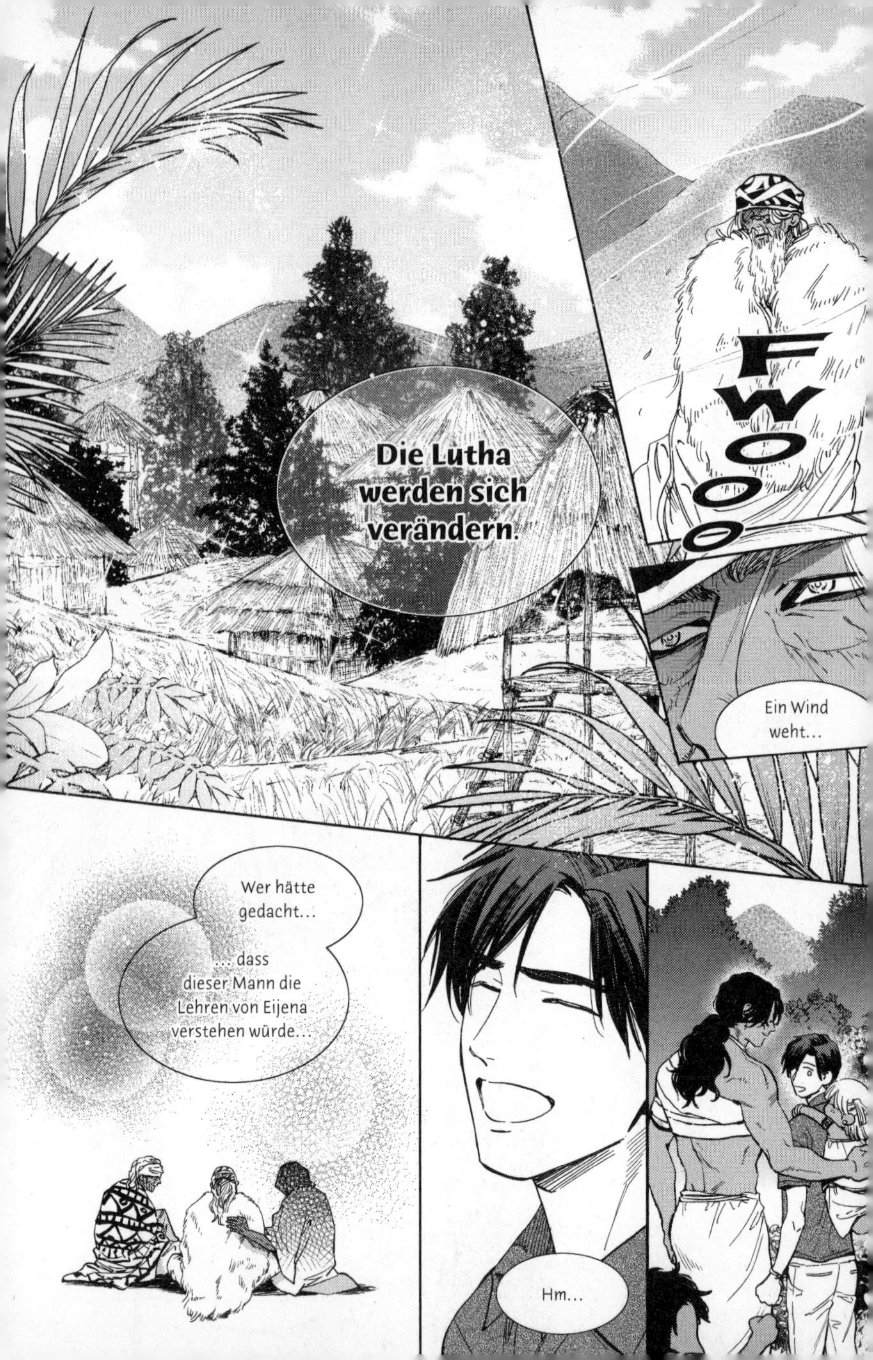
Die Lutha werden sich verändern.
FWOOO
Ein Wind weht…
Wer hätte gedacht…
…dass dieser Mann die Lehren von Eijena verstehen würde…
Hm…

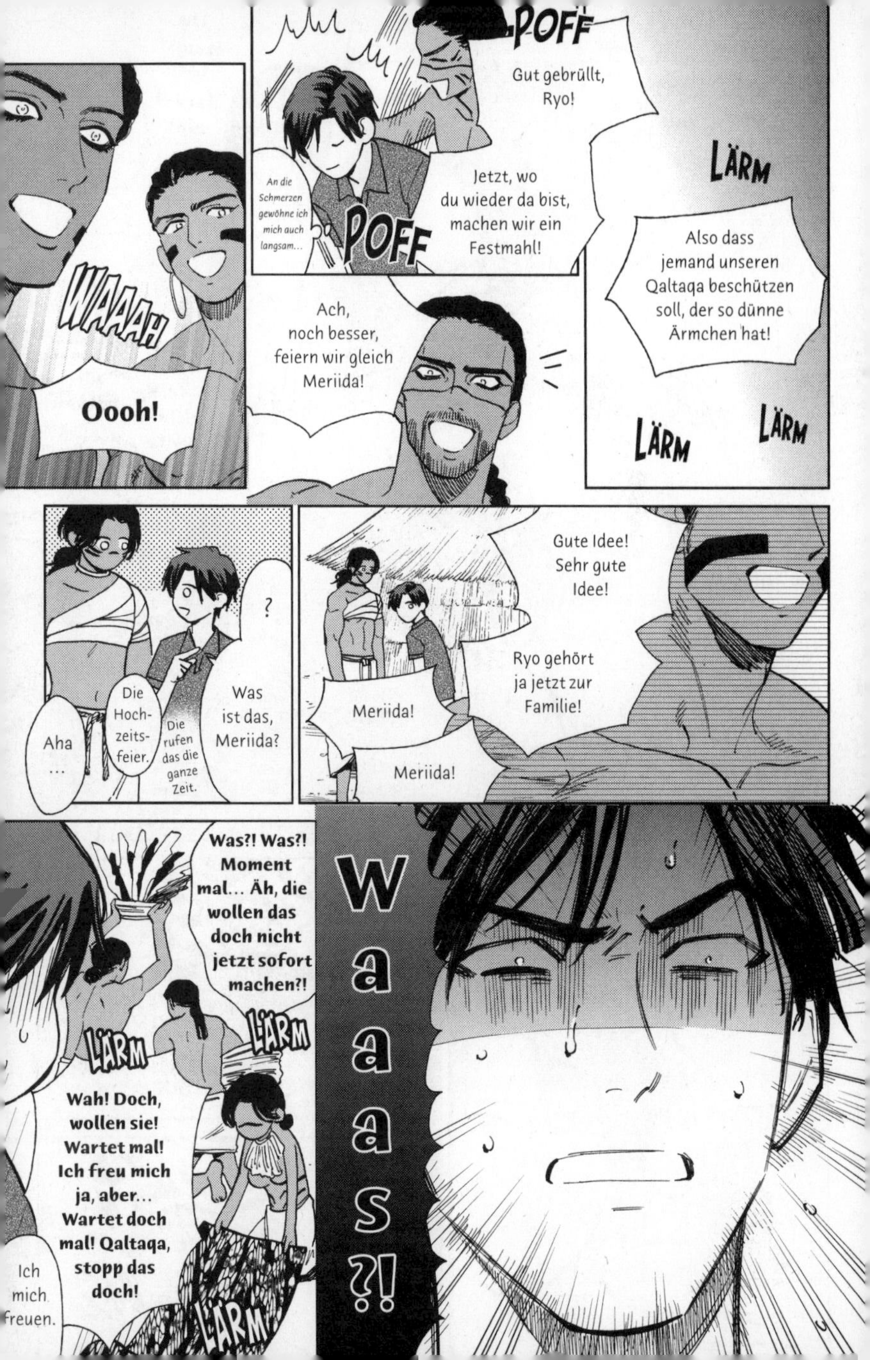
POFF
Gut gebrüllt, Ryo!
Jetzt, wo du wieder da bist, machen wir ein Festmahl!
An die Schmerzen gewöhne ich mich auch langsam…
POFF
LÄRM
Also dass jemand unseren Qaltaqa beschützen soll, der so dünne Ärmchen hat!
LÄRM
LÄRM
Ach, noch besser, feiern wir gleich Meriida!
WAAAAH
Oooh!
Gute Idee! Sehr gute Idee!
Ryo gehört ja jetzt zur Familie!
Meriida!
Meriida!
?
Was ist das, Meriida?
Die rufen das die ganze Zeit.
Die Hochzeitsfeier.
Aha …
Waaas?!
Was?! Was?! Moment mal… Äh, die wollen das doch nicht jetzt sofort machen?!
LÄRM
LÄRM
Wah! Doch, wollen sie! Wartet mal! Ich freu mich ja, aber… Wartet doch mal! Qaltaqa, stopp das doch!
Ich mich freuen.
LÄRM

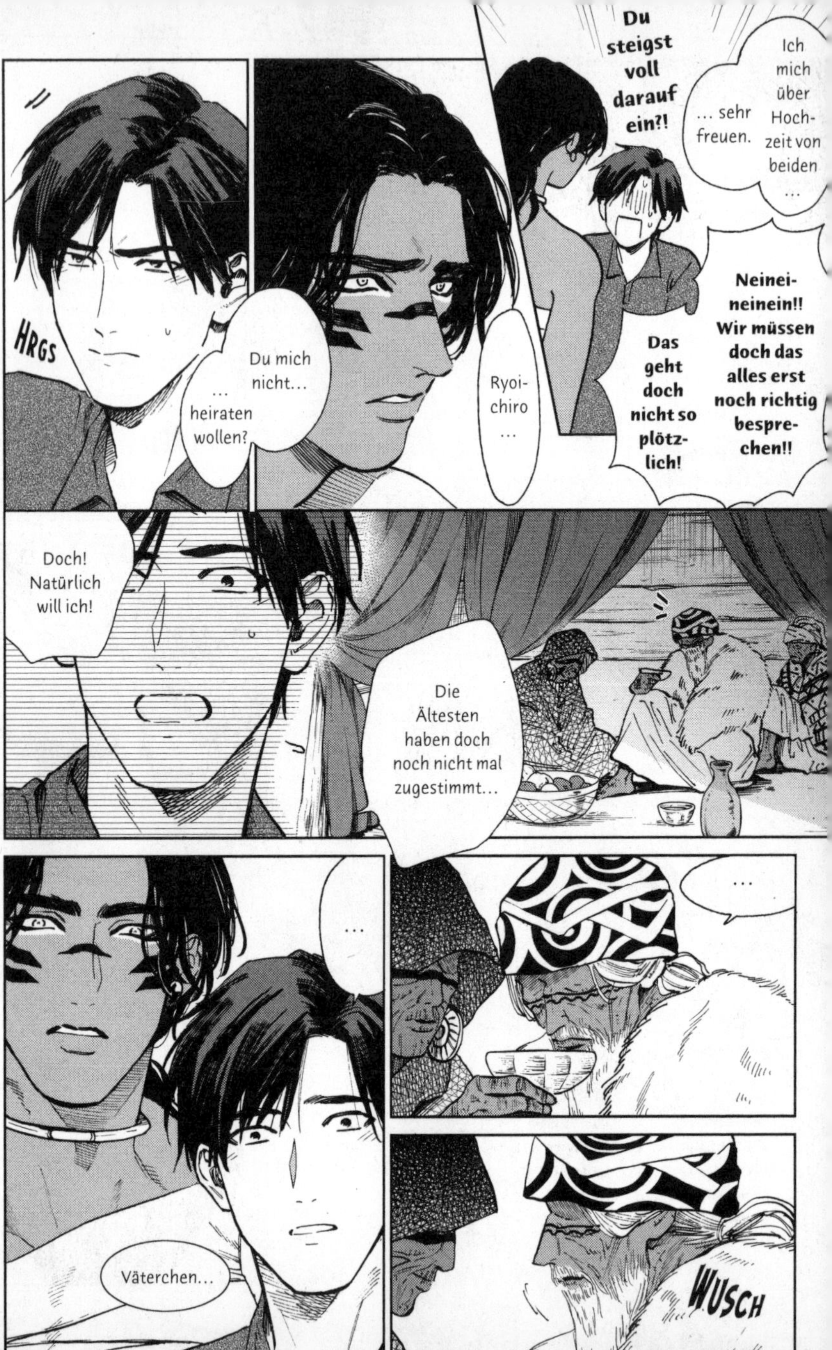
Ich mich über Hochzeit von beiden …
… sehr freuen.
Du steigst voll darauf ein?!
Neineineinein!! Wir müssen doch das alles erst noch richtig besprechen!!
Das geht doch nicht so plötzlich!
Ryoichiro …
Du mich nicht… … heiraten wollen?
Hrgs
Doch! Natürlich will ich!
Die Ältesten haben doch noch nicht mal zugestimmt…
…
Wusch
…
Väterchen…

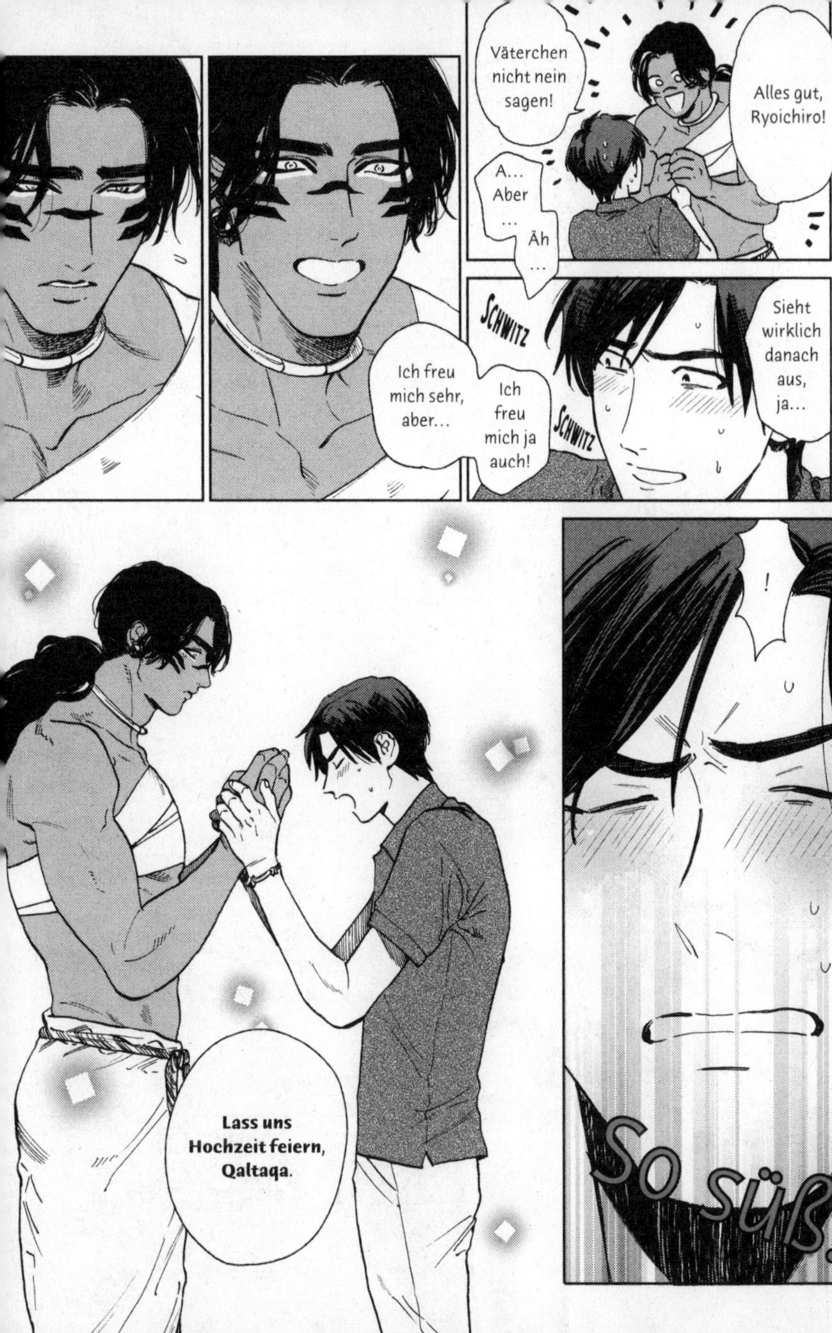
Alles gut, Ryoichiro!
Väterchen nicht nein sagen!
A… Aber … Äh …
SCHWITZ
Sieht wirklich danach aus, ja…
SCHWITZ
Ich freu mich ja auch!
Ich freu mich sehr, aber…
!
So süß!
Lass uns Hochzeit feiern, Qaltaqa.

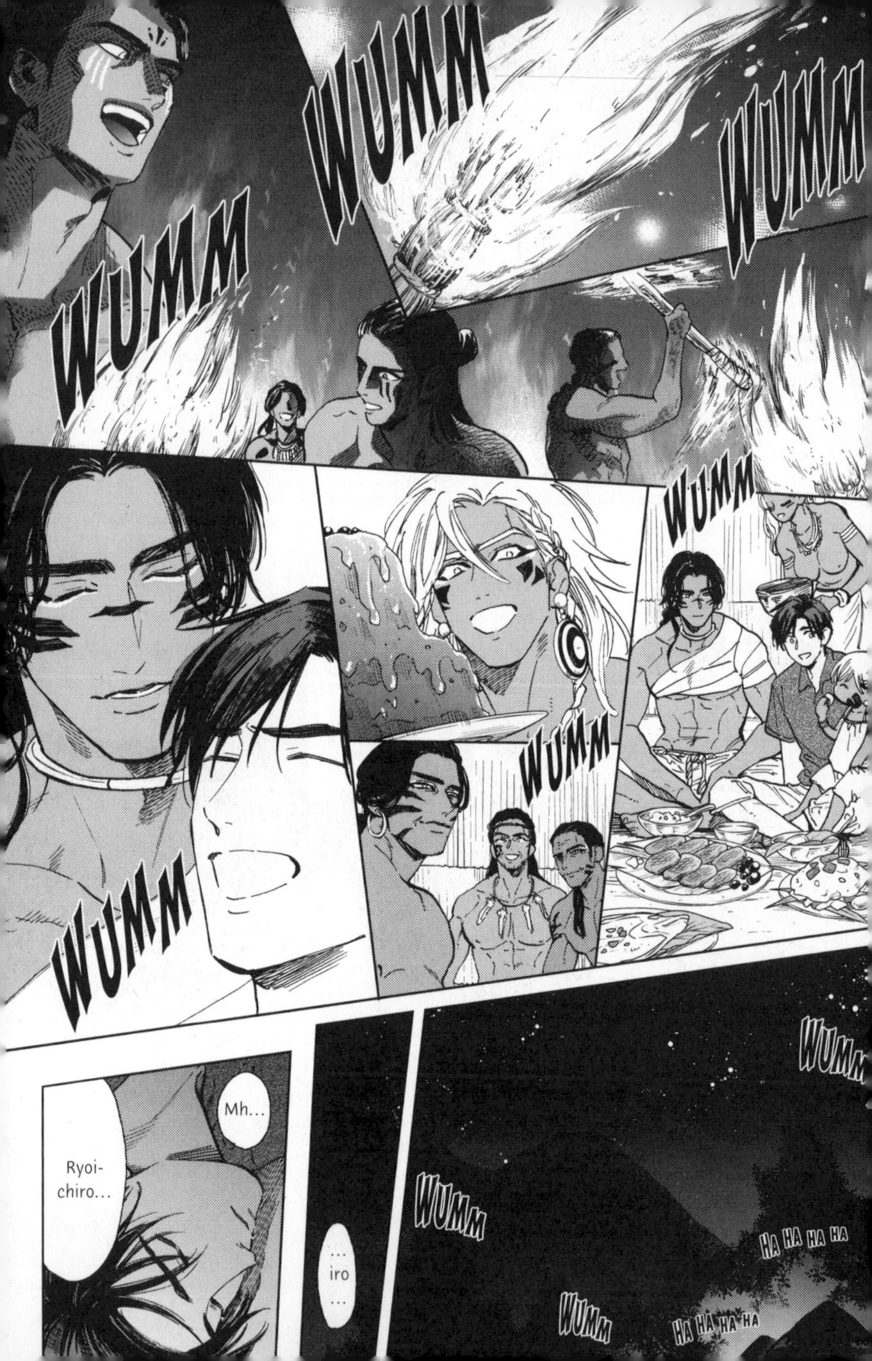
WUMM
WUMM
WUMM
WUMM
WUMM
WUMM
WUMM
WUMM
HA HA HA HA
WUMM
HA HA HA HA
... iro ...
Mh...
Ryoi-chiro...

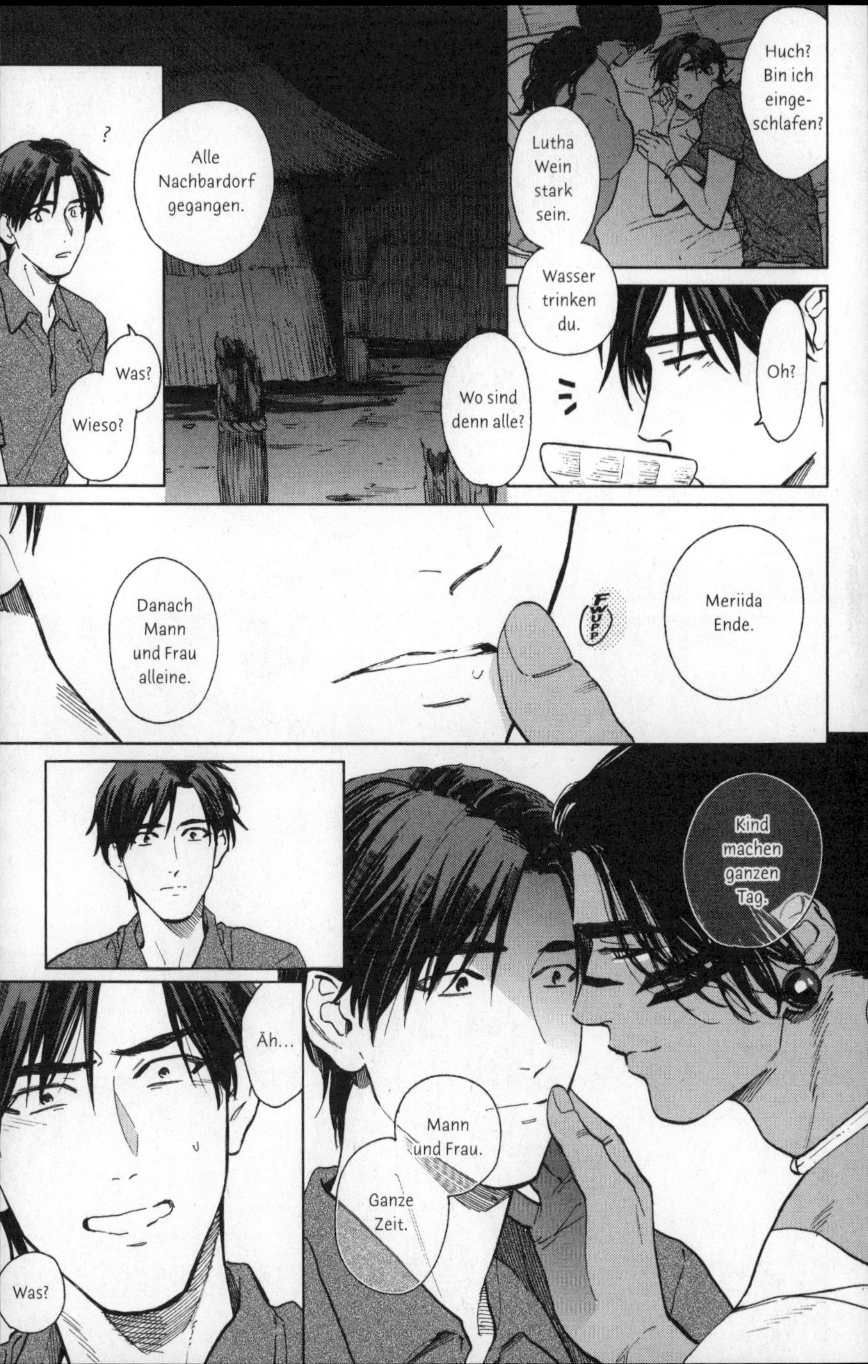
Huch? Bin ich einge-schlafen?
Lutha Wein stark sein.
Wasser trinken du.
Oh?
Wo sind denn alle?
?
Alle Nachbardorf gegangen.
Was?
Wieso?
Meriida Ende.
FWUPP
Danach Mann und Frau alleine.
Kind machen ganzen Tag.
Mann und Frau.
Ganze Zeit.
Äh…
Was?

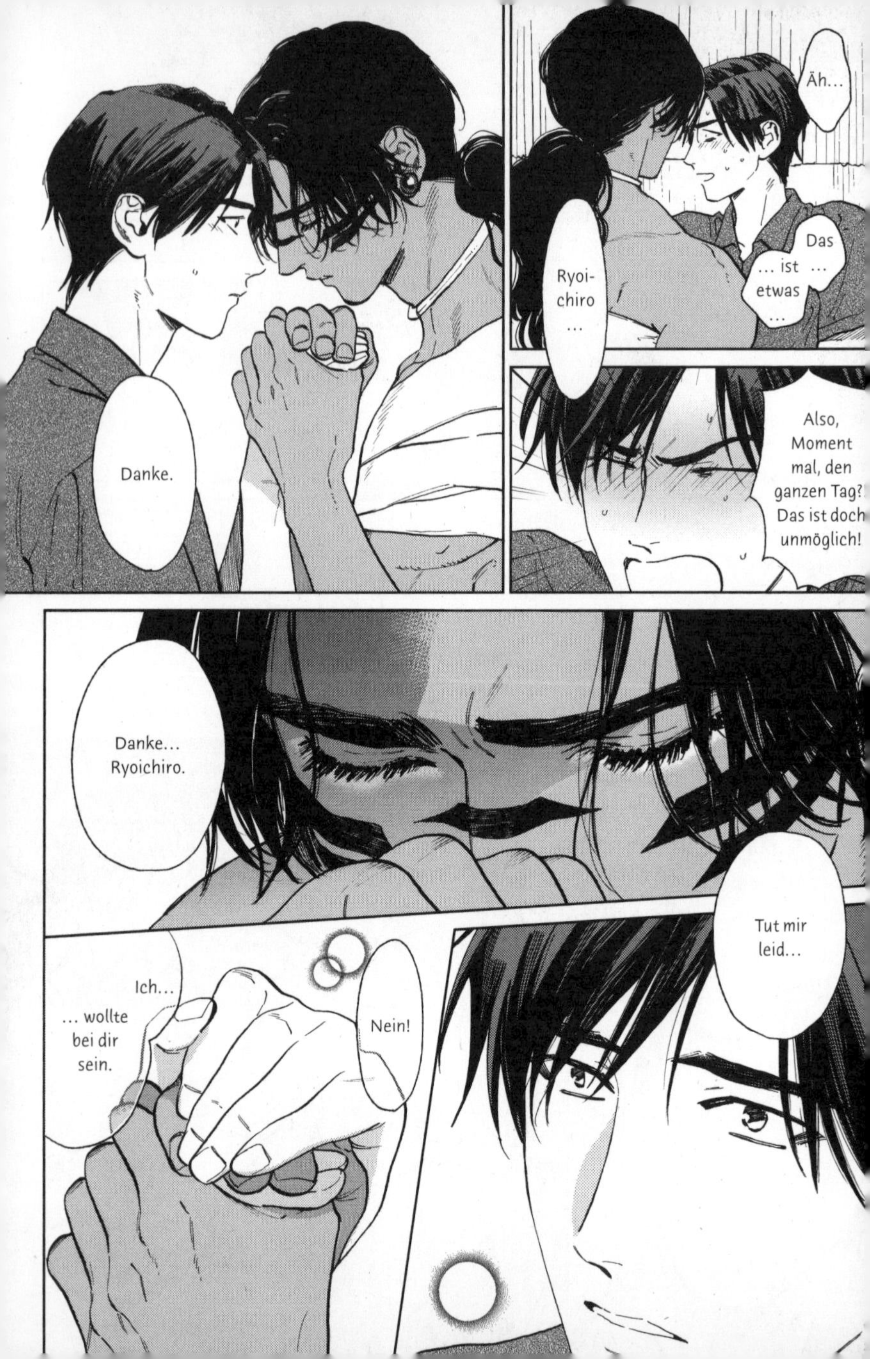
Äh…
Das … ist … etwas …
Ryoi-chiro …
Also, Moment mal, den ganzen Tag?! Das ist doch unmöglich!
Danke.
Tut mir leid…
Danke… Ryoichiro.
Nein!
Ich…
… wollte bei dir sein.

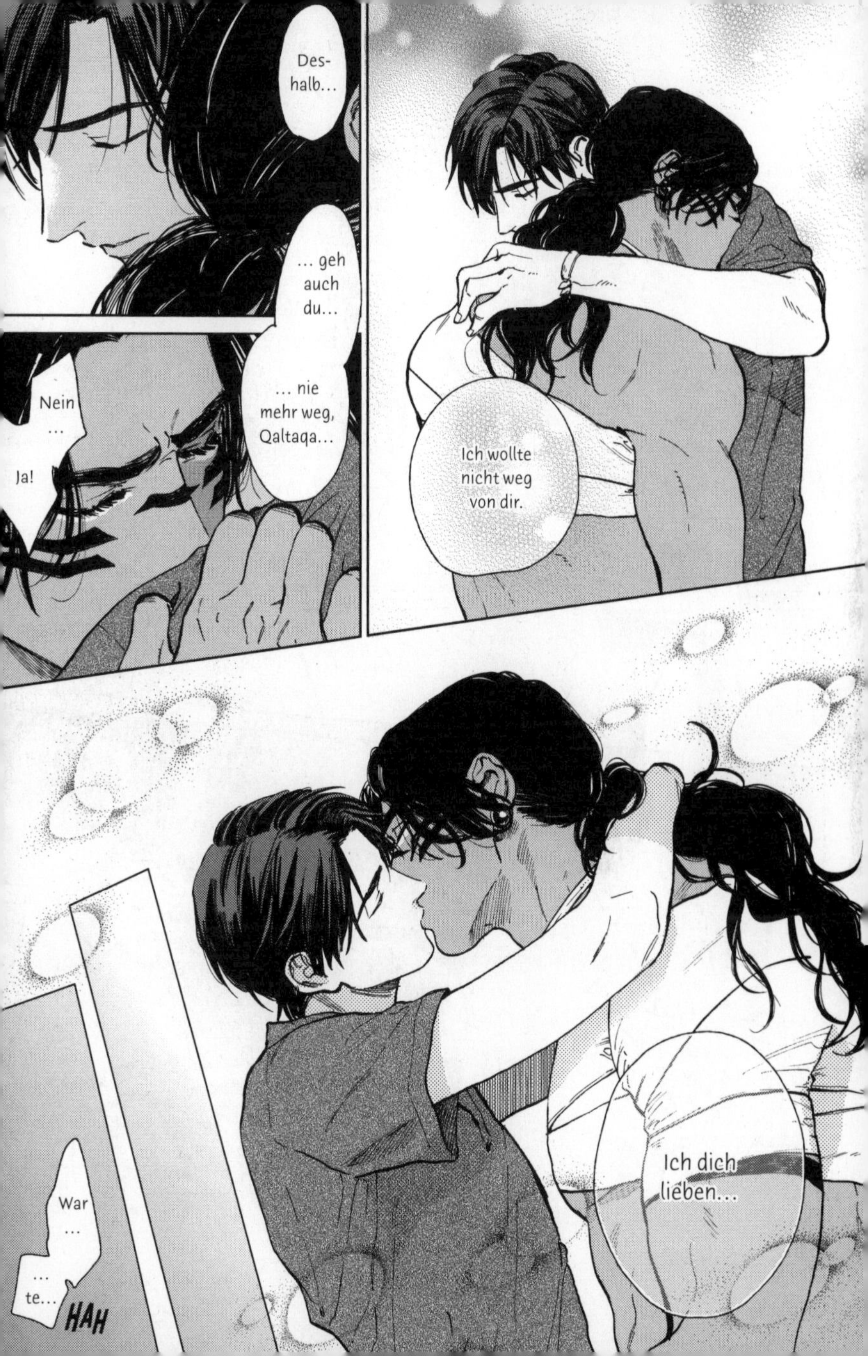
Ich wollte nicht weg von dir.
Des-halb…
… geh auch du…
… nie mehr weg, Qaltaqa…
Nein …
Ja!
Ich dich lieben…
War … … te…
HAH

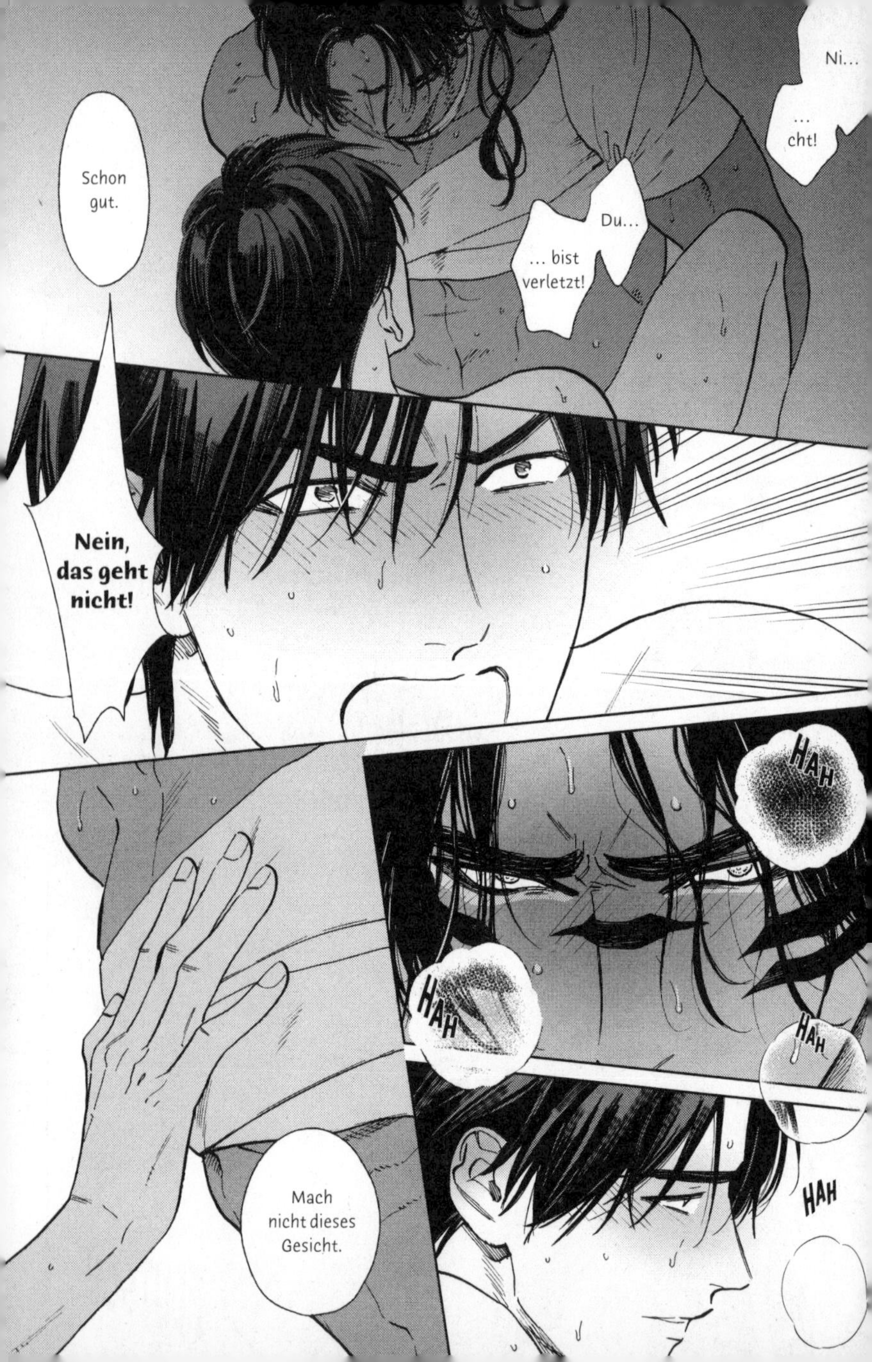

Ni…
… cht!
Du…
… bist verletzt!
Schon gut.
Nein, das geht nicht!
HAH
HAH
HAH
HAH
Mach nicht dieses Gesicht.

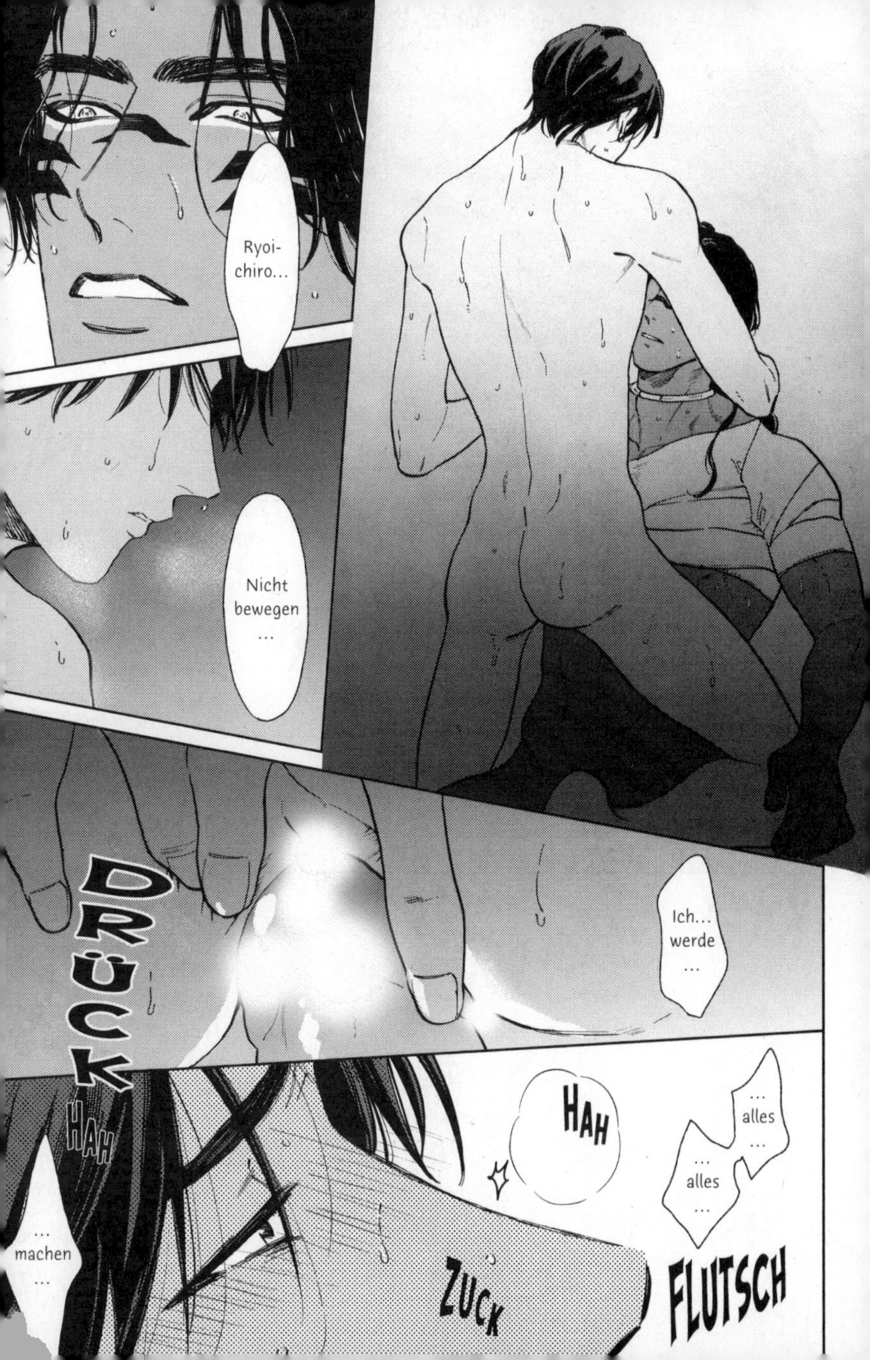
Ryoi-chiro…
Nicht bewegen …
Ich… werde …
DRÜCK
… alles …
… alles …
HAH
HAH
… machen …
FLUTSCH
ZUCK

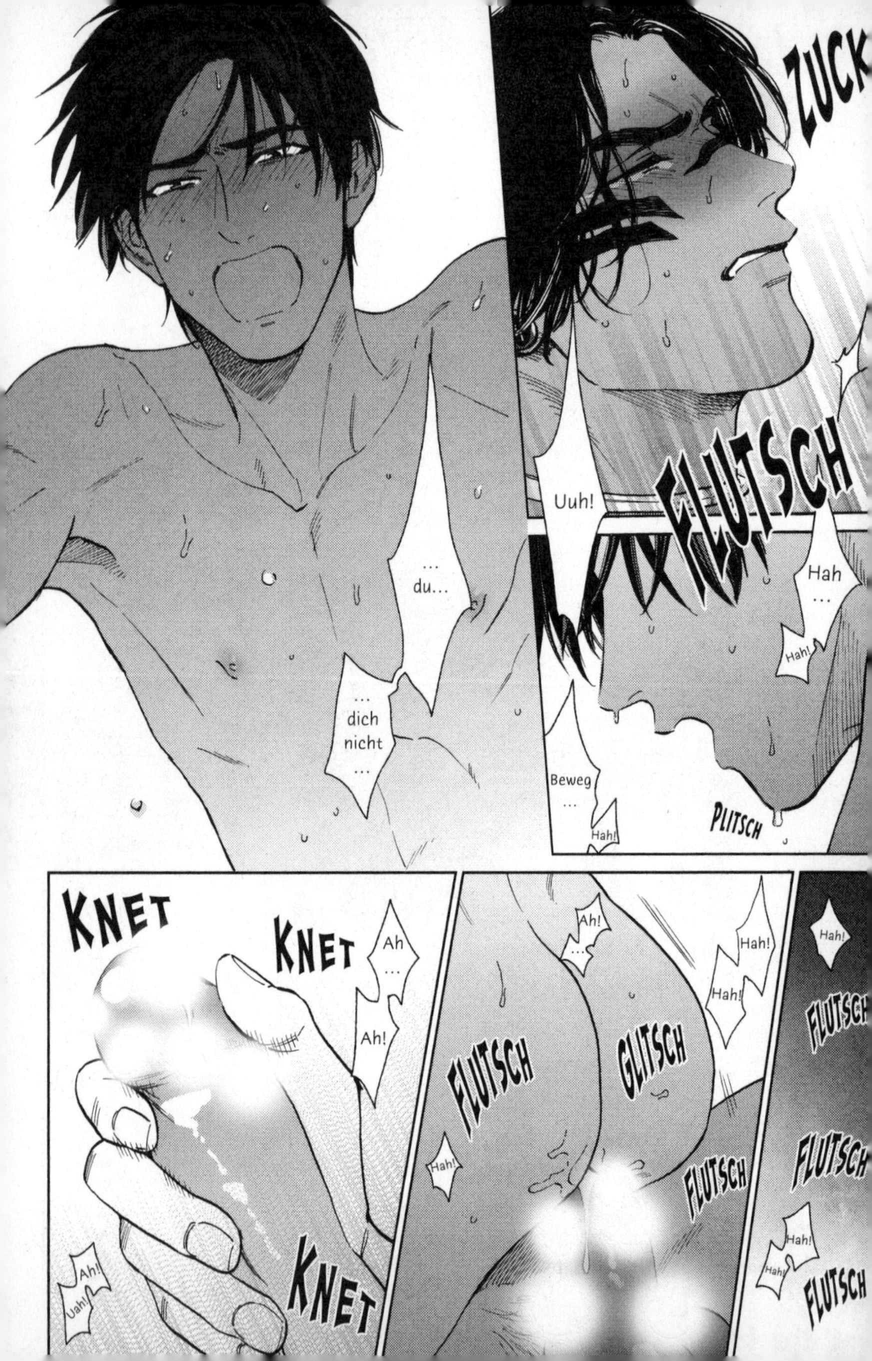
ZUCK
FLUTSCH
Uuh!
Hah …
Hah!
Beweg …
Hah!
PLITSCH
… du …
… dich nicht …
Hah!
FLUTSCH
FLUTSCH
Hah!
Hah!
FLUTSCH
Hah!
Hah!
Ah! …
GLITSCH
FLUTSCH
FLUTSCH
Hah!
KNET
KNET
Ah …
Ah!
KNET
Ah!
Uah!

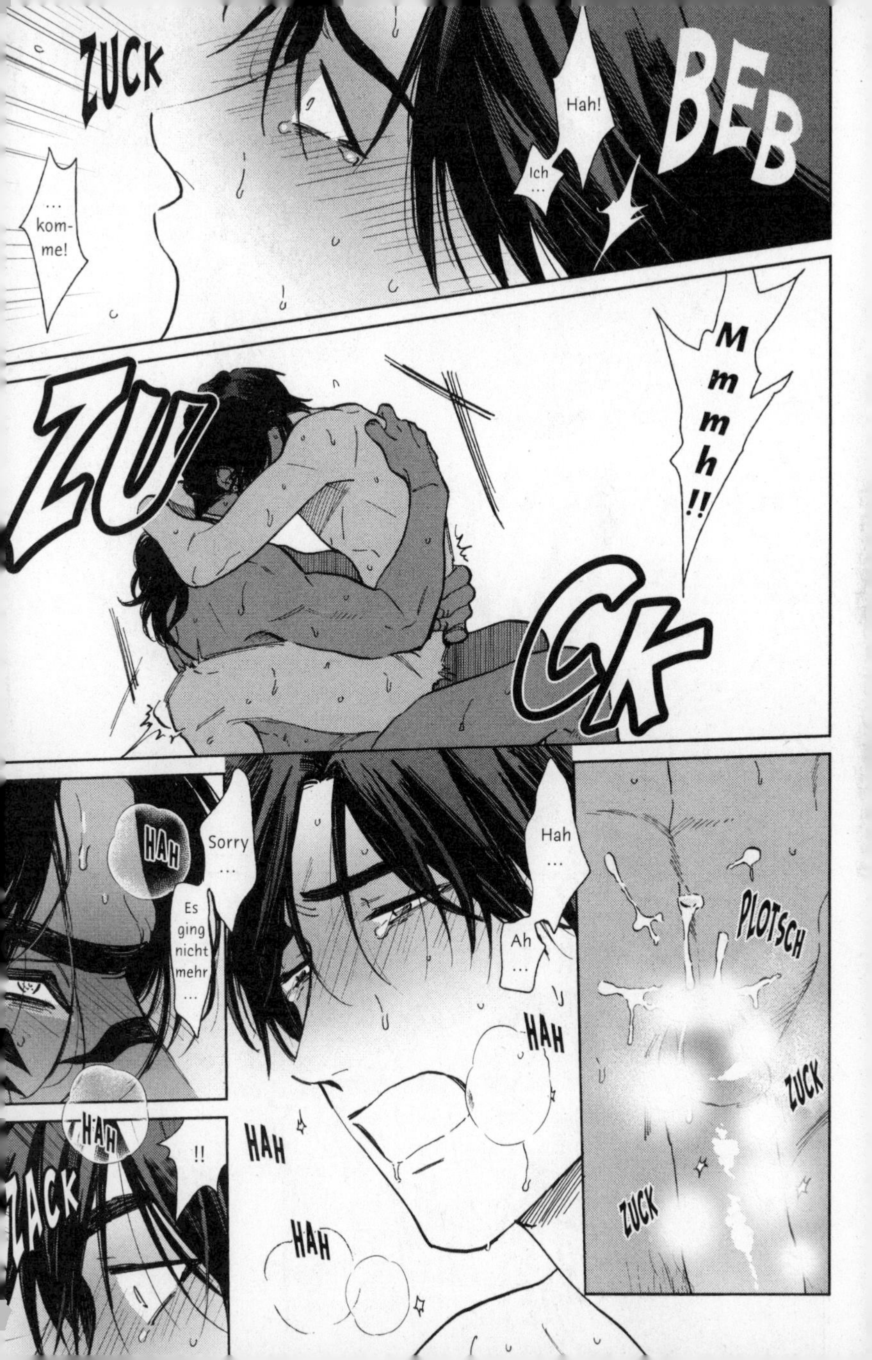
BEB
Hah!
Ich …
ZUCK
… kom-me!
Mmmh!!
Ck
ZU
PLOTSCH
ZUCK
ZUCK
Hah …
Ah …
HAH
HAH
HAH
Sorry …
Es ging nicht mehr …
HAH
HAH
!!
ZACK

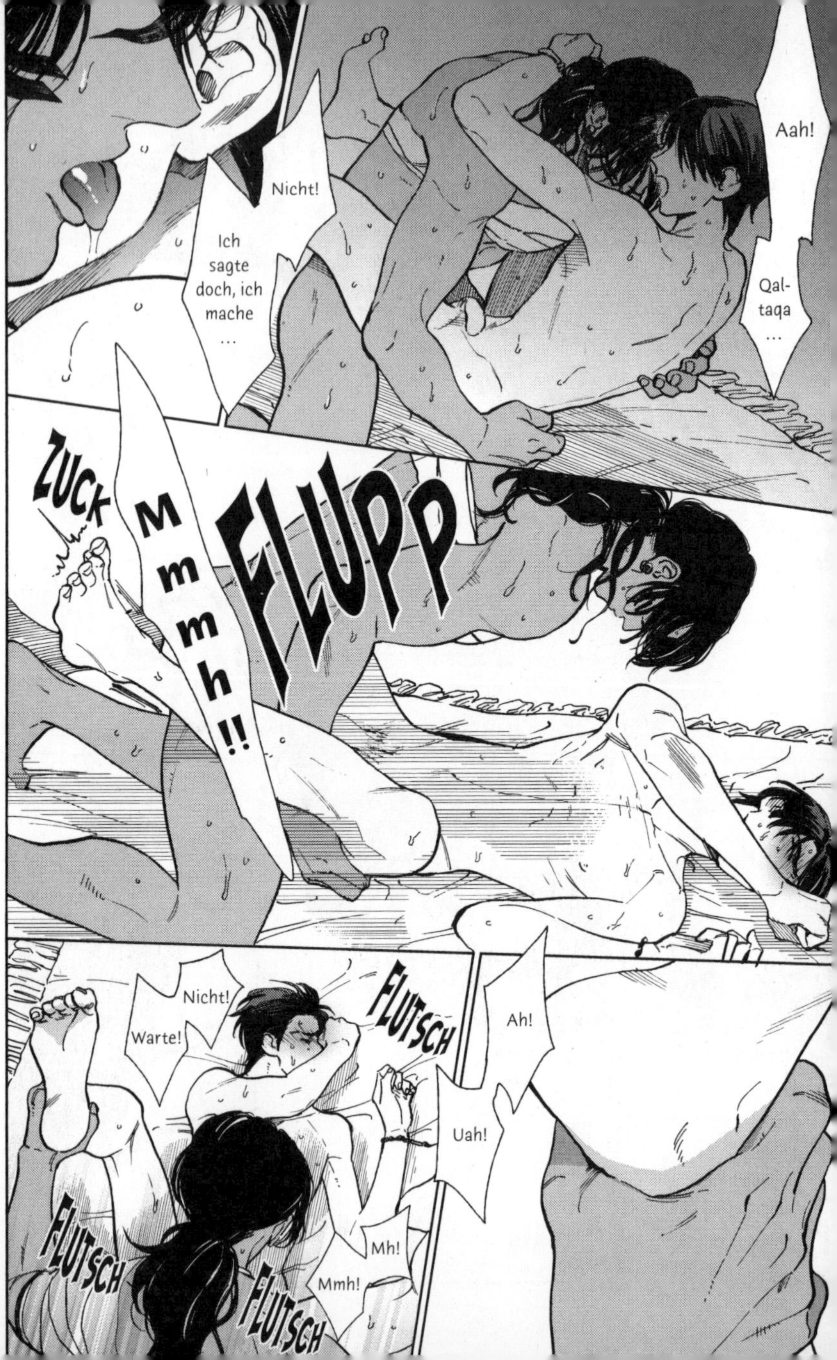
Aah!
Qal-taqa …
Nicht!
Ich sagte doch, ich mache …
FLUPP
Mmmh!!
ZUCK
Ah!
Uah!
FLUTSCH
Nicht!
Warte!
Mh!
Mmh!
FLUTSCH
FLUTSCH

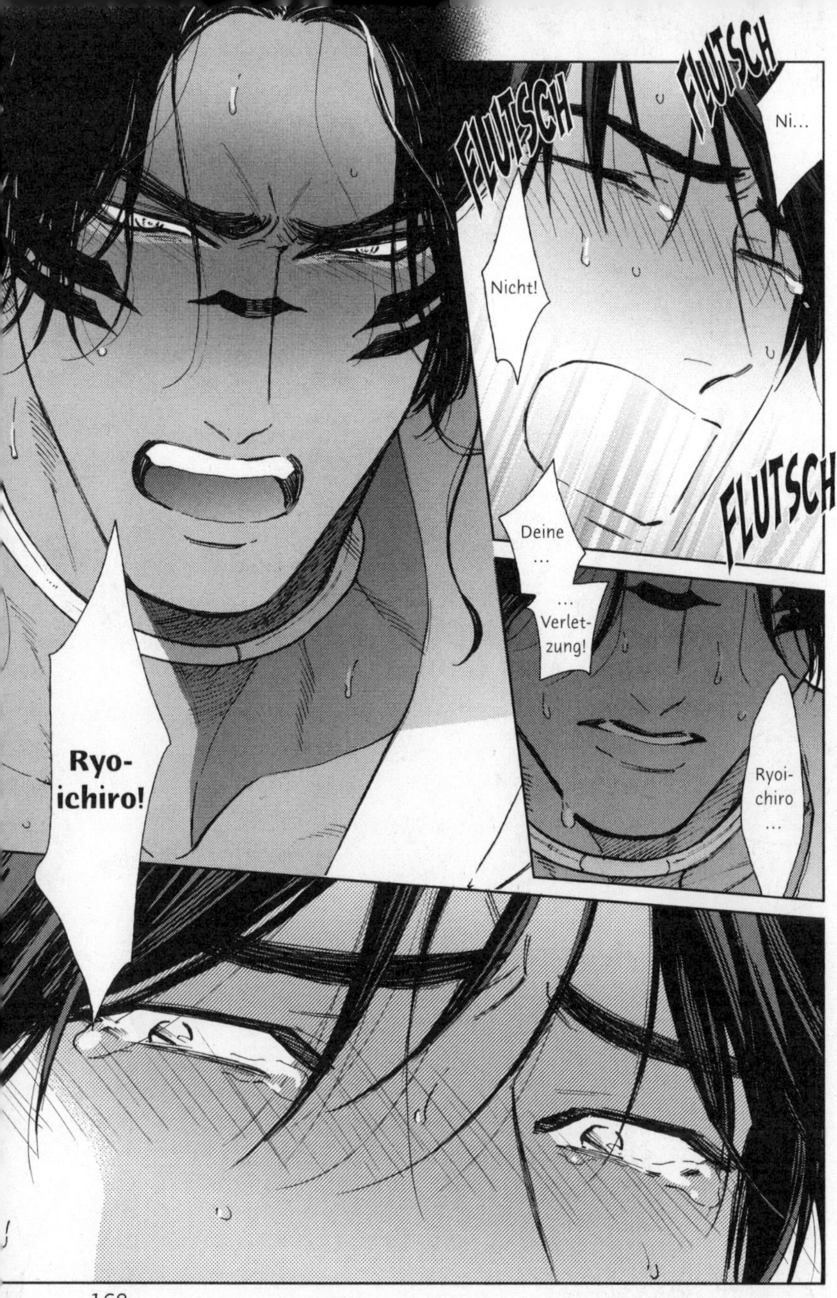
FLUTSCH
FLUTSCH
Ni…
Nicht!
FLUTSCH
Deine …
… Verletzung!
Ryoichiro …
Ryoichiro!

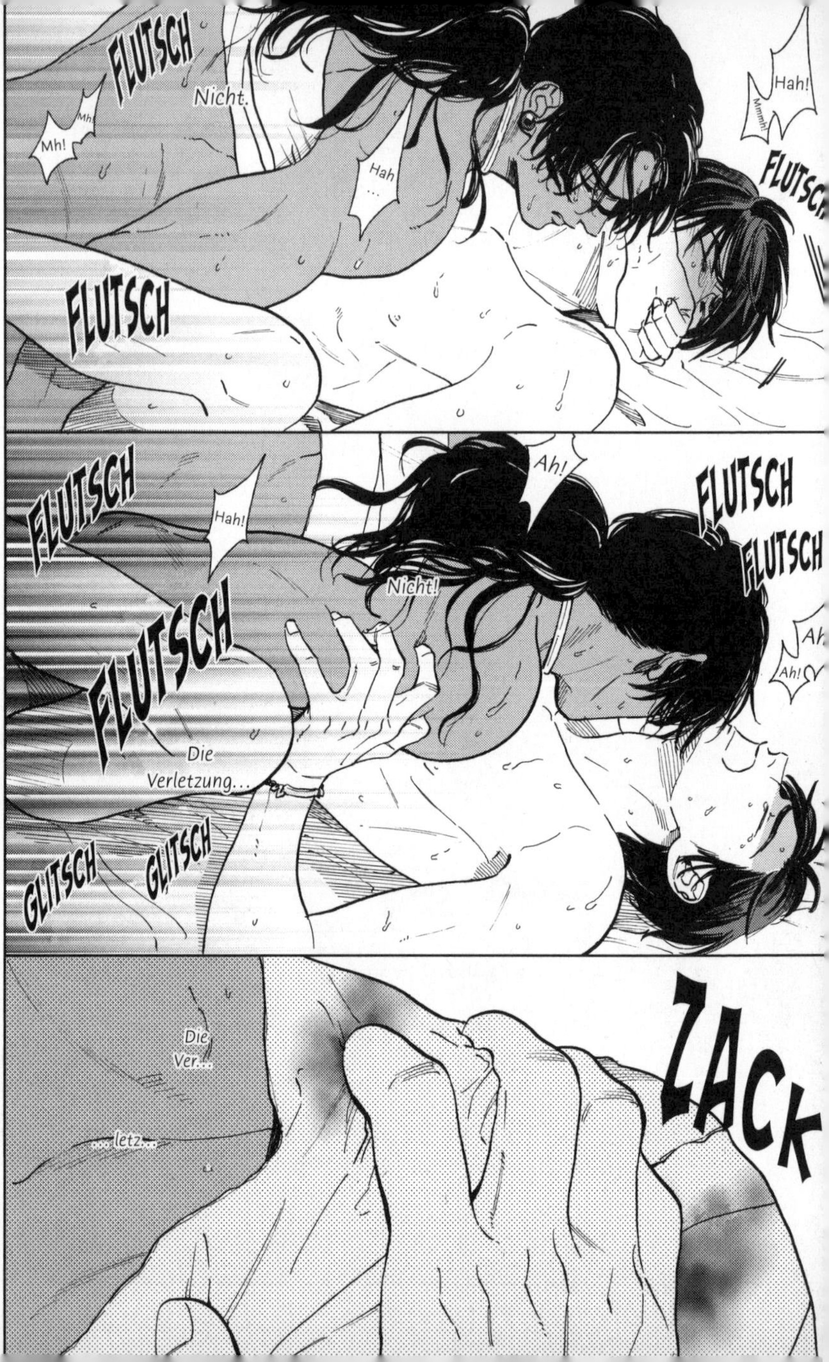

Hah!
Mmmh!
FLUTSCH
Nicht.
Hah …
FLUTSCH
Mh!
Mh!
FLUTSCH
FLUTSCH
FLUTSCH
Ah!
Ah!
Ah!
Nicht!
Hah!
FLUTSCH
FLUTSCH
Die Verletzung …
GLITSCH
GLITSCH
ZACK
Die Ver…
… letz…

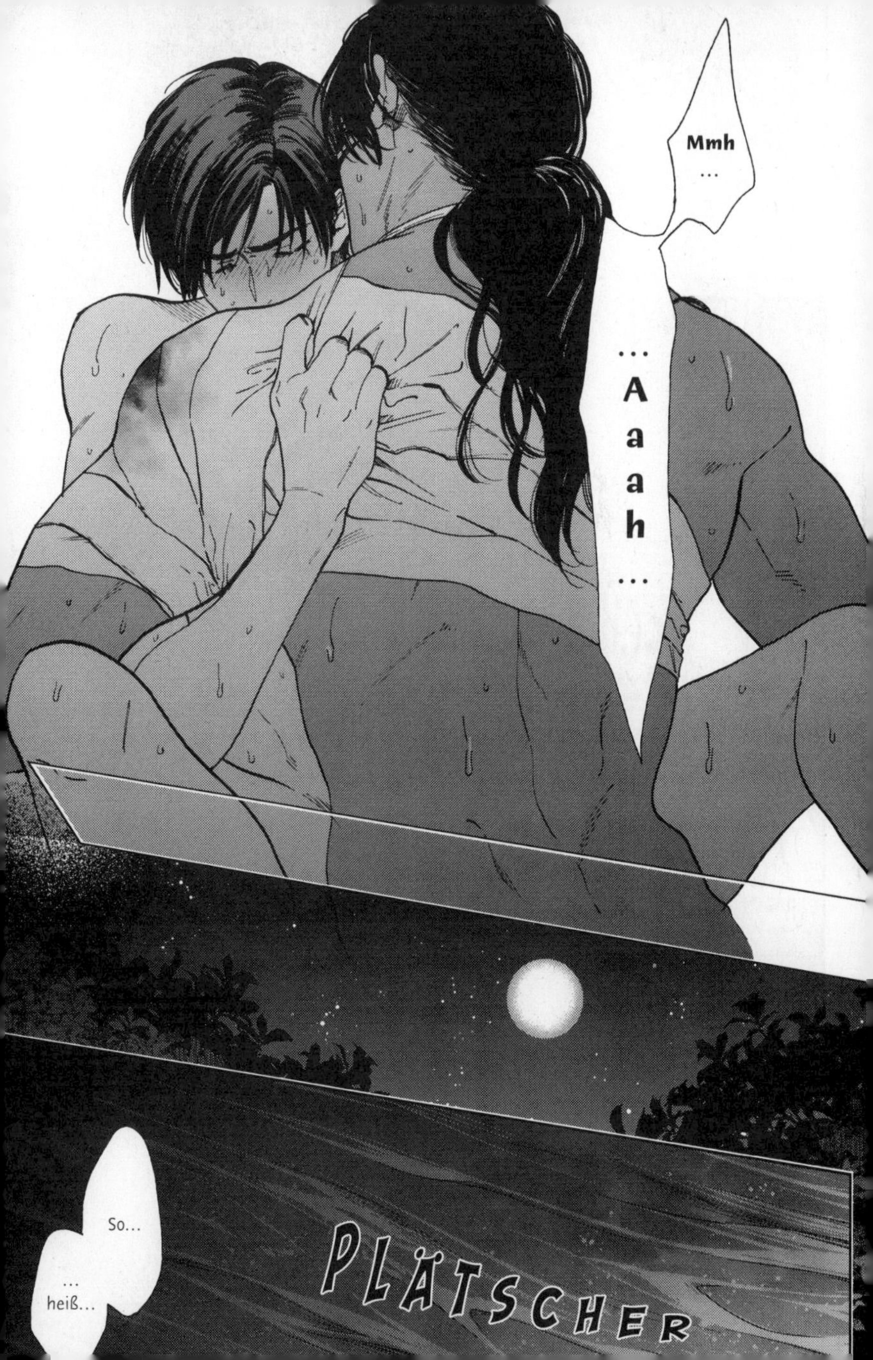
Mmh …
… Aaah …
Plätscher
So…
… heiß…

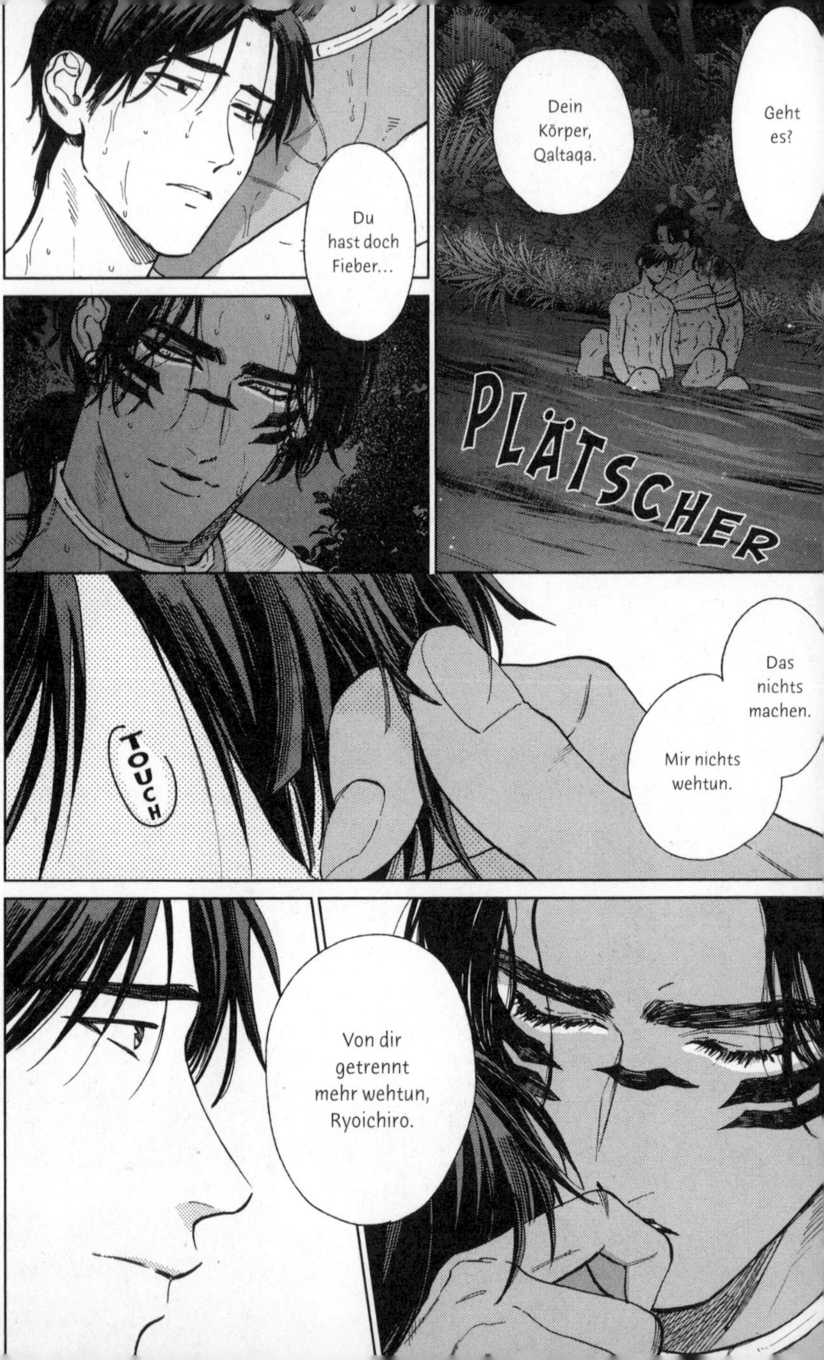
Geht es?
Dein Körper, Qaltaqa.
PLÄTSCHER
Du hast doch Fieber…
Das nichts machen.
Mir nichts wehtun.
TOUCH
Von dir getrennt mehr wehtun, Ryoichiro.

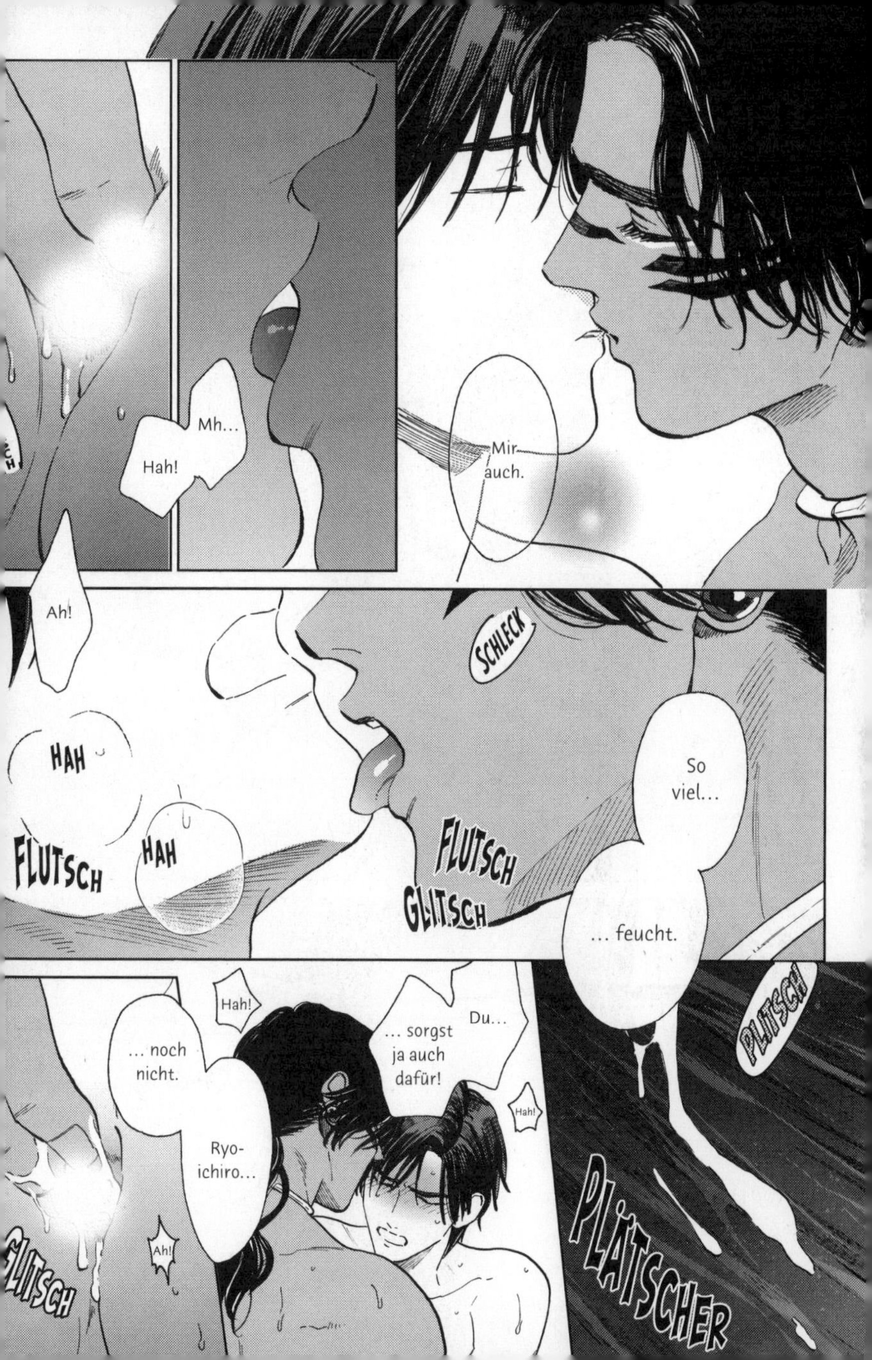
Mir auch.
Mh…
Hah!
Ah!
SCHLECK
So viel…
… feucht.
FLUTSCH
GLITSCH
HAH
HAH
FLUTSCH
PLITSCH
PLÄTSCHER
Du…
… sorgst ja auch dafür!
Hah!
Hah!
… noch nicht.
Ryo-ichiro…
Ah!
GLITSCH

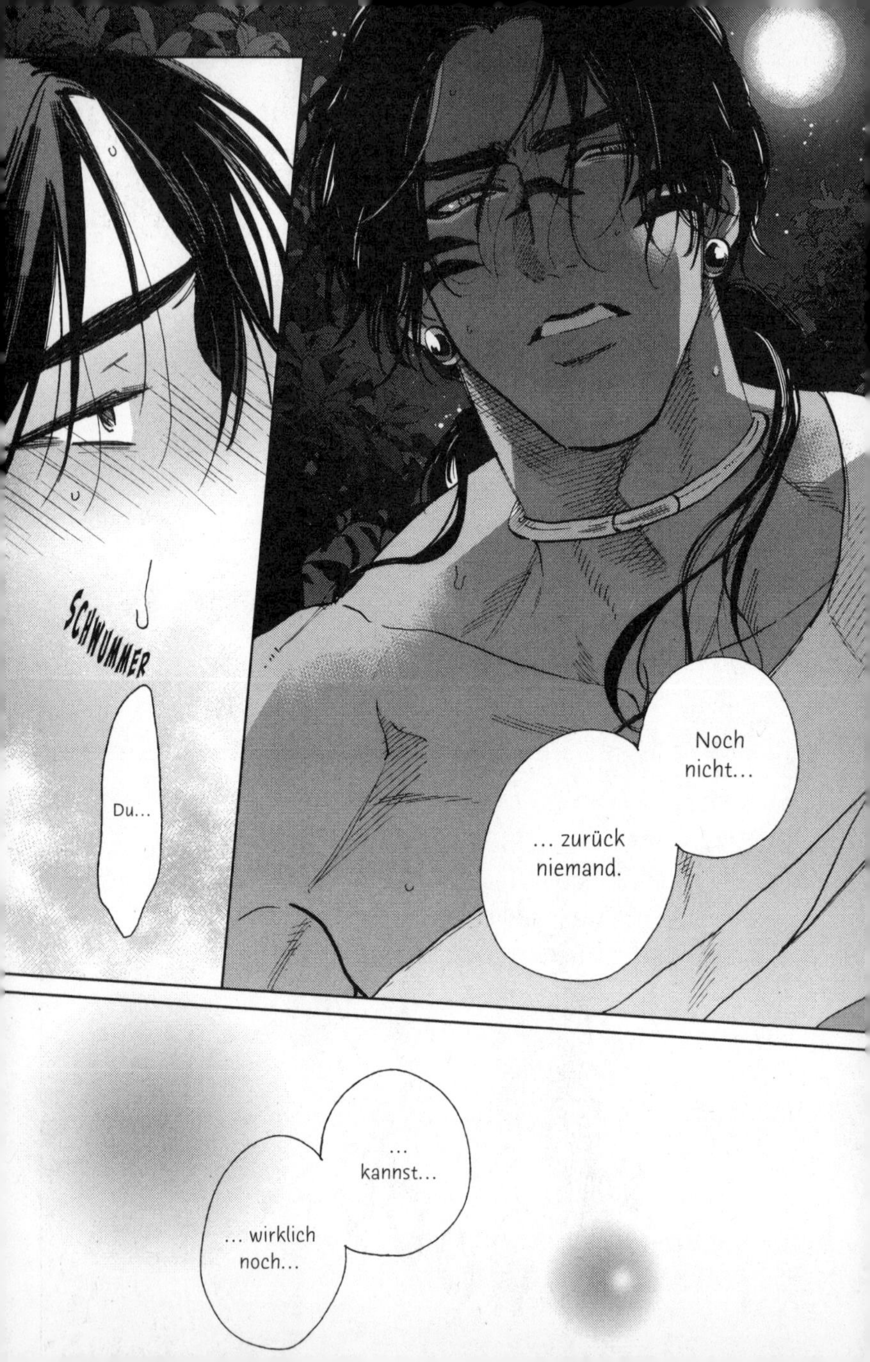
Noch nicht…
… zurück niemand.
SCHWUMMER
Du…
… kannst…
… wirklich noch…

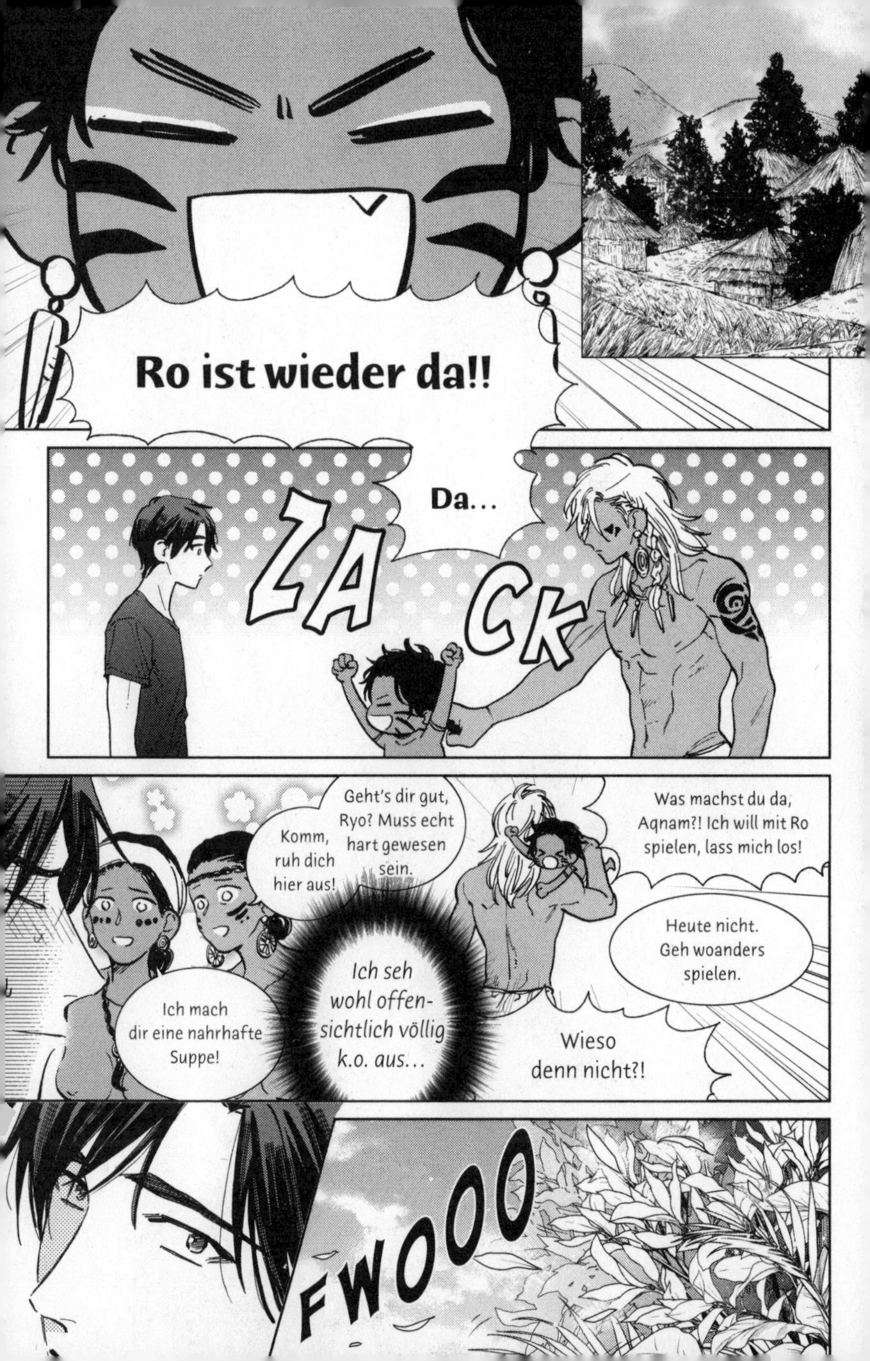
Ro ist wieder da!!
Da…
ZACK
Geht's dir gut, Ryo? Muss echt hart gewesen sein.
Komm, ruh dich hier aus!
Ich mach dir eine nahrhafte Suppe!
Ich seh wohl offensichtlich völlig k.o. aus…
Was machst du da, Aqnam?! Ich will mit Ro spielen, lass mich los!
Heute nicht. Geh woanders spielen.
Wieso denn nicht?!
FWOOO

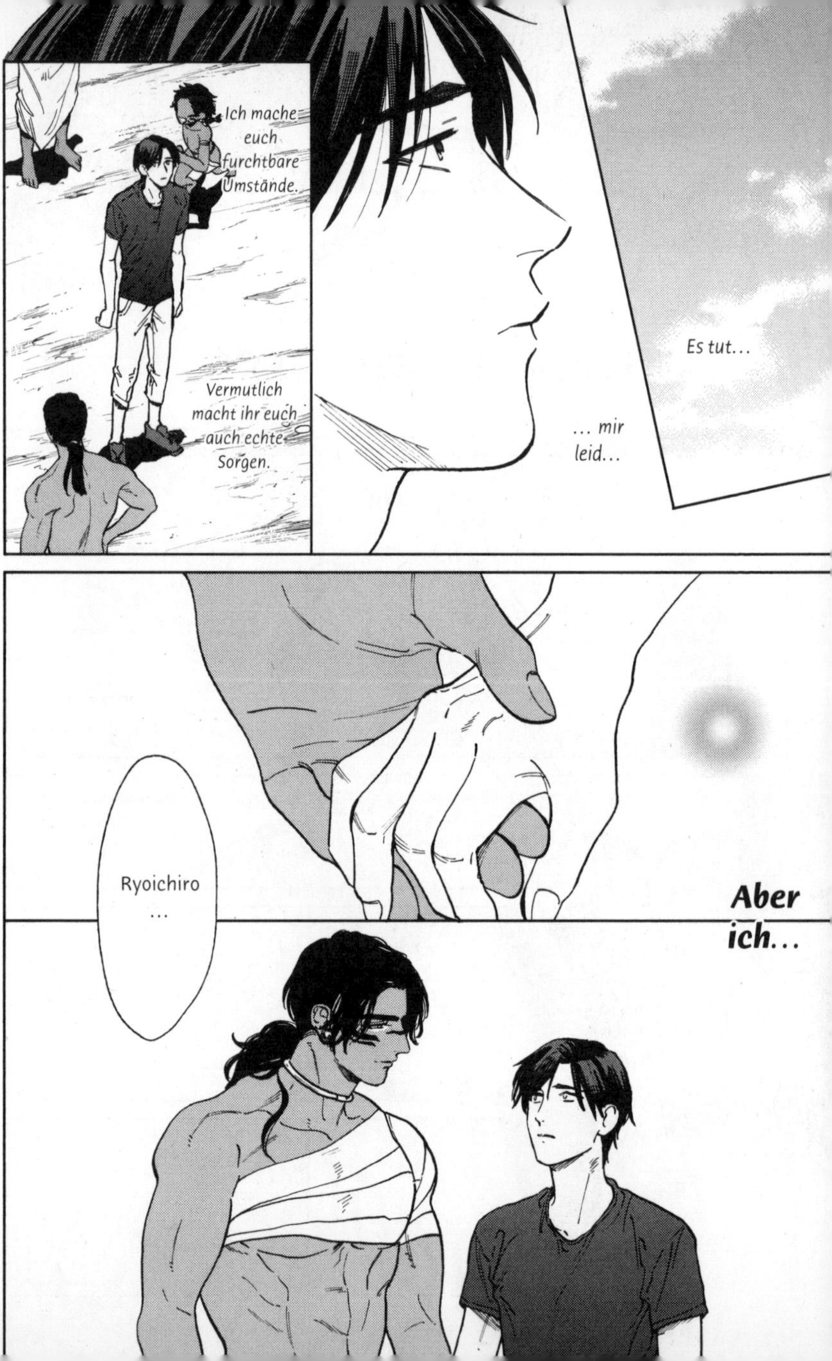
Es tut…
… mir leid…
Ich mache euch furchtbare Umstände.
…
Vermutlich macht ihr euch auch echte Sorgen.
Aber ich…
Ryoichiro …

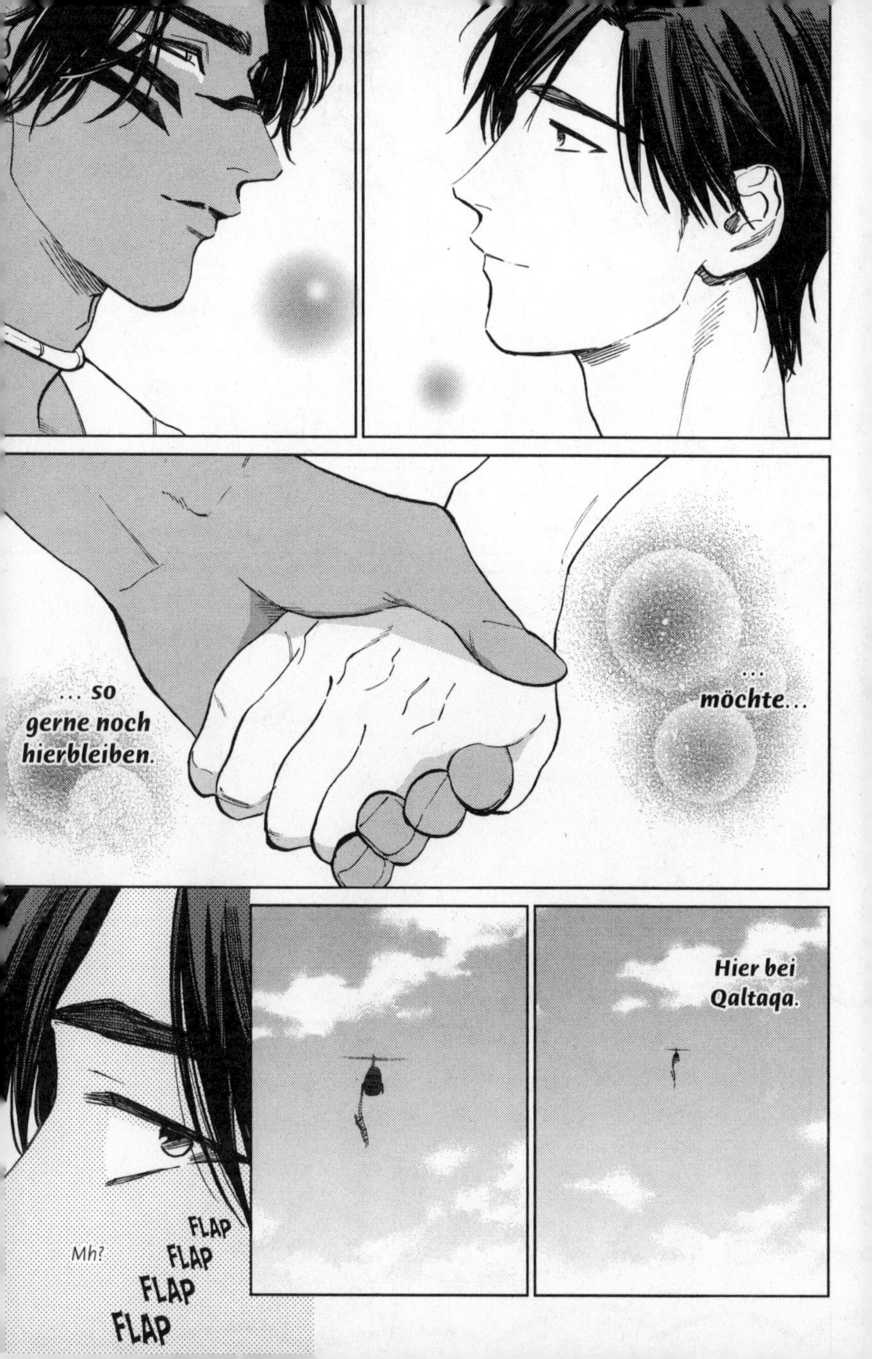
... möchte...
... so gerne noch hierbleiben.
Hier bei Qaltaqa.
FLAP
FLAP
FLAP
FLAP
Mh?

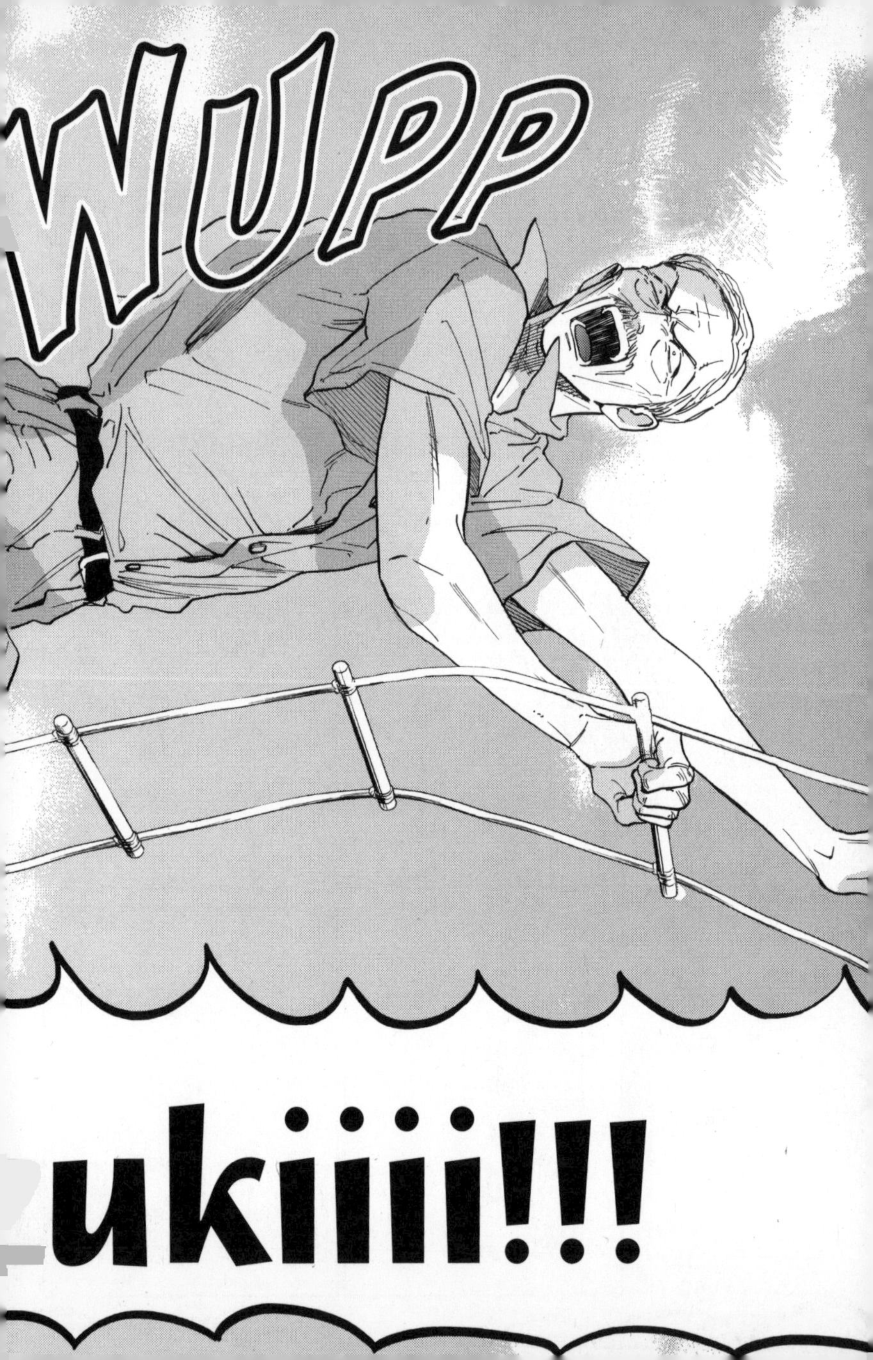
WUPP
ukiiii!!!

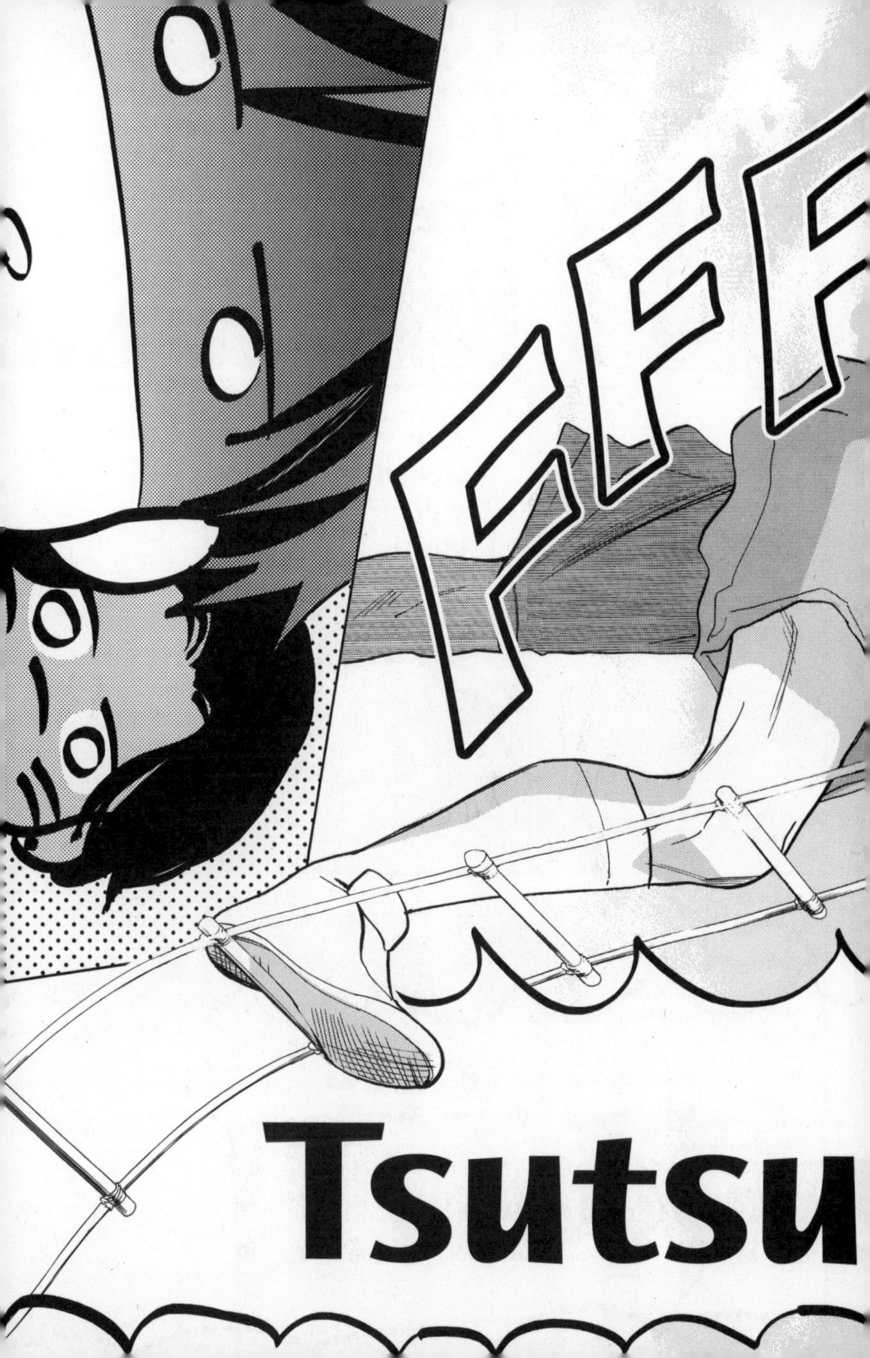
Tsutsu

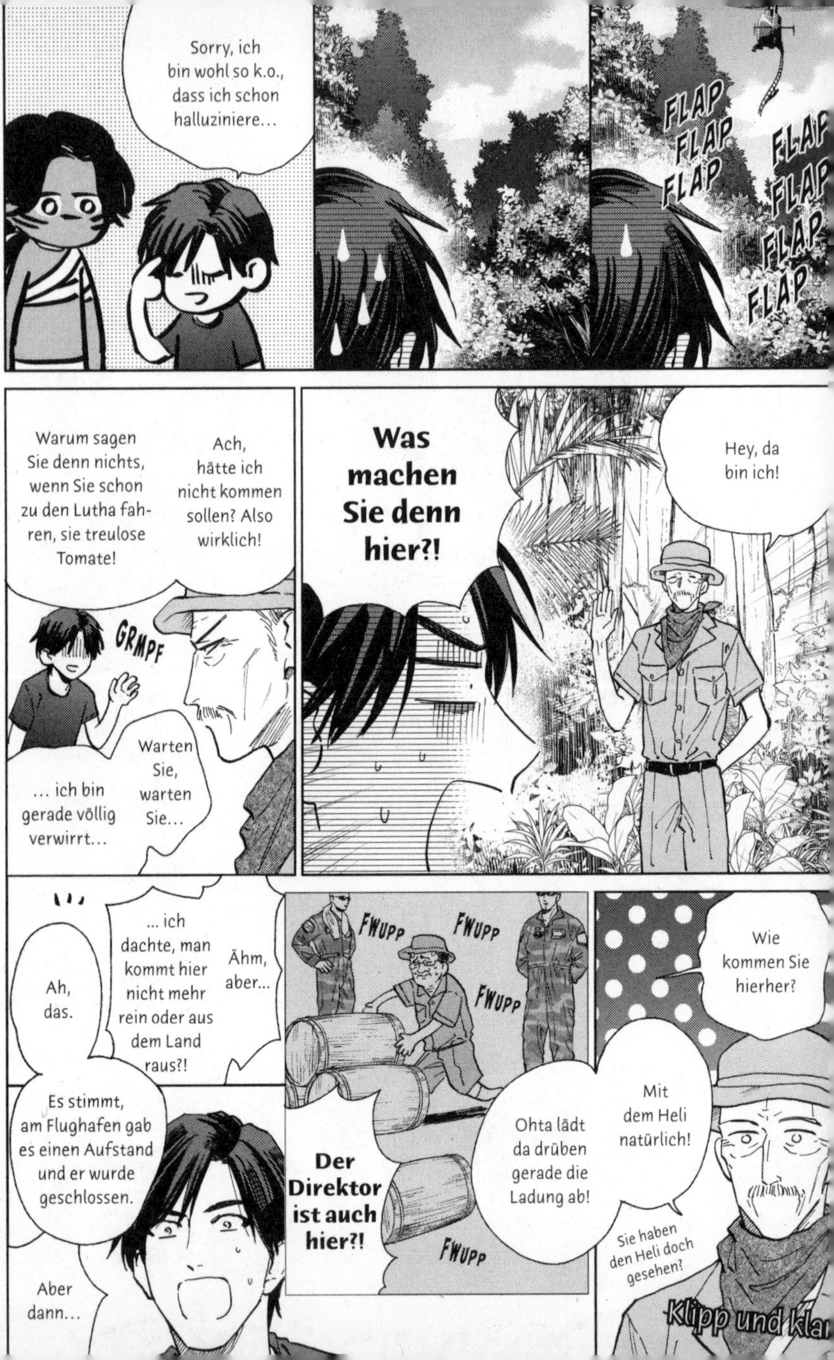
FLAP FLAP FLAP FLAP
FLAP FLAP FLAP
Sorry, ich bin wohl so k.o., dass ich schon halluziniere…
Hey, da bin ich!
Was machen Sie denn hier?!
Ach, hätte ich nicht kommen sollen? Also wirklich!
Warum sagen Sie denn nichts, wenn Sie schon zu den Lutha fahren, sie treulose Tomate!
GRMPF
Warten Sie, warten Sie…
… ich bin gerade völlig verwirrt…
Wie kommen Sie hierher?
Mit dem Heli natürlich!
Sie haben den Heli doch gesehen?
Ohta lädt da drüben gerade die Ladung ab!
FWUPP
FWUPP
FWUPP
FWUPP
Der Direktor ist auch hier?!
Ähm, aber…
… ich dachte, man kommt hier nicht mehr rein oder aus dem Land raus?!
Ah, das.
Es stimmt, am Flughafen gab es einen Aufstand und er wurde geschlossen.
Aber dann…

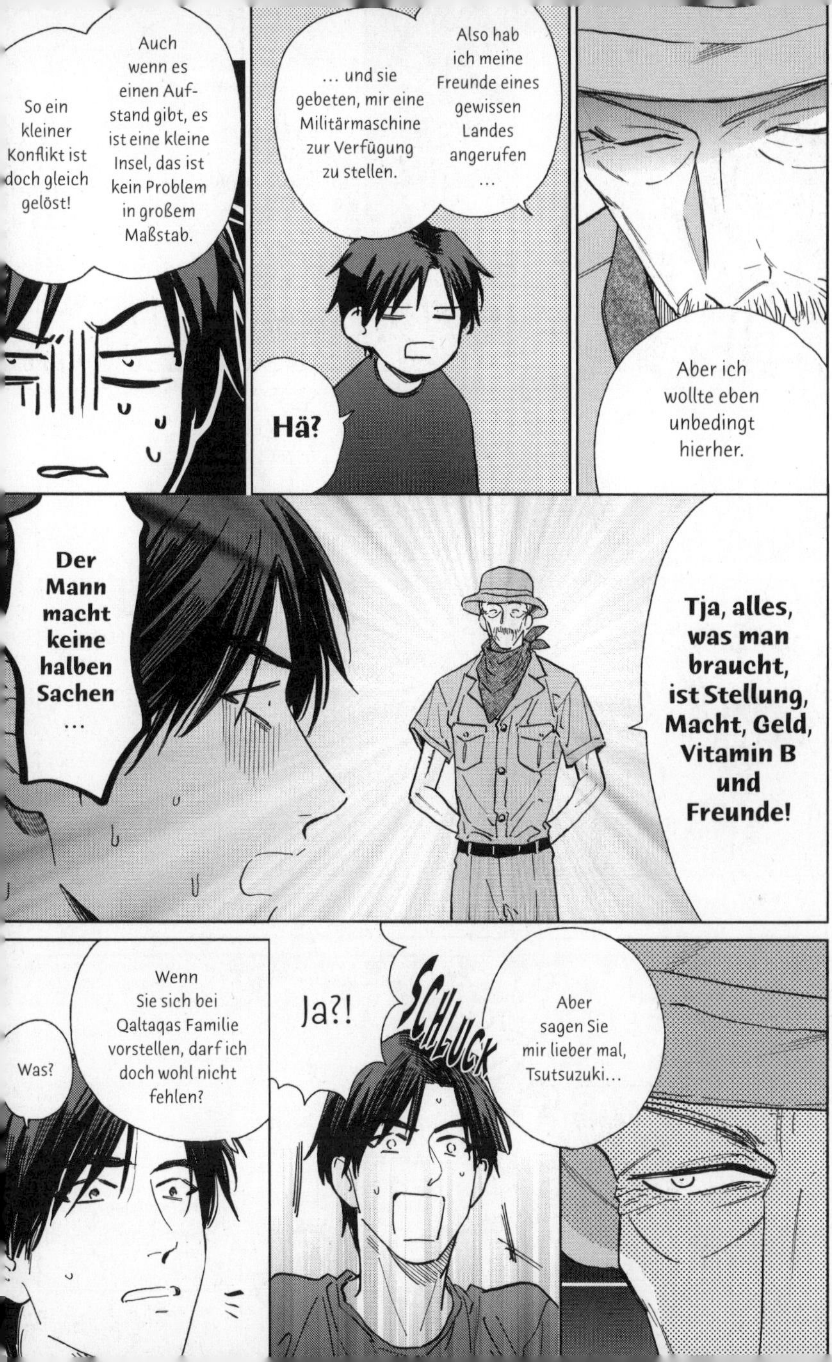
Aber ich wollte eben unbedingt hierher.
Also hab ich meine Freunde eines gewissen Landes angerufen …
… und sie gebeten, mir eine Militärmaschine zur Verfügung zu stellen.
Hä?
Auch wenn es einen Aufstand gibt, es ist eine kleine Insel, das ist kein Problem in großem Maßstab.
So ein kleiner Konflikt ist doch gleich gelöst!
Tja, alles, was man braucht, ist Stellung, Macht, Geld, Vitamin B und Freunde!
Der Mann macht keine halben Sachen …
Aber sagen Sie mir lieber mal, Tsutsuzuki…
SCHLUCK
Ja?!
Wenn Sie sich bei Qaltaqas Familie vorstellen, darf ich doch wohl nicht fehlen?
Was?

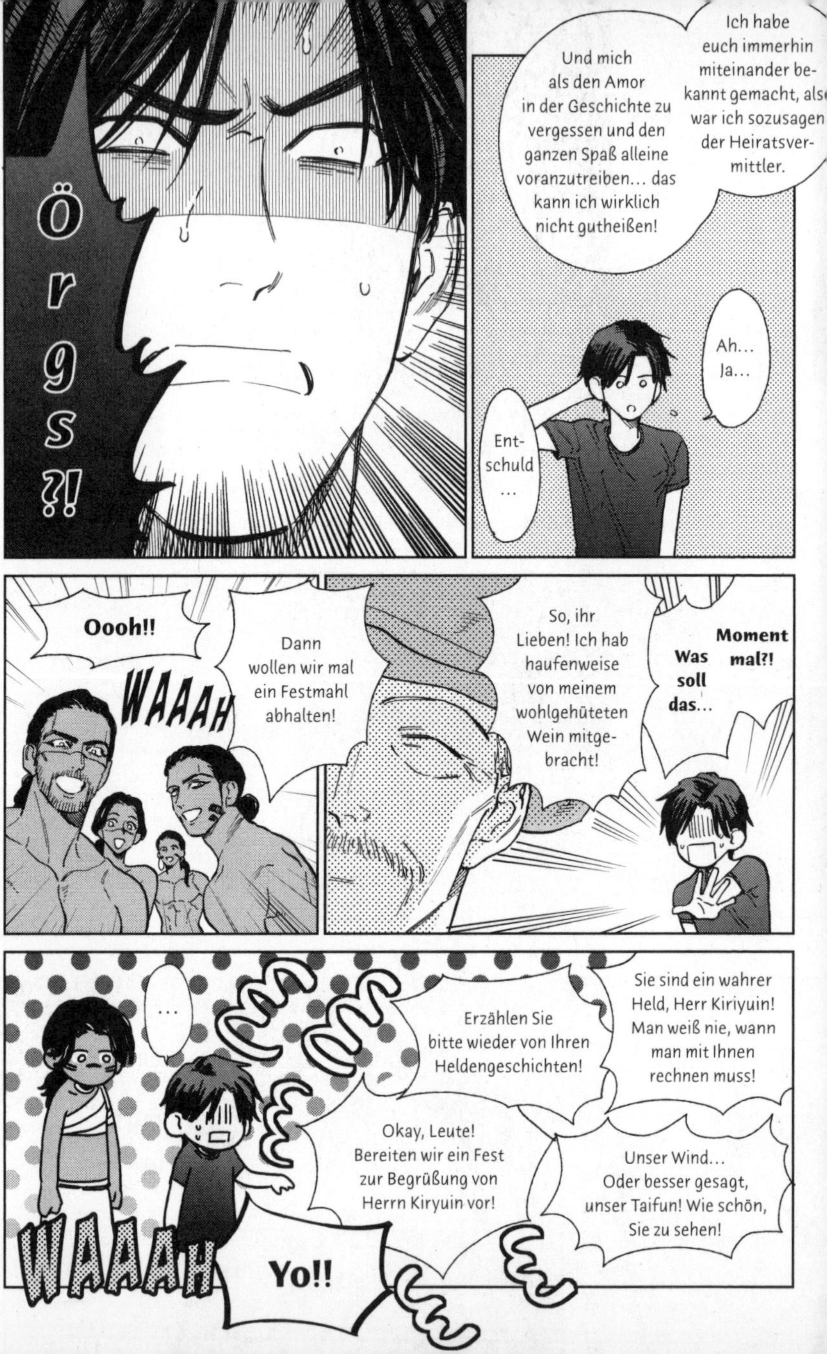

Ich habe euch immerhin miteinander bekannt gemacht, also war ich sozusagen der Heiratsvermittler.
Und mich als den Amor in der Geschichte zu vergessen und den ganzen Spaß alleine voranzutreiben… das kann ich wirklich nicht gutheißen!
Ah… Ja…
Entschuld…
Örgs?!
Moment mal?!
Was soll das…
So, ihr Lieben! Ich hab haufenweise von meinem wohlgehüteten Wein mitgebracht!
Dann wollen wir mal ein Festmahl abhalten!
Oooh!!
WAAAH
Sie sind ein wahrer Held, Herr Kiriyuin! Man weiß nie, wann man mit Ihnen rechnen muss!
Erzählen Sie bitte wieder von Ihren Heldengeschichten!
…
Unser Wind… Oder besser gesagt, unser Taifun! Wie schön, Sie zu sehen!
Okay, Leute! Bereiten wir ein Fest zur Begrüßung von Herrn Kiriyuin vor!
Yo!!
WAAAH

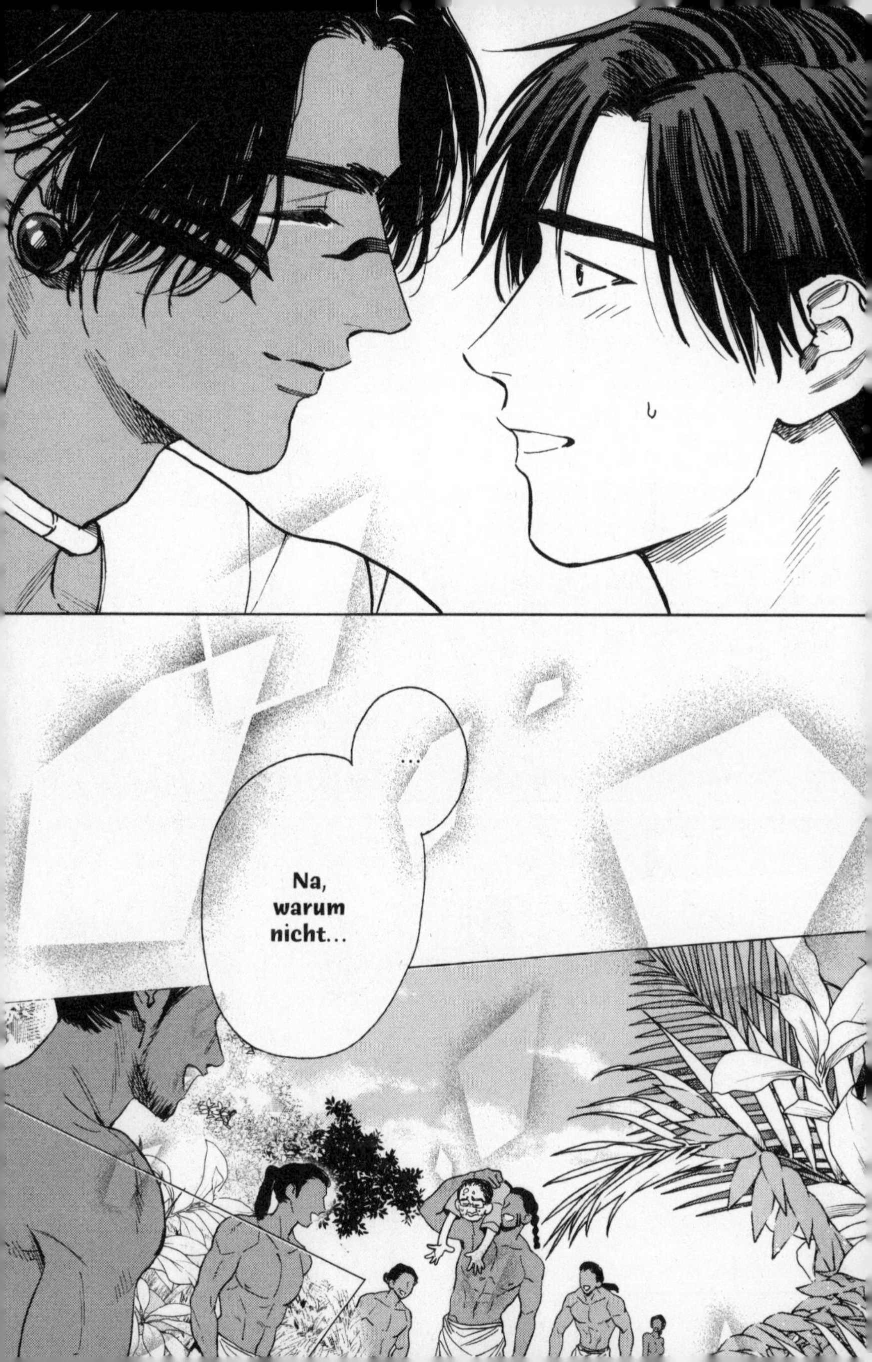
...
Na, warum nicht...

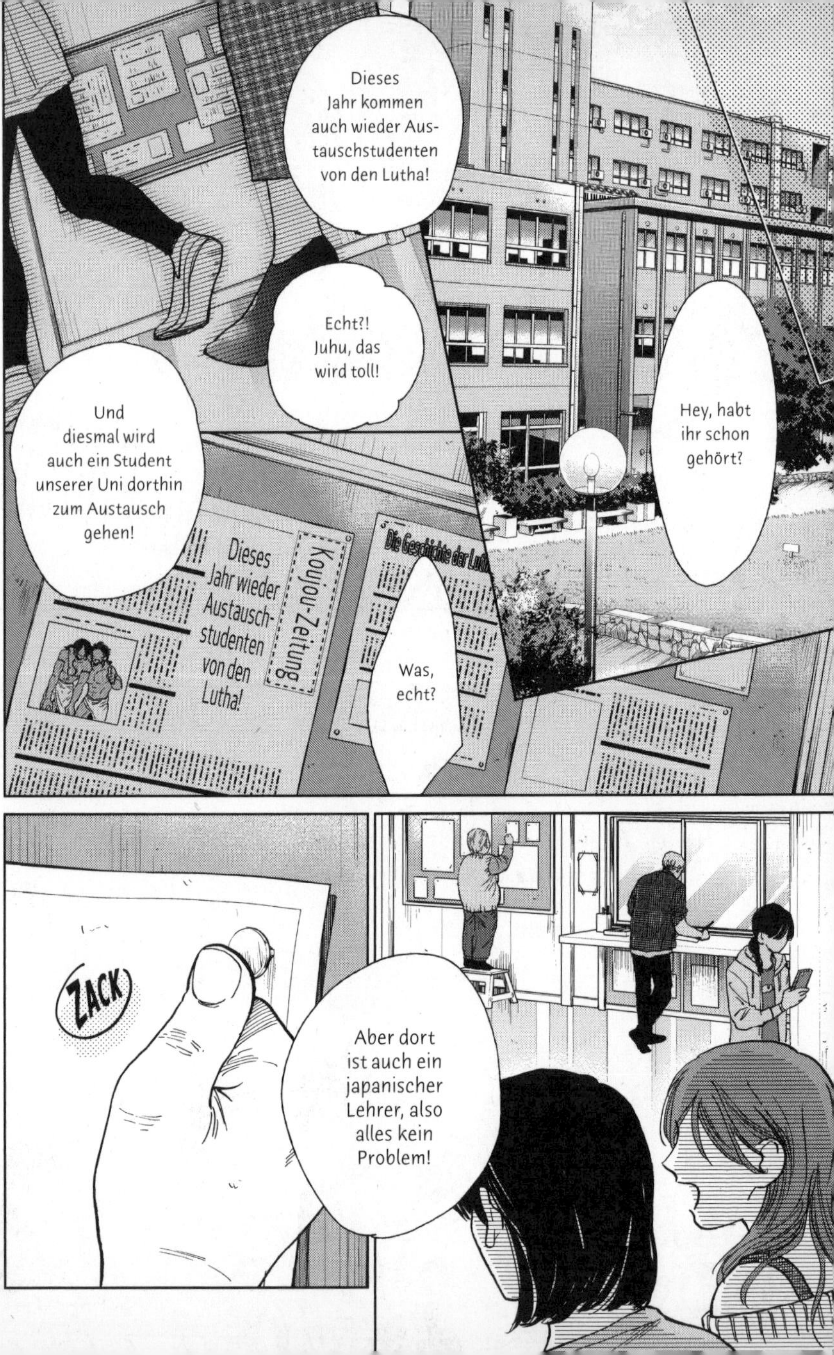
Hey, habt ihr schon gehört?
Dieses Jahr kommen auch wieder Austauschstudenten von den Lutha!
Echt?! Juhu, das wird toll!
Was, echt?
Und diesmal wird auch ein Student unserer Uni dorthin zum Austausch gehen!
Koujou-Zeitung
Dieses Jahr wieder Austauschstudenten von den Lutha!
Aber dort ist auch ein japanischer Lehrer, also alles kein Problem!
ZACK

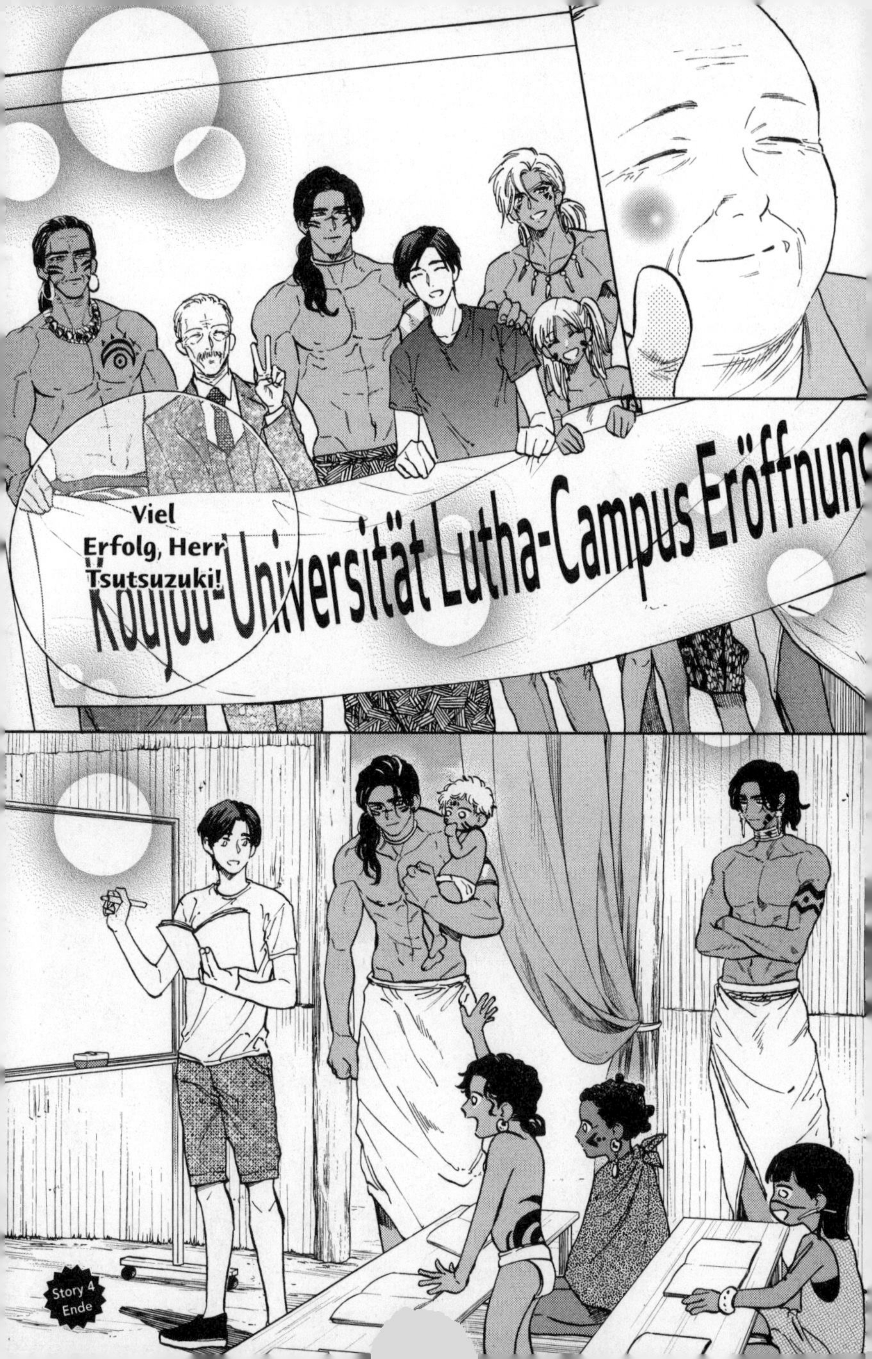
Viel Erfolg, Herr Tsutsuzuki!
Koujou-Universität Lutha-Campus Eröffnung
Story 4 Ende

MOTHER'S SPIRIT 2

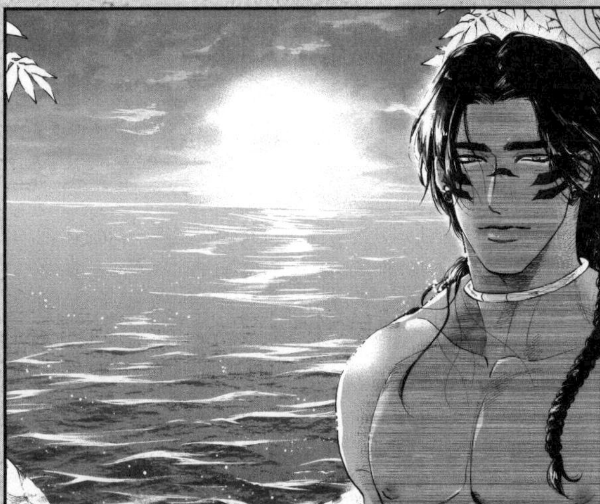

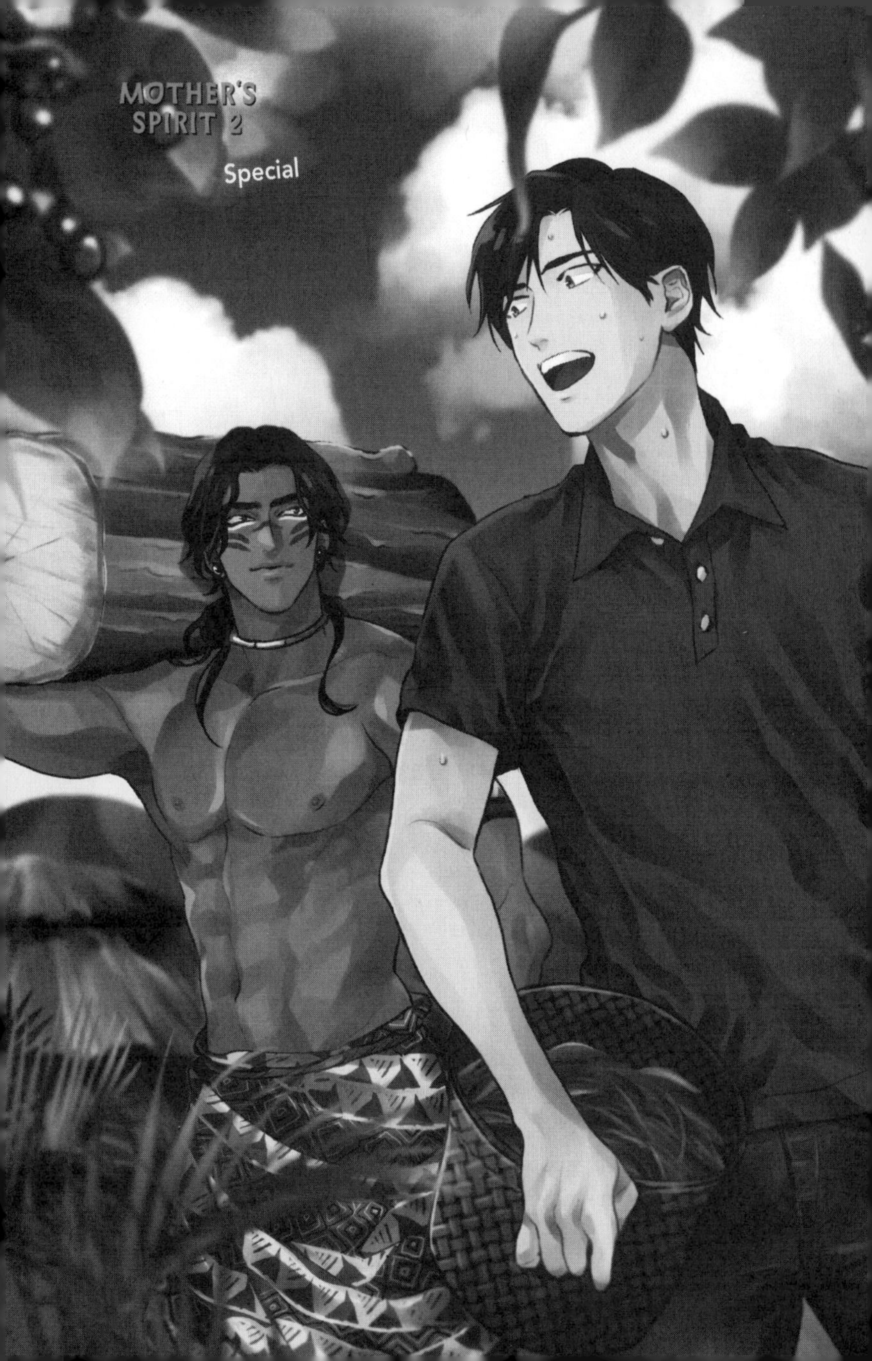
MOTHER'S SPIRIT 2
Special

MOTHER'S SPIRIT 2

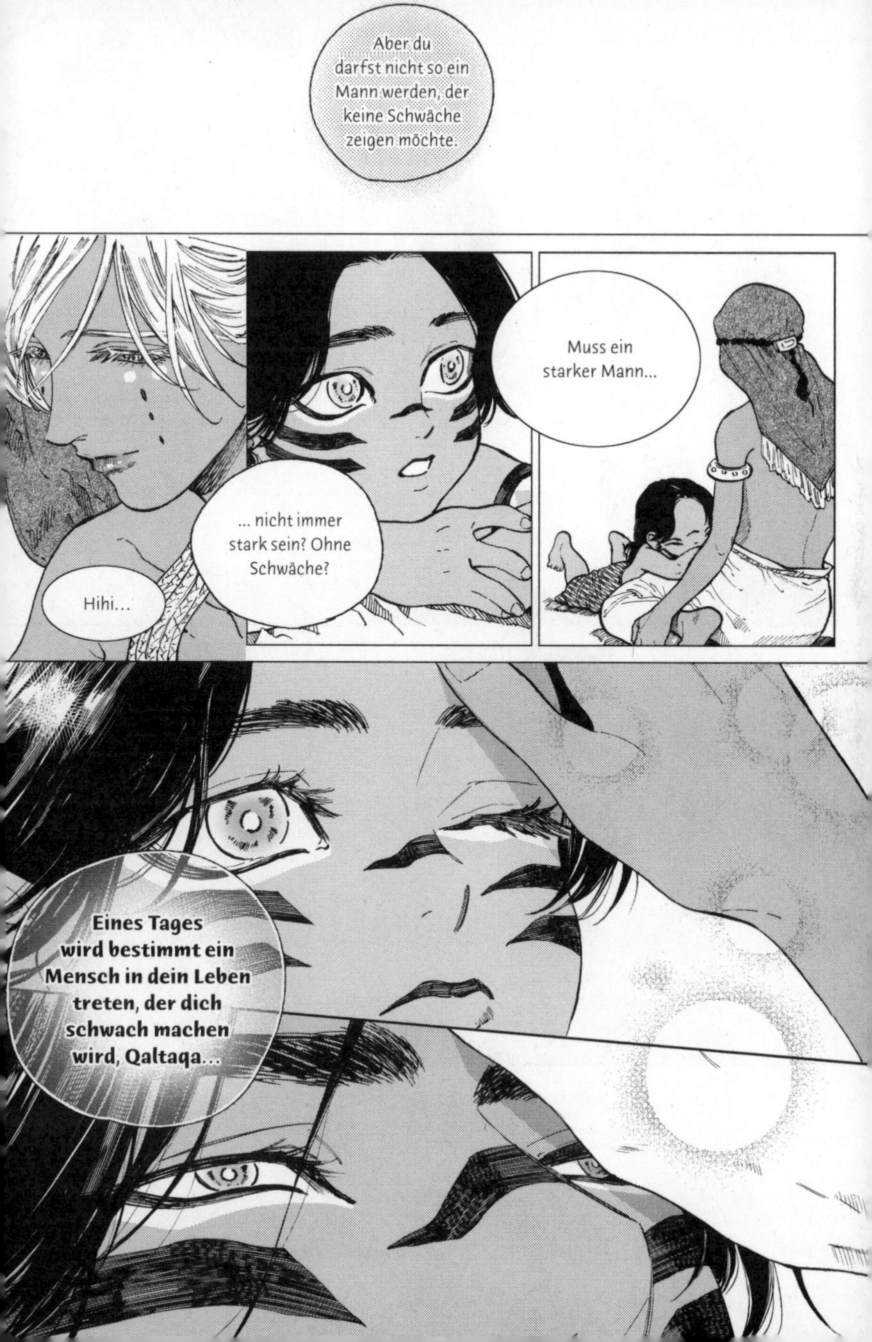
Aber du darfst nicht so ein Mann werden, der keine Schwäche zeigen möchte.
Muss ein starker Mann...
... nicht immer stark sein? Ohne Schwäche?
Hihi...
Eines Tages wird bestimmt ein Mensch in dein Leben treten, der dich schwach machen wird, Qaltaqa...

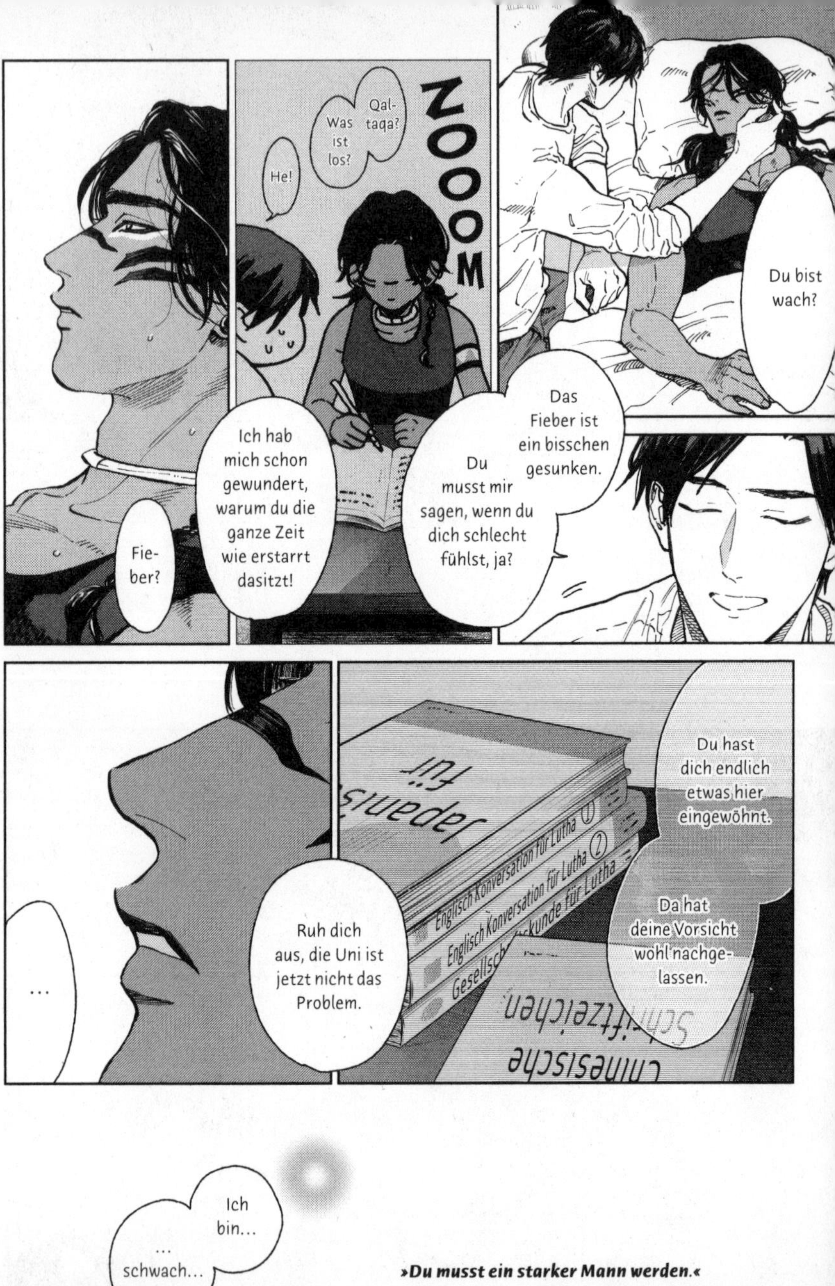
Du bist wach?
Das Fieber ist ein bisschen gesunken.
Du musst mir sagen, wenn du dich schlecht fühlst, ja?
Fie-ber?
Qal-taqa?
Was ist los?
He!
ZOOOOM
Ich hab mich schon gewundert, warum du die ganze Zeit wie erstarrt dasitzt!
Du hast dich endlich etwas hier eingewöhnt.
Da hat deine Vorsicht wohl nachgelassen.
Ruh dich aus, die Uni ist jetzt nicht das Problem.
Japanisch für
Englisch Konversation für Lutha 1
Englisch Konversation für Lutha 2
Chinesische Schriftzeichen
…
Ich bin…
… schwach…
»Du musst ein starker Mann werden.«

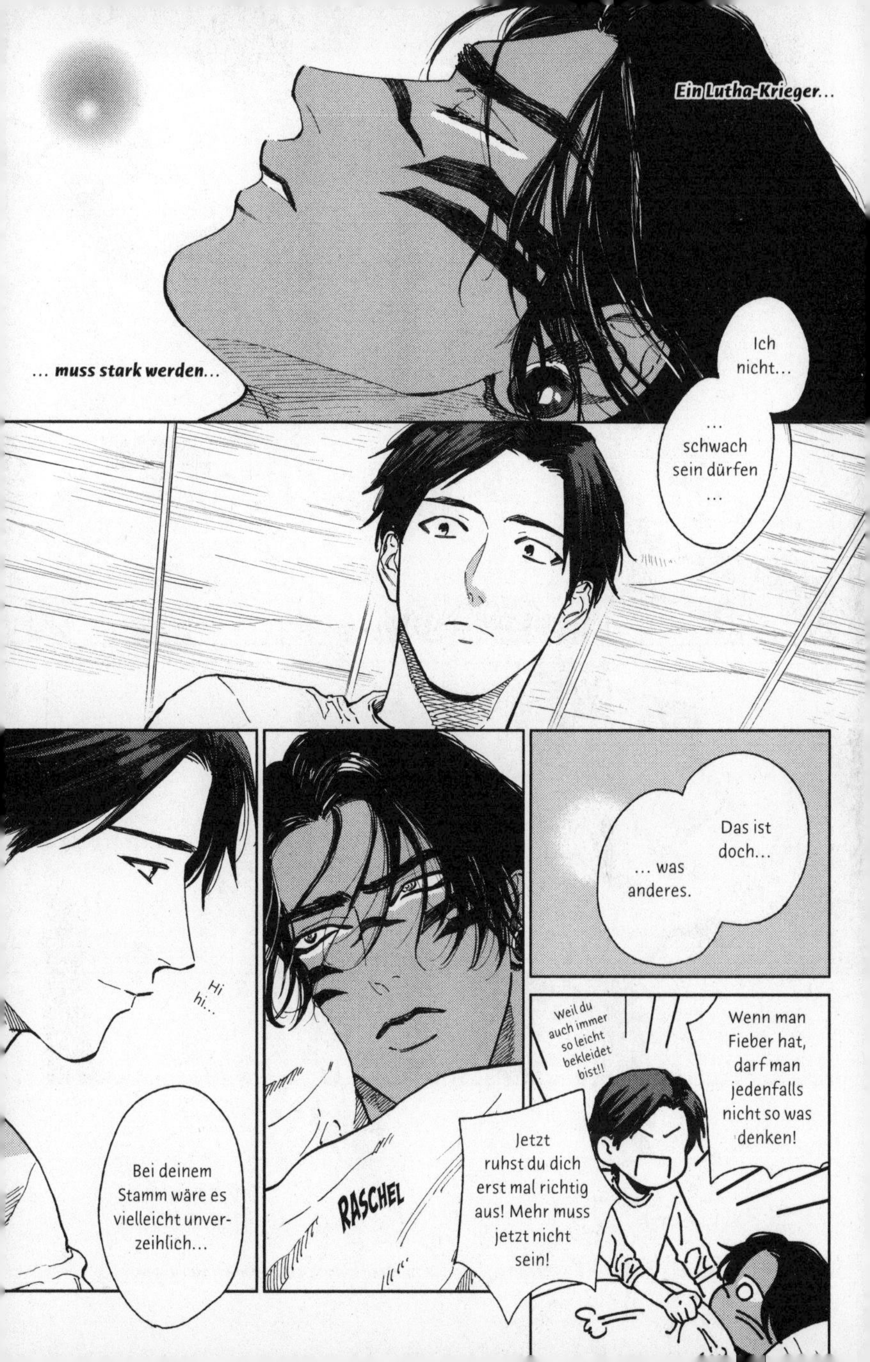
Ein Lutha-Krieger…
… muss stark werden…
Ich nicht…
… schwach sein dürfen …
Hi hi…
Bei deinem Stamm wäre es vielleicht unverzeihlich…
RASCHEL
Das ist doch…
… was anderes.
Weil du auch immer so leicht bekleidet bist!!
Wenn man Fieber hat, darf man jedenfalls nicht so was denken!
Jetzt ruhst du dich erst mal richtig aus! Mehr muss jetzt nicht sein!

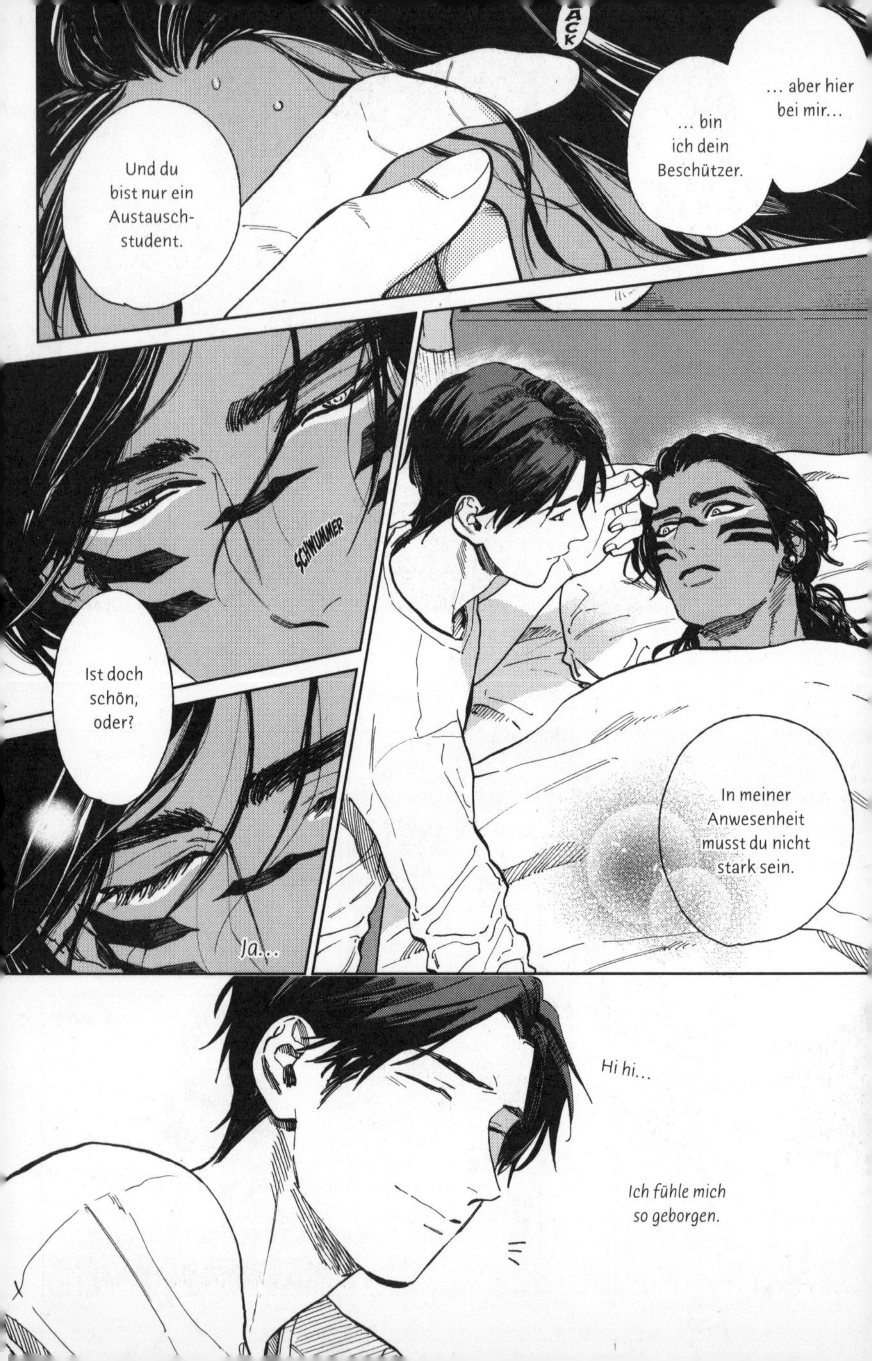

ACK
... aber hier bei mir...
... bin ich dein Beschützer.
Und du bist nur ein Austausch-student.
In meiner Anwesenheit musst du nicht stark sein.
SCHWUMMER
Ist doch schön, oder?
Ja...
Hi hi...
Ich fühle mich so geborgen.

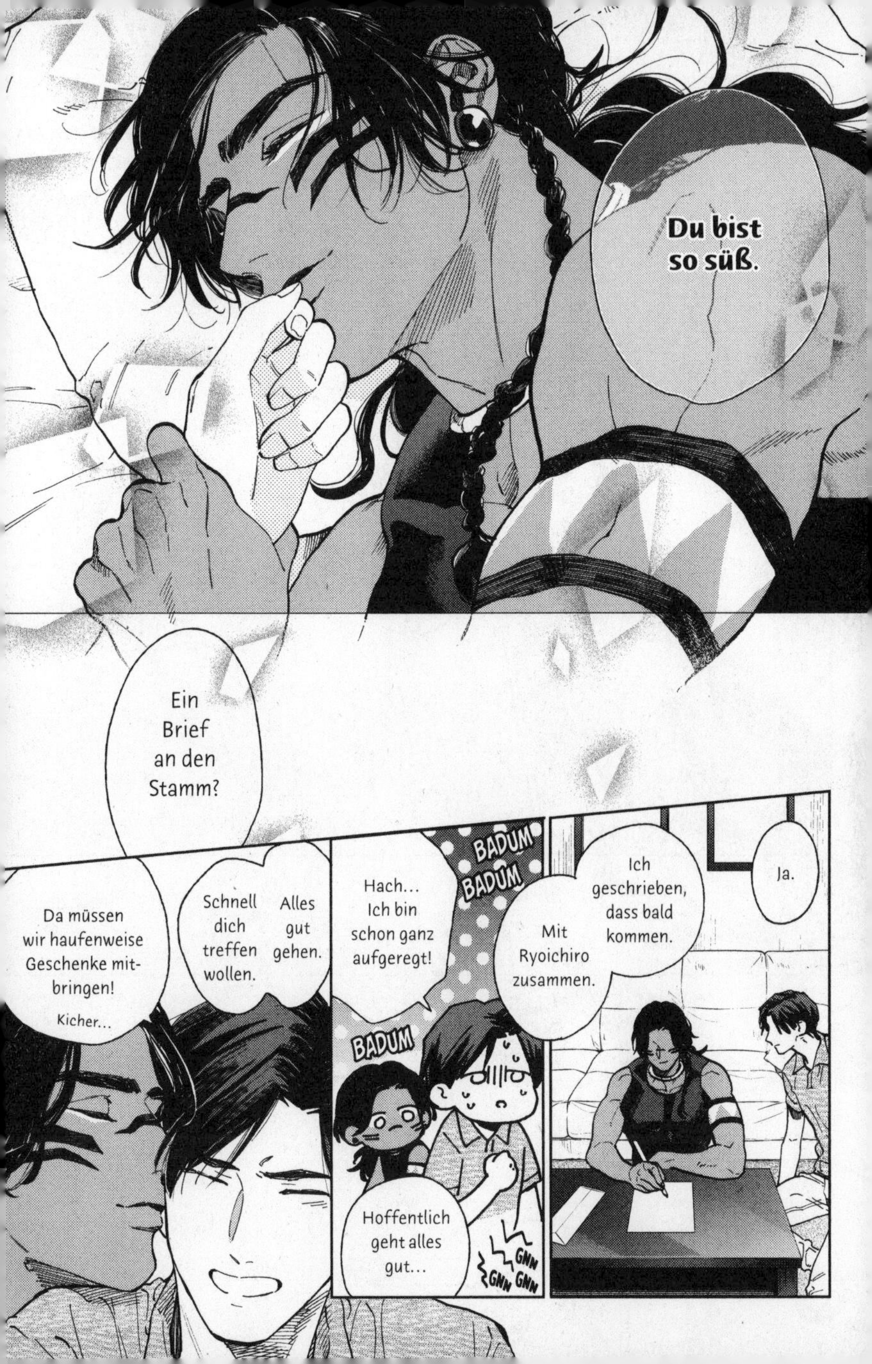
Du bist so süß.
Ein Brief an den Stamm?
Ja.
Ich geschrieben, dass bald kommen.
Mit Ryoichiro zusammen.
BADUM BADUM
Hach… Ich bin schon ganz aufgeregt!
BADUM
Hoffentlich geht alles gut…
GNN GNN GNN GNN
Alles gut gehen.
Schnell dich treffen wollen.
Da müssen wir haufenweise Geschenke mitbringen!
Kicher…

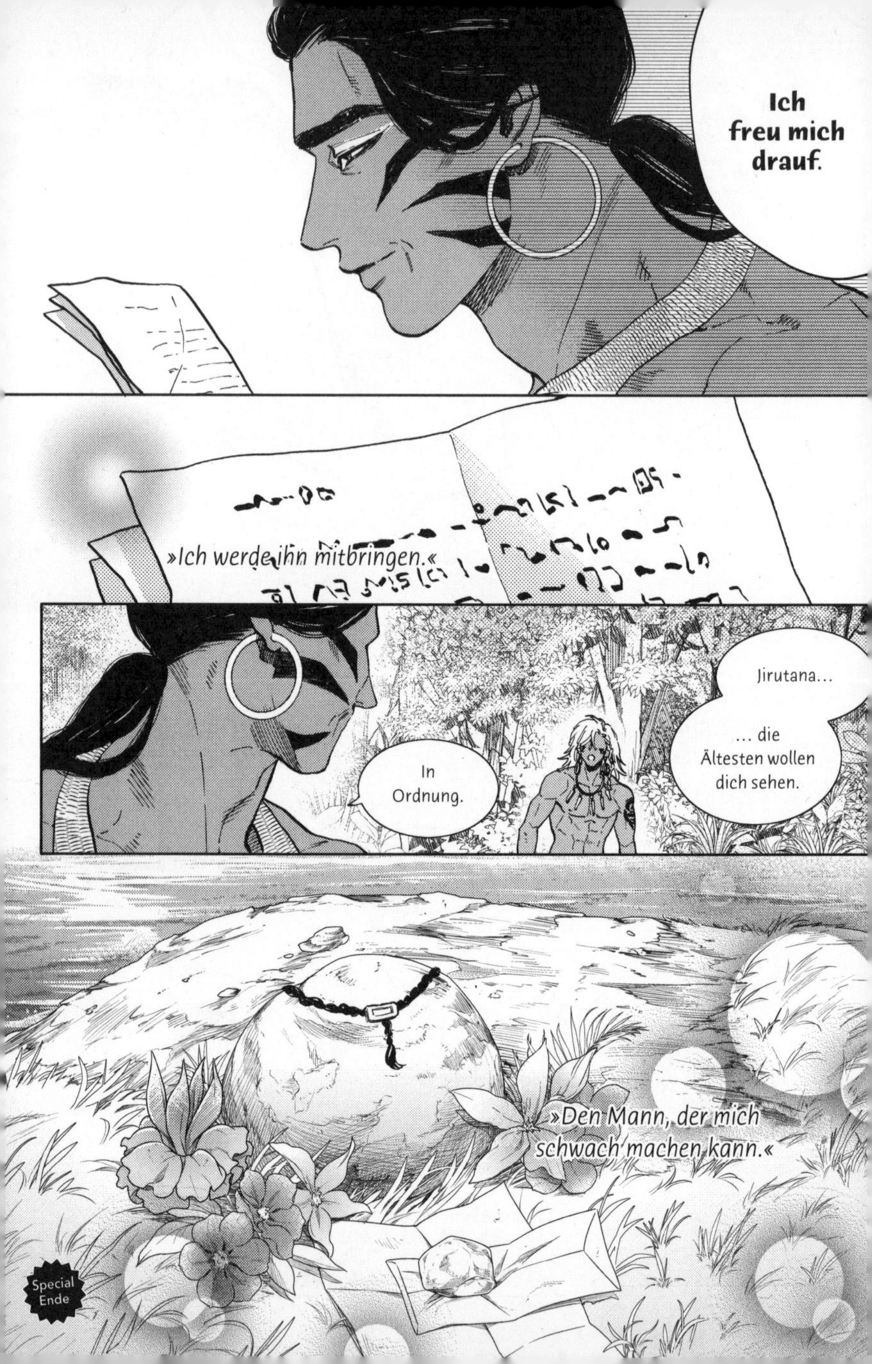
Ich freu mich drauf.
»Ich werde ihn mitbringen.«
Jirutana…
… die Ältesten wollen dich sehen.
In Ordnung.
»Den Mann, der mich schwach machen kann.«
Special Ende

MOTHER'S SPIRIT 2

MOTHER'S SPIRIT 2

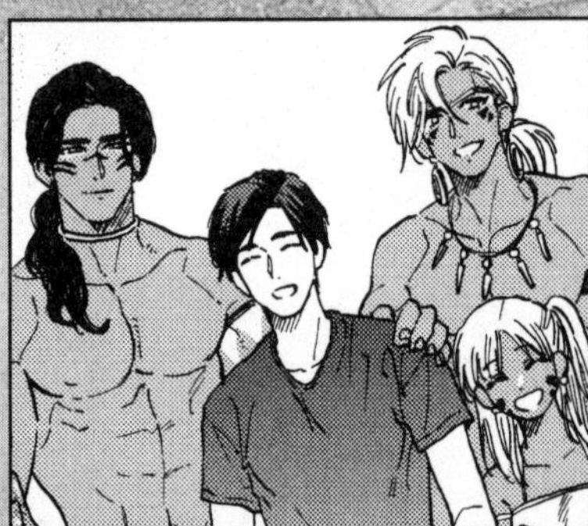

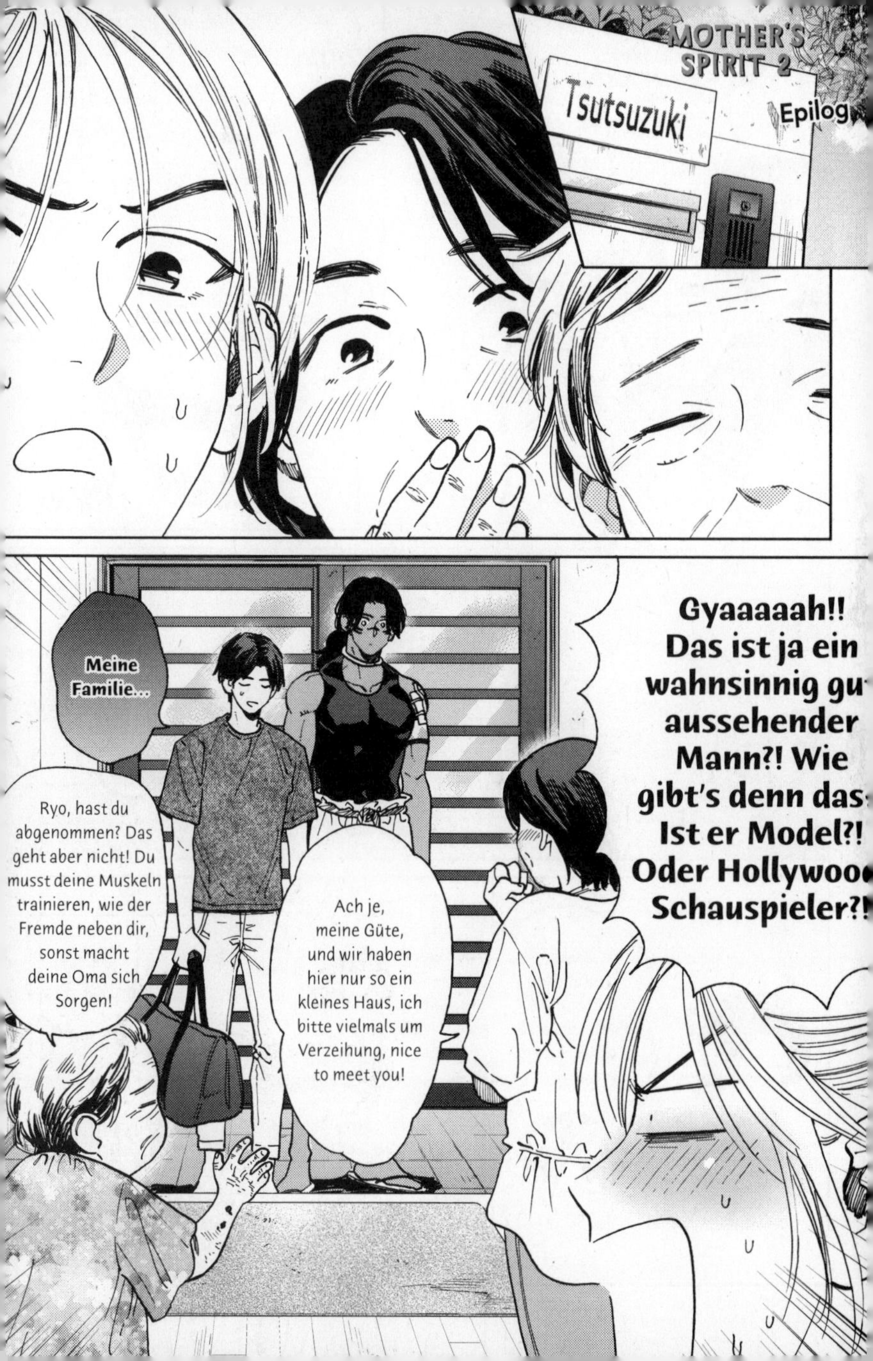
MOTHER'S SPIRIT 2
Epilog
Tsutsuzuki
Gyaaaaah!! Das ist ja ein wahnsinnig gu aussehender Mann?! Wie gibt's denn das Ist er Model?! Oder Hollywoo Schauspieler?!
Meine Familie…
Ach je, meine Güte, und wir haben hier nur so ein kleines Haus, ich bitte vielmals um Verzeihung, nice to meet you!
Ryo, hast du abgenommen? Das geht aber nicht! Du musst deine Muskeln trainieren, wie der Fremde neben dir, sonst macht deine Oma sich Sorgen!

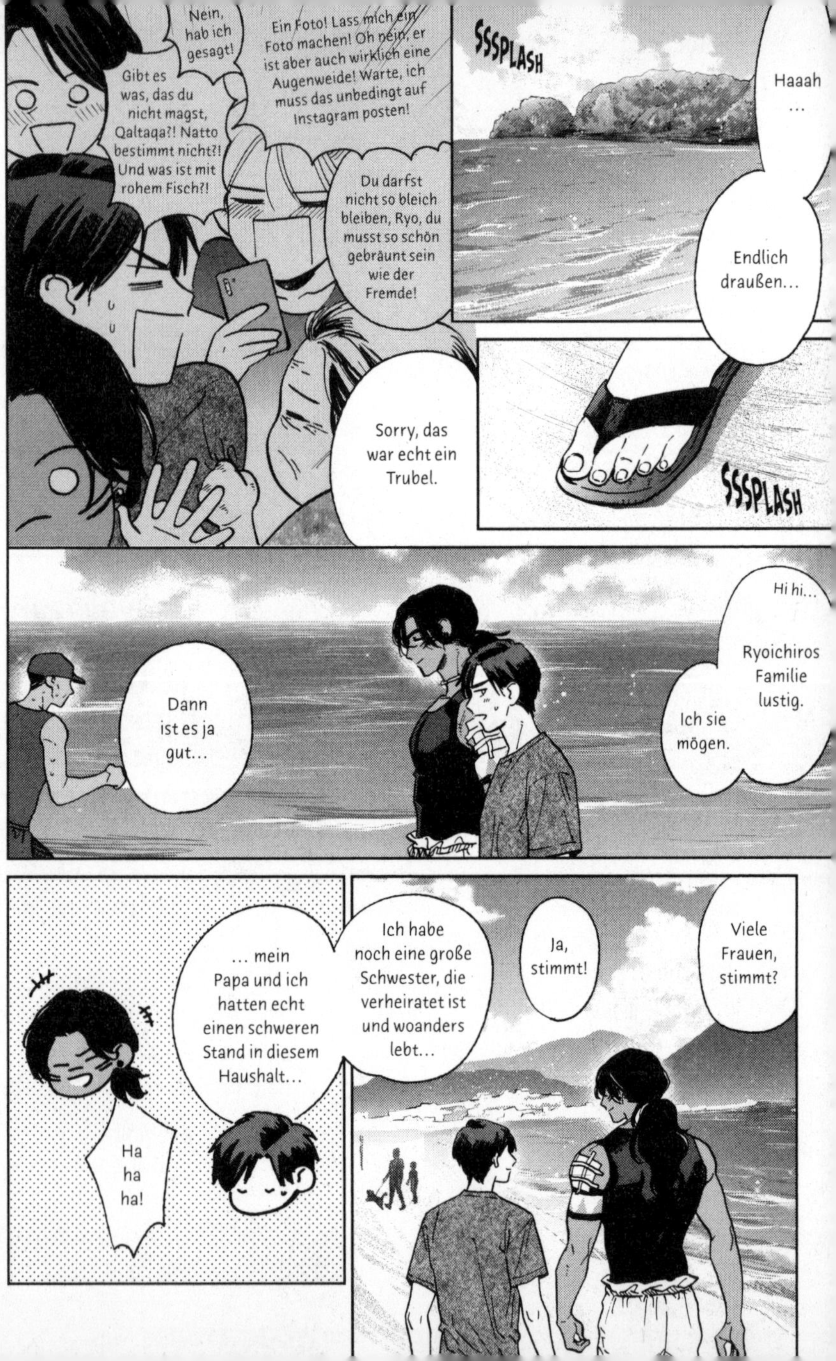
SSSPLASH
Haaah …
Endlich draußen…
SSSPLASH
Ein Foto! Lass mich ein Foto machen! Oh nein, er ist aber auch wirklich eine Augenweide! Warte, ich muss das unbedingt auf Instagram posten!
Nein, hab ich gesagt!
Gibt es was, das du nicht magst, Qaltaqa?! Natto bestimmt nicht?! Und was ist mit rohem Fisch?!
Du darfst nicht so bleich bleiben, Ryo, du musst so schön gebräunt sein wie der Fremde!
Sorry, das war echt ein Trubel.
Hi hi…
Ryoichiros Familie lustig.
Ich sie mögen.
Dann ist es ja gut…
Viele Frauen, stimmt?
Ja, stimmt!
Ich habe noch eine große Schwester, die verheiratet ist und woanders lebt…
… mein Papa und ich hatten echt einen schweren Stand in diesem Haushalt…
Ha ha ha!

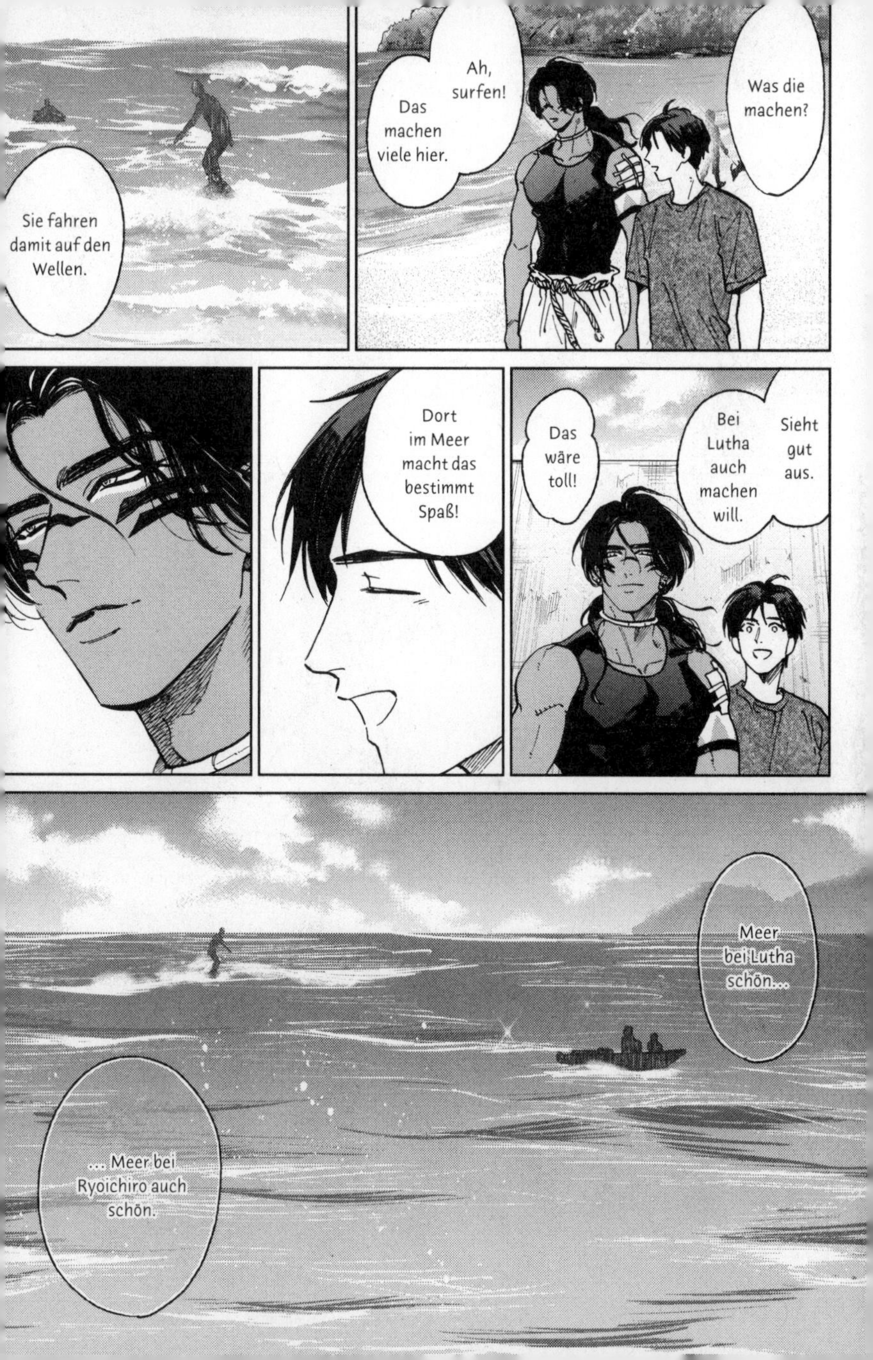
Was die machen?
Ah, surfen!
Das machen viele hier.
Sie fahren damit auf den Wellen.
Sieht gut aus.
Bei Lutha auch machen will.
Das wäre toll!
Dort im Meer macht das bestimmt Spaß!
Meer bei Lutha schön...
... Meer bei Ryoichiro auch schön.

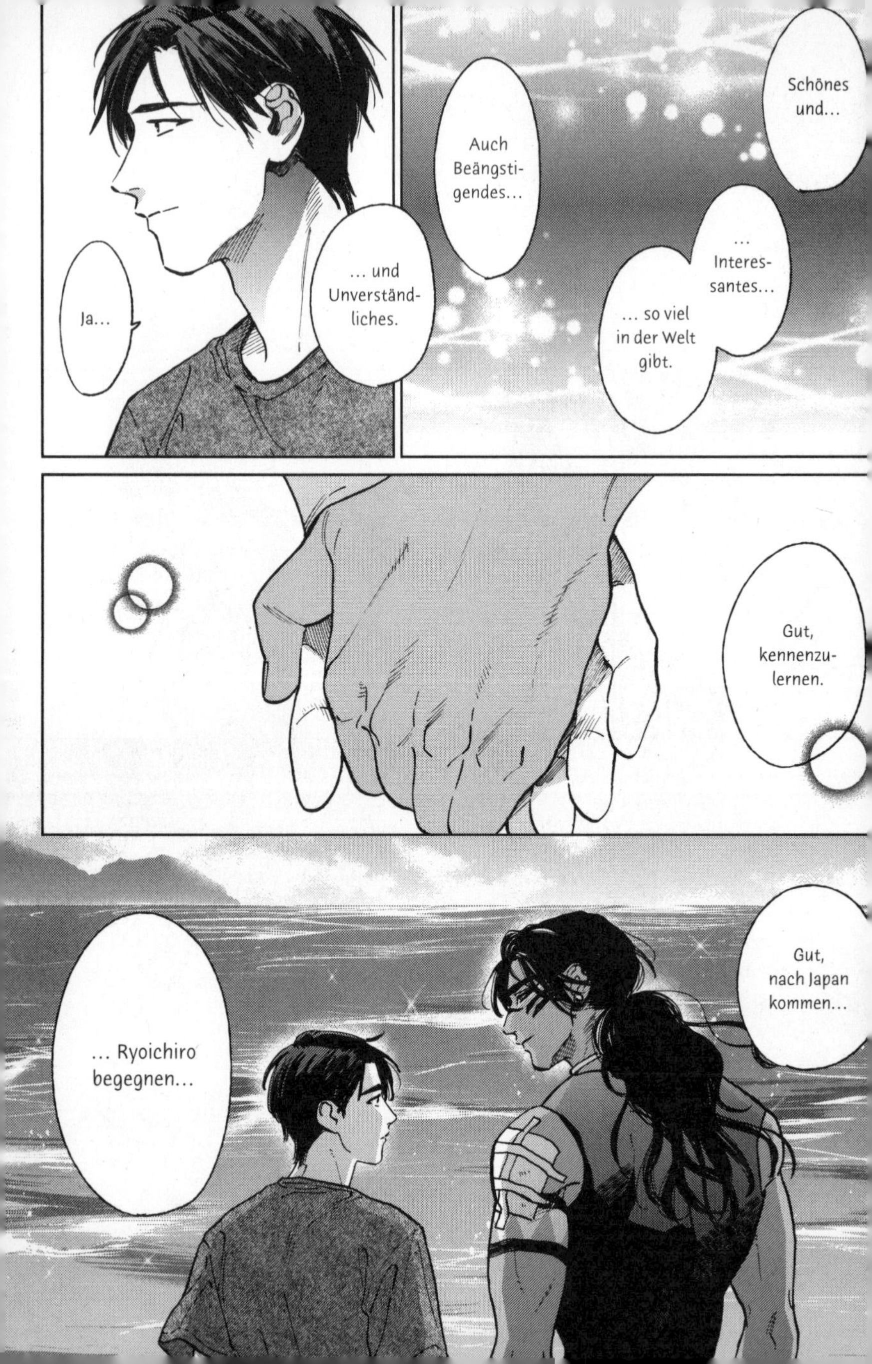
Schönes und…
… Interessantes…
… so viel in der Welt gibt.
Auch Beängstigendes…
… und Unverständliches.
Ja…
Gut, kennenzulernen.
Gut, nach Japan kommen…
… Ryoichiro begegnen…

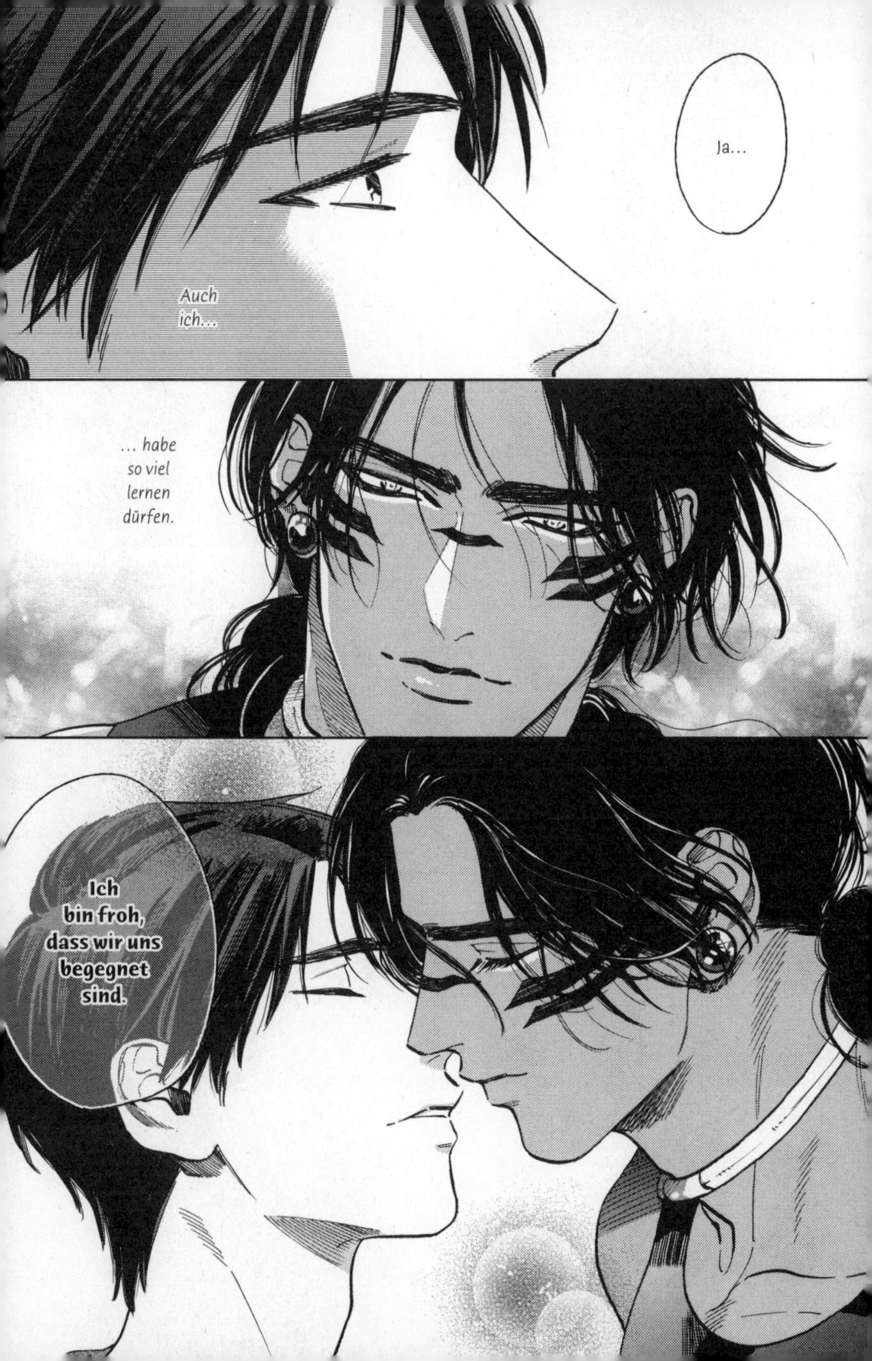
Ja…
Auch ich…
… habe so viel lernen dürfen.
Ich bin froh, dass wir uns begegnet sind.

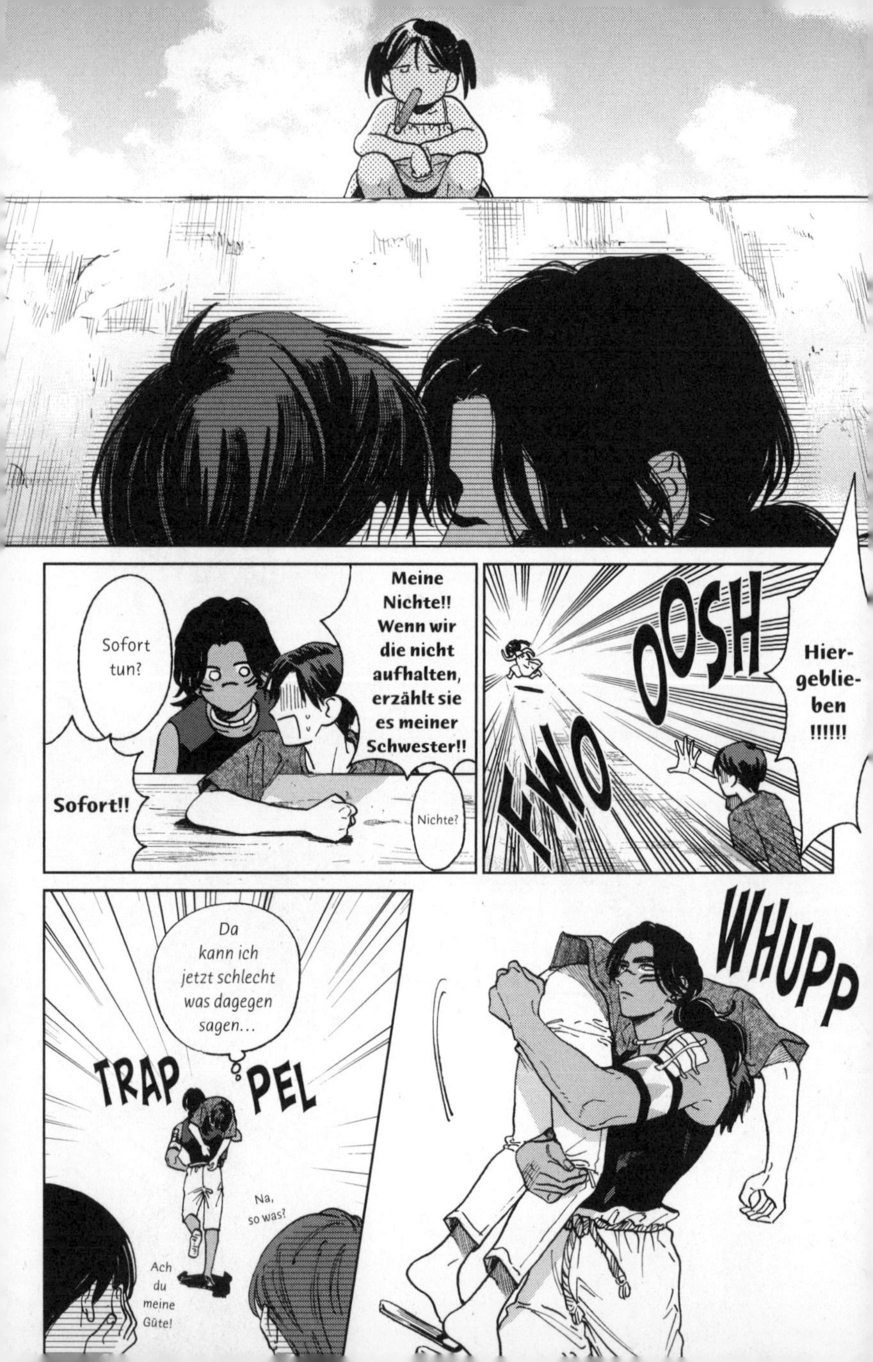
Meine Nichte!! Wenn wir die nicht aufhalten, erzählt sie es meiner Schwester!!
Sofort tun?
Sofort!!
Nichte?
Hier-geblie-ben!!!!!!
FWOOOSH
WHUPP
Da kann ich jetzt schlecht was dagegen sagen…
TRAPPEL
Na, so was?
Ach du meine Güte!

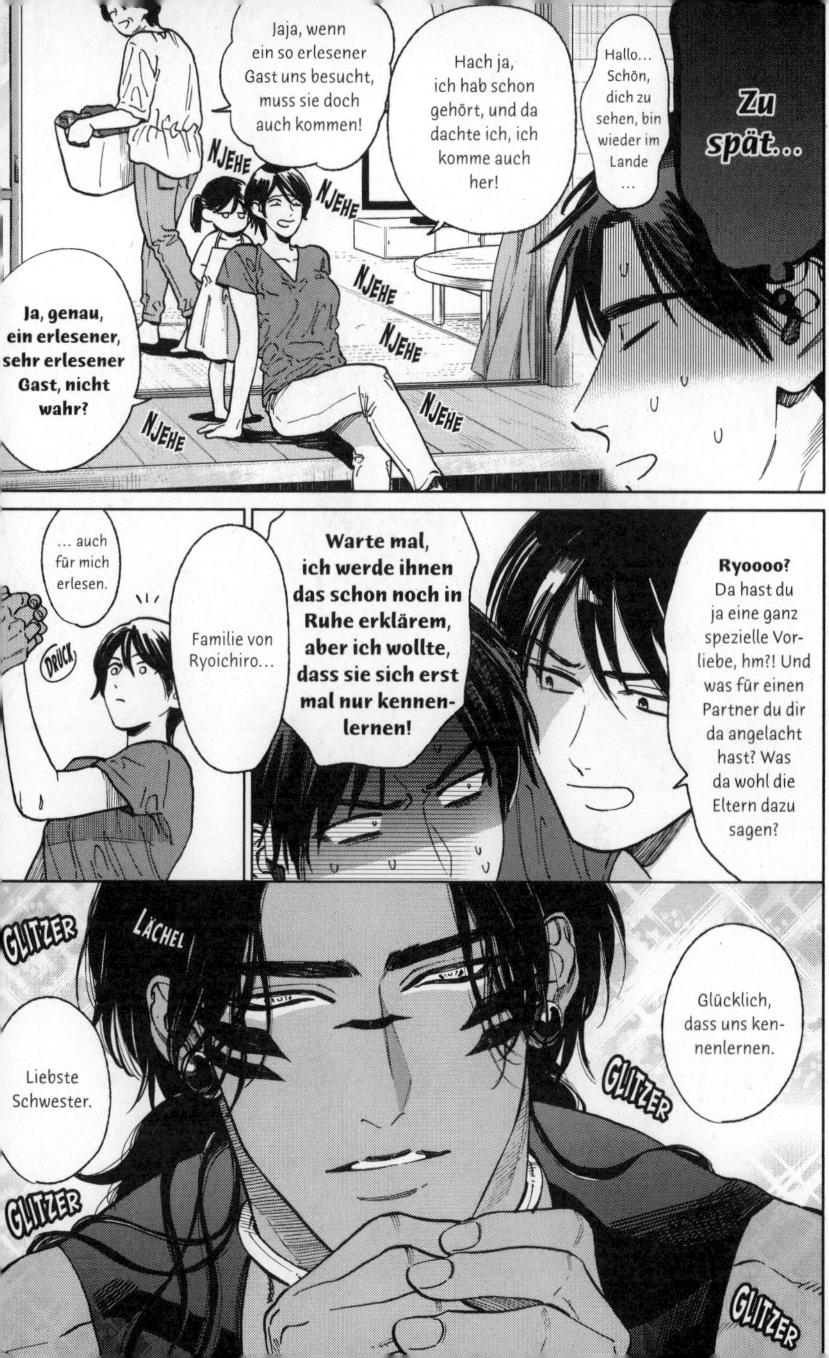
Zu spät…
Hallo… Schön, dich zu sehen, bin wieder im Lande …
Hach ja, ich hab schon gehört, und da dachte ich, ich komme auch her!
Jaja, wenn ein so erlesener Gast uns besucht, muss sie doch auch kommen!
NJEHE
NJEHE
NJEHE
NJEHE
NJEHE
NJEHE
Ja, genau, ein erlesener, sehr erlesener Gast, nicht wahr?
Ryoooo? Da hast du ja eine ganz spezielle Vorliebe, hm?! Und was für einen Partner du dir da angelacht hast? Was da wohl die Eltern dazu sagen?
Warte mal, ich werde ihnen das schon noch in Ruhe erklärem, aber ich wollte, dass sie sich erst mal nur kennenlernen!
Familie von Ryoichiro…
… auch für mich erlesen.
DRÜCK
Glücklich, dass uns kennenlernen.
Liebste Schwester.
LÄCHEL
GLITZER
GLITZER
GLITZER
GLITZER

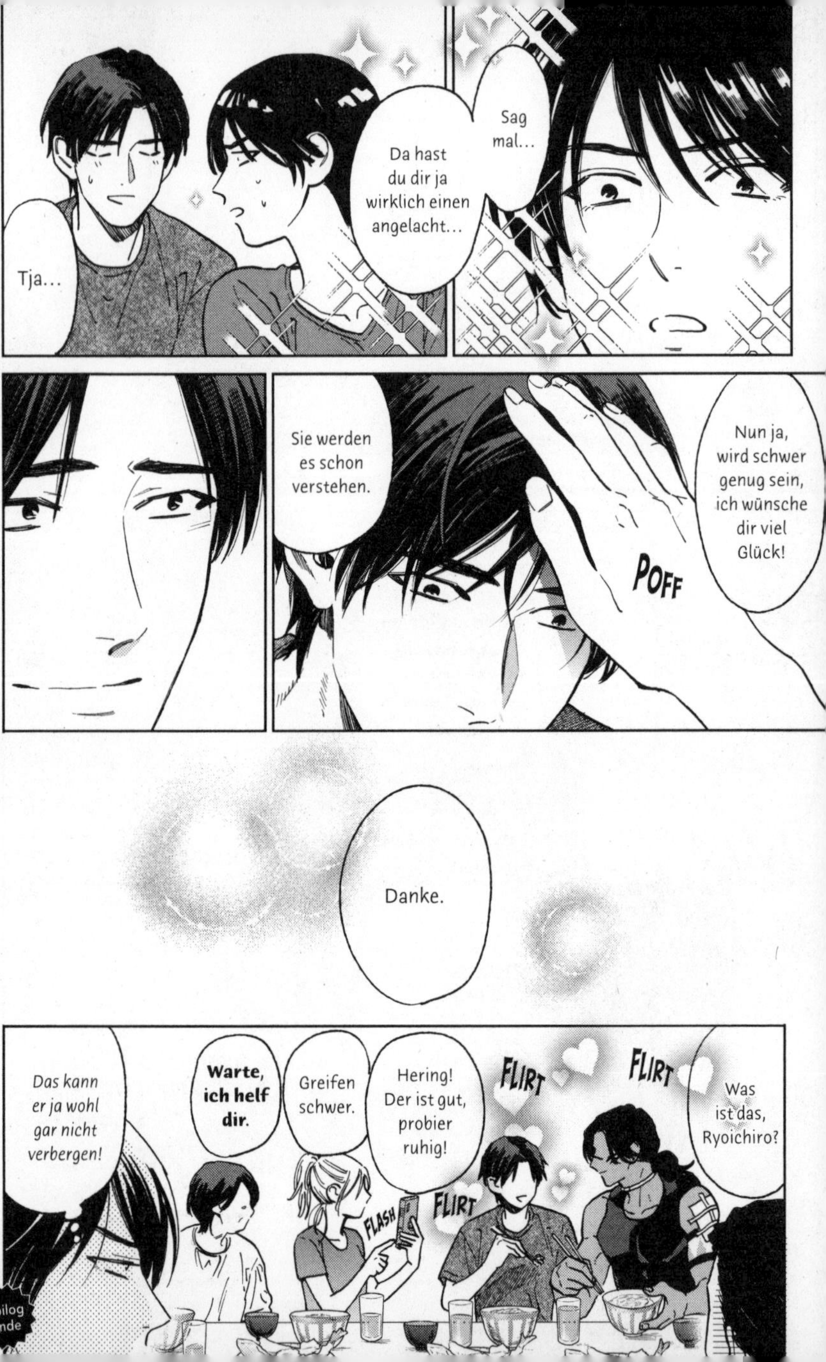
Sag mal…
Da hast du dir ja wirklich einen angelacht…
Tja…
Nun ja, wird schwer genug sein, ich wünsche dir viel Glück!
POFF
Sie werden es schon verstehen.
Danke.
Was ist das, Ryoichiro?
FLIRT
FLIRT
FLIRT
Hering! Der ist gut, probier ruhig!
Greifen schwer.
FLASH
Warte, ich helf dir.
Das kann er ja wohl gar nicht verbergen!
Epilog Ende

CARLSEN MANGA! NEWS – jeden Monat neu per E-Mail!
www.carlsenmanga.de | www.carlsen.de

CARLSEN MANGA
Deutsche Ausgabe/German Edition

Aus dem Japanischen von Dorothea Überall

Originally published in Japan in 2019 by TOKUMA SHOTEN PUBLISHING CO.,LTD., Tokyo.
German translation rights arranged with TOKUMA SHOTEN PUBLISHING CO.,LTD., Tokyo, through TOHAN CORPORATION, Tokyo.
Redaktion: Britta Hellwig
Herstellung: Wiebke Düsedau, Maria Niemann
Lettering: Vibrraant Publishing Studios

ISBN: 978-3-551-73700-7

FSC www.fsc.org
MIX
Papier aus verantwortungsvollen Quellen
FSC® C083411

CARLSEN MANGA! CHECKLIST

ATTACK ON TITAN – NO REGRETS FULL COLOR EDITION

von Hajime Isayama
€ 14,99 (D) / € 15,50 (A)
O Band 1 & 2
In 2 Bänden abgeschlossen

ATTACK ON TITAN – OUTSIDE

von Hajime Isayama
€ 12,90 (D) / € 13,30 (A)
O AoT– Outside

ATTACK ON TITAN – SHORT PLAY

von Isayama & hounori
€ 8,99 (D) / € 9,30 (A)
O Attack on Titan – short play

ATTACK ON TITAN – THE HARSH MISTRESS OF THE CITY
(Nippon Novel)

von Hajime Isayama
€ 10,00 (D) / € 10,30 (A)
O Doppelpack 10/20
In 2 Bänden abgeschlossen

BARFUSS DURCH HIROSHIMA

von Keiji Nakazawa
€ 12,00 (D) / € 12,40 (A)
O Band 2
€ 14,00 (D) / € 14,40 (A)
O Band 1, 3 bis 4

BARRAGE

von Kohei Horikoshi
€ 6,99 (D) / € 7,20 (A)
O Band 1 bis 2
In 2 Bänden abgeschlossen

BATTLE ANGEL ALITA – PERFECT EDITION

von Yukito Kishiro
€ 19,99 (D) / € 20,60 (A)
O Band 1 bis 3
€ 24,99 (D) / € 25,70 (A)
O Band 4
In 4 Bänden abgeschlossen
€ 29,99 (D) / € 30,90 (A)
O Band 4 im Schuber
€ 89,99 (D) / € 92,60 (A)
O Band 1-4 im Schuber

ATTACK ON TITAN ANTHOLOGIE

von Div.
€ 19,99 (D) / € 20,60 (A)
O Attack on Titan Anthologie

ATTACK ON TITAN – BEFORE THE FALL

von Hajime Isayama
€ 6,95 (D) / € 7,20 (A)
O Band 1 bis 17
In 17 Bänden abgeschlossen

ATTACK ON TITAN CHARACTER GUIDE

von Hajime Isayama
€ 12,90 (D) / € 13,30 (A)
O Character Guide

ATTACK ON TITAN – DELUXE

von Hajime Isayama
€ 25,00 (D) / € 25,70 (A)
O Band 1 bis 6
O Band 7 10/20

ATTACK ON TITAN – INSIDE

von Hajime Isayama
€ 12,90 (D) / € 13,30 (A)
O Attack on Titan – Inside

ATTACK ON TITAN – LOST GIRLS

von Isayama, Seko & Fuji
€ 6,99 (D) / € 7,20 (A)
O Band 1 & 2
In 2 Bänden abgeschlossen

ATTACK ON TITAN – LOST GIRLS
(Nippon Novel)

von Hiroshi Seko
€ 9,95 (D) / € 10,30 (A)
O AoT– Lost Girls

ATTACK ON TITAN – NO REGRETS

von Hajime Isayama
€ 6,95 (D) / € 7,20 (A)
O Band 1 & 2
In 2 Bänden abgeschlossen

ARTE

von Kei Ohkubo
€ 10,00 (D) / € 10,30 (A)
O Band 1
O Band 2 09/20
O Band 3 11/20
O Band 4 01/21
Bislang 13 Bände in Japan

ASSASSINATION CLASSROOM

von Yusei Matsui
€ 6,50 (D) / € 6,70 (A)
O Band 1 bis 21
In 21 Bänden abgeschlossen
€ 12,99 (D) / € 13,40 (A)
O Character Book

ASSASSINATION CLASSROOM – SCHUBER

von Yusei Matsui
€ 9,95 (D) / € 10,30 (A)
O Band 8 im Schuber
O Band 16 im Schuber
O Band 21 im Schuber
€ 49,90 (D) / € 51,30 (A)
O Band 1-8 im Schuber
€ 49,90 (D) / € 51,30 (A)
O Band 9-16 im Schuber
€ 29,95 (D) / € 30,80 (A)
O Band 17-21 im Schuber

ATTACK ON TITAN

von Hajime Isayama
€ 6,95 (D) / € 7,20 (A)
O Band 1 bis 29
O Band 30 11/20
O Band 31 02/21
Bislang 32 Bände in Japan
€ 9,95 (D) / € 10,20 (A)
O Band 10 im Schuber
O Band 15 im Schuber
O Band 20 im Schuber
O Band 25 im Schuber
O Band 30 im Schuber 11/20
€ 36,00 (D) / € 37,10 (A)
O Bände 1-5 im Schuber
O Bände 6-10 im Schuber
O Bände 11-15 im Schuber
O Bände 16-20 im Schuber
O Bände 21-25 im Schuber
O Bände 26-30 im Schuber 11/20

ATTACK ON TITAN – ANSWERS

von Hajime Isayama
€ 12,90 (D) / € 13,30 (A)
O Attack on Titan – Answers

12 JAHRE

von Nao Maita
€ 5,99 (D) / € 6,20 (A)
O Band 1 bis 13
O Band 14 01/21
In 20 Bänden abgeschlossen

ABE SADA

von Kazuo Kamimura
€ 14,99 (D) / € 15,50 (A)
O Band 1 & 2
In 2 Bänden abgeschlossen

ACID TOWN

von Kyugo
€ 7,95 (D) / € 8,20 (A))
O Band 6 12/20
Bislang 6 Bände in Japan

AKIRA – ORIGINAL EDITION

von Katsuhiro Otomo
€ 19,90 (D) / € 20,50 (A)
O Band 1 bis 3
€ 22,90 (D) / € 23,60 (A)
O Band 4 bis 6
In 6 Bänden abgeschlossen

ALICE IN MURDERLAND

von Kaori Yuki
€ 7,95 (D) / € 8,20 (A)
O Band 1 bis 11
In 11 Bänden abgeschlossen.

ALISIK

von Helge Vogt & Hubertus Rufledt
€ 8,99 (D) / € 9,30 (A)
O Band 1
€ 7,99 (D) / € 8,30 (A)
O Band 2 bis 4
In 4 Bänden abgeschlossen

ALPHA² – NEUEDITION

von Kamineo Kamoi
€ 14,00 (D) / € 14,40 (A)
O Alpha² - Neuedition

ANONYMOUS NOISE

von Ryoko Fukuyama
€ 5,00 (D) / € 6,20 (A)
O Band 1
€ 6,99 (D) / € 7,20 (A)
O Band 2 bis 15
O Band 16 10/20
O Band 17 02/21
In 18 Bänden abgeschlossen

CARLSEN MANGA! CHECKLIST

DIALOGE MIT MIR SELBST
von Kabi Nagata
€ 18,00 (D)/ € 18,50 (A)
O Band 1
O Band 2 01/21
In 2 Bänden abgeschlossen

DIE INSEL DER BESONDEREN KINDER
von Ransom Riggs
& Cassandra Jean
€ 14,90 (D) / € 15,20 (A)
O Die Insel der besonderen Kinder

DIE STADT DER BESONDEREN KINDER
von Ransom Riggs
& Cassandra Jean
€ 14,90 (D) / € 15,40 (A)
O Die Stadt der besonderen Kinder

DOUBT
von Yoshiki Tonogai
€ 7,95 (D) / € 8,20 (A)
O Band 1 bis 3
€ 8,95 (D) / € 9,20 (A)
O Band 4
In 4 Bänden abgeschlossen

DRAGON BALL
von Akira Toriyama
€ 6,50 (D) / € 6,70 (A)
O Band 1 bis 42
In 42 Bänden abgeschlossen

DRAGON BALL MASSIV
von Akira Toriyama
€ 5,00 (D) / € 5,20 (A)
O Band 1
€ 10,00 (D) / € 10,30 (A)
O Band 2 bis 6
O Band 7 09/20
O Band 8 11/20
O Band 9 01/21

DRAGON BALL SD
von Akira Toriyama
(Original Story),
Naho Ohishi
€ 7,95 (D) / € 8,20 (A)
O Band 1 bis 6
Bislang 6 Bände in Japan

BUDDHA
von Osamu Tezuka
€ 22,90 (D) / € 23,60 (A)
O 1 bis 10
In 10 Bänden abgeschlossen

CHIISAKOBEE
von Minetaro Mochizuki
€ 14,90 (D) / € 15,40 (A)
O Band 1 bis 4
In 4 Bänden abgeschlossen

COYOTE
von Ranmaru Zariya
€ 7,99 (D) / € 8,30 (A)
O Band 1 bis 2
O Band 3 01/21
Bislang 3 Bände in Japan

CROSS ACCOUNT
von Tsunehiro Date
€ 6,99 (D) / € 7,20 (A)
O Band 1 bis 4
In 4 Bänden abgeschlossen

DEFENSE DEVIL
von Youn In-Wan
& Yang Kyung-Il
€ 5,95 (D) / € 6,20 (A)
O Band 1 bis 10
In 10 Bänden abgeschlossen

DEPTH OF FIELD
von Enjo
€ 8,00 (D) / € 8,30 (A)
O Band 1 & 2
In 2 Bänden abgeschlossen

DER LIEBHABER
von Kan Takahama
€ 22,00 (D)/ € 22,70 (A)
O Der Liebhaber 11/20

DER MANN MEINES BRUDERS
von Gengoroh Tagame
€ 10,00 (D) / € 10,30 (A)
O Band 1 bis 4
In 4 Bänden abgeschlossen

DEVILS & REALIST
von Utako Yukihiro
& Madoka Takadono
€ 6,95 (D) / € 7,20 (A)
O Band 2 bis 13
€ 7,95 (D) / € 8,20 (A)
O Band 14
€ 8,95 (D) / € 9,20 (A)
O Band 15
In 15 Bänden abgeschlossen

BLACK BUTLER
von Yana Toboso
€ 6,95 (D) / € 7,20 (A)
O Band 1 bis 28
O Band 29 09/20
€ 14,90 (D) / € 15,40 (A)
O Black Butler Character Guide
Bislang 29 Bände in Japan

BLACK BUTLER ARTWORKS
von Yana Toboso
€ 24,90 (D) / € 25,60 (A)
O Band 2

BLACK LAGOON
von Rei Hiroe
€ 6,95 (D) / € 7,20 (A)
O Band 4
€ 7,95 (D) / € 8,20 (A)
O Band 1-3, 5-8, 10-11
€ 8,95 (D) / € 9,20 (A)
O Band 9
Bislang 11 Bände in Japan

BLOOM INTO YOU
von Nio Naketani
€ 6,99 (D) / € 7,20 (A)
O Band 1 bis 7
€ 7,99 (D) / € 8,30 (A)
O Band 8 11/20
In 8 Bänden abgeschlossen

BLUE FLAG
von Kaito
€ 7,99 (D) / € 8,30 (A)
O Band 1 bis 6
O Band 7 12/20
Bislang 7 Bände in Japan

BLUE GIANT SUPREME
von Shinichi Ishizuka
€ 8,00 (D) / € 8,30 (A)
O Band 1 & 2
O Band 3 11/20
O Band 4 02/21
In 11 Bänden abgeschlossen

BORDER
von Kazuma Kodaka
€ 6,95 (D) / € 7,20 (A)
O Band 1 bis 7
Bislang 7 Bände in Japan

BORUTO – NARUTO THE NEXT GENERATION
von Kishimoto & Kodachi
€ 6,50 (D) / € 6,70 (A)
O Band 1 bis 7
O Band 8 09/20
O Band 9 12/20
Bislang 11 Bände in Japan

BATTLE ANGEL ALITA – LAST ORDER PERFECT EDITION
von Yukito Kishiro
€ 14,99 (D) / € 15,50 (A)
O 1 bis 3, 5 bis 7
O Band 8 09/20
O Band 9 12/20
€ 16,99 (D) / € 17,50 (A)
O Band 4
In 12 Bänden abgeschlossen
€ 90,00 (D) / € 92,60 (A)
O Bände 1 bis 6
im Schuber mit Extra

BATTLE ANGEL ALITA – MARS CHRONICLE
von Yukito Kishiro
€ 6,95 (D) / € 7,20 (A)
O Band 1 bis 6
Bislang 6 Bände in Japan

BECOMING A GIRL ONE DAY
von Akane Ogura
€ 5,99 (D) / € 6,20 (A)
O Band 1 bis 4
In 4 Bänden abgeschlossen

BECOMING A GIRL ONE DAY – ANOTHER
von Akane Ogura
€ 5,99 (D) / € 6,20 (A)
O Band 1 bis 4
In 4 Bänden abgeschlossen

BILLY BAT
von Naoki Urasawa
& Takashi Nagasaki
€ 8,95 (D) / € 9,20 (A)
O Band 2 bis 8, 11 bis 16
€ 12,00 (D) / € 12,40 (A)
O Band 1, 3, 8-11, 17 bis 20
In 20 Bänden abgeschlossen

BL IS MAGIC!
von Oroken
€ 9,99 (D) / € 10,30 (A)
O Band 1 bis 2
O Band 3 09/20
In 4 Bänden abgeschlossen

BL METAMORPHOSEN – GEHEIMNIS EINER FREUNDSCHAFT
von Kaori Tsurutani
€ 8,00 (D)/ € 8,30 (A)
O Band 1 11/20
O Band 2 02/21
Bislang 4 Bände in Japan

CARLSEN MANGA! CHECKLIST

FOOD WARS – SHOKUGEKI NO SOMA

von Tsukuda & Saeki
€ 6,99 (D) / € 7,20 (A)
O Band 1 bis 27
O Band 28 10/20
O Band 29 12/20
O Band 30 02/21
In 36 Bänden abgeschlossen
€ 9,99 (D) / € 10,30 (A)
O Band 20 im Schuber mit Extra
O Band 30 im Schuber mit Extra 02/21
€ 69,90 (D) / € 71,80 (A)
O Bände 1-10 im Schuber
O Bände 11-20 im Schuber
O Bände 21-30 im Schuber 02/21

GANGSTA.

von Kohske
€ 7,95 (D) / € 8,20 (A)
O Band 1 bis 8
Bislang 8 Bände in Japan

GANGSTA: CURSED.

von Kohske/Kamo
€ 7,99 (D) / € 8,30 (A)
O Band 1 bis 5
Bislang 5 Bände in Japan

GEGEN DEN STROM

von Yoshihiro Tatsumi
€ 44,00 (D) / € 44,60 (A)
O Gegen den Strom

GELIEBTER AFFE

von Yoshihiro Tatsumi
€ 19,90 (D) / € 20,50 (A)
O Geliebter Affe

GYO DELUXE

von Junji Ito
€ 24,00 (D)/ € 24,70 (A)
O Gyo Deluxe 12/20

HARU x KIYO

von Akira Ozaki
€ 5,00 (D) / € 5,20 (A)
O Band 1
€ 7,00 (D)/ €7,20 (A)
O Band 2 bis 6
O Band 7 10/20
O Band 8 01/21
In 9 Bänden abgeschlossen

FAIRY TAIL SIDE STORIES

von Hiro Mashima & Kyota Shibano
€ 6,99 (D) / € 7,20 (A)
O Band 1 bis 3
In 3 Bänden abgeschlossen

FAIRY TAIL ZERO

von Hiro Mashima
€ 7,99 (D) / € 8,30 (A)
O Fairy Tail Zero

FAIRY TALE BATTLE ROYALE

von Soraho Ina
€ 7,00 (D) / € 7,20 (A)
O Band 1 bis 2
O Band 3 01/21
Bislang 4 Bände in Japan

FINAL FANTASY – LOST STRANGER

von Hazuki Minase, Itsuki Kameya
€ 12,99 (D) / € 13,40 (A)
O Band 1 bis 3
O Band 4 10/20
Bislang 5 Bände in Japan

FINAL FANTASY – TYPE-0

von Takatoshi Shiozawa
€ 6,99 (D) / € 7,20 (A)
O Band 1 bis 5
In 5 Bänden abgeschlossen
O Der Manga zum Game

FINAL FANTASY – OFFICIAL MEMORIAL ULTIMANIA BOOK

von Takatoshi Shiozawa
€ 39,99 (D) / € 41,20 (A)
O VII - IX
O I-VI 10/20
O X-XIV 03/21
In 3 Bänden abgeschlossen

FOCUS 10

von Martina Peters
€ 6,99 (D) / € 7,20 (A)
O Band 1 bis 7
O Band 8 12/20
In 10 Bänden abgeschlossen

FOLGE DEN WOLKEN NACH NORD-NORDWEST

von Aki Irie
€ 12,00 (D) / € 12,40 (A)
O Band 1 bis 3
O Band 4 02/21
Bislang 4 Bände in Japan

FAIRY TAIL

von Hiro Mashima
€ 6,50 (D) / € 6,70 (A)
O Band 1 bis 63
€ 9,99 (D) / € 10,30 (A)
O Band 60 limitiert
In 63 Bänden abgeschlossen

FAIRY TAIL ARTBOOKS

€ 19,95 (D) / € 20,60 (A)
O Fantasia
O Harvest

FAIRY TAIL BLUE MISTRAL

von Hiro Mashima
€ 5,95 (D) / € 6,20 (A)
O Band 1 bis 3
In 4 Bänden abgeschlossen

FAIRY TAIL – HAPPY'S ADVENTURE

von Kenshiro Sakamoto, Hiro Mashima
€ 7,00 (D) / € 7,20 (A)
O Band 1
Bislang 3 Bände in Japan

FAIRY TAIL – 100 YEARS QUEST

von Hiro Mashima, Atsuo Ueda
€ 7,00 (D) / € 7,20 (A)
O Band 1 bis 3
O Band 4 11/20
Bislang 6 Bände in Japan

FAIRY TAIL+

von Hiro Mashima
€ 8,95 (D) / € 9,20 (A)
O Fairy Tail+

FAIRY TAIL – HAPPYS ADVENTURE

von Hiro Mashima, Kenshiro Sakamoto
€ 7,00 (D) / € 7,20 (A)
O Band 1
O Band 2 09/20
O Band 3 12/20
Bislang 7 Bände in Japan

FAIRY TAIL S

von Hiro Mashima
€ 6,99 (D) / € 7,20 (A)
O Band 1 bis 2

DRAGON BALL SIDE STORIES

von Akira Toriyama, dragongarow LEE
€ 5,00 (D) / € 5,20 (A)
O Yamchu

DRAGON BALL SUPER

von Toriyama & Toyotarou
€ 6,50 (D) / € 6,70 (A)
O Band 1 bis 9
O Band 10 10/20
O Band 11 02/21
€ 9,99 (D) / € 10,30 (A)
O Band 5 im Schuber
O Band 10 im Schuber
€ 29,99 (D) / € 30,90 (A)
O Bände 1-5 im Schuber
O Bände 6-10 im Schuber
Bislang 13 Bände in Japan

DREAMIN' SUN

von Ichigo Takano
€ 6,99 (D) / € 7,20 (A)
O Band 1 bis 9
€ 8,99 (D) / € 9,20 (A)
O Band 10
In 10 Bänden abgeschlossen

DR. STONE

von Inagaki & BOICHI
€ 7,00 (D) / € 7,20 (A)
O Band 1 bis 7
O Band 8 10/20
O Band 9 12/20
Bislang 16 Bände in Japan

EDENS ZERO

von Hiro Mashima
€ 7,00 (D)/ €7,20 (A)
O Band 1 bis 6
O Band 7 10/20
O Band 8 01/21
€ 10,00 (D) / € 10,30 (A)
O Band 7 - limitierte Ausgabe 10/20
Bislang 9 Bände in Japan

EXISTENZEN UND ANDERE ABGRÜNDE

von Yoshihiro Tatsumi
€ 19,90 (D) / € 20,50 (A)
O Existenzen und ...

FAIRY GIRLS

von Hiro Mashima
€ 6,99 (D) / € 7,20 (A)
O Band 1 bis 4
In 4 Bänden abgeschlossen

CARLSEN MANGA! CHECKLIST

JUNJO ROMANTICA

von Shungiku Nakamura
€ 6,95 (D) / € 7,20 (A)
O Band 1, 5, 7-9, 11-12, 19-21
O Band 22 12/20
€ 10,00 (D) / € 10,30 (A)
O Band 2-4, 6, 10, 13-18
Bislang 23 Bände in Japan

KAMISAMA DARLING

von Kyoko Aiba
€ 6,99 (D) / € 7,20 (A)
O Band 1 bis 8
In 8 Bänden abgeschlossen

KATSURA & TORIYAMA SHORT STORIES

von Akira Toriyama und Masakazu Katsura
€ 6,95 (D) / € 7,20 (A)
O Katsura & Toriyama Short Stories

KILLING BITES

von Shinya Murata & Kazasa Sumita
€ 7,95 (D) / € 8,20 (A)
O Band 1 bis 11
O Band 12 10/20
O Band 13 02/21
Bislang 15 Bände in Japan

KLEINE KATZE CHI

von Konami Kanata
€ 9,95 (D) / € 10,30 (A)
O Band 1 bis 12
In 12 Bänden abgeschlossen

KOROSENSEI QUEST!

von Yusei Matsui & Kizuku Watanabe
€ 6,50 (D) / € 6,70 (A)
O Band 1 bis 4
O Band 5 01/21
In 5 Bänden abgeschlossen

LADY SNOWBLOOD (NEUEDITION)

von Kazuo Koike & Kazuo Kamimura
€ 19,99 (D) / € 20,60 (A)
O Band 1 & 2
€ 16,99 (D) / € 17,50 (A)
O Band 3
In 3 Bänden abgeschlossen

I HEAR THE SUNSPOT

von Yuki Fumino
€ 7,99 (D) / € 8,30 (A)
O Band 1
€ 9,99 (D) / € 10,30 (A)
O Band 2 10/20
Bisher 2 Bände in Japan

I HEAR THE SUNSPOT – LIMIT

von Yuki Fumino
€ 7,99 (D) / € 8,30 (A)
O Band 1 11/20
O Band 2 12/20
In 3 Bänden abgeschlossen

IM – GREAT PRIEST IMHOTEP

von Makoto Morishita
€ 6,99 (D) / € 7,20 (A)
O Band 1 bis 8
O Band 9 09/20
O Band 10 12/20
In 11 Bänden abgeschlossen

IN THIS CORNER OF THE WORLD

von Fumiyo Kouno
€ 12,99 (D) / € 13,40 (A)
O Band 1 bis 3
In 3 Bänden abgeschlossen

IS DOROTHY IN A BAD TEMPER?

von Sora Hoonoki
€ 6,99 (D) / € 7,20 (A)
O Band 1 bis 3
In 3 Bänden abgeschlossen

JAPANISCH FÜR MANGA-FANS

von Thora Kerner & Jin Baron
€ 16,00 (D) / € 16,50 (A)
O Sammelband

JUDGE

von Yoshiki Tonogai
€ 7,95 (D) / € 8,20 (A)
O Band 1 bis 5
€ 8,95 (D) / € 9,20 (A)
O Band 6
In 6 Bänden abgeschlossen

JUMPING

von Asahi Tsutsui
€ 7,00 (D) / € 7,20 (A)
O Band 1 & 2
O Band 3 09/20
O Band 4 12/20
In 4 Bänden abgeschlossen

H.P.LOVECRAFTS DER HUND UND ANDERE GESCHICHTEN

von Gou Tanabe
€ 12,00 (D) / € 12,40 (A)
O H.P. Lovecrafts Der Hund ...

H.P. LOVECRAFTS DER LEUCHTENDE TRAPEZOEDER

von Gou Tanabe
€ 12,00 (D) / € 12,40 (A)
O H.P. Lovecrafts Der leuchtende Trapezoeder 02/21

H.P.LOVECRAFTS DIE FARBE AUS DEM ALL

von Gou Tanabe
€ 12,00 (D) / € 12,40 (A)
O H.P. Lovecrafts Die Farbe aus dem All

HUNTER X HUNTER

Yoshihiro Togashi
€ 6,95 (D) / € 7,20 (A)
O 1 bis 36
Bislang 36 Bände in Japan

I AM A HERO IN IBARAKI

von Kengo Hanazawa
€ 8,99 (D) / € 9,30 (A)
O I am a Hero in Ibaraki

I AM A HERO IN NAGASAKI

von Kengo Hanazawa
€ 8,99 (D) / € 9,30 (A)
O I am a Hero in Nagasaki

I AM A HERO IN OSAKA

von Kengo Hanazawa
€ 8,99 (D) / € 9,30 (A)
O I am a Hero in Osaka

I AM SHERLOCK

von TAKATA & Io
€ 7,00 (D)/ € 7,20 (A)
O Band 1 bis 4
In 4 Bänden abgeschlossen

I HAD THAT SAME DREAM AGAIN

von Yoru Sumino, Idumi Kirihara
€ 7,00 (D)/ € 7,20 (A)
O Band 1
O Band 2 09/20
O Band 3 12/20
In 3 Bänden abgeschlossen

HE'S MY VAMPIRE

von Aya Shouoto
€ 6,95 (D) / € 7,20 (A)
O Band 1 bis 10
In 10 Bänden abgeschlossen

HIGHSCHOOL OF THE DEAD

von Daisuke Sato & Shouji Sato
€ 6,95 (D) / € 7,20 (A)
O Band 1 bis 5, 7
Bislang 7 Bände in Japan

HITOTSUBANA

von Minami
€ 8,00 (D) / € 8,30 (A)
O Band 1 bis 4
O Band 5 09/20
O Band 6 12/20
In 7 Bänden abgeschlossen

HOW TO DRAW MANGA

von Hikaru Hayashi u. a.
€ 9,95 (D) / € 10,30 (A)
O Manga-Charaktere in Bewegung
€ 16,90 (D) / € 17,40 (A)
O Ninja und Samurai
€ 17,90 (D) / € 18,40 (A)
O Manga-Figuren entwickeln
€ 19,90 (D) / € 20,50 (A)
O Manga-Skizzen zeichnen
O Character Design – Tipps und Tricks
O Manga aus der richtigen Perspektive
O Oberflächen und Strukturen
O Manga-Figuren in ihrer Umwelt
O Perfekte Proportionen im Manga
O Grundlagen der Manga-Kunst
€ 24,90 (D) / € 25,60 (A)
O Manga-Geschichten entwickeln
O Kolorieren mit Copic-Stiften
O Kolorieren mit Aquarellbuntstiften

H.P. LOVECRAFTS BERGE DES WAHNSINNS

von Gou Tanabe
€ 18,00 (D)/ € 18,50 (A)
O Band 1
O Band 2 11/20
In 2 Bänden abgeschlossen

CARLSEN MANGA! CHECKLIST

MY HERO ACADEMIA

von Kohei Horikoshi
€ 6,99 (D) / € 7,20 (A)
O Band 1 bis 23
O Band 24 09/20
O Band 25 11/20
O Band 26 02/21
Bislang 27 Bände in Japan
€ 10,00 (D) / € 10,30 (A)
O My Hero Academia - Ultra Archive
O Band 25 Limitierte Edition 11/20
€ 12,99 (D) / € 13,40 (A)
O My Hero Academia - Ultra Analysis 12/20

MY HERO ACADEMIA SMASH

von Kohei Horikoshi, Hirofumi Neda
€ 5,00 (D) / € 5,20 (A)
O Band 1 bis 5
Bislang 5 Bände in Japan

MY ROOMMATE IS A CAT

von Tsunami Minatsuki, Asu Futatsuya
€ 7,00 (D) / € 7,20 (A)
O Band 1 & 2
O Band 3 11/20
Bislang 6 Bände in Japan

MY SECRET WHICH I CANNOT TELL YOU

von Kyoko Aiba
€ 6,99 (D) / € 7,20 (A)
O My Secret Which I Cannot Tell You

NARUTO

von Masashi Kishimoto
€ 6,50 (D) / € 6,70 (A)
O Band 1 bis 72
In 72 Bänden abgeschlossen
O Der siebte Hokage und der scharlachrote Frühling
€ 9,95 (D) / € 10,30 (A)
O Naruto: Die Schriften des Sha
O Naruto: Die Schriften des Tō
€ 12,95 (D) / € 13,40 (A)
O Naruto: Die Schriften des Jin
€ 19,95 (D) / € 20,60 (A)
O Artbook »Naruto Uzumaki«

NARUTO MASSIV

von Masashi Kishimoto
€ 5,00 (D) / € 5,20 (A)
O Band 1
€ 9,99 (D) / € 10,30 (A)
O Band 2 bis 24
In 24 Bänden abgeschlossen

MIMIC ROYAL PRINCESS

von Yukihiro & Musashino
€ 6,95 (D) / € 7,20 (A)
O Band 1 bis 5
Bislang 5 Bände in Japan

MOB PSYCHO 100

von ONE
€ 6,66 (D) / € 6,90 (A)
O Band 1 bis 15
O Band 16 10/20
In 16 Bänden abgeschlossen

MONSTER – PERFECT EDITION

von Naoki Urasawa
€ 20,00 (D) / € 20,60 (A)
O Band 1 bis 5
O Band 6 11/20
O Band 7 02/21
In 9 Bänden abgeschlossen

MORIARTY THE PATRIOT

von Ryosuke Takeuchi
€ 9,99 (D) / € 10,30 (A)
O Band 1 bis 8
O Band 9 12/20
Bislang 12 Bände in Japan

MOTHER'S SPIRIT

von Enzo
€ 7,99 (D) / € 8,30 (A)
O Band 1 & 2
Bislang 2 Bände in Japan

MOTOKARE RETRY

von En Hanaya
€ 6,99 (D) / € 7,20 (A)
O Band 1 bis 7
In 7 Bänden abgeschlossen

MOVING FORWARD

von Nagamu Nanaji
€ 5,00 (D) / € 5,20 (A)
O Band 1
€ 7,00 (D) / € 7,20 (A)
O Band 2 bis 4
O Band 5 11/20
O Band 6 02/21
In 11 Bänden abgeschlossen

MURCIÉLAGO

von Yoshimura Kana
€ 7,99 (D) / € 8,30 (A)
O Band 1 bis 12
O Band 13 01/21
Bislang 17 Bände in Japan

MANGA LOVE STORY

von Katsu Aki
€ 6,95 (D) / € 7,20 (A)
O Band 70-74
O Band 75 12/20
Bislang 80 Bände in Japan

MANGA-ZEICHENSTUDIO

von Kaneda Koubou u.a.
€ 19,90 (D) / € 20,50 (A)
O Hände und Füße
O Gesichter und Emotionen
O Manga Master Book
O Grundlagen der Anatomie
O Mädchen in coolen Posen
O Emotionen und Mimik ausdrucksstark zeichnen
O Manga Basics
O Figuren & Hintergründe
€ 20,00 (D) / € 20,60 (A)
O Charmante Charaktere
€ 24,90 (D) / € 25,60 (A)
O Spannende Geschichten erzählen

MASHIMA-EN

von Hiro Mashima
€ 6,95 (D) / € 7,20 (A)
O Band 1 & 2
In 2 Bänden abgeschlossen

MASHIMA HERO'S

von Hiro Mashima
€ 7,00 (D) / € 7,20 (A)
O Mashima HERO'S 02/21

MEINE LESBISCHE ERFAHRUNG MIT EINSAMKEIT

von Kabi Nagata
€ 15,00 (D) / € 15,50 (A)
O Meine lesbische Erfahrung mit Einsamkeit

MELANCHOLISCHER MORGEN, EIN

von Shoko Hidaka
€ 6,95 (D) / € 7,20 (A)
O Band 1 & 2
€ 7,95 (D) / € 8,20 (A)
O Band 3 bis 7
€ 9,95 (D) / € 10,30 (A)
O Band 8
In 8 Bänden abgeschlossen

MERMAID PRINCE

von Kaori Ozaki
€ 8,00 (D) / € 8,30 (A)
O Mermaid Prince

LETZTE REISE DER SCHMETTERLINGE, DIE

von Kan Takahama
€ 14,90 (D) / € 15,40 (A)
O Die letzte Reise der Schmetterlinge

LIBERI-PROJEKT, DAS

von Tamasaburo
€ 6,95 (D) / € 7,20 (A)
O Band 1 bis 3
In 3 Bänden abgeschlossen

LITTLE WITCH ACADEMIA

von Keisuke Sato, Ryo Yoshinari, Yoh Yoshinari
€ 6,99 (D) / € 7,20 (A)
O Band 1 bis 3
€ 24,00 (D) / € 24,70 (A)
O Band 1 bis 3 im Sammelschuber
In 3 Bänden abgeschlossen

LIQUOR & CIGARETTE

von Ranmaru Zariya
€ 8,00 (D) / € 8,30 (A)
O Einzelband

LUPUS IN FABULA

von Kamineo
€ 7,95 (D) / € 8,20 (A)
O Band 1 bis 3
In 3 Bänden abgeschlossen

MACHIMAHO – MAGICAL GIRL BY ACCIDENT

von Souryu
€ 7,99 (D) / € 8,30 (A)
O Band 1 bis 5
O Band 6 11/20
Bislang 8 Bände in Japan

MAGUS OF THE LIBRARY

von Mitsu Izumi
€ 12,00 (D) / € 12,40 (A)
O Band 1
€ 14,00 (D) / € 14,40 (A)
O Band 2
€ 16,00 (D) / € 16,50 (A)
O Band 3
Bislang 4 Bände in Japan

MAID-SAMA

von Hiro Fujiwara
€ 5,95 (D) / € 6,20 (A)
O Band 1 bis 18
In 18 Bänden abgeschlossen
O Maid-sama Marriage

CARLSEN MANGA! CHECKLIST

PLEASE LOVE ME

von Aya Nakahara
€ 5,00 (D) / € 5,20 (A)
O Band 1
€ 7,00 (D) / € 7,20 (A)
O Band 2 bis 5
O Band 6 09/20
O Band 7 12/20
In 10 Bänden abgeschlossen

PLUTO: URASAWA X TEZUKA

von Tezuka, Urasawa & Nagasaki
€ 14,90 (D) / € 15,30 (A)
O Band 1
€ 12,90 (D) / € 13,30 (A)
O Band 2 bis 7
€ 16,90 (D) / € 17,40 (A)
O Band 8
In 8 Bänden abgeschlossen

POISON CITY

von Tetsuya Tsutsui
€ 7,99 (D) / € 8,30 (A)
O Band 1 & 2
In 2 Bänden abgeschlossen

PONE – POSUKA DEMIZU ARTBOOK

€ 20,00 (D) / € 20,60 (A)
O Pone - Posuka Demizu Artbook

Q (KU)

von Tatsuya Shihira
€ 7,99 (D) / € 8,30 (A)
O Band 1 bis 3
€ 8,99 (D) / € 9,30 (A)
O Band 4
In 4 Bänden abgeschlossen

REAKTOR 1F – EIN BERICHT AUS FUKUSHIMA

von Kazuto Tatsuta
€ 12,99 (D) / € 13,40 (A)
O Band 1 bis 3
In 3 Bänden abgeschlossen

RENTAL GIRLFRIEND

von Reiji Miyajima
€ 7,00 (D) / € 7,20 (A)
O Band 1 bis 4
O Band 5 10/20
O Band 6 12/20
O Band 7 02/21
Bislang 14 Bände in Japan

OPUS

von Satoshi Kon
€ 14,90 (D) / € 15,40 (A)
O Band 1 & 2
In 2 Bänden abgeschlossen

ORANGE

von Ichigo Takano
€ 7,99 (D) / € 8,30 (A)
O Band 1 bis 6
Bislang 6 Bände in Japan

OUR SUMMER HOLIDAY

von Kaori Ozaki
€ 7,99 (D) / € 8,30 (A)
O Our Summer Holiday

OVERLORD

von Maruyama & Miyama
€ 6,99 (D) / 7,20 (A)
O Band 1 bis 11
O Band 12 09/20
Bislang 13 Bände in Japan

OVERLORD Official Comic À La Carte Anthology

von Kugane Maruyama, diverse
€ 7,00 (D) / € 7,20 (A)
O Band 1 & 2
O Band 3 11/20
Bislang 3 Bände in Japan

PANDORAHEARTS

von Jun Mochizuki
€ 6,95 (D) / € 7,20 (A)
O Band 1-3, 5-17, 19, 21
€ 7,95 (D) / € 8,20 (A)
O Band 18, 20
€ 8,95 (D) / € 9,20 (A)
O Band 22 & 23
€ 10,00 (D) / € 10,30 (A)
O Band 4
€ 14,00 (D) / € 14,40 (A)
O Band 24
In 24 Bänden abgeschlossen

PERSONAL PARADISE NEUEDITION

von Melanie Schober
€ 6,99 (D) / € 7,20 (A)
O Personal Paradise
O Miss Misery
O Assassin Angel
O Killer Kid I
O Killer Kid II
O Brave Brother 1.0
O Brave Brother 2.0
€ 9,99 (D) / € 10,30 (A)
O Brave Brother 1.0
lim. Ausgabe mit Schuber

OLD BOY

von Tsuchiya Garon & Minegishi Nobuaki
€ 12,00 (D) / € 12,40 (A)
O Band 1 bis 4
In 4 Bänden abgeschlossen

ONE PIECE

von Eiichiro Oda
€ 6,50 (D) / € 6,70 (A)
O Band 1 bis 94
O Band 95 10/20
O Band 96 01/21
Bislang 96 Bände in Japan
€ 8,95 (D) / € 9,20 (A)
O One Piece Red
O One Piece Blue
€ 9,95 (D) / € 10,30 (A)
O One Piece Blue Deep
O One Piece Yellow
€ 12,95 (D) / € 13,40 (A)
O One Piece Green

ONE PIECE: FLUCH DES HEILIGEN SCHWERTS

von Eiichiro Oda
€ 7,95 (D) / € 8,20 (A)
O Band 1 & 2
In 2 Bänden abgeschlossen

ONE PIECE PARTY

von Andoh & Oda
€ 6,50 (D) / € 6,70 (A)
O Band 1 bis 5
Bislang 6 Bände in Japan

ONE PIECE – SANJIS LECKERE PIRATENREZEPTE

von Eiichiro Oda
€ 24,90 (D) / € 25,60 (A)
O Einzelband

ONE PIECE QUIZ BOOK

von Eiichiro Oda
€ 14,00 (D) / € 14,40 (A)
O Band 1

ONE PIECE Z

von Eiichiro Oda
€ 9,95 (D) / € 10,20 (A)
O Band 1 & 2
In 2 Bänden abgeschlossen

ONE WEEK FRIENDS

von Matcha Hazuki
€ 6,99 (D) / € 7,20 (A)
O Band 1 bis 7
In 7 Bänden abgeschlossen

NARUTO – THE MOVIE: GEHEIMMISSION IM LAND DES EWIGEN SCHNEES

von Masashi Kishimoto & JUMP Comics
€ 7,95 (D) / € 8,20 (A)
O Band 1 & 2
In 2 Bänden abgeschlossen

NARUTO – THE MOVIE: DIE LEGENDE DES STEINS GELEL

von Masashi Kishimoto
€ 7,95 (D) / € 8,20 (A)
O Band 1 & 2
In 2 Bänden abgeschlossen

NARUTO – THE MOVIE: SHIPPUDEN

von Masashi Kishimoto
€ 12,95 (D) / € 13,40 (A)
O Naruto - The Movie: Shippuden
O Naruto - The Movie: Shippuden-Fesseln
O Naruto - The Movie: Shippuden - Die Erben des Willens des Feuers
O Naruto - The Movie: Shippuden - Lost Tower

NARUTO – THE MOVIE: SONDERMISSION IM LAND DES MONDES

von Masashi Kishimoto
€ 7,95 (D) / € 8,20 (A)
O Band 1 & 2
In 2 Bänden abgeschlossen

NEON GENESIS EVANGELION

von Gainax & Yoshiyuki Sadamoto
€ 6,95 (D) / € 7,20 (A)
O Band 1 bis 14
In 14 Bänden abgeschlossen

NO EXIT

von Haruhi Seta
€ 6,99 (D) / € 7,20 (A)
O Band 1 bis 13
In 14 Bänden abgeschlossen

OKITENEMURU

von Hitori Renda
€ 7,99 (D) / € 8,20 (A)
O Band 1 bis 9
In 9 Bänden abgeschlossen

CARLSEN MANGA! CHECKLIST

SOUL EATER SOUL ART
von Atsushi Ohkubo
€ 24,90 (D) / € 25,60 (A)
O Band 2

SPLATOON
von Sankichi Hinodeya
€ 6,99 (D) / € 7,20 (A)
O Band 1 bis 8
O Band 9 11/20
Bislang 12 Bände in Japan

STILLE WASSER
von Kan Takahama
€ 16,90 (D) / € 17,40 (A))
O Stille Wasser

SUNNY
von Taiyo Matsumoto
€ 16,00 (D) / € 16,50 (A)
O Band 1 10/20
O Band 2 01/21
In 6 Bänden abgeschlossen

SÜSSE KATZE CHI: CHI'S SWEET ADVENTURES
von Konami Kanata, Kinoko Natsume
€ 8,00 (D) / € 8,30 (A)
O Band 1
O Band 2 10/20
O Band 3 01/21
In 4 Bänden abgeschlossen

SUPER DRAGON BALL HEROES
von Yoshitaka Nagayama
€ 6,50 (D) / € 6,70 (A)
O Band 1 & 2
Bislang 3 Bände in Japan

SUPER DRAGON BALL HEROES UNIVERSE MISSION
von Yoshitaka Nagayama
€ 6,50 (D) / € 6,70 (A)
O Band 1 12/20
Bislang 2 Bände in Japan

TAKANE UND HANA
von Yuki Shiwasu
€ 5,00 (D) / € 5,20 (A)
O Band 1
€ 6,99 (D) / € 7,20 (A)
O Band 2 bis 11
O Band 12 10/20
O Band 13 01/21
In 18 Bänden abgeschlossen

SHIKIGAMI
von Yasaiko Midorihana
€ 10,00 (D) / € 10,30 (A)
O Einzelband

SKETCH EVERY DAY
von Simone Grünewald
€ 20,00 (D) / € 20,60 (A)
O Sketch Every Day 10/20

SKIP BEAT!
von Yoshiki Nakamura
€ 6,95 (D) / € 7,20 (A)
O Band 1 bis 43
O Band 44 10/20
Bislang 45 Bände in Japan

SHURIKEN UND FALTENROCK
von Matsuri Hino
€ 6,99 (D) / € 7,20 (A)
O Band 1 & 2
In 2 Bänden abgeschlossen

SKULL PARTY
von Melanie Schober
€ 6,95 (D) / € 7,20 (A)
O Band 1 bis 4
In 4 Bänden abgeschlossen

SNACK WORLD
von Level-5, sho.t
€ 7,00 (D) / € 7,20 (A)
O Band 1
O Band 2 11/20
In 2 Bänden abgeschlossen

SOUL EATER
von Atsushi Ohkubo
€ 6,50 (D) / € 6,70 (A)
O Band 1 bis 24
€ 7,95 (D) / € 8,20 (A)
O Band 25
In 25 Bänden abgeschlossen

SOUL EATER MASSIV
von Atsushi Ohkubo
€ 5,00 (D) / € 5,20 (A)
O Band 1 10/20
€ 8,00 (D) / € 8,30 (A)
O Band 2 12/20
O Band 3 02/21
In 12 Bänden abgeschlossen

SOUL EATER GUIDE BOOK
von Atsushi Ohkubo
€ 8,95 (D) / € 9,20 (A)
O Soul Eater Guide Book

SCHNEEBALLEN
von Inga Steinmetz
€ 12,00 (D) / € 12,40 (A)
O Schneeballens Fall
€ 14,00 (D) / € 14,40 (A)
O Schneeballen – Verliebt in Japan

SCHOKOHEXE, DIE
von Rino Mizuho
€ 6,50 (D) / € 6,70 (A)
O Band 1-8, 10-16
O Band 17 01/21
€ 10,- (D) € 10,30 (A)
O Band 9
Bislang 18 Bände in Japan

SEARCH AND DESTROY
von Osamu Tezuka, Atsushi Kaneko
€ 15,00 (D) / € 15,50 (A)
O Band 1 12/20
In 3 Bänden abgeschlossen

SEKAIICHI HATSUKOI
von Shungiku Nakamura
€ 6,95 (D) / € 7,20 (A)
O Band 1, 3, 8-12
€ 10,- (D) € 10,30 (A)
O Band 2, 4-7
€ 6,95 (D) €7,20 (A)
O Band 13 02/21
Bislang 14 Bände in Japan

SEVEN DEADLY SINS
von Suzuki Nakaba
€ 6,50 (D) / € 6,70 (A)
O Band 1 bis 32
O Band 33 09/20
O Band 34 11/20
O Band 35 01/21
In 41 Bänden abgeschlossen

SHERLOCK
von Jay, Gatiss & Moffat
€ 12,99 (D) / € 13,40 (A)
O Band 1, 2 und 4
€ 14,99 (D) / € 15,50 (A)
O Band 3
€ 39,99 (D) / € 41,20 (A)
O Band 1 bis 3 im Schuber
Bislang 4 Bände in Japan

SHIBA – EIN HUND ZUM VERLIEBEN
von Mayumi Muroyama
€ 7,00 (D) / € 7,20 (A)
O Shiba – Ein Hund zum Verlieben 09/20

REQUIEM OF THE ROSE KING
von Aya Kanno
€ 9,99 (D) / € 10,30 (A)
O Band 1 bis 10
O Band 11 12/20
Bislang 13 Bände in Japan

ROCK THE CLOCKWORK WORLD
von Hidezaku Gomi
€ 6,99 (D) / € 7,20 (A)
O Band 1 bis 3
In 3 Bänden abgeschlossen

RYUKO
von Eldo Yoshimizu
€ 14,99 (D) / € 15,50 (A)
O Band 1 bis 2
In 2 Bänden abgeschlossen

SACRIFICE TO THE KING OF BEASTS
von Yu Tomofuji
€ 6,99 (D) / € 7,20 (A)
O Band 1 bis 9
O Band 10 11/20
Bislang 13 Bände in Japan

SAKURA – I WANT TO EAT YOUR PANCREAS
von Yoru Sumino
€ 7,99 (D) / € 8,20 (A)
O Band 1 & 2
In 2 Bänden abgeschlossen

SAMURAI8
von Masashi Kishimoto, Akira Okubo
€ 7,00 (D) / € 7,20 (A)
O Band 1 bis 3
O Band 4 11/20
O Band 5 02/21
In 5 Bänden abgeschlossen

SANTA MARIA HEARTLAND
von Rise Torio
€ 8,50 (D) / € 8,80 (A)
O Santa Maria Heartland 10/20

SCHATTENARIE
von Zofia Garden & Anne Delseit
€ 6,95 (D) / € 7,20 (A)
O Band 1 & 2
In 2 Bänden abgeschlossen

CARLSEN MANGA! CHECKLIST

WALKINDER, DIE

von Abi Umeda
€ 6,99 (D) / € 7,20 (A)
O Band 1 bis 11
O Band 12 09/20
O Band 13 12/20
Bislang 17 Bände in Japan

WEEKLY SHONEN HITMAN

von Kouji Seo
€ 7,00 (D) / € 7,20 (A)
O Band 1 12/20
O Band 2 02/21
Bislang 10 Bände in Japan

WER BIST DU ZUR BLAUEN STUNDE

von Yuhki Kamatani
€ 10,00 (D) / € 10,30 (A)
O Band 1 bis 3
€ 12,00 (D) / € 12,40 (A)
O Band 4
In 4 Bänden abgeschlossen

WET MOON

von Atsushi Kaneko
€ 19,90 (D) / € 20,50 (A)
O Band 1 & 2
€ 24,90 (D) / € 25,60 (A)
O Band 3
In 3 Bänden abgeschlossen

YAKUZA GOES HAUSMANN

von Kousuke Oono
€ 7,50 (D) / € 7,80 (A)
O Band 1 bis 3
O Band 4 01/21
Bislang 5 Bände in Japan

YAMADA-KUN AND THE SEVEN WITCHES

von Miki Yoshikawa
€ 5,95 (D) / € 6,20 (A)
O Band 1 bis 28
In 28 Bänden abgeschlossen

ZWEI ESPRESSO

von Kan Takahama
€ 12,90 (D) / € 13,30 (A)
O Zwei Espresso

TRIAGE X

von Shouji Sato
€ 6,95 (D) / € 7,20 (A)
O Band 1 bis 5
€ 7,95 (D) / € 8,20 (A)
O Band 6 bis 18
O Band 19 09/20
Bislang 21 Bände in Japan

TRIAGE X – TRIBUTE

von Shouji Sato
€ 7,95 (D) / € 8,20 (A)
O Triage X - Tribute

UNLUCKY YOUNG MEN

von Fujiwara/Otsuka
€ 19,90 (D) / € 20,50 (A)
O Band 1 & 2
In 2 Bänden abgeschlossen

UNSERE FARBEN

von Gengoroh Tagame
€ 10,00 (D) / € 10,30 (A)
O Band 1 09/20
O Band 2 01/21
In 3 Bänden abgeschlossen

UZUMAKI DELUXE

von Junji Ito
€ 28,00 (D) / € 28,80 (A)
O Uzumaki Deluxe

VAMPIRE KNIGHT – MEMORIES

von Matsuri Hino
€ 6,99 (D) / € 7,20 (A)
O Band 1 bis 4
O Band 5 01/21
Bislang 6 Bände in Japan

VIGILANTE – MY HERO ACADEMIA ILLEGALS

von Horikoshi, Furuhashi & Court
€ 6,99 (D) / € 7,20 (A)
O Band 1 bis 7
O Band 8 01/21
Bislang 9 Bände in Japan

VINLAND SAGA

von Makoto Yukimura
€ 7,95 (D) / € 8,20 (A)
O Band 1 bis 22
O Band 23 10/20
Bislang 23 Bände in Japan

THE GOLDEN SHEEP

von Kaori Ozaki
€(D) 8,00 / €(A) 8,30
O Band 1 & 2
O Band 3 09/20
In 3 Bänden abgeschlossen

THE HEROIC LEGEND OF ARSLAN

von Yoshiki Tanaka
€ 6,99 (D) / € 7,20 (A)
O Band 1 bis 10
O Band 11 09/20
O Band 12 02/21
Bislang 13 Bände in Japan
€ 7,50 (D) / € 7,80 (A)
O The Heroic Legend of Arslan Doppelpack 1+2

THE PROMISED NEVERLAND

von Shirai & Demizu
€ 6,99 (D) / € 7,20 (A)
O Band 1 bis 13
O Band 14 09/20
O Band 15 11/20
O Band 16 01/21
In 20 Bänden abgeschlossen

THE ROYAL TUTOR

von Higasa Akai
€ 6,99 (D) / € 7,20 (A)
O Band 1 bis 11
O Band 12 10/20
Bislang 14 Bände in Japan
€ 7,50 (D) / € 7,80 (A)
O The Royal Tutor Doppelpack 1+2

3/11 – TAGEBUCH NACH FUKUSHIMA

von Yuko Ichimura & Tim Rittmann
€ 12,90 (D) / € 13,30 (A)
O 3/11–Tagebuch nach Fukushima

TO THE ABANDONED SACRED BEASTS

von Maybe
€ 6,99 (D) / € 7,20 (A)
O Band 1 bis 9
O Band 10 01/21
Bislang 10 Bände in Japan

TORIYAMA SHORT STORIES

von Akira Toriyama
€ 5,95 (D) / € 6,20 (A)
O Band 2 bis 4, 7
€ 6,95 (D) / € 7,20 (A)
O Band 6
€ 7,95 (D) / € 8,20 (A)
O Band 5
Bislang 8 Bände in Japan

TANIGUCHI, JIRO

von Jiro Taniguchi
€ 12,90 (D) / € 13,.30 (A)
O Der Gourmet 2
€ 14,90 (D) / € 15,40 (A)
O Der spazierende Mann
O Der Gourmet
€ 16,00 (D) / € 16,50 (A)
O Der Kartograph
O Die Schrift des Windes
O Von der Natur des Menschen
€ 16,90 (D) / € 17,40 (A)
O Ihr Name war Tomoji
€ 20,00 (D) / € 20,60 (A)
O Im Jahrtausendwald
€ 22,00 (D)/ € 22,70 (A)
O Unruhige Geister und stille Gefährten
€ 25,00 (D) / € 25,70 (A)
O Der spazierende Mann (erw. Neuausgabe) 02/21
€ 28,00 (D) / € 28,80 (A)
O Der Himmel ist blau, die Erde ist weiß – Gesamtausgabe
€ 29,90 (D) / € 30,80 (A)
O Venedig

TEMPEST CURSE

von Martina Peters
€ 6,95 (D) / € 7,20 (A)
O Band 1 bis 3
In 3 Bänden abeschlossen

THE ART OF SPLATOON

€ 40,00 (D) / € 41,20 (A)
O The Art of Splatoon

THE BOOK OF LIST - GRIMM'S MAGICAL ITEMS

von Izuco Fujiya
€ 6,95 (D) / € 7,20 (A)
O Band 1 bis 5
€ 8,95 (D) / € 9,20 (A)
O Band 6
In 6 Bänden abeschlossen

THE CASE STUDY OF VANITAS

von Jun Mochizuki
€ 7,99 (D) / € 8,30 (A)
O Band 1 bis 7
Bislang 8 Bände in Japan

THE DEMON PRINCE

von Aya Shouoto
€ 6,95 (D) / € 7,20 (A)
O Band 1 bis 15
O Band 16 11/20
In 16 Bänden abgeschlossen
€ 7,50 (D) / € 7,80 (A)
O The Demon Prince Doppelpack 1+2 10/20

HALT!

Dies ist die letzte Seite des Buches!

MOTHER'S SPIRIT ist ein japanischer Comic. In Japan liest man von »hinten« nach »vorn« und von rechts oben nach links unten, also einfach spiegelverkehrt. Wie's funktioniert, seht Ihr an der Grafik, die wir für Euch abgebildet haben. Schlagt das Buch also auf der anderen Seite auf!

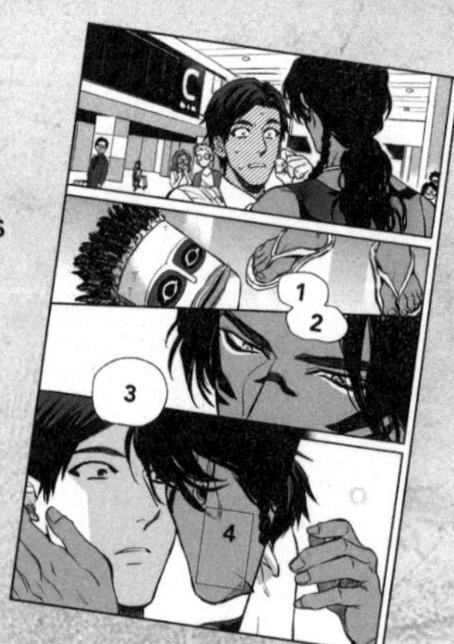

Viel Spaß mit
MOTHER'S SPIRIT!